U0126409

外交與砲艦的迷思

——1920年代前期長江上游航行安全問題與列強的因應之道

應俊豪 著

臺灣 學生書局 印行

自　序

自 2007 年 8 月進入國立臺灣海洋大學任教後，很榮幸即以「木船、輪船與砲艦：長江上游的航行安全與華洋衝突（1920-25）」研究計畫，申請到國家科學委員會兩年期的經費補助（NSC 96-2411-H-019-005-MY2，2007 年 11 月至 2009 年 8 月），並前往日本東京、中國上海等地蒐集資料。在這個研究計畫補助下，三年來陸續完成各個子題的相關研究，並經匿名審查，發表在學術期刊上；至目前為止，共計發表學術期刊論文五篇與專書論文一篇，分別投稿在《國立政治大學歷史學報》（第 28、32 期）、《東吳歷史學報》（第 22 期）、《國史館館刊》（第 20、23 期）等期刊上。其中，《國立政治大學歷史學報》、《東吳歷史學報》為國科會「臺灣人文學引文索引核心期刊 Taiwan Humanities Citation Index Core, THCI Core」收錄期刊；《國史館館刊》則為國史館的專業學術期刊。此三刊均為歷史學界相當重要的學術刊物。

本書則是在上述部分研究成果之上，再加上新的研究統整而成，也是我到國立臺灣海洋大學任教三年來最主要的心血結晶之一。在本書中，我試圖深入探究 1920 年代前期深深困擾列強的長江上游航行安全問題，以及他們如何透過外交與砲艦的雙重模式，來處理這個棘手問題。藉由分析航行安全問題的本質與列強的因應之道，我們可以重新檢視華盛頓會議體制下的中外關係到底有何變與不變，也能夠瞭解長江上游特殊的地理環境，以及當時的國際政治，如何影響了列強對航行安全問題的反制力道。

本書能夠完成，首先要感謝我的家人：親愛的父母親與摯愛的妻子，由於他們的體諒與包容，我才能在沈重的教學負荷外，再挪出家庭生活時間，從事我的學術研究。其次，也要感謝歷史學界的師長：政治大學文學院周惠民院長與歷史系唐啟華教授，中央研究院近史所呂芳上教授與張力教授，東華大學歷史系吳翎君教授等，不吝在研究資料、問題意識與方向上持續給予寶貴的意見與指點迷津。也要謝謝吳蕙芳學姐的鼓勵，研究所同事安嘉芳、黃麗生、林谷蓉、卞鳳奎、吳智雄等諸位教授的督促，助理林政頡、陳怡潔、徐惠偵、王玠文、蘇大偉的辛苦地幫忙收集資料與校對稿件，以及學生書局陳蕙文小姐的協助排版。

最後，僅以此書獻給 1920 年代曾經在長江上游奮鬥的中、外人士，不論是造成問題的人，還是嘗試解決問題的人。因為有你們，本書才有存在的價值。

2010 年 7 月 19 日清晨，臺北市木柵

外交與砲艦的迷思
1920 年代前期長江上游航行安全問題與列強的因應之道

目　次

英文檔案略語表

英文略語	英文檔案全文
FRUS	(U.S.) Department of State. *Papers Relating to the Foreign Relations of the United States*. Washington: Government Printing Office, 1938.
RIAC	(U.S.) Department of State. *Records of Department of State Relating to the Internal Affairs of China, 1910-1929* (M329). Washington: The National Archives, 1960.
MID	(U.S.) The War Department. *Correspondence of the Military Intelligence Division Relating to General, Political, Economic, and Military Conditions in China, 1918-1941*. (RG 165) Washington D.C.: The National Archives and Records Administration, 1987.
FO371	(Britain) *Foreign Office, Central Correspondence, Political, China, 1905-1940,* London: Public Record Office.
FO228	(Britain) *Foreign Office, China, Embassy and Consular Archives, Correspondence, 1834-1930*, London: Public Record Office.
CAB	(Britain) The National Archives, *The Cabinet Paper, 1915-1978.*
BDFA.	(Britain) Trotter, Ann ed. *British Documents on Foreign Affairs: Reports and Papers From the Foreign Office Confidential Print*, Part II, Series E, Asia, 1914-1939. Bethesda, MD: University Publications of America, 1994.
CPR	Jarman, Robert L.ed. *China: Political Reports 1911-1960*. Slough: Archive Editions, 2001.

第一章　緒　論*

一、研究動機

㈠ 問題的開始

自十九世紀後期起，現代西方海洋文明重要表徵之一的輪船，鼓動著蒸汽或燃燒著煤油，開始從海洋、沿海，駛進中國內陸河川，不可避免地與傳統中國社會產生摩擦與衝突。1920 年代更是一個關鍵的時代。❶第一次世界大戰結束後，歐洲列強重新回到亞

* 本書為筆者國科會計畫「木船、輪船與砲艦：長江上游的航行安全與華洋衝突（1920-1925）」（NSC 96-2411-H-019-005-MY2）部分研究成果，計畫執行期間為 2007.11-2009.7。另外，本書撰寫過程中，承蒙周惠民、唐啟華、張力、吳翎君等多位師長提供相關資料或修改意見，特致謝忱。

❶ 1910 年代及以前，雖已陸續有輪船上駛至長江上游地區，但基本上來說西方國家尚未意識到長江上游航運的重要性。甚至視長江流域為勢力範圍的英國亦是如此。例如一本於 1920 年在倫敦出版、專論英國在華與遠東貿易的書籍，在談及長江航運時，仍稱西方的「輪船可以沿著長江上溯 600 哩到達漢口」，但長江上游「目前唯一的方式是木船，依靠人力」。忽略輪船在長江上游的角色。不過此種見解從 1910 代末期到 1920 年代初期，特別是在歐戰

洲，各國公司紛紛大張旗鼓地拓展商務、航務，開發新的利源。中國西南內陸地區，隨著現代航運開通與口岸通商，對於外國產品的輸入、本地原料的輸出需求，也與日俱增。然而，1920 年代也是中國最混亂的時代，北洋政府陷入一連串的內戰與鬥爭中，1920 年的直皖戰爭、1922 年的第一次直奉戰爭、1924 年的第二次直奉戰爭，整個中國面臨內政秩序瓦解、社會動盪崩潰的重大困境中。有天府之國之稱、地處長江上游的四川省，更是當時全中國軍隊最多、內戰最頻繁、盜匪最橫行的省分。在這樣的背景下，大量輪船仍然陸陸續續地從長江中游往上游航行，闖入中國最混亂的四川地區。於是，環繞在輪船航行安全問題上，各種華洋衝突、對立等麻煩事因此產生。

(二) 衝擊與衝突

自長江上游通商通航以來，英、美、日等外國輪船業者，為了拓展利源，逐漸將其勢力觸角，由原先的沿海與長江中下游地區，

後期，已有相當大的改變，部分較為敏銳的觀察家開始逐漸注意輪船在長江上游航運的可能性，以及隱含的龐大商機。例如英國「皇家人文學院」（Royal Society of Arts）在 1918 年 4 月出版的期刊中，即直言「長江上游的輪船航運引起相當的注意，而且對輪船公司而言，證明是非常有利可圖的」，並引述美國駐重慶領事的看法，認為「毫無疑問的，宜昌以上（長江上游）輪船航運，在未來的幾年將會有可觀的擴充」見 C. A. Middleton Smith, *The British in China and Far Eastern Trade* (London: Constable & Co. Ltd., 1920), pp.132-135; "Steam Navigation on the Upper Yangtze," *Journal of Royal Society of Arts*, 663412 (April 18, 1918), pp. 354-355.

延伸到上游。❷就地理環境來說，長江上游地區因地勢險峻，水流湍急、水道也曲折多暗礁，加以枯水期水位低淺，實不利吃水較深的現代輪船駛入。然而隨著航行技術的日益進步與改良，終能克服自然環境的重重阻礙，❸現代輪船航班開始在湖北、四川地區現身，定期往返載送乘客及貨物。外國人與中國內陸的接觸，更趨頻繁與密切，但也給內陸地區帶來不少衝擊，甚至引發前所未有的衝突。

首先，對於長江上游地區原有運輸主力——木船業者及其附屬的龐大傳統產業工人來說，❹輪船大量的駛入，意謂著外來的強大

---

❷ 依據海關標準，所謂長江上游航運，乃指從四川重慶、萬縣，經湖北宜昌、沙市，以至湖南長沙。長江下游航運則指漢口以下至出海口。〈中華民國十三年通商海關各口全年貿易總論〉，中國第二歷史檔案館、中國海關總署辦公廳編，《中國舊海關史料（1859-1948）》（北京：京華出版社，2001），第 96 卷（1924 年），頁 43-45。另外一種區分方式，則是分為上游、中游、下游三段，其中上游為宜昌以上，中游則是宜昌到漢口，下游則是漢口以下到上海。可見振德，〈揚子江流域物產交通調查概況〉，《上海總商會月報》，3 卷 3 期，頁 1-3；C. A. Middleton Smith, *The British in China and Far Eastern Trade*, pp.134-136.

❸ 為了因應長江上游淺灘多、流速快、水位低的特殊地理環境，新式輪船在艦身長度、動力、設計上必須有一定的要求：如高水位期，艦長不能超過 210 呎、低水位期，艦長不能超過 160 呎；動力上，每百噸排水量，起碼需要 400 匹馬力；船艙設計使用平甲板（船首至船尾一樣平坦的甲板）等。見 Davis H. Grover, *American Merchant Ships on the Yangtze, 1920-1941* (Westport: Praeger Publishers, 1992), pp.45-47.

❹ 本書所稱的木船（junks），乃泛指航行在長江上游湖北、四川地區各式華籍民船，其中尤以航行宜昌、重慶之間的四川「柏木船」為主，船體多由柏木構成，堅固耐用，適於航行三峽險灘，例如麻雀尾、麻陽船、辰駁子、鰍

挑戰與對日常生計的嚴重威脅。由於中外條約的保障，以及列強駐華海軍實力的護持，當地仰賴江運為生的住民，無法藉由中國政府合法的力量來抗衡這些外來的不速之客，僅能選擇利用原有的船幫、行會組織，以帶有非法、暴力威脅色彩的傳統手段作抵制。也因此，船幫與外國輪船業者間的衝突與糾紛，每每上演於長江上游地區，有時甚至演變成殺人的暴力衝突，引起外交交涉。❺

輪船入侵長江上游帶來的第二個衝擊，是高速行駛的新式船隻，對原先航行江面上，底盤低、吃水淺的中國老式木船，構成不容忽視的威脅：木船常因輪船高速駛近，被激起的浪波顛簸，甚至因重心不穩而翻覆。輪船浪沉木船事件頻頻發生，當地中國百姓的生命財產安全屢受威脅。但每當發生浪沉事件，因外國輪船業者，如英、美、日等國多享有領事裁判權，中國地方官無權受理主持公道，受難者家屬常投訴無門。即或中國政府官方介入，由外交部或各地交涉員代向外國駐華使領機構交涉，然而整個審理、賠償過

船、寶慶船、五板船、艄子船等。見東亞同文會，《支那省別全誌：四川省》（東京：東亞同文會，1917），頁 319-323；東亞同文會，《支那省別全誌：湖北省》（東京：東亞同文會，1918），頁 318-322。

❺ 四川省交通廳史志編委會，《四川航運史志文稿》（成都：四川省交通廳史志編委會，1992），頁 154-157。〈中華民國十一年重慶口華洋貿易情形論略〉，上海通商海關造冊處譯，《中華民國海關華洋貿易總冊》（臺北：國史館史料處重印，1982），1922 年第 1 卷，頁 11-12；〈萬縣民船幫通告：不為英輪引水，違者殺其全家〉，北京《晨報》，1924 年 7 月 28 日，第 3 版；"An Occidental 'Outrage'," *The Peking & Tientsin Times*, June 25, 1924; "Jardine Steamer Attacked: Junk Men of Yangtze Gorges and Their Intense Jealousy of New Steam Transportation," *The North China Herald*, May 26, 1923.

程，往往曠日費時。因此長江上游居民厭惡外國輪船，進而遷怒於外國人，長久累積的憤懣之情無處宣洩，形成一股強大的反外民怨。❻

再者，1920 年代上半葉，正值川、鄂等省內戰的高峰期。內戰期間，彼此敵對的川軍部隊為便利作戰，往往任意封鎖水道，影響輪船行駛，或徵調、強佔輪船以為運輸軍隊之用；有時為籌措戰費，更於沿江要衢設關收稅，任意勒索輪船。輪船業者稍有不從，即遭軍隊暴力相向，或開槍攻擊。❼更甚者，部分貪圖厚利的外國輪船業者，竟然違反中立與武器禁運原則，私自替某部川軍運送軍火彈藥，引起敵對川軍的忌恨與仇視，以致不分青紅皂白，每見輪船駛過，即隨意開槍攻擊，作為報復手段。川軍對輪船的攻擊，甚

---

❻ "Annual Report of Events in China for the Year 1922," Sir B. Alston to the Marquess Curzon of Kedlestone, Foreign Office, February 14, 1922, Robert L. Jarman ed., *China: Political Reports 1911-1960* (Slough: Archive Editions, 2001), Vol. 2, p.621.

❼ 〈中華民國十年萬縣口華洋貿易情形論略〉，上海通商海關造冊處譯，《中華民國海關華洋貿易總冊》，1921 年第 1 卷，頁 13-14；〈中華民國十二年重慶口華洋貿易情形論略〉，上海通商海關造冊處譯，《中華民國海關華洋貿易總冊》，1923 年第 1 卷，頁 4；〈中華民國十三年重慶口華洋貿易情形論略〉，上海通商海關造冊處譯，《中華民國海關華洋貿易總冊》，1924 年第 2 卷，頁 7-8；〈重慶關民國十四年華洋貿易統計報告書〉，上海通商海關造冊處譯，《中華民國海關華洋貿易總冊》，1925 年第 1 卷，頁 9；"Commander-in-chief, China Station to Admiralty," December 18, 1923, Ann Trotter, ed., *British Documents on Foreign Affairs: Reports and Papers From the Foreign Office Confidential Print* (Bethesda, MD: University Publications of America, 1994), Part II, Series E, Asia, 1923-24, pp. 153-156. (hereafter referred to as *BDFA,1923-1924*)

至連巡邏於長江上游的各國海軍艦艇也受到波及。[8]

此外，隨著川軍年年征戰不休，內戰的附屬品——兵與匪，日益充斥於四川各地。這群目無法治、魚肉鄉民的兵匪，當然不會清楚何謂中外條約，更不知道要尊重外國人的生命與財產。外觀顯著、頻繁往來的輪船，也就成為兵匪下手的對象。一股股的兵匪向往來通行的輪船作騷擾性的開槍射擊，已是家常便飯，更嚴重是的扮成乘客，集體洗劫輪船，殺害外國籍船員。[9]

(三) 影響

在上述因素影響下，隨著輪船大量進入長江上游，中外關係開始出現新一波的緊張情勢。1920 年代上半期風靡東亞世界的華盛頓會議決議案，雖然聲稱強調門戶開放、尊重中國主權完整，[10]但是由長江上游輪船航行安全等實際問題，可以看出現實環境的多變以及中國內政的日趨惡化，在在均抵銷掉當初中外諒解、和緩的時

---

[8] "The Minister in China (Schurman) to the Secretary of State," July 27, 1923, Department of State (United States), *Papers Relating to the Foreign Relations of the United States, 1923* (Washington: Government Printing Office, 1938), Vol. I, pp.745-746. (hereafter referred to as *FRUS, 1923*)

[9] 〈四川之土匪世界（一）〉，上海《申報》，1923 年 8 月 20 日；邵雍，《民國綠林史》（福州：福建人民出版社，2001），頁 174。

[10] 關於華盛頓會議有關中國問題的決議案，及所謂的「華盛頓會議體制」，可以參見 Akira Iriye, *After Imperialism: The Search for a New Order in the Far East, 1921-1931* (Cambridge: Harvard University Press, 1965), pp.13-22；王立新，〈華盛頓體系與中國國民革命：二十年代中美關係新探〉，《歷史研究》，2001 年第 2 期，頁 56-68；唐啟華，〈北洋外交與「凡爾賽—華盛頓體系」〉，《北洋時期的中國外交》（上海：復旦大學出版社，2006），頁 47-80。

代精神。一方面，外國在華公眾開始高聲指責中國糟蹋了列強好意，沒有利用華盛頓會議給予的良機，致力於內政事務的改良與國家基礎的穩固，反而陷入更嚴重的內戰與衝突，造成兵匪四處橫行，外人生命財產面臨危害與威脅。另一方面，部分中國公眾則從民族主義觀點著眼，反譏列強對華盛頓會議決議案的口惠而實不至，利用中國現狀的困難，藉口航行安全問題，大肆強化駐華海軍，採取聯合行動侵害中國的內河主權。因此，列強在華條約特權體系與中國內政事務的碰觸與磨合，也就日益明顯。

二、核心議題與預期成果

輪船出現在長江上游以後，對於中外關係與互動，究竟造成何種程度的衝擊與影響，又反映出何種歷史現象與時代意義？

長江上游居民對於輪船的仇恨敵視，以及川軍、兵匪任意槍擊輪船等問題，造成長江上游的輪船航行安全的重大危害。而為了保障外國商民安全及條約權益，列強駐華海軍開始承擔輪船護航任務，或派遣武裝水兵登上商船從事防衛任務。可是武裝後的商輪船隊又造成新的問題：具備一定防禦能力的輪船，或擁有強大攻擊力量的護航軍艦，每當遇到岸邊有警，便立即向岸邊射擊，但由於無法確切掌握匪蹤，有時不但無法消滅兵匪，反而常會誤傷一般無辜百姓的生命及財產，又造成新的民怨。⓫尤有甚者，長江上游地區

⓫ 〈收川東李宣撫使電〉，1923 年 9 月 29 日，中央研究院近代史研究所藏，北京政府《外交檔案》，03-06/5-1-12。

輪船航行安全問題日益嚴重，中國各級政府又無力化解各類攻擊事件，外國在華公眾，無論是報紙媒體還是各地商會組織，紛紛報導或投書凸顯長江航運問題的嚴重性，呼籲各國政府採取更為有效的措施來防制。在輿論壓力之下，英、美、日等國開始檢討應對措施，從增派水兵防禦輪船、改裝商船為武裝船隻，到籌組長江流域聯合巡邏艦隊、增派艦隻來華。諸如此類的強化列強駐華海軍方案，⓬雖然在現實上不易落實，但這些議題，對於國權觀念日重的中國知識分子來說，似乎又不可避免地挑動到脆弱的民族情感與自尊心，認為列強的砲艦外交又將捲土重來。一種疑外、仇外的心態由此獲得強化，在部分報紙輿論的搧風點火下，更加助長了中國民族主義力量的壯大。

為了釐清上述問題的始末，必須採用多國視野的角度，透過中外不同觀點，深入探究輪船航行安全問題，將以往看似單純的中外衝突事件，還原其本來的複雜面向，發掘問題內部涉及的各種議題及其來龍去脈。因此，本書除了從現實因素分析中國人敵視輪船的原因，如輪船競爭與浪沉事件的影響，以及外國輪船介入內戰事務，而導致川軍對外國輪船的敵視之外，也將從外部觀點，以英、美、日等外國人的角度，重新檢視內河航行權的始末、理論與現實的落差、內戰與兵匪問題對輪船航運的危害，以及各國政府本身在輪船問題與防制措施上，所遭遇到的困難與挑戰等諸多議題，藉此

⓬ "Memorandum by the Senior Officers in Command of the Naval Forces Respecting of Japan, Great Britain, the United States and France Operating on the Yangtze River," Feb. 19, 1923, Shanghai, *FRUS,1923*, Vol. I, p.744.

跳脫出中國以往自成邏輯的論述方式。⑬

三、主要史料與研究回顧

㈠ 主要史料

有關長江上游航行安全問題的資料，中外文均多。英國檔案 FO228 的領事報告，對於 1920 年代航行安全問題有相當多的記載。FO371、*The Cabinet Paper, 1915-1978*、*British Documents on Foreign Affairs: Reports and Papers From the Foreign Office Confidential Print* 也保存不少英國對華政策及中英相關交涉的檔案。美國方面，*Records of Department of State Relating to the Internal Affairs of China, 1910-1929* 為中國內部事務報告，其中也包括美國駐華機構對於長江輪船航行問題的報告與看法。*Papers Relating to the Foreign Relations of the United States* 是美國對外關係檔案，記載了美國駐長江艦隊處理輪船護航事宜的相關資料。美國軍事情報處（Military Intelligence Division, MID）有關中國一般、政治、經濟與軍事情況的報告 *Correspondence of the Military Intelligence Division Relating to General, Political, Economic, and Military*

---

⑬ 此處中國自成邏輯的論述方式，乃指民族史觀式的觀點，類似 Paul Cohen 所指的「勿忘國恥」悲情心態，一方面強調列強帝國主義、砲艦外交的侵華行為，二方面藉由「國恥」意象的強化，激發出民族主義的熱情。可見 Paul A. Cohen, *China Unbound* (London and New York: RoutledgeCurzon, 2003), pp.148-184.

Conditions in China, 1918-1941（CMID），⓮以及美國海軍部編的海軍部年度報告 *Annual Reports of the Navy Department*。也是十分重要的軍方參考資料。日本方面，アジア歷史資料センター（Japan Center for Asian Historical Records）收藏了國立公文書館、外務省外交史料館、防衛廳防衛研究所圖書館三個機構的大量資料，其中不少是有關長江輪船航行問題的檔案。上述英、美、日檔案，以及中央研究院近代史研究所典藏的北京政府外交部檔案、《海關華洋貿易總冊》為本書主要的參考資料。

外國在華報紙亦是至為重要的參考資料，如 *The North China Daily News*（《字林西報》）、*The North China Herald*（《北華捷報》）、*The Peking & Tientsin Times*（《京津泰晤士報》）、*The China Weekly Review*（《密勒氏評論報》）、*The China Press*（《大陸報》）等。經由分析外國在華報紙對於長江上游輪船安全問題的言論、觀點，有助於瞭解當時外人是如何看待此類問題。由於資料使用便利性的考量，以往臺灣的中國外交史研究，較偏重使用中文報紙，論述立場難免易受民族主義觀點影響。如能將中文報紙，如北京《晨報》、天津《大公報》、上海《申報》、上海《民國日報》等，與外人在華報紙言論一併分析比較，綜合中外觀點，將可以更為完整、客觀地呈現華洋交涉事務的複雜面貌。

其他資料方面，如當時任職於外國輪船公司的英、美商船船

⓮ 國內學術研究機構均無典藏此份微捲資料，乃由國立東華大學歷史學系吳翎君教授赴美短期研究時所攜回，並慷慨提供筆者使用，特此感謝。

長，或服役於外國駐華機構的軍官、外交官的日記與回憶記載。⓯此類資料多為當事人親身經歷，部分雖帶有種族偏見，但不失為第一手的見證資料，能夠反映出外國人對於輪船安全問題的看法。

㈡ 既有研究成果與本書主題的關係

關於 1920 年代前期長江上游航行安全問題，既有研究嚴格說起來並不多。四川軍閥與內戰的研究雖多，但甚少專門觸及因航運受阻而起的中外互動與交涉。⓰至於列強海軍在華活動的相關研究雖多，⓱但是專門研究列強海軍在長江上游的護航問題則較少，僅

⓯ Glenn F. Howell Howell, *Gunboat on the Yangtze: The Diary of Captain Glenn F. Howell of the USS Palos, 1920-1921* (Jefferson: McFarland & Company, Inc., Publishers, 2002); Eric Teichman, *Travels of A Consular Officer in Eastern Tibet: Together with a History of the Relations between China, Tibet and India* (Cambridge: Cambridge University Press, 1922); Eric Teichman, *Affairs of China: A Survey of the Recent History and Present Circumstances of the Republic of China* (London: Methuen, 1938).

⓰ 例如楊維真，〈抗戰前國民政府與地方實力派之關係——以川滇黔為中心的探討〉，《國立政治大學歷史學報》，第 15 期（臺北，1998），頁 199-238；匡珊吉、楊光彥編，《四川軍閥史》（成都：四川人民出版社，1991）；肖波、馬宣偉，《四川軍閥混戰（1917-1926）》（成都：四川省社科院出版社，86）；馬宣偉、肖波，《四川軍閥楊森》（成都：四川人民出版社，1983）；喬誠、楊緒雲，《劉湘》（北京：華夏，1987）。

⓱ 美國在華海軍研究，如 Kemp Tolley, *Yangtze Patrol: The U.S. Navy in China* (Annapolis: Naval Institute Press, 1971); Bernard D. Cole, *The United States Navy in China, 1925-1928* (Auburn: Auburn University Ph.D. Dissertation, 1978)。美國在長江航運事業研究如 David H. Grover, *American Merchant Ships on the Yangtze, 1920-1941* (Westport: Praeger Publishers, 1992)。英國駐華海軍的研

有美國學者曾針對 1920 年代初期美國海軍在長江上游的活動有一些初步研究。⓲另外，關於列強在長江流域航運業務的擴張雖也有部分研究成果，但多半集中探討中下游流域，而且多偏向經濟史領域的探究，較不觸及航行安全問題與交涉。⓳ 1920 年代長江上游航行安全問題與其中涉及到中外關係與海軍護航運題，基本上是一個較新且尚待開發的課題。

其次，有關中國近現代航運史的研究成果相當豐碩，如劉廣京對英美、中英航運競爭的研究，呂實強對華洋輪船之爭與中國早期輪船經營的研究，劉素芬對北洋中外航運競爭、渤海灣航運貿易的研究，李宇平對英日航運在中國競爭的研究等等，⓴基本上多是從

究，多集中在晚清時期，例如王家儉〈十九世紀英國遠東海軍的戰略布局及其「中國艦隊」在甲午戰爭期間的態度〉，《臺灣師大歷史學報》，No.40（臺北，2008.12），頁57-84；Gerald Sandford Graham, *The China Station: War and Diplomacy 1830-1860*. (Oxford: Clarendon Press; New York: Oxford University Press, 1978); Grace Estelle. Fox, *British Admirals and Chinese Pirates, 1832-1869*. (London: K. Paul, Trench, Trubner & Co., ltd., 1940).

⓲ William Reynolds Braisted, *Diplomats in Blue: U.S. Naval Officers in China, 1922-1933*. (Gainesville: University Press of Florida, 2009).

⓳ 如朱蔭貴，〈1895 年後日本輪運勢力在長江流域的擴張〉，《中國科會科學院經濟研究所集刊》，10（北京，1988），頁 162-187；林志龍，〈日清汽船與中英長江滬漢集資協定之航運競爭，1921-1927〉，《興大歷史學報》18（臺中，2007.6），頁 249-268。

⓴ Kwang-Ching Liu, *Anglo-American Steamship Rivalry in China, 1862-1874* (Cambridge: Harvard University Press, 1962)；劉廣京，黎志剛譯，〈中英輪船航運競爭（1872-1885）〉，中央研究院近代史研究所編，《清季自強運動研討會論文集》（臺北：中央研究院近代史研究所，1988），頁 1137-1162；呂實強，〈國人倡導輪船航運及其屢遭挫折的原因〉，《中國早期的輪船經

經濟史或國家利權的角度，探究不同航運勢力（輪船與帆船、中外、列強）在不同領域（全中國、區域、外洋、內河）之間的競爭與消長。此類先行研究，對於本書有很大的啟發性，使筆者在複雜的航運問題中理出大致的歷史脈絡。不過，與上述研究成果相當不一樣的，本書研究重心，並非航運事務本身，而是由航行安全問題所帶來的華洋衝突問題與外交交涉。換言之，航行安全問題只是媒介，反思航運生態改變所造成的華洋仇視與外交交涉，才是筆者的根本關懷。本書試圖從外交史、國際史的視野，以長江上游航行安全問題所引發的華洋衝突問題為出發點，剖析衝突的本質、衝突之後的外交交涉，以及外交交涉背後的權力關係。

最後，1920 年代的北洋外交研究，在許多議題上仍待持續開發。過去由於受到主權觀念與民族史觀的影響，1920 年代的中國外交史研究，明顯偏重以華盛頓會議、關稅會議、法權會議、修約外交等為外部形式，以收回國家主權、廢除不平等條約為內部核心的外交議題。㉑至於國家主權之外，層出不窮的各類華洋衝突問

營》（臺北：中央研究院近代史研究所，1976），頁 184-224；劉素芬，〈近代北洋中外航運勢力的競爭（1858-1919）〉，張彬村、劉石吉主編，《中國海洋發展史論文集》（臺北：中央研究院人文社會科學研究所，1993），第五輯，頁 301-356；劉素芬，〈渤海灣地區口岸貿易之經濟探討（1871-1931）〉，臺北：國立臺灣大學歷史學研究所博士論文，1991；李宇平，〈兩種帝國主義與亞洲國際經濟秩序——1930 年代英日航運在中國中心之國際海域的競爭〉，中村哲主編，《東亞近代經濟的形成與發展——東亞近代經濟形成史（一）》（北京：人民出版社，2005），頁 154-184。

㉑ 李恩涵，《北伐前後的「革命外交」（1925-1931）》（臺北：中央研究院近代史研究所，1993）；唐啟華，〈「北洋外交」研究評介〉，《歷史研

題、地方性事務交涉，則被視為是次要的問題，無關輕重。形成國家主權掛帥，其他則存而不論的外交史現象。本書則試圖調整傳統外交史的國家主權視野，從社會下層次的華洋衝突問題著手，選擇長江上游航行安全問題為主題，探究因西方現代海洋文明進入中國內陸後所衍生的文明衝突、「軍、民、洋」三者特殊的矛盾關係，以及牽涉到中央、地方與列強的多層次外交交涉。希望透過視野的轉換，建構出北洋外交的下層次面向，而與傳統主權外交史的觀點，交叉比對，相互對話。

究》，2004 年第 2 期，頁 99-113；川島真，〈從廢除不平等條約史看「外交史」的空間〉，《近代史學會通訊》，16（2002 年 12 月），頁 11-14。

第二章
長江上游航行安全問題(一)：輪船入侵與華洋衝突*

一、內河航行權與輪船入侵

自 1895 年馬關條約以來，長江上游宜昌至重慶地區已經開放輪船航運。然而，直到 1909 年才建立第一個用於航行這個區域的商業輪船。到了 1919 年，英國（在長江上游的）航運（安全）則成為嚴重問題。輪船的到來，引起既得利益者——木船船主相當大的反抗。在四川長期的內戰中，輪船也被長江沿岸各個軍閥騷擾不斷。

* 本章初稿曾經審查，收錄在《東亞海域與文明交會：港市、商貿、移民與文化傳播》一書，出版項為：應俊豪，〈輪船入侵與華洋衝突：1920 年代上半期長江上游航運安全問題〉，黃麗生主編，《東亞海域與文明交會：港市、商貿、移民與文化傳播》（基隆：國立臺灣海洋大學海洋文化研究所，2008），頁 195-276。本章部分內容略有調整、刪節與增補。

英國外交部給內閣的備忘錄，1926 年 11 月❶

「內河航運……通商以後，因條約關係，外人深入，北至松花江、西至重慶、南至珠江間，無埠無外輪旗影。」❷外國人在中國享有內河航行權始於 1858 年〈中英天津條約〉，該約第 9 款規定「長江一帶各口英商船隻俱可通商……准將自漢口溯流至海各地選擇不逾三口准為英船出進貨物通商之區」。❸此約中，英國雖然取得長江漢口以下的內河航行權，但僅止於航行權，除開埠口岸外，英商輪船並不能於長江沿岸各港起卸貨物。至 1876 年〈中英煙臺條約〉第 3 端中，英國才取得可於安徽（大通、安慶）、江西（湖口）、湖廣（武穴、陸溪口、沙市）等非通商口岸各港「暫准停泊、上下客商」、起卸貨物的權利；同時開湖北宜昌為商埠，並准許英國於重慶派駐領事，查看川省英商，至於重慶開埠事宜，則俟輪船能上駛重慶後再行議辦。❹換言之，英國不但取得漢口以下長江各港口的停泊權，也由於宜昌的開埠，取得長江上游至宜昌的航行通商權利，並可於重慶派駐領事。1895 年〈中日馬關條約〉第 6 款

❶ Foreign Office, "Memoranda for the Cabinet: British Policy in China," November 23, 1926, The National Archives, *The Cabinet Papers, 1915-1978*, CAB/24/182:0024.

❷ 徐世昌，《歐戰後之中國》（臺北：文海出版社重印，出版年不詳），頁 90。

❸ 〈中英天津條約〉（1858 年），收錄在黃月波等編，《中外條約彙編》（上海：商務印書館，1935），頁 6。

❹ 〈中英煙臺條約〉（1876 年），收錄在黃月波等編，《中外條約彙編》，頁 14-16。

中，正式延伸內河航行權範圍至長江上游與運河南段，准許日本輪船從湖北宜昌溯長江以至四川重慶，以及從上海駛入吳淞江、運河以至蘇杭。❺自此，條約列強在華享有比較完整的內河航行權。

表 2-1 清末內河航行權相關條約

時間	條約	取得權利內容
1858	〈中英天津條約〉	長江漢口以下航行權（長江中下游）
1876	〈中英煙臺條約〉	長江沿岸碼頭停泊權（長江中下游）；長江漢口至宜昌段（長江上游）
1895	〈中日馬關條約〉	長江宜昌至重慶航行權（長江上游宜渝段） 運河航行權

為了規範列強在華航行權有關之權利義務，清廷先後與條約諸國協商訂定〈長江收稅章程〉（1862 年）、❻〈長江通商通共章程〉（1862 年）、❼〈中日通商行船條約〉（1896 年）、❽〈華洋輪船駛赴中國內港章程〉（1898 年）、❾〈內港行輪章程續補〉（1898 年）❿、

❺ 〈中日馬關條約〉（1895 年），收錄在黃月波等編，《中外條約彙編》，頁151。

❻ 〈長江收稅章程〉（1862 年），汪毅、許同幸、張承棨編，《清末對外交涉條約輯》（臺北：國風出版社，1963），第一冊，頁 40-41。

❼ 〈長江通商各口通共章程〉（1862 年），汪毅、許同幸、張承棨編，《清末對外交涉條約輯》，第一冊，頁 41-42。

❽ 〈中日通商行船條約〉（1896 年），汪毅、許同幸、張承棨編，《清末對外交涉條約輯》，第二冊，頁 338-342。

❾ 〈華洋輪船駛赴中國內港章程〉（1898 年），收錄在黃月波等編，《中外條約彙編》，頁 494。

〈修改長江通商章程〉（1899 年）、[11]〈中英續議內港行輪修改章程〉（1902 年）、[12]〈中美續議通商行船章程〉（1903 年）、[13]〈中日通商行船續約〉（1903 年）等，[14]明訂外船航行中國內河等規定，如關牌、稅課、報關、審判、稽罰等，將內河航行種種規定予以完備化。在上述條約、章程規範下，條約列強輪船得自由航行於中國內河，任便往來「專作內港貿易」。影響所及，一方面大量輪船開始駛入長江，由於其「負載便捷，商賈士民莫不捨民船而就輪船」，造成中國木船產業的生存危機，[15]另一方面與內河航行權有關的種種特權，如航政權、引水權、開港及禁航主權等均因此淪喪，受到條約列強的節制與干涉。[16]

不過，書面的條約規定，不同於實際履行條約。首先，〈華洋輪船駛赴中國內港章程〉（1898 年）第一條規定：華洋輪船可任便往來專做「內港貿易」。而「內港」等同於〈中英煙臺條約〉所論

---

[10] 〈內港行輪章程續補〉（1898 年），收錄在黃月波等編，《中外條約彙編》，頁 494-495。

[11] 〈修改長江通商章程〉（1899 年），汪毅、許同幸、張承棨編，《清末對外交涉條約輯》，第二冊，頁 417-419。

[12] 〈中英續議內港行輪修改章程〉（1902 年），汪毅、許同幸、張承棨編，《清末對外交涉條約輯》，第二冊，頁 592-593。

[13] 〈中美續議通商行船章程〉（1903 年），汪毅、許同幸、張承棨編，《清末對外交涉條約輯》，第二冊，頁 653-659。

[14] 〈中日通商行船續約〉（1903 年），汪毅、許同幸、張承棨編，《清末對外交涉條約輯》，第二冊，頁 664-671。

[15] 姚賢鎬，《中國近代對外貿易史資料》（北京：中華書局，1962），第一冊，頁 1415-1417。

[16] 王洸，《中華水運史》（臺北：臺灣商務印書館，1982），頁 242-248。

的「內地」，其定義為：「沿海、沿江、沿河及陸路各處不通商口岸皆屬內地」。換言之，長江沿岸各處非通商口岸，均可任便華洋輪船往來從事內港貿易。但是〈修改長江通商章程〉（1899）第二條卻規定，有約國輪船可在長江沿岸鎮江、南京、蕪湖、九江、漢口、沙市、宜昌、重慶等八處通商口岸往來貿易，並可在「安徽之大通安慶、江西之湖口、湖廣之陸溪口武穴」等處起下貨物；除以上地點外，長江沿岸各處均「不准私自起下貨物」。亦即，除大通、安慶、湖口、陸溪口、武穴外，其他非通商處輪船均不得任便往來貿易或起下貨物。另外〈中英續議內港行輪修改章程〉（1902年）第 7 條規定，「內港行輪風氣未開，內地居民宜令其少受驚擾」，故輪船如欲前往「商船未到之內港設輪行駛」，須由最近之稅務司「轉稟（中國）商務大臣會同該省督撫」考察情形決定；第 8 條規定「非奉中國政府允准，（輪船）不得由此不通商口岸之內地，至彼不通商口岸之內地專行往來」，所以輪船在未得中國政府同意前，不得在非通商口岸之內港間任意往來貿易。〈中日通商行船續約〉（1903 年）第 7、8 條雖也有與英約相同之規定，但日約的附件第二卻載明「各項輪船無論大小，衹以能走內港為準，此項能走內港之日本各輪船，均可照章領牌往來內港，中國不得藉詞禁止」，[17]亦即只要輪船能行駛往來內港，中國政府無權阻止。簡言

[17] 〈中日通商行船續約〉（1903 年）附件二為〈日本公使致商約大臣照會〉，其內容在解釋續約第三款有關日本在中國內港行輪的定義。附件三則為〈商約大臣復日本公使照會〉，中國商約大臣在照復中，對日方定義未置可否，僅開列日本輪船清單，稱其「往來煙臺、東三省各內港領有關牌遵照內港行輪章程辦理，不在禁止之列」。由此可知，中日雙方對於內港行輪的定義並不一致。

之，上述四個章程對於有約國輪船究竟能否在內港自由從事貿易，是互相矛盾的：〈華洋輪船駛赴中國內港章程〉（1898）與〈中日通商行船續約〉附件第二（1903），規定輪船可自由行駛內港從事貿易；〈修改長江通商章程〉（1899）與〈中英續議內港行輪修改章程〉（1902）、〈中日通商行船續約〉第 7 條（1903）則是限定需經中國政府同意，輪船方得往來內港貿易。

表 2-2　清末中外各章程有關輪船內港貿易規定

時間	章程	輪船內港貿易權利規定
1898	〈華洋輪船駛赴中國內港章程〉 第 1 條	華洋輪船可任便往來專做「內港貿易」。
1899	〈修改長江通商章程〉 第 2 條	除長江沿岸通商口岸，以及大通、安慶、湖口、陸溪口、武穴外，其他非通商處輪船均不得任便往來貿易或起下貨物。
1902	〈中英續議內港行輪修改章程〉 第 7、8 條	輪船從事內港貿易，需先知會中國政府會商辦理。
1903	〈中日通商行船續約〉 第 7、8 條	輪船從事內港貿易，需先知會中國政府會商辦理。
	〈中日通商行船續約〉 附件第二	輪船得自由行駛往來內港貿易，中國政府無權阻止。

既然不同章程的規定相互矛盾不一致，實際情況又是如何？依據 1919 年中英兩國為長江上游宜渝段輪船行駛內港貿易的爭執與交涉來看，雖然英國多次援引輪船可任便往來專做內港貿易的章程為證，要求開放內港貿易，但中國政府仍堅持於己有利的章程，反

對輪船自由行駛非通商口岸，強調內港貿易仍須與中國地方政府會商辦理。⓲ 1925 年，美國駐重慶領事則為美國輪船是否要依照〈內港行輪章程〉，往來長江上游非通商口岸地區從事貿易活動，而向駐北京公使館請示意見。⓳同年，英國駐北京公使也為英輪無法自由航行湖北內地非通商口岸，而照會北京外交部表示抗議。⓴由此觀之，即使到了 1920 年代，外國輪船仍然未能依據中外簽訂的章程，充分享有自由往來未開放通商內港從事貿易的權利。因此，外國經由中外條約或章程所取得的部分權利，並不等同於實際的情況。㉑

⓲ 〈外交部照會英國駐華公使〉，1919 年 8 月 9 日、11 月 20 日，FO228/2023、2024。

⓳ 美國領事分析，美國輪船如依照〈內港行輪章程〉，行駛內港，將各有利弊：有利之處，在於可以在非通商口岸地區，開發新的貨源，提高美國輪船的貨運量；不利之處，在於依照該章程，當地省籍官員或軍閥將更易藉口干擾輪船航運。見"Opening of Certain Chinese Inland Waters to Steam Navigation," from American Consulate, Chunking to American Minister, Peking, September 23, 1925, Department of State, *Records of Department of State Relating to the Internal Affairs of China, 1910-1929* (Washington: The National Archives, 1960) (hereafter referred to as RIAC), 893.80/-。

⓴ 1925 年 4 月間，英商亞細亞公司輪船欲行駛於湖北內地非通商口岸，遭到湖北當局拒絕。英國駐華公使為此照會外交部表示抗議，但外交部的答覆則為：該內地「未經湖北省公署批准開放，且格於成案，未便遽准開放」。顯見外商輪船欲行駛內地非通商口岸往來貿易，在現實執行上仍有困難。見〈外交部照會英國駐華公使館〉，1925 年 7 月 1 日，FO228/2060。

㉑ 朱蔭貴在〈甲午戰後的外國在華輪船航運業〉一文中，認為「通過〈內港行船章程〉，外國輪船已取得了航行各處通商和不通商口岸的權利」。但其實該論點仍有問題：一來各章程對於輪船航行內港貿易的規定相互矛盾，二來

其次，就輪船航行長江上游宜昌、重慶段的條約權利，嚴格來說不用到 1895 年的〈中日馬關條約〉，早在 1876 年〈中英煙臺條約〉即已允諾英國可用輪船上駛至重慶，並且於上駛之後議辦重慶開埠事宜。英國方面也企圖早日落實此項條約權利，但受制於天然與技術條件的阻礙，以及當地居民的反對，遲遲無法實現。因為「川江水流湍急、航道狹窄、險灘林立，歷來被視為畏途」，㉒使得輪船上駛重慶成為不可能的任務，面對處處險灘一旦稍有不慎即有沈船滅頂的危險。根據統計，長江上游宜昌至重慶（簡稱宜渝段）航道，長約 660 公里，地處丘陵和高山峽谷地區，共有灘險 128 處，其中險灘 57 處、急流灘 52 處、淺灘 19 處，此段航程河道險峻，急流灘每秒流速 4-5 米，最大可達 6-7 米，淺灘處則砂石堆積阻礙航道，輪船行駛輕則擱淺，重則船毀人傷。㉓所以〈中英煙臺

實際上外國也未完全充分享有此項權利，並將之付諸實現。關於朱蔭貴一文可見，朱蔭貴，〈甲午戰後的外國在華輪船航運業〉，《中國近代輪船航運業研究》（臺中：高文出版社，2006），頁 53-60。

㉒ 《長江航道史》編委會，《長江航道史》（北京：人民交通出版社，1993），頁 116。

㉓ 長江上游流速甚快，乃是因為重慶地勢大約在水平面 710 英呎高，宜昌地勢則約 220 英呎，高度差距達 490 英呎；從宜昌到重慶幾百浬的航程中，船隻必須冒著險灘與高流速，逆流而上，Robert Dollar, *Memoirs of Robert Dollar* (San Francisco: W. S. Van Cott & Co., 1921), p.83.另外依據《海事前鑑》的記載，1915-1950 年間，川江發生的輪船事故，共 358 次，其中輪船沈沒者 45 次，顯見其危險。上述統計資料見四川省交通廳史志編委會，《四川航運史志文稿》（成都：四川省交通廳史志編委會，1992），頁 9。關於長江上游宜昌至萬縣間三峽險峻地勢對航運的影響，亦可參見〈上流揚子江に於ける航運業（一）〉，《大阪朝日新聞》，1921 年（大正 10）年 1 月 8 日。

條約〉雖有允諾英國輪船上駛重慶後開埠的條文，但英國方面一直無法享受此權利。

1885 年〈中法越南新約〉授與法國在廣西、雲南的通商利權。㉔法國勢力進入中國西南地區，引起英國方面的緊張，唯恐法國從雲南深入四川，侵害英國在長江流域上游的特殊利益。因此英國急於兌現〈中英煙臺條約〉的輪船上駛重慶與開埠權利。1888 年英國冒險家立德（Atchibaid John Little），在英國政府的支持下，駕駛輪船駛抵宜昌，準備試行川江流域宜渝段，但引起「川江帆船運輸業近百萬民眾的強烈不滿」，清廷迫於輿論壓力，並未准許立德的要求。㉕雖然由於外在客觀環境的限制，英國無法行駛輪船沿長江上溯重慶，但為了盡早進入四川通商，英國與清廷在 1890 年簽訂〈煙臺條約續增專條〉（俗稱〈重慶通商條約〉），明訂重慶開埠，自此「英商至宜昌至重慶往來運貨，或雇佣華船，或自備華船，均聽其便」。㉖次年，重慶正式開埠，設立海關並由英國人霍布森

㉔ 1883 年中法為越南問題開戰後，雙方曾於 1884 年簽訂天津簡約（又稱李福簡約），但之後戰事又起，直至 1885 年經總稅務司赫德協調，由總稅務司駐倫敦委員金登幹與法國政府協商停戰條件，再由李鴻章在天津與法國代表簽訂中日越南新約。該約除規定中國放棄越南外，並允許法國在中國西南各省通商。見郭廷以，《近代中國史綱》（香港：香港中文大學出版社，1989），頁 233-240。

㉕ 《長江航道史》編委會，《長江航道史》，頁 117；G. C. Allen and Audrey G. Donnithorne, *Western Enterprise in Far Eastern Economic Development, China and Japan* (New York: The Macmillan Company, 1954), p.130.

㉖ 張友誼，〈重慶開埠以來川江航運業研究〉，《重慶三峽學院學報》，4：19（2003），頁 53；金問泗，〈英艦非法砲擊萬縣案經過情形之回顧〉，《東方雜誌》，27：15（1930.8.10），頁 35-36。

（H. E. Hobson）擔任第一任重慶海關稅務司。重慶雖然開埠設關，但輪船依舊無法上駛，英商往來貨物依舊仰賴當地固有的木帆船運送。㉗

1895 年〈中日馬關條約〉簽訂後，輪船行駛至長江上游重慶等地正式被以白紙黑字形式載入條約規範。受此鼓舞，英國人立德駕駛由上海機器造船廠製造的「利川號」小輪船，於 1898 年 2 月 15 日由宜昌出發，準備行駛至重慶。利川號為木殼雙車明輪蒸汽小船，長 16.76 公尺、寬 3.05 公尺，載重 7 噸，空載吃水 0.88 公尺、滿載吃水 1.68 公尺，時速 9 海哩。利川號行駛時正值枯水期，急灘處仍然水流湍急，利川號雖自有動力，但無法逆流而上，需要縴夫在岸邊拉縴。行經興隆灘時，曾雇用縴夫 300 人，用兩根長纜，分在兩岸互成直角拉縴輪船始成功通過。總計耗時 22 天，利川號終於順利駛抵重慶，創下輪船行駛宜渝段的首次記錄。㉘

自利川號成功行駛至重慶後，各國軍艦也紛紛上溯行駛至重

㉗ 田永秀，〈川東經濟中心——萬縣在近代之崛起〉，《重慶師院學報哲社版》，1998 年第 4 期，頁 106；《長江航道史》編委會，《長江航道史》，頁 117。

㉘ G. C. Allen and Audrey G. Donnithorne, *Western Enterprise in Far Eastern Economic Development, China and Japan*, p.130；〈上流揚子江に於ける航運業（二）〉，《大阪朝日新聞》，1921 年（大正 10）年 1 月 9 日。至於不用縴夫岸邊拉縴，純靠自有動力由宜昌航行至重慶的首次紀錄，則是由英國軍艦烏得科（*Wood Cock*）於 1900 年所創。《長江航道史》編委會，《長江航道史》，頁 120-121；劉宏友、徐誠主編，《湖北航運史》（北京：人民交通出版社，1995），頁 229-230；蘇雲峰，《中國現代化的區域研究：湖北省，1860-1916》（臺北：中央研究所近代史研究所，1981），頁 441-442。

慶，所謂「正規的輪船交通」，也開始逐次建立。但是輪船行駛開航之後，又產生何種問題，對於原有木帆船行業帶來何種衝擊呢？依據中外條約規範，即內河航行權與領事裁判權的保護之下，享有條約特權的外國輪船及其合法商業活動，理論上可以不受阻礙地通行於中國內陸、航行於中國內河，豁免於中國軍政與民政當局的干涉或登船檢查。然而用「筆墨寫下政策原則」是一回事，如何在實際情況下將之付諸實現則是另外一回事。㉙所謂的內河航行權，當與中國社會發生接觸，終究產生了極其嚴重的問題，造成中外之間層出不窮的糾紛、衝突事件與誤解。

> 外輪既行駛川江，自難免與川人發生衝突，綜其原因，約有兩端：一係機器力與人工力之衝突，換言之，即民船生計之被輪船侵奪是也；再則蜀江本多險灘，機輪所過，激水成雷，民船不克支持，每被浪沈。故自輪舟通行，而民船行駛川江愈增危險焉。㉚

中外條約對內河航行權的保障，加以列強引進西方先進的蒸汽動力輪船，條約與技術雙重助力下，使得西方輪船在長江上游的航運有著迅速的進展。1920 年是一個關鍵的年代。1920 年以前，雖然不無外國輪船業者行駛長江上游，例如為了運送煤油需要，美國

㉙ Eric Teichman, Affairs of China: A Survey of the Recent History and Present Circumstances of the Republic of China (London: Methuen, 1938), pp.175-176.

㉚ 金問泗，〈英艦非法砲擊萬縣案經過情形之回顧〉，《東方雜誌》，27：15，頁 35-36。

美孚公司（The Standard Oil Company of New York）的美川、美灘號，[31]以及英國亞細亞石油公司（Asiatic Petroleum Company）的安瀾號，自 1917 年陸續開始行駛於長江上游宜昌、重慶之間。[32]但大抵而言，長江上游輪船航運仍是華船主導的局面，中外輪船數量比例約 2：1。[33]一方面因外國商輪載重量大、噸位重、吃水深，長江上游

---

[31] 關於美孚公司在中國的發展，亦可參見吳翎君，《美孚石油公司在中國（1870-1933）》（臺北：稻鄉出版社，2001）。

[32] 根據美國駐重慶領事館 1919 年 9 月的統計，行駛長江上游的外國輪船如下：

行駛長江上游宜渝段的外國輪船（1919）		
國籍	船名	備註
美國	Meitan 美灘	美孚公司所屬輪船，上行（宜昌至重慶）以運送該公司煤油為主，下行（重慶至宜昌）運送當地出口土貨。
	Meichuan 美川	
英國	Anlan 安瀾	亞細亞石油公司所屬輪船，以運送該公司產品為主。
	Tachuan 大川	以運送乘客為主。
法國	Yung Chi	

不過 1920 年 1 月美國重慶領事再做統計時，外國輪船僅剩美孚的美灘、美川，以及亞細亞的安瀾等三艘，不再提及 Yung Chi，大川也改歸屬於中國籍輪船。可能原因乃是部分中國人所有的輪船，在懸掛外旗與本國旗之間搖擺，"Steam Navigation on Upper Yangtze," American Consulate, Chungking, September 3, 1919, RIAC, 893.85/4; "Review of Political and Economic Conditions in the Chunking Consular District for the Year 1919," from American Consulate, Chunking to American Charge d'Affaires ad interim, January 27, 1920, RIAC, 893.00/3332.

[33] 英國駐華公使館 1919 年第 3 季的情報報告（intelligence reports）即認為「中國輪船在（宜渝段）河道運輸居領先的地位，使得外國輪船不易確保貨源，因為中國人擁有大多數的輪船，自然對本地商人擁有優勢」。依據英國使館統計，1919 年航行長江上游宜渝段的輪船共有 9 艘，其中美國 2 艘，英國 4 艘（鴻福、大川乃是懸掛英旗的中國輪船），中國 3 艘。1920 年美國駐重慶領事館的調查則略有不同，其中美國 2 艘（美孚公司的 Meichuan、Meitan）、英國 1 艘（亞細亞石油公司的 Anlan）、中國有 6 艘（蜀亨 Shu

淺灘又多，故不太適合行駛該區，二方面 1910 年代歐洲局勢日趨緊張，之後又發生第一次世界大戰，歐洲列強無暇東顧中國市場。三方面由於中國官商合辦輪船的激勵，商人追求利潤、官府提供護持幫助之下，華船業者取得不錯的局面。[34]但是歐戰後期，情勢逐

Hun、蜀通 Shu Tung、大川 Ta Chuan、鴻江 Hung Kiang、鴻福 Hun Fu、嘉陵 Chia Ling）。比較英、美兩國的統計，可知懸掛英旗的 4 艘輪船中，除安瀾號外，其餘均可能為中國輪船。此外，日本的調查資料則顯示中國籍輪船的數量可能不止上述數量。依據日本東亞同文會 1917 年的統計，當時經營宜昌重慶航線的華籍輪船公司，主要計有川江、瑞慶、川路等 3 家，共有 8 艘輪船，其資料如下：

行駛長江上游宜渝段的華籍輪船（1917）							
公司	船名	造價（萬兩）	吃水（呎）	載重量（噸）	搭客人數	馬力（匹）	速度（節）
川江公司	蜀通	12	4	100	120	600	12
	蜀亨	23	5	250	300	1500	13
瑞慶公司	慶餘	7	4	50	120	800	13
	瑞餘	7	4	50	120	800	13
川路公司	大川	7	4	100	140	800	13
	利川	7	4	100	140	800	13
	巨川	12.25	5	350	300	1900	14
	匯川	12.25	5	350	300	1900	14

見"Intelligence Reports for the Quarter Ended September 30th, 1919," British Legation to Foreign Office, March 16, 1920, FO 371/ 5338; "Review of Political and Economic Conditions in the Chunking Consular District for the Year 1919," from American Consulate, Chunking to American Charge d'Affaires ad interim, January 27, 1920, RIAC, 893.00/3332；東亞同文會編，《支那省別全誌：湖北省》（東京：東亞同文會，1918），頁 296-297；蘇雲峰，《中國現代化的區域研究：湖北省，1860-1916》，頁 442-443。

[34] 伴隨著收回利權運動，中國以官民合作方式，經營長江上游航線，如川江輪船公司在 1915 年 6 月起以蜀亨號經營川江航線，川漢公司（四川川漢鐵路公

漸改觀，列強捲土重來，覬覦四川省豐富的天然物產，㉟在重利的驅使與條約特權的保護下，各國競相建造吃水淺、動力強、運量大，適合長江上游航行的新式輪船，成功開拓出長江上游常班輪船航運業。㊱主要由於四川缺乏鐵路運輸，一般陸上運輸以及傳統木船航運又極易受到川省內戰的阻礙而中斷，故新開發的長江上游輪船航線，可以收取極其高昂的客貨運費，當時被各大輪船公司視為是「黃金航線（Golden Route）」，一艘輪船一年的獲利足供再建造另一艘新輪船。㊲到了 1920 年代，長江上游輪船航運更為興盛，㊳

司，即川路公司）則是在 1915 年 7 月起以大川、利川兩艘輪船經營相同航線。見〈上流揚子江に於ける航運業（二）〉，《大阪朝日新聞》，1921 年（大正 10）年 1 月 9 日。美國駐重慶領事也稱川江輪船公司的蜀亨、蜀通兩輪是「最成功的中國輪船，不論貨運或客運都維持不錯」，見"Steam Navigation on Upper Yangtze," American Consulate, Chungking, September 3, 1919, RIAC, 893.85/4.

㉟ 歐戰結束後，長江上游貿易開始急遽成長。例如 1918 年重慶海關稅收僅 47 萬餘兩，但 1919 年暴增至 60 萬餘兩，不論進口或出口貨物均有顯著成長。另外 1920 年代初期四川省輸出的產品主要有藥材、毛皮、豬鬃、米、鹽、雜穀類等，見"Review of Political and Economic Conditions in the Chunking Consular District for the Year 1919," from American Consulate, Chunking to American Charge d'Affaires ad interim, January 27, 1920, RIAC, 893.00/3332；〈重慶航路開始〉，《大阪每日新聞》，1922（大正 11 年）年 4 月 26 日。

㊱ "Increase in Steam Navigation on the Upper Yangtze," from American Consulate in Chungking to the Secretary of State, March 5, 1925, RIAC, 893.85/16.1918.

㊲ 凌耀倫、熊甫編，《盧作孚文集》（北京：北京大學出版社，1998），頁 545；Ann Reinhardt, *Navigating Imperialism in China: Steamship, Semicolony, and Nation, 1860-1937* (Ann Arbor, UMI, 2002), p.157.

㊳ 英國 1919 年第四季的情報報告即預測「長江上游現有的 9 艘輪船，很可能在下一個航季增加到 20 艘」，見"Intelligence Reports for the Quarter Ended

上海地區的造船廠開始大量建造吃水淺、能夠適應長江上游急流、險灘等特殊地形的輪船，使得宜昌、重慶之間的航程由原先的數週（月），大幅縮短到數日。㊴外商公司也看好長江上游輪船航運未來的榮景，紛紛投入宜渝（宜昌至重慶）段航線經營：

> 上海方面之外輪經營揚子江上游宜昌重慶航線者，初僅美商大來……自去歲起，在華各國航商紛紛投資經營，滬上之三公司如太古、怡和、招商等，亦各競造新輪，爭鬭揚子江上游航路……風起雲湧。㊵

漸漸地緩慢不定期的木帆船，逐漸為定期輪船所排擠。㊶其中以美

December 31st, 1919," British Legation to Foreign Office, April 22, 1920, FO 371/5338.

㊴ Alexander Hosie and H. P. King, "Steam Traffic on the Yangtze: Population of Szechuan," *The Geographical Journal*, Vol. 64, No. 3 (September, 1924), pp.271-272; E.T. Williams, "The Open Ports of China," *Geographical Review*, Vol. 9, No. 4 (April-June, 1920), pp.306-334.

㊵ 〈各公司競爭長江上游航業〉，《民國日報》（上海），1924 年 4 月 19 日第 10 版。

㊶ 必須強調此處輪船取代木船的情形，主要指長江上游幹流部分，至於長江上游眾多支流部分，仍是木船的天下，主要因為支流地區的灘險更加嚴峻。例如美孚公司汽船（Mei Siang, motorboat）在 1923 年航行至長江上游支流岷江，從宜賓至嘉定，途中必須通過許多急流，雖然該汽船擁有高達 230 匹馬力的引擎動力，但仍須由縴夫從岸上拖拉，才能順利航抵嘉定。見四川省交通廳史志編委會，《四川航運史志文稿》，頁 153；"R. S. Hammond to Standard Oil Co. of New York," July 15, 1923, RIAC, 893.00/5108.

國大來輪船公司（Dollar Oriental Steamship Company）著力甚深，在 1921 年 4、5 月以大來裕 Robert Dollar II（改裝）、大來喜 Alice Dollar（新造）兩艘輪船開始經營宜昌、重慶間客貨固定航班，以輪船航速快、設備新（寬敞的房間、電燈、電扇、調理間、冷凍庫等）為標榜。㊷由於此航線獲利甚豐，一時之間各國爭相投入長江上游的輪船航運業務，㊸尤其以美國與英國輪船競爭最力，紛紛籌建新船營運。㊹

㊷ 〈米船宜昌重慶航路開始〉，《（日本）神戶新聞》，1921（大正 10）年 5 月 2 日。根據上海英文《大陸報》上所刊登的兩則大來輪船公司廣告，第一則廣告的訴求在於設備好、吃水淺、可最快由上海直達重慶；第二則廣告則著重在觀光面向，強調長江三峽的美景與大來輪船的豪華舒適，以及客貨兩用的運輸服務。第一則廣告全文為：'Direct to Chunking: SS Alice Dollar sailing from Shanghai, Monday Aril 9th, at Midnight; splendidly equipped for passengers; owing to her shallow draft, the SS Robert Dollar II will be the first through steamer to reach Chunking'。第二則廣告全文為：'Visit the Yangtze Gorges, the most spectacular inland water trip in the world, especially delightful at the season of the year; SS Alice Dollar SS Robert Dollar II, luxurious steamers, cuisine excellent (passengers and freight service), sailing every days between Ichang and Chunking'。大來的報紙廣告消息，見"General Shipping News," *The China Press*, April 4 & 10, 1923.

㊸ 自美商大來輪船公司開闢川江航線後，獲利之豐，遠勝歐美航路，故英、美、法、日各國商人紛紛投入川江航運，一時之間輪船數目大增，而中國舊式帆船則「悉被打倒」。1922 年又因川軍內戰，長江上游航運端賴輪船，致使運費大漲，一般來說輪船從宜昌駛往重慶，運費即可收到 13-14 萬兩，一艘船往返 3-4 次即收回購船成本。但是後來因經營宜渝線航運的輪船公司數量過於眾多，船多貨少，輪船公司彼此競爭下，運費又為之滅落。見《銀行週報》，6：26，總 256 號，雜纂，頁 32；《海事雜誌》，3：2，頁 142；H.G.W.Woodhead, *The Yangtsze and Its Problems* (Shanghai: The Mercury Press, 1931), p.74，均引自聶寶璋、朱蔭貴編，《中國近代航運史資料》（北京：中

根據日本駐宜昌領事館的統計，1921 年長江上游航行的各國輪船，共計約 15 艘，其中英國 4 艘、美國 3 艘、法國 6 艘、中國 2 艘。㊺

1922 年之後日本輪船也投入競爭，如日清汽船雲陽號自 1922 年 4 月開始定期行駛長江上游宜渝段，日本遞信省並給予 10 萬日圓的補助，可知日本以國家的力量支持日商輪船投入長江上游航運市場的競逐。㊻根據 1922 年的統計，當時投入長江上游宜渝段的輪船航運的中外輪船多達 20 餘艘（參見附表 2-1），其中英國 6 艘、

國社會科學出版社，2002），第 2 輯（1895-1927），上冊，頁 366-368。

㊹ 〈揚子江に於ける英米汽船の競爭〉，《（日本）大阪每日新聞》，1921（大正 10 年）年 5 月 6 日。

㊺ 〈揚子江上游ニ於ケル列國航業ノ發展〉，在宜昌清水領事代理來信，1922 年 3 月 12 日，日本外務省外交史料館藏，《外務省記錄》3-6-4-36-5。

㊻ 依據日本遞信省 1922 年 4 月發佈的「定期命令航路」，其中宜昌重慶線，由日清汽船株式會社雲陽丸負責行駛，每月航行兩回以上、一年航行 12 回以上，但長江低水位期間得減少或暫停航班。見〈定期命令航路〉，《（日本）時事新報》，1922（大正 11 年）年 4 月 30 日。日本遞信省原補助日清公司雲陽丸航班 10 萬日圓；1922 年底日清公司又擬興造新輪船，並自 1923 年 4 月起也投入宜渝段航班，同樣也獲得遞信省補助 10 萬日圓，乃形成定期行駛宜渝段每一輪船每年度補助 10 萬日圓的情形，見〈日清汽船は重慶航路增船明年四月から〉，《（日本）中外商業新報》，1922（大正 11 年）年 12 月 5 日。另外關於日本利用國家力量籌組日清汽船會社等國策會社，以政府經費支持日商輪船公司在長江流域的競爭與發展，可以參見朱蔭貴，〈1895 年後日本輪運勢力在長江流域的擴張〉，《中國科會科學院經濟研究所集刊》，10（北京，1988），頁 162-187；朱蔭貴，〈第一次世界大戰及戰後的列強在華航運業〉，《中國近代輪船航運業研究》，頁 81-94。

美國 4 艘、法國 6 艘、中國 3 艘、日本 5 艘。㊼此等輪船平均航速約 12 哩以上，從宜昌上行至重慶僅約 4 日，重慶下行至宜昌則只約 2 日。㊽各國輪船公司競相投入長江上游航運市場，從原先客運為主，轉而兼營貨運，爭取四川物產的輸出與外國產品的輸入，競爭十分激烈。

> （長江上游）輪船初通時，注重載客，極少載貨，船價奇昂，由宜昌到重慶，僅 5、6 日水程，每客一人大餐間需洋 120 元、官艙需洋 80 元、房艙需洋 60 元、統艙需洋 40 元，為世界船價所未有。近年公司林立，船隻加多，互相競爭，船價大減，各公司殊不一致，大率視上開價目，約 2/3 或 3/4 不等，載客之外，攬貨裝載者亦不少，上貨以棉紗居多，下貨以生絲夏布為主。㊾

㊼ 〈揚子江上游ニ於ケル列國航業ノ發展〉，在宜昌清水領事代理來信，1922 年 3 月 12 日，日本外務省外交史料館藏，《外務省記錄》3-6-4-36-5。

長江上游各國輪船數目：日本駐宜昌領事館統計（1922 年 3 月）						
	英國	美國	法國	中國	日本	總計
1921 年	4	3	6	2	0	15
1922 年	6	4	6	3	5	24
新增	2	1	0	1	5	9

㊽ 〈重慶航路開始〉，《（日本）大阪每日新聞》，1922（大正 11 年）年 4 月 26 日。

㊾ 〈四川之船業〉，《中外經濟週刊》，131（上海，1923.9），頁 1-5。隨著 1920 年代長江上游輪船航運興起，貨運運價的起伏就相當大。由各國輪船公司競相投入經營宜渝段定期航班，造成過多輪船行駛，而競爭激烈的結果，

大量輪船湧入長江上游地區，造成各輪船公司競爭激烈，形成供過於求的現象，商貨與運費價格均大幅滑落。四川萬縣海關代理稅務司安乃德即報告長江「上游輪船之數大增，上年（1922 年）到萬縣之小輪共有 17 艘，到埠商貨供過於求，此為該處開埠以來所未有，各船公司競爭甚烈，9 月底邊，客貨水腳大跌，有減去 30% 有奇者」。[50]《中外經濟週刊》亦報導「去歲（1922 年）行駛宜渝之輪船新增 8、9 艘，競爭甚烈……（沙市、宜昌、重慶、萬縣）四口船隻出入數目比較，足以表示長江上游航運發達之情況……漢、宜之間英船為多，宜、渝之間，法船最眾也」。[51]

到了 1925 年，依據美國駐重慶領事館（1925 年 2 月，詳見附表 2-2）與日本上海商務書記官（1925 年 5 月，詳見附表 2-3）的統計，經營

使得原先高昂的運費，逐步下降。依據《（日本）大阪每日新聞》的統計，自長江上游宜渝段輪船開航以來，宜昌上行至重慶的航運貨物量約每年 5 萬噸。重慶下行至宜昌的航運貨物量約每年 3 萬噸，以美商大來公司與英商隆茂洋行競爭最力，其中棉紗每俵（約 60 公斤）運費 35 兩、雜貨每噸運費約 155 兩，利潤驚人。但後來因各國輪船公司爭相投入，運費大幅滑落，1922 年 9 月時，棉紗運費每俵跌至 12 兩、雜貨跌至每噸 56 兩。另外依據《（日本）中外商業新報》的資料，宜昌上行重慶的雜貨運費由 1921 年每噸 100 兩以上，降到 1922 年每噸 50-60 兩，甚至有看到每噸 10 元者。見〈四川航路競爭〉，《（日本）大阪每日新聞》，1922（大正 11 年）年 9 月 3 日；〈長江配船増加同盟が瓦解して運賃は下向いた〉，《（日本）中外商業新報》，1922（大正 11 年）年 6 月 16 日。

[50] 〈各埠商情：萬縣〉，《上海總商會月報》，3 卷 8 期（上海，1923 年 8 月），頁 15-16。

[51] 〈沙市宜昌重慶萬縣去年之貿易〉，《中外經濟週刊》，32 期（上海，1923 年 10 月），頁 8-10。

長江上游的輪船總數，總計有40餘艘，短短三年即從20餘艘成長到40餘艘，成長幅度相當驚人。[52]雖然短時間內湧進過多的輪船投入營運，導致運費降低，難免壓縮航運收入。[53]但仍然阻止不了各國輪船公司爭相擴充輪船數目，顯見長江上游航運對於外商公司來說仍是大有可圖的行業。

不過，隨著外國蒸汽輪船大量進入長江上游，各種紛爭也就產

---

[52] "List of Steamers on the Upper Yangtze," February 5, 1925, cited from "Increase in Steam Navigation on the Upper Yangtze," from American Consulate in Chungking to the Secretary of State, March 5, 1925, RIAC, 893.85/16; "Steam Navigation on the Upper Yangtze," from American Consulate in Chungking to the Secretary of State, May 16, 1925, RIAC, 893.85/18.；〈宜昌重慶行路線ノ現況調査書送付ノ件（取調者囑託德川健次）〉，上海駐在商務書記官横竹平太郎ヨリ外務省大臣幣原喜重郎殿宛，1925年5月30日，日本外務省外交史料館藏，《外務省記錄》，3-6-4-36-5。依據美國駐重慶領事館統計，長江上游各國輪船數量為1925年2月為40艘、5月則為49艘。不過日本駐宜昌領事館5月的統計則為42艘，與美國數據有所出入。然而，三次統計均顯示1925年輪船數目已達40艘以上。

長江上游各國輪船數目：美國駐重慶領事館1925年2月與5月兩次統計								
	美國	英國	中國	法國	義大利	日本	瑞典	總計
2月份	10	9	2	7	7	3	2	40
5月份	9	11	3	7	11	3	5	49
日本上海商務書記官1925年5月份統計								
5月份	10	9	3	11	6	3	0	42

[53] 長江上游輪船航運削價競爭的情況到了1925年更為嚴重，美國領事即稱「從宜昌到重慶的運費，已創史上新低」，加上英國太古輪船公司（Butterfield and Swire, Limited）大打價格戰，以極低的運費價格承接客源，「長江上游輪船快速、大量獲利的時代已經過去了」，見"Steam Navigation on the Upper Yangtze," from American Consulate in Chungking to the Secretary of State, May 16, 1925, RIAC, 893.85/18.

生了。尤其長江上游四川當地人對於外國輪船業者的仇恨，開始危及外國航輪船運的安全，迫使外國輪船必須互組護衛船隊，或由各國政府派出軍艦護航。根據英國駐華公使館的 1921 年的調查報告，長江上游四川地區人民對於外籍輪船的敵意，肇因於三個主要因素。第一是當地普遍的仇外情緒。二是當地原有木船業者與工人的嫉視。因為新式輪船的大量引進，勢必影響到木船原有生計。三是頻繁發生的「浪沈」事件。外國蒸汽輪船噸位數大、航行速度快，航行途中一旦靠近當地航行慢、重心不夠穩的木船，其航行餘波將衝擊木船，使之翻覆於河浪中，此即所謂的「浪沈」。層不出窮的「浪沈」事件，造成當地居民與木船業者嚴重的生命財產威脅，當然導致當地仇視外國輪船。[54]

二、輪船衝擊

> 文明進步，輪船勃興，帆船事業日就枯萎，已入天然淘汰之列，無可挽回矣。但此種現象，以長江中帆船為甚，以宜渝間帆船尤甚。蓋因長江輪船發達，帆船事業，盡為所奪也。[55]

英國公使館總結的三個成因中，第一項所謂當地人民普遍的仇外情緒，其實乃是第二項與第三項原因造成的結果，所以關鍵在於

[54] "Annual Report of Events in China for the Year 1921," Sir B. Alston to the Marquess Curzon of Kedlestone, Foreign Office, February 14, 1922, FO371/8033.

[55] 於曙巒，〈宜昌〉，《東方雜誌》，23:6（1926 年 3 月 25 日），頁 48。

後兩項。首先，就第二項輪船興起後對於傳統木船業的衝擊來說，其影響十分巨大。因為外籍輪船的大量出現，毋庸置疑立刻衝擊到原有木船（junks）的生計，[56]不論是航行速度、噸位數，還是航行安全度上，輪船遠遠高過木船。《東方雜誌》一則評論分析輪船之所以能取代木船，原因有四：

> ㈠輪船輕便快捷且不易失事；㈡能載大宗貨物，上下有轉運公司為之承辦，運載有輪船為之負責，簡捷了當；㈢地方不靖，土匪出沒，劫帆船易，劫輪船難；㈣……各地釐金關卡，星羅棋佈，關吏對於貨船之搶索，兇狠過於土匪，貨物抵地，釐金費常超成本數倍。由輪船轉運，既免釐金之厄，而海關又較平允畫一。[57]

簡單來說，輪船航運的四大優點就是速度快、運量大、土匪騷擾少，以及科捐雜稅少。

---

[56] 英國《泰晤士報》（*The Times*）即稱：「自輪船開始航行長江上游開始，輪船與木船之間就有衝突，木船業者認為他們的貿易已被快速運輸工具所取代」。見"Murder by Chinese Junkmen: Officials' Connivance," *The Times*, August 15, 1924.

[57] 於曙巒，〈宜昌〉，《東方雜誌》，23：6（1926年3月25日），頁48。

表 2-3　長江上游地區輪船與木船比較表[58]

		輪船	木船
航行速度		快(平均時速約 12 哩)	慢(依風速與流速)
	宜渝段航行日程 上行(宜昌到重慶)	約 4 日	夏季高水位期間約 1-2 個月 冬季低水位期間約 20 餘日
	宜渝段航行日程 下行(重慶到宜昌)	約 2 日	夏季高水位期間約 7-9 日 冬季低水位期間約 8-9 日
平均噸位數 (以重慶海關 1916-1925 年入口船隻平均噸位數)		約 374.74 噸	約 48.67 噸
航行安全性		高 多半懸掛外國旗幟	低 多半懸掛本國旗幟[59]

---

[58] 輪船航速以及輪船航行宜渝段上下行日程數據，參考自〈重慶航路開始〉，《（日本）大阪每日新聞》，1922（大正 11 年）年 4 月 26 日。木船航行宜渝段上下行日程數據，參考自〈上流揚子江に於ける航運業（四）〉，《（日本）大阪朝日新聞》，1921 年（大正 10）年 1 月 14 日。輪船、木船平均噸位數乃依據重慶關〈民國五年至十四年海關按照普通行輪章程出入口之船隻按年各數〉，上海通商海關造冊處譯，《中華民國海關華洋貿易總冊》（臺北：國史館史料處重印，1982），1925 年第 1 卷，頁 16 的數字，由筆者自行加總十年間的輪船、木船的船隻數量與總噸位數計算得之。附註的夏季高水位與冬季低水位分佈期間，則參考自東亞同文會編，《支那省別全誌：湖北省》，頁 398-399。

[59] 令人諷刺的，自清末開始，部分木船的生存之道竟是藉懸掛外國旗，援引列強的力量，來壓制官府，如庚子議和前後，「（川江）凡掛（外）旗之船，皆可藉外人之力以恐嚇官廳……倘有劫案，則海關洋員當訴之於當地道員……照例行示下屬，嚴厲辦理，不敢開罪外人，惹起外交上之糾紛也……地方官恐上峰之見責也，視如大案，未敢怠忽，必為之破獲而後已……故當時為之謠曰『百姓怕官、官怕洋人、洋人怕百姓』，此亦木船之樂掛旗也」。見鄧少琴，〈川江航業史〉，《西南實業通訊》，8:3，頁 13，引自聶寶璋、朱蔭貴編，《中國近代航運史資料》，第 2 輯（1895-1927），下冊，頁 1338。

	列強條約、軍艦保護 軍閥、土匪不易騷擾 航行風險較小	軍閥、土匪可任意拘留、徵用、劫掠 航行風險大，木船極易在灘險中沈沒，造成重大損失[60]
附註：依據日本同文會的調查，長江上游夏季高水位期間，約是每年的 4 月上旬到 12 月中旬。冬季低水位期間，則約是每年的 12 月下旬到翌年的 3 月下旬		

僅以重慶海關 1916 年與 1925 年按普通行輪章程出入口之輪船與木船運貨噸數相比，即可清楚其中消長之勢。

表 2-4　重慶海關按普通行輪章程出入口之船隻（1916-1925）[61]

年份	輪船		木船		備註
	隻	噸	隻	噸	
1916	53	16,374	1684	90,855	木船全為華籍。
1917	113	31,117	1723	80,327	木船全為華籍。
1918	43	8,694	1362	60,996	木船全為華籍。
1919	220	58,728	1619	74,289	木船全為華籍。

[60] 依據 1921 年美商大來公司的統計，長江上游木船航行風險極大，失事率高達 20%，人員因木船翻覆的死傷人數更超過每年 1000 人。Robert Dollar, *Memoirs of Robert Dollar*, p.81.

[61] 重慶關〈民國五年至十四年海關按照普通行輪章程出入口之船隻按年各數〉，上海通商海關造冊處譯，《中華民國海關華洋貿易總冊》，1925 年第 1 卷，頁 16。

1920	272	73,758	863	40,757	輪船中，屬華籍者有24艘11880噸。木船全為華籍。[62]
1921	367	133,098	949	47,097	輪船中，屬華籍者有 1 艘 34 噸。木船全為華籍。[63]
1922	639	279,009	441	22,810	輪船中，數華籍者有49艘、14670噸。木船全為華籍。[64]
1923	628	253,902	246	15,428	輪船中，數華籍者有81艘、15097噸。木船全為華籍。[65]
1924	858	339,201	9	469	輪船中，數華籍者有19艘、3642噸。木船全為華籍。[66]
1925	1171	441,478	1	20	輪船中，屬華籍者有 2 艘 404 噸。木船全為華籍。

以重慶海關為例，1920 年代上半期對長江上游四川地區航運來說，乃是一個相當關鍵的時期。自 1920 年起，輪船噸位數首次開始超越木船，此後輪船噸位數大幅成長，最後完全取代原有的華籍

[62] 重慶關〈本年海關進出船隻遵照總章行駛各數（1920）〉，上海通商海關造冊處譯，《中華民國海關華洋貿易總冊》，1920 年第 1 卷，頁 20。

[63] 重慶關〈本年海關進出船隻遵照總章行駛各數（1921）〉，上海通商海關造冊處譯，《中華民國海關華洋貿易總冊》，1921 年第 1 卷，頁 23。

[64] 重慶關〈本年海關進出船隻遵照總章行駛各數（1922）〉，上海通商海關造冊處譯，《中華民國海關華洋貿易總冊》，1922 年第 1 卷，頁 17。

[65] 重慶關〈本年海關進出船隻遵照總章行駛各數（1923）〉，上海通商海關造冊處譯，《中華民國海關華洋貿易總冊》，1923 年第 1 卷，頁 9。

[66] 重慶關〈本年海關進出船隻遵照總章行駛各數（1924）〉，上海通商海關造冊處譯，《中華民國海關華洋貿易總冊》，1924 年第 2 卷，頁 15。

木船，成為主要航運媒介。[67]如以曲線圖表示，將更可以清楚呈現輪船與木船之間的消長之勢。圖 2-1 為重慶港輪船與木船在噸位數上的比較、圖 2-2 則為輪船與木船在船隻數量上的比較。

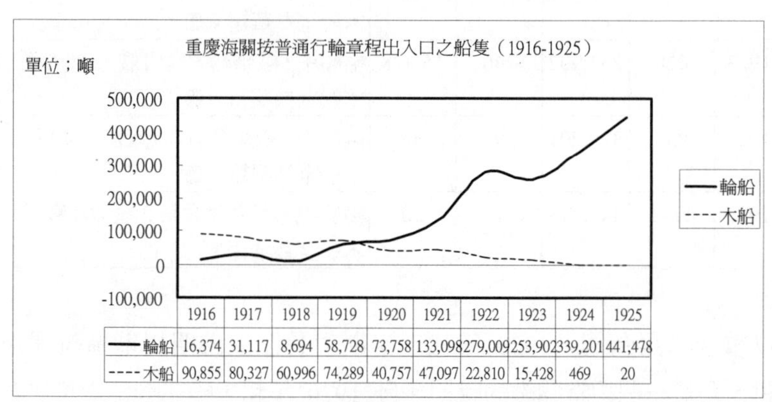

	1916	1917	1918	1919	1920	1921	1922	1923	1924	1925
輪船	16,374	31,117	8,694	58,728	73,758	133,098	279,009	253,902	339,201	441,478
木船	90,855	80,327	60,996	74,289	40,757	47,097	22,810	15,428	469	20

圖 2-1

[67] 長江上游重慶、萬縣、宜昌、沙市、長沙各海關，外籍輪船、華籍輪船與華籍木船的消長之勢不盡相同。重慶關的情形與其他關就有相當大的不同。茲另舉湖北宜昌關的例子，1925 年宜昌關輪船進出總數為 3116 隻、1449939 噸，其中華籍輪船有 432 隻、196241 噸，僅次於英籍與日籍輪船，居第三位。宜昌關華籍輪船有一定的競爭力，不似重慶關。不過就整體而言，輪船逐漸取代木船，為長江上游各關顯著的特徵，只是時間先後略有差別。如宜昌關因江面寬河水深，輪船數很早即超越木船數。見宜昌關〈民國十四年海關按普通行輪章程出入口之船隻〉、〈民國五年至十四年海關按照普通行輪章程出入口之船隻按年各數〉，上海通商海關造冊處譯，《中華民國海關華洋貿易總冊》，1925 年第 1 卷，頁 11。

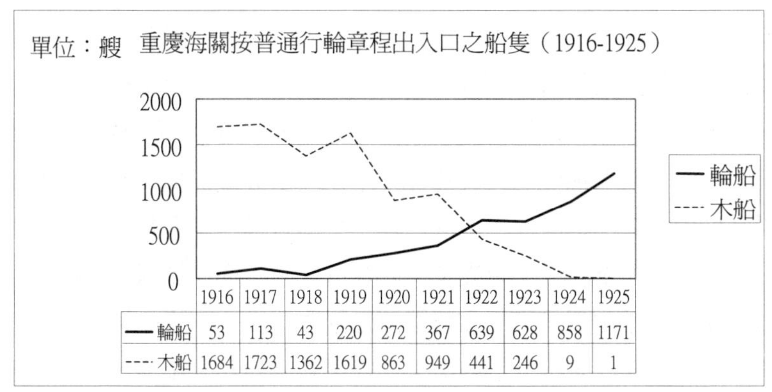

	1916	1917	1918	1919	1920	1921	1922	1923	1924	1925
輪船	53	113	43	220	272	367	639	628	858	1171
木船	1684	1723	1362	1619	863	949	441	246	9	1

圖 2-2

由上表與上圖中，可以發現華籍木船在短短 10 年之間，幾乎完全為外籍輪船所取代。雖然快速又安全的輪船出現，大幅改善了長江上游客貨運輸的品質，對一般旅客與商人來說，是很好的事情；[68]但是對於木船業者及相關產業來講，則是厄運降臨，勢必面臨相當大的衝擊。以航行宜渝段的木船來說，1921 年時估計約有兩萬艘木船，每船水手依船隻大小約 30-70 人，[69]故總計水手約 60-140

[68] 1921 年重慶商會與其他組織歡迎美商大來輪船公司老闆的邀請函中，即寫到「長江（上游）的客貨運輸以往是非常困難的情況，因為太少輪船航行其中。著眼於幫助與照顧乘客與貨物運輸，您建造了許多輪船航行在長江之中。僅僅一年多的時間，從重慶到上海的交通便利性已大幅改善。如此好的成就，是您帶來的……。我們謹祝福您與貴公司興隆昌盛如同旭日高昇。」Robert Dollar, *Memoirs of Robert Dollar*, p.91.

[69] 〈上流揚子江に於ける航運業（四）〉，《（日本）大阪朝日新聞》，1921 年（大正 10 年）1 月 14 日。不過，根據日本外務省留學生吉川重藏在 1931

萬。就木船維修業來說，自清末以至 1920 年代，僅重慶附近的巴縣就有木船修造廠 40-50 家，水木工 2000-3000 人，每年建造 30-100 噸木船 700-800 隻、修理大小木船 2000-3000 隻。(70)此外，木造帆船因本身並無動力，仰賴外力推動，若非順流而下，即靠帆船風力助勢，如需逆流而上，或於乾水期間行駛，則有賴縴夫以人力在岸邊拉行。(71)一旦木船業者失去客貨來源，從市場退去，不止木船船家、水手生活無著，木船業連帶附屬行業，如木船製造、維修業的木匠、鐵匠，縴夫業的縴夫、縴索舖等也頓失依靠，毫無生存空間：

> 舉凡船戶水手、縴夫之失業者，實繁有徒。不寧惟是，所有

年所作的統計，長江上游宜渝段木船數量雖有非常明顯的衰微，但總數量上遠不到 2 萬艘。

日本外務省留學生吉川重藏統計長江上游宜渝段木船數量（1931）										
年份	1919	1920	1921	1922	1923	1924	1925	1926	1927	1928
數量	846	682	623	629	324	339	140	30	96	3

由上表仍可以清楚發現，在輪船競爭下，木船逐年遞減淘汰的趨勢。而 1923 年木船數量幾乎腰斬一半，可能於當年四川爆發嚴重內戰，對木船任意徵調與科捐雜稅，造成木船業者難以為繼，迅速消失。〈峽江航路ニ關スル調查報告書〉，在中華民國日本公使館參事官矢野ヨリ外務省大臣幣原喜重郎殿宛，1931 年 12 月 4 日，日本外務省外交史料館藏，《外務省記錄》，F-1-5-0-2。

(70) 四川省交通廳史志編委會，《四川航運史志文稿》，頁 3。

(71) 縴夫主要出現在長江從兩湖到四川這段溯流而上的區域。除有隨船的縴夫外，在特別險要或水急之處，還有臨時縴夫，其數量為船員的 4-5 倍。見秦和平，〈川江航運與嘓嚕消長關係之研究〉，《社會科學研究》，2000 年第 1 期，頁 128。

> 民船航行而謀生者，無不受其影響，如造船家、修船廠、木匠、鐵匠、縴索舖、飯店等皆不聊生，因是而演激烈之情事，已有見端。[72]

為了對抗輪船入侵，部分船工縴夫即糾合成幫，專門襲擊、打劫輪船。[73]而當地原有地方勢力，如民船幫等，[74]面對輪船威脅，有時也訴諸於武力，糾合船戶包圍入港輪船，阻止輪船裝卸貨物。四川民船幫由來已久，明清時代各式民間船幫組織興起，僅以重慶巴縣為例，有以行政地區為名，如敘府幫、歸州幫；有以航行路線為名、如渠河幫；有以裝載貨物為名，如富鹽幫；也有以船型或船戶籍貫為名者。原則上說，「哪一幫船運哪一種貨，哪一條河的船，運哪一條河的貨，不能逾越，形成貨源與航線的把持」；此外，長江上游各處險灘也有特定縴夫組織把持，特地碼頭也有固定船幫控制。[75]條約特權護持下外國輪船勢力的侵入，無可避免會與當地原

---

[72] 〈中華民國十一年重慶口華洋貿易情形論略〉，上海通商海關造冊處譯，《中華民國海關華洋貿易總冊》，1922 年第 1 卷，頁 11。

[73] 馬烈，〈民國時期匪患探源〉，《江海學刊》，1995 年 4 期，頁 130-135。美國駐重慶領事即認為許多失業的木船船工加入匪幫，對往來的輪船進行開槍攻擊或騷擾。見"Changing Attitude of Chinese toward Foreigners," from American Consulate, Chunking to American Minister, Peking, June12, 1923, RIAC, 893.00/5170.

[74] 1922 年北京政府交通部公布〈航業工會暫行章程〉，次年重慶各木船幫即聯合組成重慶航業工會。見四川省交通廳史志編委會，《四川航運史志文稿》，頁 155。

[75] 四川省交通廳史志編委會，《四川航運史志文稿》，頁 154-157；日本外務省留學生吉川重藏，〈峡江航路ニ關スル調查報告書〉，在中華民國日本公使

有船幫及縴夫勢力產生衝突。

1921 年底重慶即爆發嚴重的木船與輪船之爭，木船幫業者以輪船行駛長江上游有損木船利益而策動了反對英、美輪船的暴動。76部分船幫試圖將外國輪船納入中國原有的航運規矩中，要求輪船只能運送固定貨物，稍有不從，則糾眾圍堵，包圍碼頭拒絕卸貨。重慶木船業者即要求輪船公司只能指定數種貨品與固定裝載量，而必須保留部分貨運給原有的木船業者，例如從重慶往宜昌（順流）運送的鹽、棉，木船就擁有獨佔的運送權，以及不准輪船在冬天低水位時航行於長江上游等。

1922 年 4、5 月間，先是英國怡和輪船公司（Jardine & Matheson Company）在重慶租用駁船碼頭，除了租約糾紛引起爭議外，原先使用該碼頭的木船業者也因失去碼頭使用權，而發起抗議活動。77之後 8 月間，懸掛法旗的福源號（SS *Fook Yuen*）輪船在重慶港裝運鹽，因木船幫認定運鹽應為木船的獨佔利益，乃起而抵制福源號。雖然法國軍艦當時就停泊在重慶附近，但木船業者仍在軍艦面前公然聚眾搗毀了福源號輪船，造成約美金 2 萬元的損失，福源號也被送往上海修理。78無獨有偶，萬縣港也發生民船幫因「快輪紛至、

館參事官矢野ヨリ外務省大臣幣原喜重郎殿宛，1931 年 12 月 4 日，日本外務省外交史料館藏，《外務省記錄》，F-1-5-0-2。

76 "Riots on the Yangtze: Steamer Versus Junk," *The Times*, October 28, 1921.

77 "Anti-Foreign Sentiment and Political Conditions in Szechuan," from American Consulate, Chunking to the Secretary of State, May 2, 1922, RIAC, 893.00/4433.

78 福源號船東為中國人，但是向法國領事註冊，取得懸掛法國旗的權利。經過此暴力攻擊事件之後，福源號所屬輪船公司決定以後不再承運鹽。關於福源號事件，可以參見〈中華民國十一年重慶口華洋貿易情形論略〉，上海通商

生計幾絕」，乃採取恐嚇手段，抵制輪船，「半著成效」。(79)萬縣等地木船業者要求外國輪船公司不得運載體積龐大的貨物，如桐油、糖、鹽以及三級黃紙；(80)其具體作法，乃攔械偽裝登上輪船，以暴力綁架替外國輪船領航入港的中國領航員，藉此阻礙輪船進港，並以死亡威脅領航員，如其繼續替外國輪船領航進入萬縣運載桐油，將不惜殺害其個人以及其家人的生命。(81) 1922 年即曾發生木船幫公然殺害外國輪船領航員的例子：

> 木船幫對於外國輪船上的領航員有相當的控制力。……即使在裝貨時（外人）提供適當的保護，仍然無法確定領航員是否願意冒著生命危險為裝著桐油的船隻領航。就在兩年前

海關造冊處譯，《中華民國海關華洋貿易總冊》，1922 年第 1 卷，頁 11；"Political Conditions in Szechuan," from American Consulate, Chunking to American Minister, Peking, August 20, 1922, RIAC, 893.00/4694; "Commander, Yangtze Patrol Force to Commander-in-Chief, Asiatic Fleet," September 24, 1922, RIAC 893.811/479; "The Minister in China, Peking to the Secretary of State, Washington" November 21, 1922, RIAC, 893.811/481; "400 Junk Men Would Destroy River Steamer: Salt Boat Attacked and Is Damaged So It Must Wait in Szechuen," *The Evening Star*, September 4, 1922.

(79) 〈中華民國十一年萬縣口華洋貿易情形論略〉，上海通商海關造冊處譯，《中華民國海關華洋貿易總冊》，1922 年第 1 卷，頁 12。

(80) "Jardine Steamer Attacked: Junk Men of Yangtze Gorges and Their Intense Jealousy of New Steam Transportation ," *The North China Herald*, May 26, 1923.

(81) 此為 1923 年 5 月發生在萬縣的例子，當地船幫登上進入萬縣運載桐油的美籍輪船美仁號（*Mei Ren*）號，將領航員綁走，威脅其不可再為輪船領航。"An Occidental 'Outrage'," *Peking & Tientsin Times*, June 25, 1924; "The Scandal of the Upper Yangtze," *The North China Daily News*, June 12, 1923.

> （1922 年），一名領航員引領一艘懸掛法國旗的輪船溯江而上，雖然木船幫發出警告，但領航員還是為裝著貨物（桐油）的船隻領航而下。該領航員最後在光天化日之下，於重慶一條熱鬧的街上被刺身亡，心臟被取出。木船幫為了控制長江上游的交通，似乎無所不用其極。[82]

此法似乎相當有效，讓許多領航員膽顫，不敢再替承運桐油的輪船領航。

除了暗殺領航員之外，部分極端的木船幫眾還可能出現破壞輪船設備，甚至私自更動航標或訊號，造成輪船觸礁、擱淺或翻覆的極端行為。美國駐重慶領事即十分擔心，雖然木船幫仇恨的對象是輪船，並非外國人本身，可是因為絕大部分輪船是由外國人經營的，此股仇恨最後會轉移到外國人身上，形成排外運動。[83]

1923 年 5 月間，就發生萬縣船工集體攻擊外國輪船事件。英國怡和輪船公司所屬的福和號（Fuh Wo）駛抵萬縣港之際，當地木船業者誤以為該船是為裝運桐油而來，違反輪船公司與木船業者之間輪船不運桐油的默契，失業的木船幫眾們隨即敲鑼打鼓號召群眾

---

[82] "Junk Guilds Terrorize Pilots, Wood Oil Cargoes held up at River Ports," *The China Press*, July 7, 1924.

[83] 美國駐重慶領事館在 1923 年即報告有部分木船船工登上一艘懸掛法國旗的輪船，拆掉其內部裝備與引擎，還有船工暗殺替一艘法國輪船（運鹽）引水的中國領水人。船工的目的，無非想讓輪船只能停在港口內，不能出航。見 "Changing Attitude of Chinese toward Foreigners," from American Consulate, Chunking to American Minister, Peking, June12, 1923, RIAC, 893.00/5170.

攻擊輪船，並毆打、綁架部分船員及幫助卸貨的工人，不准輪船進行卸貨。直至船長澄清此行並未裝載桐油，並保證將來不裝載禁運貨物之後，包圍輪船的群眾才逐漸散去。[84]不久，美國美華輪船公司（West China Navigation Company）所屬美仁號（US *Mei Ren*）輪船，也遭到萬縣木船幫的暴力威脅與抵制，恐嚇要殺害替美仁號服務的華籍領航員及其家屬，成功使領航員心生畏懼不敢接受任務。[85]美國海軍派洛斯號（USS *Palos*）艦長坦承，木船幫眾的死亡威脅，對輪船上的華籍領航員非常具有嚇阻作用；因為美國軍艦可以保護輪船，也能保護輪船正常裝運桐油，但卻無力保護領航員及其家屬。[86]最後，美華公司被迫與萬縣木船業者達成桐油運輸協議，萬縣港60% 的桐油將由輪船運輸，保留剩下的 40% 讓木船運送。[87]

1924 年 5 月，萬縣及其他 9 個城鎮的木船幫聯名致函萬縣海關監督，請求劃分輪船與木船承運項目，確保木船航運生計。信中細述輪船進入長江上游後十大影響：

---

[84] "Jardine Steamer Attacked: Junk Men of Yangtze Gorges and Their Intense Jealousy of New Steam Transportation," *The North China Herald*, May 26, 1923.

[85] "Nielson, Monocacy to Commander, Yangtze Patrol," June 2, 1923, Box 728 WA-7 file, RG 45, National Archives and Records Administration, Washington, D.C.(NA), cited from William Reynolds Braisted, *Diplomats in Blue: U.S. Naval Officers in China, 1922-1933* (Gainesville: University Press of Florida, 2009), p.83.

[86] "Simpson, Palos to Commander, Yangtze Patrol," July 2, 1923, Box 778 WA-7 file, RG 45, NA, cited from William Reynolds Braisted, *Diplomats in Blue: U.S. Naval Officers in China, 1922-1933*, p.83.

[87] "Misleading Articles in the *North China Daily News*," American Consulate General, Shanghai to the Secretary of the State, Washington & American Minister, Peking, June 13, 1923, RIAC, 893.811/531.

一、輪船搶走貨物，完全切斷木船的生計；二、輪船高價運承攬客運，賺取鉅額獲利；三、與木船相比，輪船僅許少量人力；四、輪船為了省錢，行駛抄捷徑開快船；五、在狹小河道處，滿載貨物的木船極易被輪船浪沈；六、輪船不願停船與岸邊之人從事生意往來；七、木船夫常因輪船引起的波浪而落入河中溺斃、八、輪船靠自有動力航行三峽，使得許多縴夫因而失業；九、航行的輪船對岸邊的農作物造成巨大損傷、十、輪船的到來使許多木船夫失業。88

木船幫眾要求上行的棉花、瓷器、織物與海草，以及下行的桐油、鹽、糖與紙均必須由木船運送，如果輪船業者拒絕此要求，則後果自負。英國駐華公使麻克類即曾為萬縣船民的威脅恫嚇，向外交部提出抗議：

英公使麻克類（1924 年 7 月）26 日照會外部，謂據重慶領事電稱，現在萬縣人民發□仇視英人之運動。該地民船幫，發生（出）一種強烈通告，不准船戶為裝運桐油之英輪引水，違者殺其全家，此與本國僑商營業，至有妨礙，而中國官廳

88 "Petition of Junkmen's Guilds to Superintendent pf Customs," circulated May 1924, in Eugene T. Oates, Monocacy to Commander, Yangtze Patrol, July 1, 1924, Box 433, OY Files, RG 45, NA, cited from William Reynolds Braisted, *Diplomats in Blue: U.S. Naval Officers in China, 1922-1933*, p.82.

則視若罔聞，不加禁阻。[89]

但北京的外交交涉不可能改變遠在長江上游地區木船與輪船之爭的生態，也不可能僅憑一紙外交抗議照會，就終止木船幫眾對輪船的仇恨。

簡言之，在技術條件上，無論是航行速度與裝載量，木船幫眾均無力與輪船競爭，只能選擇落草為寇，以搶劫輪船為業，或是透過原有幫會組織，以暴力抗爭、恐嚇模式包圍碼頭，威逼輪船業者讓步，取得某些貨品專運之權，維持最低限度的生存空間。[90]不過，輪船取代民船、木船畢竟為大勢所趨，這些搶劫、武嚇手段不過是其苟延殘喘之舉，絲毫不能改變現實情況：

> 然而，儘管有這些保證（即輪船公司保證不運載桐油、糖、鹽等），木船貿易還是萎縮了……充其量只有一小部分（維持營運）。損壞的木船甚少維修，（原本）為數甚多的同業公會逐年解散。與此同時，輪船數量增加，在噸位上也迅速增加，他們的航線已經穿過重慶、遠及更上游的地區。[91]

---

[89] 〈萬縣民船幫通告：不為英輪引水，違者殺其全家〉，《晨報》（北京），1924 年 7 月 28 日，第 3 版。

[90] 〈中華民國十二年重慶口華洋貿易情形論略〉，上海通商海關造冊處譯，《中華民國海關華洋貿易總冊》，1923 年第 1 卷，頁 7。

[91] "Jardine Steamer Attacked: Junk Men of Yangtze Gorges and Their Intense Jealousy of New Steam Transportation ," *The North China Herald*, May 26, 1923.

木船在輪船競爭下迅速沒落，固然與先天技術條件有關，但長江上游地區戰亂不斷，兵匪橫行造成的失序情況，也是促成木船沒落的主因之一。因為中國商民即或再有民族主義情節、視外國輪船為帝國主義入侵者，也無法抗拒兵匪問題所帶來的重大損失。[92]萬縣代理稅務司 1923 年即報告「民船為軍人徵調，出入甚少，絕對不能與輪船競爭」，冬季水淺輪船停駛，木船業務「始復活，然前途頗堪悲觀。」[93]日本駐宜昌領事也觀察到類似現象：1923 年底湖北、四川內戰期間「宜昌、重慶間民船貿易相當危險，遭到重大打擊，不過外國輪船的航行則並未特別危險」。[94]航行途中匪徒的打劫、軍隊的騷擾徵稅，以及木船船上盛行的竊盜事件，諸如此類航行安全問題使得中國乘客與貨主多半以輪船而非木船為優先考量了。[95]

其次，在長江上游宜昌、重慶間輪船航運日趨蓬勃之際，外商

---

[92] 例如川鹽輸出以往多用木船，但四川內戰期間，軍閥任意徵調木船或是對運鹽木船非法課徵附加稅，漸漸導致鹽商對木船運輸望之卻步，為避免軍閥騷擾勒索，乃轉而委託外國輪船承運。川軍對運鹽木船非法課徵附加稅，見“The General Threatens to Seize Salt Tax, Receipts at Ichang,” *The China Press*, January 4, 1923；鹽商轉向輪船承運，見“Machinery Versus Manual Labor: The Junkmen’s Demonstrativen Protest,” *The North China Daily News*, September 11, 1922.

[93] 〈各埠商情：萬縣〉，《上海總商會月報》，3 卷 8 期（上海，1923 年 8 月），頁 15-16。

[94] 〈森岡領事ヨリ伊集院外務大臣宛〉，1923 年 11 月 10 日，《外務省記錄》，5-3-2/ 5-1428。

[95] “Jardine Steamer Attacked: Junk Men of Yangtze Gorges and Their Intense Jealousy of New Steam Transportation,” *The North China Herald*, May 26, 1923.

與華商競爭激烈，彼此優劣之勢明顯。[96]茲以 1921 年長江上游四川地區萬縣與重慶海關統計，該年度進出該關蒸汽輪船（steamer）幾為外籍輪船，華籍輪船僅有一艘。

表 2-5　1921 年萬縣、重慶海關進出輪船照章行駛數

	萬縣海關[97]		重慶海關[98]	
	隻	噸	隻	噸
美船	194	45,274	99	33,992
英船	136	67,416	115	45,732
法船	275	95,082	152	53,340
華船	0	0	1	34
總計	605	20,772	367	133,098

一方面，原有木船業者在面對輪船的競爭下，逐漸消失在歷史舞臺上。二方面，華籍輪船業者之所以無法與外籍輪船業者競爭，主要原因還是在於當地大小軍閥的干擾。[99] 1922 年 9 月，輪船招商局

[96] 不只長江流域，歐戰後中國內河航運泰半受到外輪的入侵，「舊式帆船固不足以言競，而中國自辦之輪船，亦僅招商一局，稍具規模。……全國航輪千餘艘中，我之所有，不過兩百餘，僅得五分之一，可謂賓主易位之甚者矣」。見徐世昌，《歐戰後之中國》，頁 90。

[97] 〈萬縣關貿易船隻〉，上海通商海關造冊處譯，《中華民國海關華洋貿易總冊》（臺北：國史館史料處重印，1982），1921 年第 1 卷，頁 19。

[98] 〈重慶關貿易船隻〉，上海通商海關造冊處譯，《中華民國海關華洋貿易總冊》，1921 年第 1 卷，頁 23。

[99] 四川省交通廳史志編委會，《四川航運史志文稿》，頁 195。此外，據統計，1920 年代長江上游川江流域華輪負擔的稅捐項目高達 20 幾種，年稅捐

呈交通部文中，即提及外輪與華輪在長江航運的優劣之勢：

> 國內連年兵戈水旱，船逾多而貨逾少，外商既一再跌價招徠，貨由外輪承運，且可免軍隊之騷擾稽查，于是人爭趨重洋商，而華商輪船益難與之爭衡。[100]

同年度美國海軍長江巡邏隊的報告也敘述了相同的情況：

> 所有懸掛中國旗的輪船現在都沒有營運了。看來原因是：在上一次的戰爭中，所有中國輪船都被軍隊徵用，這當然摧毀了他們的生意、造成虧損。其次，在平時正常的時候，四川軍隊又對他們勒索科捐重稅。[101]

雖說軍閥發生內戰、阻礙輪船航運時，外籍輪船業者亦同受害，但是軍隊徵調船隻多用華船，畢竟外籍輪船受條約保護，軍隊染指徵用情形較少。反觀華籍船隻，不論輪船或木船，一遇戰事，悉數全

總額不下40餘萬元。舉長江上游宜昌一地，該地稅捐與航運有關，即有護送費、江防費、送船費、護商費、驗票費、船釐、團防費、驗船費等。見江天風主編，《長江航運史（近代部分）》，頁247；於曙巒，〈宜昌〉，《東方雜誌》，23：6（1926年3月25日），頁55。

[100] 〈商辦輪船招商局呈交通部文〉，1922年9月，收錄在交通史編纂委員會編，《交通史航政編》（南京：交通史編纂委員會，1931），第3冊，頁1075。

[101] "Commander, Yangtze Patrol Force to Commander-in-Chief, Asiatic Fleet," September 24, 1922, RIAC 893.811/479.

遭軍用，商用航運完全停頓，難以維持正常營收。長江兩岸匪徒亦以華船為優先打劫對象。[102]表 2-4 中，華籍輪船數目變動甚大，少時僅 1-2 隻、數百噸（1921、1925 年），多時則達 81 隻、15097 噸（1923 年），原因在於華籍輪船為避免軍用徵調與其他干涉，往往改掛外國旗幟，托庇於條約保護，以利航運。[103]以 1923 年的情況為例，根據《中外經濟週刊》的調查，經營長江上游（含川江）航運事業的華籍公司共有 15 家，其中只有 3 家懸掛華旗，其餘 13 家均選擇與外商合作懸掛外國旗幟。[104]

---

[102] 〈中華民國九年重慶口華洋貿易情形論略〉，上海通商海關造冊處譯，《中華民國海關華洋貿易總冊》，1920 年第 1 卷，頁 13-15。

[103] 例如輪船招商局董事會 1920 年 12 月 10 日第 161 次會議議事錄即有以下的記載：「輪船行駛（川江）僅恃國旗，萬分危險，似應與洋商妥酌掛（外）旗以資保護，應如何商訂條件免礙主權之處……公議現在川輪情形非掛旗不可，應公推傅董事與英法美三國領事妥慎籌商……。」見南京中國第二歷史檔案館藏，《招商局檔案》，468②/304，引自聶寶璋、朱蔭貴編，《中國近代航運史資料》（北京：中國社會科學出版社，2002），第 2 輯（1895-1927），上冊，頁 661-662。

[104] 〈四川之船業〉，《中外經濟週刊》，131（上海，1923.9），頁 1-5。

長江上游地區與華商有利益關係之輪船公司懸掛外旗情況（1923 年）		
公司名	擁有輪船名	懸掛旗幟國別
新友	昌大、昌運	義國
捷江	其南、其川、其來、其平、宜賓、彝陵	美國
裕華	平安、平福、平和	義國
亞通	亞通	義國
江源	江源、江陽、揚子江、金沙江、嘉陵江	瑞典
福興	福興	義國
定昌	定昌	義國
嘉利	□陵、嘉禾	義國

總結來說，本國輪船業者受到四川軍閥內戰的影響，輪船常遭徵調與阻礙，無力與外國輪船競爭，[105]只能將所屬輪船改登記在外國洋行名下，懸掛外旗，以免軍閥騷擾徵用。[106]尤其是長江上游懸掛法國旗的輪船實際幾乎多是中國人所有。[107] 1925 年上半年長江上游新增的 4 艘義大利籍輪船與 3 艘瑞典籍輪船，其船主實際上全

吉慶	吉慶、長慶	法國
聚福	福源、福同、福來	法國
匯通	泰來	義國
招商	江慶、美仁	法國
遠東	中孚	中國
瀚平	永陵	中國
峽江	渝江、蓉江	中國

[105] 關於 1920 年代前後長江上游川江航線華輪與外國輪船的消長，亦可參見張友誼，〈重慶開埠以來川江航運業研究〉，《重慶三峽學院學報》，4：19（2003），頁 54-55；劉宏友、徐誠主編，《湖北航運史》，頁 308-311；王洸，《中國水運志》（臺北：中華大典編印會，1966），頁 192-193。

[106] 例如川江輪船公司因蜀亨號輪船在 1921 年初上行重慶途中，遭軍閥徵用，嚴重影響營運，迫於情勢乃於 1921 年 2 月將所屬「蜀亨」、「新蜀通」兩輪寄附在法商聚福洋行之下，懸掛法旗，「蜀和」則長期懸掛義大利旗。江天風主編，《長江航運史（近代部分）》（北京：人民交通出版社，1992），頁 247；〈上流揚子江に於ける航運業（三）〉，《大阪朝日新聞》，1921 年（大正 10 年）1 月 12 日。

[107] 日本駐宜昌領事館給外務省的報告中，即表明航行長江上游宜渝段懸掛法國旗的輪船，包括中法輪船公司的鴻江號、鴻福號，招商局的江慶號，峽江輪船公司的峽江號，聚興誠公司的吉慶號，聚福洋行的福源號等，實際上均為中國人所有。其目的在託庇於法旗之下，避免軍閥隨意徵用輪船，見〈揚子江上流ニ於ケル列國航業ノ發展〉，在宜昌清水領事代理來信，1922 年 3 月 12 日，日本外務省外交史料館藏，《外務省記錄》，3-6-4-36-5。

是中國人，同樣也是為了託庇於外國保護，而改懸掛外旗。[108]北京外交部雖曾以「有礙國體」為由，通電要求中國輪船不得懸掛外旗，必要時改懸紅十字旗，以避免軍隊的騷擾。[109]但是在商言商，外國旗幟所能提供的保護與作用，遠遠高過紅十字旗，所以就商業利益的考量，懸掛外旗還是比較保險的作法。[110]

最後，相當弔詭地，以往被中國人視為帝國主義、外國特權，極力想除之後快的不平等條約，在兵災連年的長江上游四川地區，反而是華商輪船業者賴以維生、依恃的保護傘。

三、浪沈、抵制與砲擊

> （川江）浪沈案件，雖有時由於民船之犯險，咎由自取；而外輪罔顧一切，任意橫行，以致肇禍者，實居多數……。外輪撞沈華船往往賠不足數，或竟藉詞遁飾，案懸莫決……。職是之故，川人與外輪公司發生齟齬，積不相能，由來已非

---

[108] "Steam Navigation on the Upper Yangtze," from American Consulate in Chungking to the Secretary of State, May 16, 1925, RIAC, 893.85/18.

[109] 「外部電長江各省長官，禁止中國商輪懸掛外旗，有礙國體，凡通過戰區時，由各該處防軍保護，不得已時，用赤十字旗幟。」見〈北京電〉，《益世報》（天津），1923 年 8 月 5 日第 2 版。

[110] 華輪改懸掛外旗，目的無非想託庇於條約列強之下，省去軍隊與土匪的干擾，提高運輸往來的方便性與安全性；其性質與第二次大戰之後世界海運市場逐漸盛行的船舶登記制度——權宜輪相類似，藉由登記為外國船籍，拓展航運範圍，提高自己的競爭力。關於權宜輪制度，可以參見王洸，《中華水運史》，頁 643-644。

一日。[111]

輪船進入長江上游地區後，輪船撞沈或浪沈木船之事時有所聞。主要乃因長江上游峽谷地區，水流湍急、險灘處處，可讓船隻順利通過的安全航道十分曲折、狹小，而缺乏自有動力的木船，本身即極易受風向、漩渦或河水流向的主導而偏離航道，加上木船有時為躲避隱藏在暗流中的礁石，往往忽然偏離原有航道，使得行駛經過的輪船閃避不及而發生碰撞，造成木船翻覆。[112]尤其噸位大、速度快的輪船，如不減低航速，保持安全距離，其尾浪就足以浪沈噸位小、速度慢的木船。據統計，1911-1919 年，每年木船因輪船而造成的船損，僅上行就有 100 艘以上；1916 年更達到高峰，上行因輪船而造成的船損有 250 艘、下行 49 艘，共計 299 艘。[113]

頻繁的撞沈、浪沈事件，本已惹得民怨四起，再加上事後的責任歸屬調查難以釐清事故原因，輪船公司不願進行善後賠償，使得浪沈糾紛多半懸而未決，百姓的損失也得不到適當的彌補，最後形成百姓仇視輪船的現象。特別是當浪沈木船的輪船是屬於外國公司，懸掛外國旗時，民眾的仇外情緒更為高昂。[114]英國駐華公使館

[111] 金問泗，〈英艦非法砲擊萬縣案經過情形之回顧〉，《東方雜誌》，27：15，頁 35-36。

[112] Robert Dollar, *Memoirs of Robert Dollar*, pp.94-95.

[113] 江天風主編，《長江航運史（近代部分）》（北京：人民交通出版社，1992），頁 238。

[114] Ann Reinhardt, *Navigating Imperialism in China: Steamship, Semicolony, and Nation, 1860-1937*, p.160.

也坦承四川軍民對於英、美輪船的仇恨是合理的，因為輪船浪沈木船，船上人員與財產往往遭受重大損失，輪船船主卻又多拒絕補償。[115]為避免浪沈事件一再發生，同時釐清輪船與木船航行時應負的責任，早在 1918 年海關即曾制訂〈長江上游航行章程〉，規定木船航行時如遭遇輪船，必須立刻靠邊讓輪船優先通行，輪船則必須盡量減速避免危及木船安全；如不幸發生浪沈事故，輪船則應盡可能拯救落水百姓。輪船或木船如有違上述規定者，將被課以罰金（輪船罰金至高以 500 兩為限、木船則不超過 100 兩）。[116]然而，此章程規定過於籠統，加上雖訂有罰則，但外國輪船受領事裁判權的保護，任何的處罰，均必須透過該國領事為之。而領事在調查處理時，立場往往偏向其本國商人，難免有包庇輕縱之嫌。[117]因此，外國輪船浪沈木船的情況還是持續出現：

> （洋商輪船）遇此眾多民船於危險之途，亦未嘗收斂速度，其結果不免使民船觸其怒濤，即行覆沒，所損貨物，既係寶貴之品，而所損生命，又數鉅大之數，本埠（重慶）人民，於

---

[115] "Annual Report of Events in China for the Year 1921," Sir B. Alston to the Marquess Curzon of Kedlestone, Foreign Office, February 14, 1922, FO371/8033.

[116] 〈長江上游航行章程〉共 20 條，1-2 條規定訊號站、3-7 條規定木船航行注意事項、8-16 條規定輪船航行注意事項、17-19 條規定罰則、20 條規定輪船訊號。見"Upper Yangtze Navigation Regulations," 1918, RIAC, 893.801/14.

[117] 例如 1920 年英國輪船威陛號在江寧附近撞沈中國木船，外交部駐江寧交涉員多次與英國領事交涉，希望英國領事開庭審訊此案，以釐清責任歸屬，但英國領事卻以審判為英領權限，拒不受理此案。見〈外交部照會英國駐華公使館〉，1920 年 8 月，FO228/2028。

此種洋商輪船公司均懷惡感，竭力反對。[118]

浪沈事件引起的中外衝突，除了歸因於外籍輪船公司違規超速行駛，不顧民船、木船安危，以及受領事裁判權的影響、投訴無門外，其實中國木船業者本身也必須負很大的責任。船主往往貪圖多運，以致裝載過重，但舢舨又過低，不足以保護安全，是故一旦遇輪船駛過，甚易翻覆。[119]美商輪船公司即認為「長江上游木船貿易的（浪沈）損失，很大一部分是因為木船未留有足夠的乾舷，事實上木船甲板將近貼近水面，所以其他船隻從旁駛過，自然會造成慘案」。[120]英商輪船公司也認為，「除非海關制訂航行法規，嚴格規定木船必須保留至少 2 呎的乾舷，否則無論輪船如何小心行駛，浪沈事件還是會發生」。[121]但是木船、民船之所以超載，有時並非船主自願，而與四川當地軍閥內戰頻仍不無關係。如 1921 年 8 月川軍整兵攻鄂，往來調動均仰賴民船運輸，但因外國輪船公司堅守中立拒絕裝載軍隊，川軍只得盡數徵用華船，但所用木船駕駛，卻多

[118] 〈中華民國十年重慶口華洋貿易情形論略〉，上海通商海關造冊處譯，《中華民國海關華洋貿易總冊》，1921 年第 1 卷，頁 15-16。

[119] 〈中華民國十三年重慶口華洋貿易情形論略〉，上海通商海關造冊處譯，《中華民國海關華洋貿易總冊》，1924 年第 2 卷，頁 8。

[120] 美商公司建議木船應至少保持 2 呎的乾舷，否則海關應拒絕該木船結關離港，藉此防止浪沈事件發生。見"The Standard Oil Company of New York, Robert Dollar Company and American West China Navigation Company to American Consul General, Shanghai," March 19, 1922, RIAC, 893.801/15.

[121] "Letter from British Consul General, Shanghai to American Consul General, Shanghai," March 2, 1922, RIAC, 893.801/15.

為無經驗之人，加以超載人貨，行船甚為危險。此類木船於航行途中，如遇外籍大型輪船逆流高速行駛，「即受鼓浪之危」。換言之，川軍強徵木船運送，駕駛無經驗又超載，一遇疾駛的洋商輪船，難免發生浪沈。船商百姓因此遭受重大生命財產損失，轉而痛恨外籍輪船。

究其實際，依據重慶海關的看法，川軍、浪沈與百姓抵制三者間有密切的因果關係：川軍不顧行駛條件惡劣徵用木船往來運輸在先，外籍輪船行駛過快不顧木船安危造成浪沈在後，軍民同遭嚴重損失卻無法索賠，最後形成中國軍民合力抵制外籍輪船。[122]具體抵制行動，表現在裝卸與航運兩個方面：一方面百姓抵制外國輪船正常裝卸貨物、二方面為軍隊頻頻槍（砲）擊行駛於長江上游的外國輪船。[123]

就民眾抵制來說，由於浪沈危及當地居民與木船業者的生存，洋商輪船公司不但沒有解決之道，反任由輪船超速行駛，對於賠償問題也未積極處理，因此最終往往產生大規模抵制活動。因 1922 年又將有 6-7 艘新輪船加入長江上游航運市場，屆時可能產生頻繁的輪船浪沈事件，以及更為嚴重的抵制運動，故木船主及四川鹽商

---

[122] 〈中華民國十年重慶口華洋貿易情形論略〉，上海通商海關造冊處譯，《中華民國海關華洋貿易總冊》，1921 年第 1 卷，頁 15：“Boycott of upper Yangtze Steamers: Exciting Incidents as A Result of the Sinking of Junks; Allegations of Callous Behavior; Scheme for Compensation; Severe Loss in Trade but Revival Since,” *North China Daily News*, July 24, 1922.

[123] “Annual Report of Events in China for the Year 1921,” Sir B. Alston to the Marquess Curzon of Kedlestone, Foreign Office, February 14, 1922, FO371/8033.

乃訴請重慶海關監督出面，於 1921 年 8 月約集當地外國領事與相關輪船公司，商談解決之道，試圖以限制輪船行駛速度、制訂行船期限，減低浪沈發生機率，緩和中外衝突。但由於大型輪船洋商並未配合，因此民怨持續沸騰。[124] 1921 年 9 月，重慶居民組成「大中華重慶國民外交後援會」，起而號召所有中國商人與碼頭工人共同抵制洋商，要求禁止造成木船浪沈之輪船起卸貨物，阻斷正規輪船航運。在旁警戒的美國軍艦派遣水兵登岸驅散抵制民眾時，又不幸造成一名百姓的死亡，故又引起更為龐大的抵制與反外運動。舉凡美國大來公司的大來喜（SS *Alice Dollar*）、大來裕（SS *Robert Dollar II*），英國隆茂洋行（Mackenzie & Company）的隆茂號（SS *Long Mow*）、亞細亞石油公司的安瀾號（SS *Anlan*）、法國的江慶號（SS *Kiangching*）等輪船俱在抵制之列。[125]

> （1921 年）9 月初重慶方面有一抵制團體之成立，對於各該輪船不再裝貨卸貨，苦力工人一致加入，實行甚嚴，以致各輪船竟不能得苦力裝卸貨，祇得空船開駛。同時有輪船數艘，

[124] 〈商情：重慶，兵匪勢力下之四川商業談〉，《上海總商會月報》，2 卷 8 期（上海，1922.8），頁 17-19；"The Junks Sunk in the Gorges," *The North China Daily News*, January 3, 1922.

[125] "Weekly Report of Operations, for Week Ending 29 October, 1921" from Commander, Yangtze Patrol Force to Commander in Chief, Asiatic Fleet, October 31, 1921, RIAC, 893.00/4184; "Annual Report of Events in China for the Year 1921," Sir B. Alston to the Marquess Curzon of Kedlestone, Foreign Office, February 14, 1922, FO371/8033; Ann Reinhardt, *Navigating Imperialism in China: Steamship, Semicolony, and Nation, 1860-1937*, p.160.

對於開槍之兵士，以機關槍回答，以致風潮愈烈。軍事當局公然贊助抵制運動，於兩岸對各輪船施放重砲，各輪乃祇得停開。[126]

此次抵制運動似乎帶有民族主義反外色彩，因為抵制的對象幾乎都是外商輪船，中國輪船則不在抵制之列。然而，問題是中國輪船同樣也是造成浪沈木船的共犯之一，因此難免引起外國方面強烈的懷疑。美國海軍長江巡邏隊即認為這是一次有計畫的勒索行動：一方面藉由抵制外商輪船，獲取賠償金（例如隆茂洋行與大來公司即被迫分別預付 1 萬兩與 2 萬兩銀子，以供未來仲裁賠償之用），另一方面則藉此阻礙外商輪船的正規航運，讓未受影響、懸掛法國旗的中國輪船得以乘機擴大業務，大賺其錢。[127]美國駐重慶領事也認為抵制活動背後有官方運作色彩，因為地方官員出席商會會議後，即下令在浪沈事件解決前，所有商人不得委託大來輪船運送貨物。[128]英國外交部後來也注意到此一現象，特別命駐華盛頓使館提醒美國國務院「中國四川的反外傾向日益嚴重，可觀的政治騷動一再發生，中國學生階級明顯扮演主要的角色」，希望美國能提供相關資訊與報告。[129]

---

[126] 〈商情：重慶，兵匪勢力下之四川商業談〉，《上海總商會月報》，2 卷 8 期，頁 17-19。

[127] "Weekly Report of Operations, for Week Ending 29 October, 1921" from Commander, Yangtze Patrol Force to Commander in Chief, Asiatic Fleet, October 31, 1921, RIAC, 893.00/4184.

[128] "Political Events in Szechuan Province," from American Consulate, Chunking to the Secretary of State, September 1, 1921, RIAC, 893.00/4098.

[129] 英國使館代辦給美國國務院遠東司馬慕瑞的信件，"R. C. Craige to John Van

1920-1921 年間在中國各地遊歷訪問的法國政要伯納（Abel Bonnard），也覺查到部分四川官員也可能受到布爾什維克宣傳的影響，產生排外傾向，質疑外國人在華享有的特權地位。[130]

龐大的抵制運動迫使外國輪船不敢駛進四川，只能停泊在湖北宜昌，等待四川排外風潮稍歇。外國領事及輪船公司後來在強大抵制壓力與貿易損失的情況下，同意讓步，除賠償浪沈損失外，復制訂行船速率，中斷長達一月之久的長江上游航運始告恢復。[131]

A. MacMurray," May 8, 1922, RIAC, 893.00/4357.

[130] 伯納於 1920-1921 年造訪中國，並自宜昌乘坐法國軍艦 Doudart de Lagree 號，沿長江而上，深入四川遊歷。Bonnard 在軍艦艦長陪同下，曾拜訪四川軍政首長，其中留學日本的民政長即曾與 Bonnard 談論布爾什維克問題，並質疑為何法國不承認蘇維埃政權。此次晤談，讓 Bonnard 在這位四川首長眼中，看到了學生階級有的布爾什維克精神，「現今鼓動亞洲的思潮」。Bonnard 不禁懷疑此位官員「是否有可能同情布爾什維克，期盼將歐洲人趕離中國？」Bonnard 的中國遊記，可以參見 Abel Bonnard, Veronic Lucas, trans., *In China, 1920-1921 (En Chine, 1920-21)* (London: George Routledge & Sond, LTD., 1926), pp.200-202.

[131] "Annual Report of Events in China for the Year 1921," Sir B. Alston to the Marquess Curzon of Kedlestone, Foreign Office, February 14, 1922, FO371/8033.；〈中華民國十年重慶口華洋貿易情形論略〉，上海通商海關造冊處譯，《中華民國海關華洋貿易總冊》，1921 年第 1 卷，頁 15-16；"Political Events in Szechuan Province," from American Consulate, Chunking to the Secretary of State, Washington, September 29, 1921, RIAC, 893.00/4131. 最後化解抵制運動的方法，首先是由四川督軍召開會議，由外交部特派交涉員、民政長官、川軍第一軍與第二軍代表、以及外交後援會成員共同出席，最後決定成立一個仲裁委員會，由兩名外國人（重慶領事團代表與另外一位外國人）與兩名中國人（當地民政長官與商會會長）組成，負責處理所有相關浪沈事件。其次，則是由外國輪船所屬的領事館召開協調會議，由外商公司經

其次，就軍隊槍擊而言，四川軍隊往來運輸仰賴民船，同樣面臨外籍輪船浪沈的威脅，故對其深懷憤恨之心，形諸於外的就是層出不窮的槍擊輪船事件。浪沈事件發生後，川軍基於報復心態，任意攻擊往來輪船，外國領事雖一再抗議，但攻擊輪船情況仍一直持續。[132]之後，如遇外籍輪船高速駛近，為避免發生浪沈，船上士兵乃直接訴諸武力，透過槍擊輪船迫其減速，岸上士兵也仿效開槍射擊。久而久之，槍擊外籍輪船事件幾「無日無之」：

> （四川）軍士乘民船下駛者，遇輪船接近其船時，輒用槍彈射擊，以為可使輪船緩行。未幾，同部軍士之在岸者，亦接

理、川軍第一軍代表、抵制協會成員三方先行進行協商處理浪沈案件賠償問題，至於無法解決的案件，再交由仲裁委員會處理。此外，中外雙方也達成三點暫行規定：一、行駛宜昌、重慶之間的輪船，其由宜昌上行至重慶航行時間應在 4 日，不得少於 3.5 日，由重慶下行到宜昌則應在 2 日，不得少於 1.5 日；二、中國木船無論大小，所運貨物均不得超過樑柱板；三、小型木船必須裝有固定的防波板（washboard），且需保留 2 呎的乾舷（freeboard）。見“Boycott of Foreign Steamers at Chunking,” from American Consulate, Chunking to the Secretary of State, Washington, October 27, 1921, RIAC, 893.00/4149; “Weekly Report of Operations, for Week Ending 29 October, 1921” from Commander, Yangtze Patrol Force to Commander in Chief, Asiatic Fleet, October 31, 1921, RIAC, 893.00/4184.

[132] 例如 1921 年 8 月川鄂戰爭期間，川軍指責美國輪船大來喜號浪沈 4 艘載有川軍士兵的木船，大來裕則是浪沈 3 艘，因而引起川軍報復，紛紛開槍攻擊輪船，輪船上的美國水兵也開槍還擊，雙方猛烈交火。美國駐重慶領事為此事先後向川軍駐軍將領與四川外交交涉員提出抗議。見“Political Events in Szechuan Province,” from American Consulate, Chunking to the Secretary of State, September 1, 1921, RIAC, 893.00/4098.

踵繼起，零星開槍，射擊輪船無日無之。[133]

加上民眾抵制活動開始以後，軍隊受其鼓舞，不再僅以槍擊輪船作為報復之舉，反為變本加厲，甚至動用砲擊，阻止外商輪船行駛長江上游：

軍士負報怨之氣，以槍彈在下游射擊，迄無效力。然軍界因（浪沈）虧損甚鉅，委屈難伸，遂公然襄助抵制之動作。其阻止輪行之法，係沿江岸上，砲轟激烈而峽中尤甚，輪船從此停駛。[134]

無怪乎美國駐重慶領事檢討重慶地區人民的反外情緒及對外國公司的敵意，即主要歸因於外商輪船所造成的浪沈事件；[135]此外，四川軍系內部派系之爭，以及華輪與外輪生意之爭，同樣也可能造成抵制運動的擴大。[136]

---

[133] 〈中華民國十年重慶口華洋貿易情形論略〉，上海通商海關造冊處譯，《中華民國海關華洋貿易總冊》，1921 年第 1 卷，頁 15-16。

[134] 〈中華民國十年重慶口華洋貿易情形論略〉，上海通商海關造冊處譯，《中華民國海關華洋貿易總冊》，1921 年第 1 卷，頁 16。

[135] 此為美國駐重慶副領事 Howard Bucknell, Jr.於 1921 年 10 月與四川將軍劉湘談話時所得的觀感。見"The Vice Consul in Charge at Chungking (Bucknell) to the Secretary of State," November 12, 1921, Department of State (United States), *Papers Relating to the Foreign Relations of the United States, 1921* (Washington: Government Printing Office, 1938) (hereafter referred to as FRUS), Vol. I, p.533.

[136] 依據美國駐重慶領事館的觀察，此波抵制運動的原因有三：1.外國輪船公司

1921 年底的重慶大規模軍民抵制運動後，某種程度上震撼了外國在華公眾。1922 年，浪沈木船事件依然持續發生，為了亡羊補牢、避免新一波抵制行動出現，各國領事與相關輪船業者即著手反思善後之法。英國駐上海總領事館曾召集所有英國輪船業者代表開會討論未來處理長江上游浪沈事件的因應之道。此次英商會議認為要解決浪沈事件，必須授與海關充分的權力來制訂航運法規，規範所有華洋輪船與木船，故決定建議召集一次外國人大會，由所有與長江上游航運相關的外國業者與政府官員出席討論，凝聚共識。[137]美國駐重慶領事亦建議駐華公使，透過修改航行規定與制訂輪船

航行長江上游宜渝段航速過快，導致浪沈木船，引起不滿；2.無論槍擊輪船還是抵制運動，背後都有川軍第一軍但懋辛的影子，可見但懋辛一方面企圖討回被輪船浪沈而損失的軍餉，同時藉此外交議題來掣肘四川督軍劉湘；3.中國籍輪船公司刻意挑撥中國人對外籍輪船的敵視，以從中牟利。簡單歸納，就是外籍輪船航速過快（造成木船浪沈事件）、四川軍系內部鬥爭、華輪與外輪之爭等三大原因造成抵制運動。見"Boycott of Foreign Steamers at Chunking," from American Consulate, Chunking to the Secretary of State, Washington, October 27, 1921, RIAC, 893.00/4149.

[137] "Letter from British Consul General, Shanghai to American Consul General, Shanghai," March 2, 1922, RIAC, 893.801/15.該外國人大會後來於 1922 年 5 月 26 日在英國上海總領事館召開，正式會議名稱為「在長江上游航運有利益關係的英美航運公司代表會議」，出席會議人員除了英國與美國領事外，還有 3 家美商公司（大來洋行、美華輪船公司、美孚洋行）與 3 家英商公司（隆茂洋行、太古洋行、亞細亞石油公司）代表。該會議贊成修訂長江上游航行章程。見"Minutes of the Conference of the British and American Shipping Companies Interested in the Navigation of the Upper Yangtze, held on May 26th, 1922 at 4 p.m. in the Shipping Office of the British Consulate General," RIAC, 893.801/15.

航行指南等「實際的機制」（practical machinery）來預防浪沈與抵制問題；[138]而與長江上游航運相關的美商業者，則是建議應由海關稅務司、巡江事務處、華洋輪船公司、木船業者共同派代表籌組一個法規委員會，來制訂適合長江上游航運的法規。[139]

1922 年，各國駐重慶領事館開始共同推動增補長江上游航行章程的行動，嚴格規定木船不得超載（須保持乾舷至少 2 呎），輪船則必須遵守海關規定的航行速率與航行規定，不得趕時超速，希望藉此降低浪沈再發生的機率。[140]萬縣海關也曾推動一項規定，長江上游凡是開放外輪通行的港口，木船裝載貨物不得超重，必須預留 4 呎高的空間（乾舷）；如果木船未預留上述空間，則必須簽具切結書，如遭致輪船浪沈，將自負其責，希望藉此嚴格限制木船超載的情形。[141]此外，針對輪船在長江上游的航行速率，巡江事務處則另行制訂了〈長江上游宜渝段輪船航行指南〉，其中為避免輪船超速

---

[138] "Sailing Directions under Amendments to the Upper Yangtze Navigations of 1918," from American Consulate, Chunking to American Minister, Peking, March 28, 1922, RIAC, 893.801/15; "Amendments to the Upper Yangtze Navigation Regulation of 1918," from American Consulate, Chunking to American Minister, Peking, May 4, 1922, RIAC, 893.801/15.

[139] "The Standard Oil Company of New York, Robert Dollar Company and American West China Navigation Company to American Consul General, Shanghai," March 19, 1922, RIAC, 893.801/15.

[140] "Proposed Additions to the Upper Yangtze Navigation Regulations," Circular No. 76 of Diplomatic Body, Peking, April 7, 1922, RIAC, 893.801/14.

[141] "Chinese Owned Vessels Kwei Men and Tze Sui," from Commander, Yangtze Patrol Force to Commander in Chief, U.S. Asiatic Fleet, March 6, 1924, RIAC, 893.811/631.

浪沈木船，特別規定輪船行駛重慶、宜昌間的最少必要時間：輪船「從宜昌上行至重慶的航程，應至少在 4 日或以上，而且不論何種情況均不得少於 3 日」；從「重慶下行至宜昌的航程，應至少在 2 日或以上，而且不得少於 1 日」。該指南也規定了航程中輪船每日應停泊的地點，以及適當航速（上行航速為 8 節，下行航速為 15 節），藉此限制輪船趕時超速的行為。[142]

由以上行動可知，英、美領事官員與輪船業者的基本共識，就是透過增補、修訂長江上游輪船與木船的航行規定，將法規完備化，一方面藉此釐清輪船與木船的事故責任，二方面減少浪沈事件，從而解決外國輪船業者擔心的抵制問題。1923 年初，美國海軍也曾介入與四川軍隊協商：如有美國輪船浪沈木船情況時，希望川軍能先與最近的美國軍艦聯繫會商，而不要直接攻擊美國輪船；亦即美國海軍欲以事後協商補救措施，來避免川軍報復攻擊輪船的行動。[143]

然而紙上的作業，無論是增訂後的章程，抑或修改的規定，顯然還是無法阻止浪沈事故的繼續發生。長江上游四川地區，輪船浪沈木船事件依然此起彼落，「民船被輪衝沈，要求各輪公司賠償之事，層見迭出」。[144]浪沈事件既然無法遏制，民怨蓄積，各類華洋

---

[142] "Sailing Directions for Steam Vessels Plying on the Upper Yangtze between Ichang and Chunking," RIAC, 893.801/15.

[143] 此為 1921 年 1 月美國海軍派洛斯號與四川涪州駐軍石青陽、酆都楊春芳、萬縣但懋辛等部協商的情況。"Extract from Report Made by the Commander Officer of the USS Palos," January 13, 1923, RIAC, 893.00/4918.

[144] 〈中華民國十三年重慶口華洋貿易情形論略〉，上海通商海關造冊處譯，

衝突也就一再發生。例如 1924 年 8 月就發生英國怡和洋行輪船慶和號違章超速行駛，浪沈正承載軍隊的中國木船，而造成駐軍憤恨報復，強佔怡和碼頭、扣留慶和號輪船的重大衝突案件。⑭⑤ 1925 年 2 月在四川夔州附近又發生美國捷江輪船公司（Yangtze Rapid S.S.CO.）其川號輪船（SS Chichuen）浪沈木船事件，船上一名中國軍官與兩名士兵慘遭溺斃，夔州駐軍因而扣留其川輪以為報復。⑭⑥

另外一方面，關於浪沈事件引起的糾紛，以及四川當地人民投訴無門的景況，可以從美國海軍長江巡邏隊指揮官菲爾樸斯（W.W. Phelps）於 1922 年 9 月 30 日給美商大來洋行與美華輪船公司的一份書信中略窺一二。⑭⑦菲爾樸斯認為，長久以來賴長江航運為生的四

《中華民國海關華洋貿易總冊》，1924 年第 2 卷，頁 8。

⑭⑤ 慶和號輪船浪沈木船一案，經外交部轉行川黔邊防督辦調查，其原委如下：1924 年 8 月 5 日駐防重慶的黔軍第四旅部分解款官兵在乘坐木船靠岸候驗時，英國輪船慶和號違規駛近岸邊，且不顧木船上及岸邊眾人高呼「請開慢車」，仍執意加速通過，以致尾浪震動木船，造成木船上酒缸破裂接觸火源，引起大火，船上解款士兵 14 人及木船夫等均罹難，損失餉銀 3 萬元、步槍 12 枝、子彈 1200 發、火酒 54 缸、米 15 石。當時第四旅官兵「需餉正殷，驟聞此變，群情憤恨」，故聚眾包圍怡和碼頭要求賠償。見〈外交部照會英國駐華公使館〉，1924 年 12 月 20 日，FO228/2054。

⑭⑥ 該名中國軍官原欲乘坐其川輪，但因有違美船向不載中國軍人的規定，故遭到船長拒絕。其間該軍官所乘坐的木船不幸被其川輪所浪沈。事發後，夔州駐軍立刻扣留其川輪，也不准許船上外國乘客離船。駐防宜昌的美國軍艦愛爾卡諾（USS Elcano）號艦長隨即乘坐商用輪船前往宜昌調查，美國海軍官員也向湖北督軍蕭耀南提出嚴重交涉。其川輪被扣留三日後始被釋放。相關過程，見"Seizure of US Ship Bring Protest: Strong Representations by Naval Officers," *The Shanghai Sunday Times,* February 22, 1925.

⑭⑦ 此封信件的副本同時給了美國海軍駐防長江上游的兩艘軍艦（USS. *Palos*、

川人民，對於未經當地人民認可，而是透過條約特權、攘奪其生存權利的外國輪船，理所當然地懷有恨意。雖然浪沈事件的發生，木船本身也有所責任，可是不容否認地，浪沈事件發生後，外國輪船業者在領事裁判權的保護傘之下，受難的船民難以尋求法律管道討回公道。想要獲得合理的賠償與公道，四川船民們的投訴之旅是相當漫長的。

以中美輪船浪沈事件為例，由於領事裁判權規定，中外糾紛採被告審理主義，一旦發生美國輪船浪沈民船事件，船民們必須向當地美國領事，而非中國地方當局投訴。[148]在長江上游幾百公里的航程中，僅有重慶設有美國領事館，船民必須百里迢迢地前往重慶控訴，這趟旅途對於貧窮的船民來說，幾乎是不可能的任務。舉一個美國軍艦浪沈中國木船的例子，就可以知道中國受難者要討回公道是一件多麼曠日廢時之事：1917 年 10 月美國海軍派洛斯號（USS *Palos*）[149]在護送輪船美灘號（USS *Meitan*）溯長江上游航行時，因未

USS. *Monocacy*）。原文引自"The Commander of the American Yangtze Patrol Force (Phelps) to the Commanding Officer USS. 'Monocacy' (Nielson)," January 22, 1923, *FRUS, 1923*, Vol. I, pp.755-756.

[148] 領事裁判權規定，華洋混合案件，無論民事、刑事，均由被告一方所屬國家負責審理。因此如發生美國輪船浪沈中國民船事件，因中國為受害方（原告），美國輪船業者為被告，根據被告審理主義，應由美國領事或相關法庭負責審理。關於領事裁判權規定，可以參見 Kwan Hai-Tung, "Consular Jurisdiction: Its Place in the Present Clamor for the Abolition of Treaties," *Pacific Affairs*, Vol.2, No. 6 (June, 1929), pp.347-360.

[149] USS *Palos*，長 165 呎，主體於 1913 年建於美國加州法雷加（Vallejo, California）的梅爾島造船廠（Mare Island shipyard），後運到中國重新組裝，服役於長江上游地區。見 Kemp Tolley ed., *American Gunboats in China*

事先鳴笛，使得一艘中國平底木船受軍艦波浪影響而翻覆，造成兩人死亡、船上貨物全數損失的慘案。中國政府為此向美國當局要求賠償人員及貨物的損失。此案經美國海軍部調查，承認美國軍艦確有疏失，建議支付適當款項（美金 2413.79 元）以補償損失。1921 年 12 月，此項補償費用始獲眾議院通過，1922 年 3 月美國總統哈定（Warren G. Harding）將此案送交參議院認可，遲至 1923 年始獲參院通過，而進行撫卹。換言之，一件發生於 1917 年底的浪沈事件，儘管罪證確鑿，美國當局也承認過失，但耗時約 6 年，中美雙方多次往來交涉，受難者才能領到應有的補償。[150]可見求償之路並非易事，需要長時間的交涉與堅持。此外，依照美國規定，發生中美浪沈事件之時，如附近有美國軍艦，船民也可以向艦上美國軍官投訴。因為依據美國〈海軍規則〉第 720b 條，當領事不在場的地方，海軍軍官可以代行領事權限處理糾紛。[151]然而，向美國軍艦投

(Monkton, Md.: South China Patrol Association and Yangtze River Patrol Association, 1989), p.267; David H. Grover, *American Merchant Ships on the Yangtze, 1920-1941* (Westport: Praeger Publishers, 1992), p.12.

[150] 此案來龍去脈，可以參見："The Acting Secretary of State to President Harding," March 7, 1922, *FRUS, 1922*, Vol. I, p.828; "President Harding to the Senate and House of Representatives," March 9, 1922, *FRUS, 1922*, Vol. I, p.826：〈美兵輪撞沈陳炳林等貨船一案懸擱數年請催詢美政府速予賠償函：外交部致美舒使函〉，1922 年 11 月 1 日；〈陳炳林等貨船撞沈案請電美政府迅將償款清結免致該商家屬久罹困苦函：外交部致美舒使函〉，1922 年 11 月 29 日；〈美艦撞沈陳炳林等貨船案現值美國國會會期請迅為辦理以資結束函：外交部致美舒使函〉，1923 年 1 月 27 日：〈美使館覆函〉，1922 年 11 月（日不詳）、1923 年 2 月 2 日，均見於《外交公報》，22，政務，頁 3-7。

[151] 此規定見"The Vice Consul in Charge at Chungking (Spiker) to the Secretary of

訴美國輪船造成浪沈，對於船民來說，一樣是不太可能之事。而且，更多的浪沈事件，是發生在既無領事也無美國軍艦在場的流域，船民控訴無門。

因此每當發生外國輪船浪沈事件時，四川人民似乎只能訴於「原始與野蠻的攻擊」，將矛頭指向輪船。所以，輪船浪沈事件造成的四川民怨也就成為難以調解的中外衝突。[152]對於因浪沈事件引起的民怨，英國方面也是低調以應。英國駐華海軍司令認為英國海軍不應介入此類糾紛，以免激怒長江兩岸居民。[153]美國駐北京公使館以為要消除民怨，外國輪船船長在行船時應多加注意，除降低航行速度，在危險區域甚至應該停船，以避免浪沈木船；也應改善輪船與木船之間的訊號傳遞，如此應能大幅降低輪船浪沈木船的情形。[154]美商公司則建議由美、英、日、法四國駐重慶領事與當地中國官員共組一個「總委員會與法庭」（General Board and Tribunal），議決航運規定，並在陪審法官的幫助下，審理中外航運糾紛。[155]日本

State," February 22, 1923, *FRUS, 1923*, Vol. I, pp.752-754.

[152] "The Commander of the American Yangtze Patrol Force (Phelps) to the Commanding Officer USS. 'Monocacy' (Nielson)," January 22, 1923, *FRUS, 1923*, Vol. I, pp.755-756.

[153] "Commander-in-chief, China Station. To Admiralty," December 18, 1923, Ann Trotter ed., *British Documents on Foreign Affairs: Reports and Papers From the Foreign Office Confidential Print* (Bethesda: University Publications of America, 1994), Part II, Series E, Asia, 1914-1939, Volume 28, China, June 1923- December 1924 (hereafter referred to as *BDFA, 1923-1924*), p.155.

[154] "The Minister in China, Peking to the Secretary of State, Washington" November 21, 1922, RIAC, 893.811/481.

[155] 此為與長江上游輪船航運有密切利益關係的美商業者，包括大來洋行、美孚

方面則是與中國共同籌組「中日川輪公斷處」，希望透過仲裁的方式，公平處理輪船浪沈民船相關的糾紛與訴訟問題。[156]

總結來說，輪船的超速行駛、木船的承載過重與川軍的任意徵用木船，導致輪船浪沈木船事件層出不窮。外國領事與外商輪船公司的善後處置措施又極盡拖延卸責，刺激當地軍民排外情緒，最後形成嚴重的民眾抵制風波，與軍隊槍擊、砲擊輪船事件，反過頭來阻礙正規輪船航運。外國領事官員與輪船業者，雖嘗試透過修改或制訂航運法規，來避免浪沈事件與隨之而來的抵制與攻擊行動，但顯然紙上作業成效有限，無法成功解決所有浪沈問題。尤其，章程修訂的著眼點，全是外國考量，[157]參酌的意見也是以外國領事與輪

洋行與美華公司，在 1922 年 3 月共同向美國駐上海總領事陳情的報告建議事項。見"The Standard Oil Company of New York, Robert Dollar Company and American West China Navigation Company to American Consul General, Shanghai," March 19, 1922, RIAC, 893.801/15.美商業者由四國領事與中國官員合組成立「總委員會與法庭」的建議，在 1922 年 5 月的英美航運業者聯席會議上遭到英國方面的反對，認為將會傷害到英國領事法庭的條約權利，故該提議最後遭到擱置。見"Minutes of the Conference of the British and American Shipping Companies Interested in the Navigation of the Upper Yangtze, held on May 26th, 1926 at 4 p.m. in the Shipping Office of the British Consulate General," RIAC, 893.801/15.

[156] 〈四川航路繫爭仲裁處設置〉，《（日本）大阪每日新聞》，1923（大正12）年 1 月 24 日。

[157] 長江上游航行規定的增補與修正，由於事涉外國輪船，而英、美、法、日等國在華均享有內河航行權與領事裁判權，故任何規定的更動，均涉及到條約特權，並非中國單方面可以決定進行；一般而言，必須由海關、巡江事務處先根據中外意見，增訂章程草案，然後送各國駐重慶領事館認可，最後還需各國駐北京公使團的同意，才能正式公布實行。因此，外國領事館、公使團

船業者為主，要求中國木船業者遵守者多，規範外國輪船業者少。例如對於輪船浪沈木船事故的罰則過輕，僅有微不足道的罰款（至多 500 兩），並未規定如造成人命損失時的刑事責任。受難的中國木船業者、百姓即或透過華洋訴訟，也是無濟於事：外國領事掌有浪沈事故的審判權，立場難免偏頗，加以訴訟之路曠日廢時，耗費的時間金錢更是難以估計，⑮⑧而最終審判結果充其量不過是輕微的民事賠償，少見有監禁徒刑者。因此，無論是航行章程還是司法審判，對於外國輪船業者的規範性與懲戒，均不足以遏止浪沈歪風，⑮⑨久而久之，輪船業者自然有恃無恐。而四川軍民百姓面對持續的

對於航行規定、章程有極大的影響力。他們優先考量的因素，自然也是以保護其本國商人通商貿易之權為主。見"Proposed Additions to the Upper Yangtze Navigation Regulations," Circular No. 76 of Diplomatic Body, Peking, April 7, 1922, RIAC, 893.801/14.

⑮⑧ 例如 1920 年英國怡和洋行威陞號輪船在江寧撞沈中國木船一案，英國領事向外交部駐江寧交涉員表示，木船業者如欲求償，必須向英國駐上海按察署提起訴訟，而且還「須預繳存款，或覓取妥保，並請由交涉員代延律師，辦理一切」。換言之，如欲對撞浪沈木船的外國輪船公司提起訴訟，罹難家屬除須長途跋涉親至上海英國按察署提告外，還需繳納保證金或尋覓保人，並聘請律師。對於遭逢大難的木船受害家屬而言，此類曠日廢時，又昂貴的訴訟過程，實在是難以負擔的。見〈外交部照會英國駐華公使館〉，1920 年 4 月，FO228/2027。

⑮⑨ 1922 年 5 月舉辦的英美航運業者聯席會議即坦承外國輪船船長可能不會遵守航行規定的宜渝段航行時間限制，故希望由輪船公司約束旗下的船長遵守規定。由此可見該規定約束性不強。船長們才會有恃無恐。見"Minutes of the Conference of the British and American Shipping Companies Interested in the Navigation of the Upper Yangtze, held on May 26th, 1926 at 4 p.m. in the Shipping Office of the British Consulate General," RIAC, 893.801/15.

浪沈事件，以及重大生命財產損失，又求償無門，怨懟的情緒無由宣洩，自然只能藉由抵制或暴力攻擊輪船來反射內心的恨意。

其次，民眾的抵制活動，部分乃因外國輪船公司往往自恃條約特權，不尊重中國民眾感受，[160]尤其浪沈事件所造成的切身之害，故挺身而出抵制外國輪船，但也有部分因素與四川軍事當局幕後的策動或放縱有密切的關係。[161]四川軍事當局往往利用軍民對輪船浪沈木船的極度不滿，策動民眾抵制輪船運動，同時也放縱士兵攻擊輪船，藉此中斷輪船航運，迫使外國輪船業者讓步賠償，軍事當局再從中牟取好處。此外，部分浪沈事件也可能與四川地區軍閥的惡意勒贖輪船有關。如駐紮在四川的貴州軍閥袁祖銘曾向美國重慶領事館提出賠償要求，宣稱外商輪船浪沈了軍隊的運鹽木船。但美國領事卻認為軍隊「故意讓老舊或過份超載的木船被輪船浪沈」，藉此向外商輪船公司提出誇張的賠償要求。此種情況被美國領事稱之為「一種普遍性的軍方勒索行動（a general campaign of military

---

[160] 例如 1922 年 7 月間，美孚公司職員 R. S. Hammond 乘坐英商隆茂洋行所屬隆茂號輪船從宜昌前往重慶，途經涪州時，即遭到檢查哨的中國士兵開槍攻擊。Hammond 認為「此次攻擊行動的唯一解釋，就是隆茂號輪船自己造成中國人的仇視，因為其幹部在與中國人打交道時，採取高壓與粗魯的態度」。見"R. S. Hammond to Standard Oil Co. of New York," July 15, 1923, RIAC, 893.00/5108.顯而易見，外國輪船業者的高傲心態，也是促成四川軍民仇視輪船的原因之一。

[161] 英國駐重慶領事即認為這些抵制活動乃四川當局在幕後組織規劃。見"Annual Report of Events in China for the Year 1921," Sir B. Alston to the Marquess Curzon of Kedlestone, Foreign Office, February 14, 1922, FO371/8033.

blackmail）」。[162]

最後，外商輪船公司即使面臨浪沈事件帶來的民眾抵制與軍隊攻擊，航運常遭中斷，但為開發長江上游利源與背後隱藏的重大商機，仍堅持繼續經營宜昌重慶之間的輪船航運。[163]因此，環繞在浪沈事件、民眾抵制、軍隊攻擊與外國輪船營運安全等課題的各式華洋衝突事件與場景，源源不絕地在長江上游的舞臺上演。

四、小結

自長江上游開埠、輪船航行以來，環繞在航行安全的華洋衝突案件即已屢見不鮮，到了 1920 年代此類衝突更為擴大。隨著歐戰結束，英、法、美等國勢力重回中國，加上利用歐戰期間大肆擴張的日本，外商公司積極在中國內陸開發各種利源，長江上游航運即是其中相當關鍵的發展要點。然而，越來越多的輪船行駛到長江上游，伴隨而來的生計之爭與浪沈問題，對於依賴航運為生的中國當地百姓而言，影響生活甚鉅，尤其在原有船幫等民間組織運作下，

[162] "Firing on the American Steamers and Military Blackmail," from C. J. Spiker, American Consul in Chunking to The Secretary of State, August 23, 1924, RIAC 893.00/5610.

[163] 例如歷經 1921 年的重慶大抵制風潮後，美商公司的態度為：無論抵制對象為何，美國輪船均不應放棄經營長江上游宜渝段，因為放棄所造成的損失，遠比抵制為大。換言之，無論如何抵制，美國輪船均應堅持經營長江上游的航運事業。"The Standard Oil Company of New York, Robert Dollar Company and American West China Navigation Company to American Consul General, Shanghai," March 19, 1922, RIAC, 893.801/15.

激發出長江上游地區普遍性排外行動。敵視輪船、仇恨外人的現象益發嚴重。

隨著輪船入侵長江上游地區，中國木船、外國輪船與外國軍艦之間的華洋衝突問題勢將浮出檯面，成為影響當時中外關係的一項不穩定變數。1920 年代下半期席捲整個中國的排外風潮，與長江上游航運問題之間，有無直接或間接因果關係？木船、輪船、砲艦之間的互動，及其衍生的外交交涉與對抗衝突，均應更深入的探究，以便對 1920 年代中外關係有進一步的瞭解。

附表 2-1　日本駐宜昌領事館統計長江上游各國輪船狀況表（1922 年 3 月）[164]

船旗	經營者	船名	輪船等級
英國：6 艘	隆茂洋行	隆茂	1
	安利洋行	安寧	2
		安康	4
	亞細亞石油會社	安瀾	3
	怡和洋行	復（福）和	1
	太古洋行	嘉定	1
美國：4 艘	大來洋行	大來喜	1
		大來裕	2
	美孚洋行	美灘	3
	美順公司	美仁	1
法國：6 艘	中法輪船公司	鴻江	4
		鴻福	3
	招商局	江慶	1
	峽江輪船公司	峽江	4
	聚興誠	吉慶	3
	聚福洋行	福源	2
日本：5 艘	天華洋行	聽天	1
		行地	1
		護法	1
		宜慈	1
	日清汽船會社	雲揚	1
中國：3 艘	亨通公司	蜀亨	2

[164] 〈揚子江上游ニ於ケル列國航業ノ發展〉，在宜昌清水領事代理來信，1922 年 3 月 12 日，日本外務省外交史料館藏，《外務省記錄》3-6-4-36-5。

		新蜀通	1
	招商局	餘利	2
備註	一級輪船吃水 12 呎 二級輪船吃水 9 呎 三級輪船吃水 7 呎 四籍輪船吃水 6 呎[165]		

附表 2-2　美國駐重慶領事館統計長江上游輪船表（1925 年 2 月 5 日）[166]

國籍	輪船名	噸位數	行駛條件
美國：10 艘	大來喜/ Alice Dollar	563	HW
	其川/ Chi Chuen	291	Y
	其平/ Chi Ping	285	Y
	其來/ Chi Lai	190	Y
	其南/ Chi Nan	190	Y
	美仁/ Mei Ren	475	HW
	美川/ Mei Chuen	361	HW
	美灘/ Mei Tan	166	HW
	宜陵/ I Ling	358	Y
	宜平/ I Ping	358	Y

[165] 〈重慶航路開始〉，《（日本）大阪每日新聞》，1922（大正 11 年）年 4 月 26 日。

[166] "List of Steamers on the Upper Yangtze," February 5, 1925, cited from "Increase in Steam Navigation on the Upper Yangtze," from American Consulate in Chungking to the Secretary of State, March 5, 1925, RIAC, 893.85/16。因原檔並無中文輪船名，也缺義大利所屬平安、平福輪船噸位數，此處均參考自下表日本上海商務書記官 1925 年統計資料。

	總噸位數	3237	
英國：9 艘	安瀾/ Anlan	142	HW
	福和/ Fuhwo	500	HW
	慶和/ Kingwo	284	HMW
	萬縣/ Wanhsien	475	HW
	萬流/ Wanliu	671	HW
	蜀通/ Shutung & flat	187	Y
	川東/ Chuantung	120	HW
	川西/ Chuanhsi	108	HW
	川南/ Chuannan	62	HW
	總噸位數	2549	
中國：2 艘	益興/ Yi Hsing	209	Y
	江源/ Ziang Yuen	72	Y
	總噸位數	281	
法國：7 艘	福源/ Fook Yuen	563	HW
	福來/ Fook Lai	236	Y
	新蜀通/ Hsin Shutumg	563	HW
	蜀亨/ Shu Hun	495	HW
	江慶/ Kiang King	576	HW
	吉慶/ Ki Kin	366	HW
	長慶/ Chang King	34	Y
	總噸位數	2833	
義大利：7 艘	蜀和/ Shu Huo	245	Y
	蓉江/ Yung Kiang	158	Y
	昌大/ Chang Tah	433	HW
	昌運/ Chang Yuin	391	HW
	福興/ Fuh Hsing	257	Y
	平福/ Ping Fu	80	Y
	平安/ Ping An	80	Y

	總噸位數	1644	
日本：3 艘	雲陽/ Yunyang Maru	596	HW
	宜陽/ I-yan Maru	516	HW
	德陽/ Tehyang Maru	262	HMW
	總噸位數	1374	
瑞典：2 艘	Sui Wah	89	Y
	Kiang Yong	91	Y
	總噸位數	180	
備註：行駛條件 HW：只有高水位期間能行駛長江上游 HMW：在高水位與中水位期間能行駛長江上游 Y：全年均能行駛長江上游（除部分極低水位時間）			

附表 2-3　日本駐上海商務書記官統計長江上游各國輪船狀況表（1925 年 5 月）[167]

船旗	經營者	船名	登簿噸數
英國：9 艘	白理洋行 Barry Dod Well Ltd.	川南	130
		川東	120
		川西	120

---

[167] 〈宜昌重慶行路線ノ現況調查書送付ノ件（取調者囑託德川健次）〉，上海駐在商務書記官橫竹平太郎ヨリ外務省大臣幣原喜重郎殿宛，1925 年 5 月 30 日，日本外務省外交史料館藏，《外務省記錄》，3-6-4-36-5。由此統計，長江上游各國輪船航行宜渝段的總噸位數分別為：美國 2214 噸、英國 2321 噸、中國 416 噸、法國 2875 噸、義大利 851 噸、日本 1272 噸，但依據上表美國統計資料，美國 3237 噸、英國 2549 噸、中國 281 噸、法國 2833 噸、義大利 1644 噸、日本 1374 噸、瑞典 180 噸，與日本駐上海商務書記官的統計有所出入。日、美兩國統計出入的主要原因在於對個別輪船噸位數的認定不同所致，尤其對於美國所屬輪船噸位數認定差異尤大。

	怡和洋行 Jardine Mathson.	福和	500
		慶和	148
	亞細亞公司 Asiatic Petroleum CO.	安瀾	122
	太古洋行 Butterfield & Swire.	蜀通	37
		萬縣	473
		萬流	671
	合計		2321
美國：10 艘	大來洋行 Robert Dollor & CO.	大來喜	563
	美孚洋行 Standard Oil CO.	美川	166
		美灘	166
	美華輪船公司 American West China S.N.CO.	美仁	476
	捷江公司 Yangtze Rapid S.S.CO.	其川	148
		其平	149
		其南	120
		其來	120
	宜昌輪船公司 Ichang Steam Ship CO.	宜陵	153
		宜賓	153
	合計		2214
法國：11 艘	吉利洋行輪船部 Antoin France Chiris N. Dept.	吉慶	120
		長慶	37
	聚福洋行 Union France Chinoise de Navigation.	福源	563
		福來	140
		福星	140
	川江公司 UFCN Shutung & Sking Shutung Line.	蜀亨	495
		新蜀通	563
	華法輪船公司 Compaine des Missagirios France Chino	江慶	576
	裕大輪船公司 Yu Tar Cu de Navigation	平安	80
		平和	80

		平福	80
	合計		2874
日本：3 艘	日清汽船會社 N.Y.K.	宜陽	516
		雲陽	596
		德陽	160
	合計		1272
中國：3 艘	滙通公司 I-Ker Hau Tong S.N.CO.	滙通	78
	江源輪船公司 Kiang Yun S.N.CO.	江源	130
	益興輪船公司 Yi Hsing N S.N. CO.	益興	208
	合計		416
義大利：6 艘	聯華公司 Tamburini & CO.	蓉江	226
	卜樂輪船公司 F Parlmi S.S.Lines	蜀和	225
		昌運	200
		昌大	200
	不明	揚子江	不詳
		蜀南	不詳
	合計（不含揚子江與蜀南）		851

第三章
長江上游航行安全問題(二)：內戰與匪患*

一、前言

對於輪船船長來說，（航行在長江上游）是非常危險又傷神之事。除了具備必要的知識與責任之外，他們還必須面對子彈的威脅，以及停泊輪船之時，還要面臨被（急流）沖走與（土匪）洗劫的嚴重危險……。輪船已經成為士兵的運動（對象）。當敵對的兩批軍隊隔江對峙，他們並不彼此攻擊，而是沿著河岸曬太陽與抽煙。……（當輪船經過時）兩岸的士兵

*　本章初稿曾經審查，收錄在《東亞海域與文明交會：港市、商貿、移民與文化傳播》一書，出版項為：應俊豪，〈輪船入侵與華洋衝突：1920 年代上半期長江上游航運安全問題〉，《東亞海域與文明交會：港市、商貿、移民與文化傳播》（基隆：國立臺灣海洋大學海洋文化研究所，2008），頁 195-276。本章部分內容略有調整、刪節與增補。

> 立刻動起來，一起連發射擊輪船，直到輪船遠離視線範圍。精確地說，每艘船幾乎都被射擊過，不論是沿著長江上行還是下行。
>
> 《京津泰晤士報》的報導（1923年10月22日）❶

中國南北政府的對峙與四川地區的頻繁內戰，也造就長江上游航運的極度不穩定狀態。而戰爭與戰爭的衍生物——大量的士兵與土匪等，更是威脅正常輪船航運的殺手。他們動輒封鎖河道，干擾正常航運，或勒索船主收取過路費，稍有不從即肆意砲（槍）擊輪船，嚴重影響輪船航運安全。另外，外商輪船公司有時為營取厚利，不惜違反中立原則，走私軍火至長江上游，非但助長四川內戰，也導致敵對派系軍閥對輪船的敵意，加深軍隊攻擊輪船的現象。

根據 1923 年英國駐華海軍司令調查，長江上游攻擊外國輪船事件，大致可以區分為兩類。第一種是由有組織的軍隊所為，此類槍擊多由地區部隊指揮官主導，下令部隊攻擊那些有嫌疑、或確定替其敵方運送軍火或部隊的輪船。第二類則是由兵匪所為，亦即由土匪或遭遣散的士兵所為。❷上述兩類情況，實際上均與 1920 年代上半期四川日益嚴重的內戰，有非常密切的關係。由於內戰頻繁，部分軍事派系為追求戰爭勝利，往往利用外國輪船運送軍火與

❶ "Anarchy on the Yangtsze," *The Peking & Tientsin Times*, October 22, 1923.

❷ "Commander-in-chief, China Station. To Admiralty," December 18, 1923, *BDFA, 1923-1924*, p.155.

部隊，也才會有敵對軍事部隊以外國輪船違反中立、介入內戰為藉口，下令攻擊輪船。也由於內戰不斷，大量戰敗的士兵淪為土匪，結草為寇，不但殃及地方，更騷擾外國輪船。以下則從內戰、輪船違反中立原則、匪患等三個面向，來剖析長江上游的攻擊輪船事件。

二、內戰

受到民國初年政局動盪的影響，四川境內軍隊系統異常複雜，內戰頻繁。除了川軍之外，還有所謂的客軍，即滇軍、黔軍之流。肇因於晚清四川保路運動，以及民初反袁世凱戰爭的護國軍行動，滇軍、黔軍即長駐四川，與川軍並不相容，川、滇、黔三軍混戰時有所聞。1920 年川軍發動驅逐滇、黔軍之戰，戰場遍及全川。1921 年湘鄂戰爭爆發，湘軍與直軍開戰，川軍亦加入戰局，順長江而下進攻湖北宜昌，導致長江上游航路完全中斷。1922 年起，川軍內部又發生戰爭，川軍第一軍熊克武、但懋辛與第二軍劉湘、楊森等彼此開戰交火，加上吳佩孚介入四川事務以及中國南北對立局勢的波及，1923 年四川內戰加劇，直軍深入四川作戰，直至 1924 年川軍第二軍楊森作戰勝利，第一軍熊克武率部退出四川後，川局才暫告穩定。但 1925 年楊森又發動新一波攻勢，企圖統一全川，內戰復起。❸整體而言，1920 年代上半期長江上游四

❸ 關於 1920 年代上半期四川軍閥混戰的情形，可以參見匡珊吉、楊光彥編，《四川軍閥史》（成都：四川人民出版社，1991），頁 100-178；肖波、馬宣

川、湖北地區戰爭不斷，作戰軍隊往來調動、攻防，動輒開槍攻擊航行在上游地區的中外輪船，或是登船勒索，甚至強制徵用輪船，遂構成外人眼中極其嚴重的長江上游航行安全問題。

其次，受到中國南北對立、軍閥割據分裂與聯省自治運動的影響，川軍亦喊出川人治川的口號，否定北京政府的管轄權。早在 1920 年底，部分川軍將領即曾在重慶舉行會議，提出四川自治的主張。1921 年初，熊克武、劉湘及大部分川軍將領亦先後通電反對北京政府，聲言「川人自立自治，不受何方支配，不任外力干涉」。❹ 1922 年川軍又再度宣布四川自治，甚至準備籌備省憲。❺然而，四川獨立於北京政府之外的現實情況，卻造成列強駐華使領機構極大的困擾。因為外商在長江上游航運事業屢屢遭到四川戰禍波及而損失慘重，但各國使領機構卻處於投訴無門的窘況之中。北京政府雖有外交部，但卻無力介入四川事務，因此導致各國無法經由中央層級的外交交涉來處理長江上游航運安全問題，而只能寄望於地方領事交涉。然而四川軍閥內戰頻繁，各部隊經常調動移防，造成各國駐重慶領事疲於奔命，但卻無法找對可以進行交涉的對口單位。

偉，《四川軍閥混戰（1917-1926）》（成都：四川省社科院出版社，1986），頁 1-327；馬宣偉、肖波，《四川軍閥楊森》（成都：四川人民出版社，1983），頁 7-48。

❹ 〈劉湘等拒絕北京政府任命電〉，1921 年 1 月 21 日，四川省文史研究館編，《四川軍閥史料》，第三輯（成都：四川人民出版社，1985），頁 238-240。

❺ 匡珊吉、楊光彥編，《四川軍閥史》，頁 127-137。

1920 年初滇軍、黔軍與川軍為爭奪四川控制權，彼此混戰。❻軍隊任意課徵非法稅收或攻擊輪船的情況也日益嚴重。1920 年 5 月美商大來公司輪船（SS *Robert Dollar II*）由重慶下航至宜昌途中，先是在萬縣遭到駐軍登船勒索，幸賴停泊附近的美國海軍派洛斯軍艦（USS *Palos*）協助脫困，之後又在夔府遭到岸邊駐軍開槍射擊。❼美商美孚洋行（The Standard Oil Company of New York）亦受內戰影響，在長江上游運輸煤油時，損失大量貨物。❽ 6 月，美商其來洋行（Gillespie）即向美國海軍報告，川軍為籌措戰費，將滇、黔軍逐出四川，計畫每月勒索 40 萬元。❾其中，惡名昭彰的萬縣駐軍對往來船隻收取「保護費」（escort fee）。❿ 8 月英國軍艦小鳧號（HMS

---

❻ "C in C Asiatic via Puget Sound to Opnav," April 14, 1920, RIAC, 893.00/3340.

❼ 依據大來公司給美國重慶領事的報告，Robert Dollar II 輪船行抵萬縣時，為數約 100 名的武裝士兵登船，宣稱該船為「懸掛美國旗的中國船」，故應照地方軍事當局規定繳納通行稅，美國船長趕緊向附近的美國軍艦派洛斯號求援。稍後，船上中國士兵見到美國軍艦駛近，「就匆促撤離」。"Robert Dollar Company, Ichang to American Consul, Chunking," May 21, 1920; "Political Events in Szechuan Province," from American Consulate, Chunking to the Secretary of State, Jume1, 1920, RIAC, 893.00/3402.

❽ "Banditry on the Upper Yangtze," June 7, 1920, Correspondence of the Military Intelligence Division Relating to General, Political, Economic, and Military Conditions in China, 1918-1941 (RG165, hererafter referred to as MID) (Washington D.C.: National Archives and Records Administration, 1987), 2657-I-140.

❾ "C in C Asiatic Fleet via Cavite to Opnav," June 23, 1920, RIAC, 893.00/3386.

❿ 如美孚公司即被要求每一桶煤油需繳納 1 毛的保護費，見"Recent Brigand Activities along the Upper Yangtze River," from American Consulate, Chunking to American Charge d'Affaires ad interim, March, 22 1920, RIAC, 893.00/3361.

Teal）航經忠州時遭受川軍攻擊，小鳧號動用火砲反擊。⓫ 10 月，重慶戰雲密布，外國人乘船撤離時遭到駐防當地的黔軍第 3 混成旅士兵開槍攻擊，一名英商亞細亞石油公司員工不幸身亡。⓬英國軍艦赤頸鴨號（HMS *Widgeon*）雖出動護僑，但同樣遭到駐軍猛烈槍火的攻擊，英艦也開砲還擊。⓭ 11 月底宜昌發生兵變，外國產業遭受嚴重毀損，英、日等國又緊急派遣軍艦前往護僑。⓮

1921 年 8、9 月間川鄂戰爭爆發，四川軍隊進攻湖北，伴隨著有組織的部隊大規模攻擊輪船，長江上游四川地區航運遂告中斷。⓯上駛輪船每「被川兵開槍射擊」，輪船由宜昌經萬縣到重慶，必

⓫ "Commanding Officer, H.M.S. Teal to the Rear Admiral, Yangtsze River," October 1, 1920, FO 371/5340.

⓬ "Note form British Minister, Peking to Acting Minister for Foreign Affairs, China," October 26, 1920, FO228/2026.

⓭ "Recent Political Developments in the Province of Szechuan," from American Consulate, Chunking to the Secretary of State, Washington, October 19, 1920, RIAC, 893.00/3626.不過根據美國領事的報告，英商亞細亞石油公司的員工 R. A. Covil 並非黔軍所殺，乃是在乘坐小汽船由重慶前往長江南岸時，遭到滇軍開槍攻擊，不幸罹難。

⓮ "British Legation, Peking to Foreign Office," December 4, 1920, FO 371/ 5349.

⓯ 1921 年 8 月間，先是兩艘懸掛法旗的輪船遭到川軍部隊攻擊，造成一艘船上中國人 2 死 8 傷，另一艘則遭到扣押。美商大來公司駐宜昌辦事處經理即認為，四川軍隊持續攻擊輪船，「證明他們企圖阻止所有輪船往上游行駛，不管是懸掛哪一國國旗（的輪船）」。見"Telegram received from Chunking," from American Vice Consul in Charge at Chunking to American Charge d'Affairs ad interim, Peking, August 12, 1921, RIAC, 893.00/4061; "Firing on SS Anlan," from the Robert Dollar Company, Ichang to Shanghai Office, September 21, 1921, RIAC, 893.00/4156.

須靠繳納「軍事捐款」始得通行；⑯而外國輪船拒絕繳納過路費的下場，就是必須面臨長江兩岸川軍無情砲火的攻擊。⑰連停泊在宜昌的美、英、日三國軍艦也不能倖免，遭到四川軍隊的槍彈襲擊。⑱由上述 1920、1921 年各國軍艦遭受中國部隊攻擊的情況，可知

---

⑯ 〈中華民國十年萬縣口華洋貿易情形論略〉，上海通商海關造冊處譯，《中華民國海關華洋貿易總冊》，1921 年第 1 卷，頁 13-14。

⑰ 部分中國籍輪船靠繳納軍事捐款得以順利通過，但外國籍輪船因拒絕繳納，故遭到岸邊強大攻擊，無法順利通行。"Political Situation at Ichang," by P.S. Hopkins, Manager of Standard Oil Company of New York, Hankow, October 1921, RIAC, 893.00/4146; "The Robert Company, Shanghai to Legation of the United States of America, Peking," October 5, 1921, RIAC, 893.00/4156.

⑱ "Report of Firing on SS Robert Dollar II," from Master of SS Robert Dollar II to the Robert Dollar Company, Ichang, September 18, 1921, RIAC, 893.00/4156.另外，在宜昌被四川軍隊攻擊的美國軍艦為維拉羅伯斯號（USS Villarobos），據該艦回報，川軍攻擊美艦，極可能與川軍將美艦維拉羅伯斯誤認為中國軍艦楚謙號（Chu Tsien），且以為吳佩孚就在艦上有關。兩艘軍艦不僅外觀相像，連軍旗也相似。攻擊事件後 32 個小時，楚謙號抵達宜昌，同樣也遭到強烈攻擊。（按：不過，依據丁中江《北洋軍閥史話》，吳佩孚乃是在 1921 年 9 月 16 日在杜錫珪陪同下乘坐楚泰艦趕抵宜昌。楚泰、楚謙艦皆為晚清湖廣總督張之洞向日本川崎造船廠訂購的淺水砲艦）。見"Firing by Chinese Soldiers at USS Villalobos and Return therefore, Report of," from Commanding Officer, USS Villalobos to Commander in Chief, US Asiatic Fleet, September 15, 1921 & from Seniore Officer Present, USS Elcano to Commander in Chief US Asiatic Fleet, September 16, 1921, RIAC, 893.00/4158；丁中江，《北洋軍閥史話》（臺北：時英出版社，2000），第 3 冊，頁 452；江鳴，《龍旗飄揚的艦隊——中國近代海軍興衰史》（北京：生活·讀書·新知三聯書店，2005），頁 464-465。事發後，美國軍艦愛爾卡諾號（USS Elcano）艦長與英國駐宜昌領事聯名向川軍將領遞交抗議信件。見"From J. L. Smith, HBM Consul and Senior Consul & A. H. Miles, Commander of US Elcano to T'ang

外國軍艦在長江上游地區的威嚇作用已遠遠不如以往。

1922 年四川內戰與川鄂戰事持續，兵亂四起，長江上游益發不安。5 月，美孚公司所屬輪船美灘號（SS *Mei Tan*），在萬縣附近遭到乘坐木船的中國士兵開槍攻擊，船上一名中國人不幸中彈身亡。⑲ 7、8 月間，川軍內戰情況更形嚴重，⑳作戰軍隊分佈於長江上游兩側，往來「輪船多被戰士、或潰兵紛紛射擊」，使得輪船停駛達兩星期之久。㉑各國海軍為確保僑民安全，急調軍艦前往漢口以備不時之需。㉒美國駐重慶領事在 8 月下旬的報告中，強調由

Shih-chen, Commander in Chief of Army Attacking Ichang", September 15, 1921, RIAC, 893.00/4158.

⑲ 槍擊事件發生後，美國軍艦派洛斯號艦長隨即拜會萬縣駐軍將領，要求查明元兇，並給予懲罰。但萬縣駐軍將領則表示開槍的士兵並非隸屬於萬縣駐軍，而可能是河道警衛（River Guard），故仍須調查。美國駐重慶領事、駐北京公使亦先後要求萬縣官員與外交部調查此案。見"USS Palos to American Minister, Peking," May 12, 1922; "American Minister, Peking to Foreign Office," June 14, 1922, RIAC, 893.00/4577.

⑳ 1922 年 7、8 月間的川軍內戰，主要是川軍第一軍熊克武、但懋辛、第三軍劉成勛與第二軍劉湘之間的戰事，戰場遍佈長江上游沿岸地區。見"The Rival Generals in Szechuan," *The North China Daily News*, July 17, 1922; "Triangular Quarrel in Szechuan: Not Enough Prizes to Enable A Compromise to be Reached," *The North China Daily News*, July 26, 1922; "Fierce Fights Reported from Szechuan," *The North China Daily News*, August 12, 1922.

㉑ 〈中華民國十一年重慶口華洋貿易情形論略〉，上海通商海關造冊處譯，《中華民國海關華洋貿易總冊》，1922 年第 1 卷，頁 11；"Capture Wanhsien by Szechuanese: Evacuation of Chunking; River Trade at a Standstill; Attacks on Steamers," *The North China Daily News*, August 17, 1922.

㉒ 〈重慶にも兵變起り：長江一帶益夕不安、日英米の砲艦警戒中〉，《臺灣日日新報》，1922 年 8 月 8 日第 7 版。

於四川軍隊的內戰，導致「宜昌與重慶之間的外國輪船航運頻繁地遭到槍擊，許多輪船都被步槍打得滿是窟窿，很明顯就是四川各派系的軍隊與土匪造成的」。㉓英國軍艦小覓號也在重慶上游 40 浬處，遭到岸邊川軍部隊猛烈攻擊，直到開砲還擊才壓制住攻擊行動。㉔日本輪船聽天號、雲陽丸也分別在夔府、萬縣、涪州等地遭到川軍第一軍的攻擊；連日本軍艦鳥羽號，也在夔府附近遭到川軍襲擊，船身中彈 50 餘處，兩名水兵也因此受傷。㉕此外，部分川

㉓ "Political Conditions in Szechuan," from American Consulate, Chunking to American Minister, Peking, August 20, 1922, RIAC, 893.00/4694. 例如美國輪船大來喜號，在 8 月時行經長江上游長壽、藺市、李渡、涪州等地，遭到沿岸敗退的川軍第二軍攻擊。川軍約射擊了 8000-10000 發子彈，其中約 400 發擊中船身。一等艙的乘客，必須躲至有鋼板保護的艦橋地區，才能確保安全，船長也因跳彈而受傷。見"Memorandum from Commander Geography Gerlett of HMS Widgeon to American Consul, Chunking," August 1922, RIAC, 893.00/4694; "G. W. Grum, Master of S.S. Alice Dollar, Chunking to American Consul, Chunking," September 1, 1922, RIAC, 893.00/4707. 此外，1922 年 9 月美國長江巡邏隊指揮官菲爾樸斯到重慶視察時，也親向川軍第一軍軍長但懋辛抗議中國軍隊任意攻擊美國輪船的行為。見〈米国ノ楊子江商権保護並ニ日英米仏砲艦兵共同動作ニ関スル楊子江艦隊参謀談話ノ件〉，在重慶領事代理副領事貴布根康吉ヨリ外務大臣伯爵內田康哉殿宛，1922 年 9 月 22 日，日本外務省外交史料館藏，《外務省記錄》，5-3-2-5-1427。

㉔ "Political Conditions in Szechuan," from American Consulate, Chunking to American Minister, Peking, August 11, 1922, RIAC, 893.00/4677.

㉕ 〈宜昌清水領事代理ヨリ內田外務大臣宛〉，1922 年 8 月 13 日（第 47 號），《外務省記錄》，5-3-2/ 5-1427；〈漢口瀨川總領事ヨリ內田外務大臣宛〉，1922 年 8 月 17 日，《外務省記錄》，5-3-2/ 5-1427；〈日清汽船株式會社社長竹內直哉ヨリ外務省通商局局長永井松三宛〉，1922 年 8 月 17 日，《外務省記錄》，5-3-2/ 5-1427；〈支兵鳥羽を亂射す〉、〈鳥羽空砲に

軍甚至強行佔用外國輪船運送軍隊，英國怡和、太古洋行，㉖以及日本天華洋行所屬輪船均曾受害。㉗至於沿岸駐軍對往來輪船勒索非法稅捐的情形，更是持續出現。㉘

1923 年為四川內戰最為激烈的時期，長江上游貿易與宜渝段

て威嚇〉，《臺灣日日新報》，1922 年 8 月 26 日第 2 版、8 月 27 日第 2 版。

㉖ 1922 年 8 月，川軍第一軍即曾在萬縣試圖強徵英國太古洋行萬縣號輪船，作為運送軍隊與軍火之用，所幸當時英國海軍軍艦短頸鴨號（HMS *Widgeon*）就在附近，萬縣號最後並未被川軍強制徵用。"Political Conditions in Szechuan," from American Consulate, Chunking to American Minister, Peking, August 20, 1922, RIAC, 893.00/4694.此外，1922 年川軍內戰期間間，因川軍曾強行佔用英國怡和、太古兩家公司所屬旗船，英國駐華公使乃要求北京政府賠償英商損失，後經交涉，由財政部出面於 11 月時交付英商「庫卷二紙，共計銀 130243.38 兩」作為賠償。一年後（1923 年 10 月 31 日）該庫卷到期，但財政部無法支付此筆款項，故又引起英國公使館的交涉，外交部僅好再委請英國方面展延支付日期。到了 1925 年 2 月，因為財政部還是無法籌款支應，英國公使館乃要求所欠款項需按年息 8% 計價。見〈外交部照會英國駐華公使館〉，1923 年 12 月 13 日、15 日、1925 年 3 月 7 日，FO228/ 2047、2058。

㉗ 天華洋行所屬行地號輪船，於 1922 年 7 月間，分別在涪州、長壽兩地，遭到川軍第二軍楊森所部士兵，以武力脅迫強制登船前往重慶，〈貴布根領事代理ヨリ內田外務大臣宛〉，1922 年 7 月 27 日，《外務省記錄》，5-3-2/ 5-1427。

㉘ 1922 年底英國駐北京公使館即曾照會外交部，為「四川萬縣軍務官廳在宜昌重慶向英輪索收公益捐一事」提出抗議。外交部的答覆僅是待財政部調查完畢後，如有違章程規定，「即行設法商令取消」。見〈外交部照會英國駐華公使館〉，1922 年 12 月，FO228/2041。但實際上外交部對四川割據分裂的各駐軍毫無約束能力，因此英國使館的照會、外交部的答覆其實都是具文。

航路因此時常中斷，輪船雖勉強行駛，但兩岸軍隊射擊從未間斷，中外旅客同遭攻擊。㉙

> 在許多省分，大批部隊陷入內戰中，並與土匪競相掠奪居民……航行在長江上游的外國輪船經常遭到躲在岩石岸邊的槍手攻擊。由於輪船有舷牆與鋼板保護，加上軍隊與土匪的射擊水準都一樣差，因此損傷均侷限在煙囪。對往來運輸的貨物課徵非法稅收，已成為（長江上游）各省最主要的行政功能。㉚

即便有外國軍艦的護航與保護，但岸邊的攻擊行動卻依然持續，使得輪船航行仍舊是危機重重。㉛ 7 月，美孚公司輪船美灘號於航行重慶、合江、瀘州期間，遭到正在當地相互作戰的兩支川軍部隊的猛烈攻擊。㉜同月，美國輪船大來喜（SS *Alice Dollar*）號在前往重慶

㉙ 〈中華民國十二年重慶口華洋貿易情形論略〉，上海通商海關造冊處譯，《中華民國海關華洋貿易總冊》，1923 年第 1 卷，頁 4；〈四川一帶の混亂〉，《臺灣日日新報》，1923 年 1 月 3 日。

㉚ "China Going to Decay: General Paralysis," *The Times*, July, 23, 1923.

㉛ 四川軍隊槍擊外籍輪船，不限於民用輪船，連外國軍艦有時亦難倖免。早在 1918 年 1 月 7 日，美國海軍 U.S.S. Moncacy 在行經長江上游時即遭到岸邊叛軍槍擊，造成一名士官長 Howard Leroy O'Brien 死亡、兩名水手 Donnolly 與 Ferguson 受傷的慘案。為此美國政府向中國當局要求賠償死者家屬 25,000 美元、傷者每人 500 美元。此案詳見"The Acting Secretary of State to President Harding," March 7, 1922, *FRUS, 1922*, Vol. I, p.829.

㉜ 據美孚公司駐重慶人員的報告，美灘號於 1923 年 7 月 1 日自重慶出發，預計前往合江。7 月 2 日抵達合江時，就遭到兩岸猛烈的開槍攻擊，無法進行卸

途中，也遭到駐川黔軍周西成㉝所部槍擊。在大來喜號離開重慶回程時，為避免槍擊危險，由美國軍艦蒙那卡西號（USS *Monocay*）護航。但此次不僅大來喜號，連美國軍艦蒙那凱西號亦遭到槍擊，共計 600 餘發，造成兩名士兵受傷，船艦受損。蒙那卡西號隨即以艦砲還擊，才成功突破駐防重慶的北方軍隊封鎖線。㉞ 8 月時，美灘號在重慶、涪州遭到川軍開槍攻擊，大來喜號在重慶暫泊下客時，又遭到軍隊襲擊，造成一名乘客受傷；美國軍艦派洛斯號（USS *Palos*）頻繁出動護航美國輪船大來裕、大來喜號等進出重慶。㉟英

貨，遂在領航人員的建議下，改行駛到瀘州。僅僅是從合江到瀘州的航程，美灘號即遭到數百發子彈攻擊，其中 9 發擊中船身。抵達瀘州後，美灘號仍然遭到岸邊的開槍攻擊，所幸當時一艘法國軍艦正停靠在瀘州，美灘號方始順利卸貨。美灘號之所以遭到攻擊，乃因當時兩支互相敵對的四川軍隊：川軍第二軍楊森所部，與川軍第一軍湯子謨所部正在作戰，爭奪合江與瀘州的控制權。"Naval Protection Upper Yangtze River – China," From the Standard Oil Company of New York to the Secretary of State, August 28, 1923, RIAC, 893.811/574.

㉝ 1923 年駐川的黔軍內部叛變，原駐防長江右岸重慶、赤水、涪洲、壁山一帶的黔軍第三師師長周西成叛變，率軍越江至江左岸，封鎖往重慶水路。有關黔軍周西成其番號與駐地，參考自文公直編，《最近三十年中國軍事史》（臺北：文海出版社，1962 年重印），第 1 冊，頁 406。周西成（1893-1929），貴州桐梓人，曾入貴州講武學堂，歷任黔軍旅長、川軍師長、貴州省長等職。見徐友春主編，《民國人物大辭典》（石家莊：河北人民出版社，1991），周西成條，頁 513-514。

㉞ "The Minister in China (Schurman) to the Secretary of State," July 27, 1923, *FRUS, 1923*, Vol. I, pp.745-746; "Fighting at Chunking, and Attack on SS Alice Dollar and USS Monocacy near Chunking," from American Consulate, Chunking to American Minister, Peking, August 6, 1923, RIAC, 893.00/5205.

㉟ 〈美國駐華公使舒爾曼致中國外交總長顧維鈞〉，1923 年 9 月 10 日，收錄

國商輪福和號（SS *Fuhwo*）亦在重慶附近，遭駐紮長江南岸、譁變的北方軍隊槍擊，造成兩名中國乘客受傷。㊱英國輪船蜀通號（SS *Shu Tung*）在 1923 年 7-9 月行駛重慶宜賓期間，三個月總計被槍擊了 45 次之多，平均每個月被槍擊 15 次；9 月 29 日駛抵重慶時，船艙上帶有 89 個槍孔，1 位華籍乘客死亡、5 位受傷。㊲9 月間，美灘號又遭到猛烈槍擊，一名美籍輪機人員腿部中彈；㊳大來裕號則是在瀘州卸貨時遭到為數約 500 名的北方士兵強登輪船，要求乘船前往重慶，幸賴船長與川軍第二軍軍長楊森交涉後，才順利將士兵驅趕下船。㊴簡單來說，1923 年川省內戰期間，長江上游外國輪船

在美國駐華大使館美國教育交流中心藏，廣西師範大學出版社編，《中美往來照會集（1846-1931）》（*Selected Records of the U.S. Legation in China*）（桂林：廣西師範大學出版社，2006），第 16 冊，第 609 號，頁 295；"Vice President of Standard Oil Company of New York to the Secretary of State, Washington," November 2, 1923, RIAC, 893.00/5265.

㊱ "Attack on the British Steamer 'Fuhwo' on the Yangtze River," FO 371/9191.

㊲ "Political Conditions in Szechuan," from American Consulate, Chunking to American Minister, Peking, November 10, 1923, RIAC, 893.00/5336.

㊳ "Political Conditions in Szechuan," from American Consulate, Chunking to American Minister, Peking, November 10, 1923, RIAC, 893.00/5336.

㊴ 該批士兵乃是由吳佩孚從湖北調派前來協助楊森作戰的部隊，但因作戰失利，被其他川軍圍困，故想搭便船從瀘州快速安全地撤回重慶。據大來裕號船長描述，該批部隊狀況不佳「衣衫襤褸，已呈半飢餓狀態」。大來裕船長認為上述情況相當嚴重，幾乎每艘輪船都面臨北方軍隊的登船騷擾，所以建議美船此段期間最好不要前往瀘州，見"Carrying of Soldiers," from master of SS Robert Dollar II to American Consul, Chunking, September 8, 1923, RIAC, 893.00/5288.另外一方面，因作戰失利的北方軍隊受困重慶再上游地區境遇悲慘，裝備盡失，「毫無武裝，且近乎乞丐」，在江津的英國傳教士不忍見到

被駐軍岸邊任意射擊，幾乎已呈常態，宜昌、重慶間輪船航運為之中斷。㊵各國領事雖先後提出嚴重抗議，但俱歸無效。㊶故從是年起，美、日輪船公司鑑於時局動盪，為防制長江上游兩岸的駐軍攻擊，乃於輪船上安置水兵或武裝護兵保護輪船安全。㊷

1924 年的情況看似有很大有改善，因為受吳佩孚支持的川軍第二軍楊森，已順利擊敗川軍第一軍，取得四川控制權，也預示長年的四川內戰終將告一段落。在華外國人也普遍以為重新統一在中央政府（直系）之下的四川，將會恢復穩定，軍人干擾正規商務的情況也將大幅減少。然而事實上，戰時四川與平時四川基本上沒有多大的不同。㊸長江上游的駐軍仍不時對往來輪船課徵不法稅收。㊹無論是重慶、忠州、酆都、敘府、合江還是萬縣，大小駐軍各自

士兵慘狀，曾致函英國駐重慶領事，希望能派遣輪船到江津將此批北方軍隊運送回重慶。見"Political Conditions in Szechuan," American Consulate, Chunking to American Minister, Peking, September 14, 1923, RIAC, 893..00/5288.

㊵ "Heavy Firing on Ships: Yangtze Steamers Have A Bad Time," *The Peking & Tientsin Times*, September 29, 1923.

㊶ "Commander-in-chief, China Station. To Admiralty," December 18, 1923, *BDFA, 1923-1924*, p.154.

㊷ 〈中華民國十二年重慶口華洋貿易情形論略〉，上海通商海關造冊處譯，《中華民國海關華洋貿易總冊》，1923 年第 1 卷，頁 4。

㊸ "The Situation on the Upper Yangtze," *The China Press*, June 24, 1924.

㊹ 「長江上游往來的輪船受到阻擾，並多次被要求支付高於釐金的費用，方能繼續航行。諸如此類由軍隊或土匪的勒索，持續發生在每一條水道與貿易路線上。」見"Chinese Finance: Request to Powers for Conference," *The Times*, March 18, 1924.

巧立名目，對輪船搶取豪奪。㊺

> 由長江上游近況發展來看，內戰的結束並未帶來多大的改變，因為無論是戰時或和平時期，不負責任的軍閥還是一樣控制地方。他們無視條約地徵稅或盡其所能地掠奪。不管情況如何改變，軍閥自己就是老大，而外國公司就是受害者。㊻

除此之外，涪州駐軍還任意臨檢商船或掠奪船上貨物。㊼長江兩岸土匪，或乘坐木船往來的軍隊，也不時向各國輪船射擊。軍隊每遭指責，則諉之於土匪所為。㊽令人諷刺的，湖北督軍蕭耀南甚至還提議在其指揮之下，由湖北、湖南、四川三省聯合在長江上游籌辦一支「強大的海軍武力」，以便對付沿岸的土匪，同時也可抵禦貴州部隊的入侵。軍閥本身就是長江上游行安全問題最大危害，竟然以防範土匪為名，準備籌建海軍，維護航行安全，實在是滑稽鬧

㊺ 例如酆都與忠州駐軍要求所有輪船必須停泊於安全區域以便提供保護，事實上則是藉此方便向輪船課徵非法稅收。敘府駐軍則是以要興建「公園」為名，要求輪船必須認捐繳納稅款。合江、萬縣則是駐軍直接要求課徵軍事稅捐。見"The Situation on the Upper Yangtze," *The China Press*, June 24, 1924.

㊻ "The Situation on the Upper Yangtze," *The China Press*, June 24, 1924.

㊼ 〈揚子江上流航路ノ保護方ニツキ漢口日本商業會議所陳情ノ件〉，在漢口總領事林久治郎ヨリ外務大臣男爵松井慶四郎宛，1924 年 4 月 29 日，日本外務省外交史料館藏，《外務省記錄》，3-6-4-36-5。

㊽ 〈中華民國十三年重慶口華洋貿易情形論略〉，上海通商海關造冊處譯，《中華民國海關華洋貿易總冊》，1924 年第 2 卷，頁 7-8。

劇。[49]

1925 年初四川尚稱和平，但內部仍不甚平靜；[50]不久，川軍又復內戰，各部軍隊於航運要道分設關卡，徵調、勒索往來輪船，如有不從即開槍射擊：

> （四川）軍興之際，軍隊紛紛調防，俱由水道進行……並有師旅部分，對於輪船，無論任何旗幟，概行扣作兵差，沿江一帶，即非緊要處所，各軍亦莫不設立司令部，亦即為徵收機關，或有不知此種新設捐卡，未即停者，則開槍射擊之。[51]

英國海軍小鳧號在 1925 年 7 月執行護航任務前往重慶途中，亦「忽被岸上炮擊，於是砲艦亦開炮還擊，所幸英人並無死傷」，英國駐重慶領事、駐北京公使館為此向中國方面提出嚴正抗議。[52] 11 月時，日本輪船雲陽丸則在萬縣遭到川軍第二軍武力脅迫，強

---

[49] "United Military and Naval Force is Aim of Hsiao," *The China Press*, August 10, 1924。無獨有偶的，重慶軍事當局先前也曾以保護外國輪船為名，準備建立一支「護江艦隊」，經費來源則是向外國輪船公司要求貸款。見"The Situation on the Upper Yangtze," *The China Press*, June 24, 1924.

[50] "Szechuan: A Peace But Unsettled; Trade Languishes and Robbers Harass People," *The Shanghai Times,* January 21, 1925.

[51] 〈重慶關民國十四年華洋貿易統計報告書〉，上海通商海關造冊處譯，《中華民國海關華洋貿易總冊》，1925 年第 1 卷，頁 9。

[52] 外交部黃秘書宗法接英館康參贊電話記錄，英字 40 號，1925 年 7 月 22 日，〈英館會務問答〉，北京政府《外交檔案》03-11/8-8-2。

制雲陽丸替其運送軍隊前往宜昌。[53]

此外，軍隊敵視輪船還有另外一層經濟上的因素。長久以來，木船幫業者繳納的稅金或貢金，本是四川軍閥最主要的收入來源之一。軍閥除了收取正規稅金外，還假保護木船航行安全之名，變相收取保護費。繳納保護費的木船，軍閥將派遣一小隊士兵登船保護，藉此免除沿岸土匪的的騷擾與襲擊。但實際上軍閥多與地方土匪掛勾，凡是繳納保護費的船隻，一般而言就不會受到土匪攻擊，至於未繳納保護費的木船業者，就成為土匪獵取的對象。[54]然而，輪船日漸取代木船的情況，間接造成軍隊在稅收上的損失，導致軍隊對輪船航運心生不滿。美國駐重慶領事史派克（C. J. Spiker）就分析：因為四川軍閥在長江上游沿岸收取稅金或勒索保護費的對象，以當地木船為主，外商輪船因受到中外商約的保障，理論上無須理會駐軍的收稅要求。但自 1920 年代以來，木船數量卻隨著輪船獨佔長江上游航運而逐漸減少，自然造成駐軍在稅收上極大的損失，轉而仇視外商輪船航運。四川地方軍事首領即曾對美國軍艦帕派斯號艦長「痛苦地抱怨因輪船取代木船航運，而造成軍隊稅收上的損失」。[55]

---

[53] 〈上海來電〉，日清汽船會社，1925 年 11 月 2 日；〈上海電〉，日清汽船會社，1925 年 11 月 4 日，《外務省記錄》，5-3-2/ 5-1427。

[54] "Commander, Yangtze Patrol Force to Commander-in-Chief, Asiatic Fleet," September 24, 1922, RIAC, 893.811/479.

[55] "Firing on the American Steamers and Military Blackmail," from C. J. Spiker, American Consul in Chunking to the Secretary of State, August 23, 1924, RIAC, 893.00/5610.

最後，四川軍隊肆意攻擊外國輪船，也與輪船懸掛外旗的情況過於浮濫有關。受到四川內戰影響，華籍輪船往往遭到隨意徵用或科捐重稅，為避免上述情況，華輪公司多與法國公司合作，藉以取得懸掛法旗的權利，名義上成為法國輪船。不過，也由於華籍輪船懸掛法國旗的條件過於寬鬆，一般而言只需將輪船股份約 10% 賣與法國公司，甚至僅需雇用法籍船長或是掛名的法籍經理，即可取得懸掛法旗的權利，但實際上換湯不換藥，輪船真正的經營者與大股東，仍然是中國人。[56]這也是為何長江上游航行的輪船多為外輪，卻少見華輪的緣故。但是此類掛羊頭賣狗肉操作手法的過於浮濫，反倒使得四川軍隊以為懸掛外旗的輪船泰半實乃中國輪船，因此無視於輪船的旗幟，肆意開槍攻擊。[57]換言之，輪船懸掛外旗的浮濫，[58]間接造成外輪地位的低落，以致川軍普遍性蔑視外輪。

---

[56] "Commander, Yangtze Patrol Force to Commander-in-Chief, Asiatic Fleet," September 24, 1922, RIAC, 893.811/479; "Robert Dollar Company's Cancellation of Agencies for Three Chinese Steamers," American Consul (Spiker), Chunking to American Minister (Schurman), Peking, February 18, 1924, RIAC, 893.8007/8.

[57] 美國駐長江巡邏隊指揮官菲爾樸斯即以為：要改變外輪在長江上游的地位，必須由各國駐華使館一致同意調高華輪取得懸掛外旗的條件（例如規定輪船的外國股份需高於一半（51%）以上，方可懸掛外旗等），再由領事官員通知所有四川軍隊，如此就可以大幅減少華輪懸掛外旗的情況，從而提高外輪的地位。"Commander, Yangtze Patrol Force to Commander-in-Chief, Asiatic Fleet," September 24, 1922, RIAC, 893.811/479.

[58] 美國國務院即曾對法國駐美使館官員表示：懸掛外旗的輪船固然事實上代表著該國財產的一部分，適用於領事裁判權的規範，但美國政府還是認為對於名義上是外輪，實際上卻是中國輪船的情況，必須嚴格看待；因此，要維護所有在長江航行外國輪船的尊嚴，必須嚴格區別真正的外輪與名義上的外

三、外國輪船違反中立原則

軍隊砲擊輪船，不全是軍隊本身的問題，部分外國輪船違反中立，替內戰中某一方軍隊運送軍火、部隊，遭致其他軍隊敵視，憤而砲擊、槍擊甚至洗劫輪船，既可奪取船上軍火物資，又避免資敵。雖然第一次世界大戰後，列強已針對軍火禁運中國達成協議，[59]避免非法外國軍火輸入中國助長原有內戰，造成社會動盪情形更趨惡化與延長，但實際上不少外商公司為了商業利益，不顧列強協議，仍然違法向中國內陸地區大量輸入軍火。依據英國《泰晤士報》（*Times*）北京特派員的報導，「大量武器軍火從外國輸入中國，助長反對中國統一的武裝力量，使得鎮壓土匪更增困難，已經發現土匪配備有外國軍火」。[60]而長江上游外國輪船違反中立，私運軍火、軍隊之事，即是上述現象的具體反映。

其中最惡名昭彰即是懸掛法國旗的中國輪船。[61]法國公司為貪

輪，而對外輪的保護，也應該僅限於真正的外輪。見"Answer from Division of the Far Eastern Affairs, Department of State to Mr. Jules Henry, 2nd Secretary, French Embassy," April 25, 1923, RIAC, 893.811/498.

[59] 關於戰後列強對華軍火禁運，可參見陳存恭，《列強對中國的軍火禁運，民國八年～十八年》（臺北：中央研究院近代史研究所，1984），專刊（47）。

[60] *The Times* (London), December 31, 1923, cited form "How China's Friends Can Help Her," *The China Weekly Review*, March 22, 1924.

[61] 例如 1921 年 10 月川鄂戰爭期間，美國長江巡邏隊即報告懸掛法旗、屬於中法輪船公司所有的鴻江號輪船（SS Hung Kiang）「在過去一個禮拜，正接受吳佩孚的指揮忙著從宜昌運送軍隊到巴東」。見"Weekly Report of Operations, for Week Ending 29 October, 1921" from Commander, Yangtze Patrol

圖利潤，協助中國輪船在法國領事館註冊，取得懸掛法國旗幟的權利，從而利用法國的庇護，在長江上游大肆走私軍火與鴉片。因此使得部分川軍誤以為外商輪船公司違反中立原則，介入川省事務，導致某種程度的反外情緒，故一遇外國輪船駛過，常常不分青紅皂白即開槍、開砲射擊。英、美等國即對法籍公司的貪圖厚利深表不滿，認為此舉不但有損外人尊嚴，更危及到其他外籍輪船的行駛安全。英國駐華公使曾與法國駐華代辦商議此事，法國代辦雖坦承有此類事情，但卻表示無可奈何，因為依照法國現行法律規定，無從約束法籍公司的作為。為了抵制法商自私的行動，1921 年英國駐華海軍即決定，此類懸掛法國旗幟，但從事軍火走私的輪船，一旦遭遇危險，如遭受川軍的砲火攻擊時，英國海軍將不會協助救援。[62]

美商公司也面臨遭受法商波及的窘況。[63]為了化解川軍仇恨，1921 年美國駐重慶副領事巴克尼爾（Howard Bucknell, Jr.）在美國海軍蒙那卡西號艦長漢森（E. W. Hanson）陪同下曾會見川軍將領劉湘，對於劉湘所部軍隊向美商輪船開槍一事，提出嚴重抗議。劉湘坦言川軍槍擊美商輪船固然是川軍疏忽所致，但也是因為擔心外國輪船

Force to Commander in Chief, Asiatic Fleet, October 31, 1921, RIAC, 893.00/4184.

[62] "Annual Report of Events in China for the Year 1921," Sir B. Alston to the Marquess Curzon of Kedlestone, Foreign Office, February 14, 1922, FO371/8033.

[63] 例如美孚公司即稱「懸掛法國旗幟的中國輪船，已危及到合法輪船的利益」。見"Political Situation at Ichang," by P.S. Hopkins, Manager of Standard Oil Company of New York, Hankow, October 1921, RIAC, 893.00/4146.

會替其他敵對勢力運送軍隊。在副領事保證美商輪船會堅守中立，絕不替任何勢力運送軍隊後，劉湘始同意下令部隊不攻擊美船：

> （劉湘）他要求我（美國副領事）訓令美國輪船懸掛一面大白旗，上書「美國商船」四個黑字……他將嚴格電令所屬部隊不得槍擊懸掛此旗的輪船。[64]

無獨有偶，1921 年 9 月美商大來公司的輪船在由宜昌駛往重慶途中，則是被宜昌附近駐軍開槍攻擊，船身遭擊中 40 發，船上兩名中國人一死一傷。原因乃是駐防宜昌的湖北軍隊懷疑該船違反中立原則，替四川軍隊運送軍火，故要求輪船停車受檢，但遭到輪船拒絕，故憤而開槍攻擊。[65]換言之，無論四川還是湖北的軍隊，均懷疑外國輪船替對方運送軍火，而有開槍攻擊輪船的行動。1922 年 9 月美國駐長江巡邏隊指揮官菲爾樸斯給美國亞洲艦隊司令的報告中，即清楚點明：長江上游軍隊任意攻擊外國輪船的可能原因，即在於他們想要阻止所有可能幫助其敵人運輸士兵或補給品的輪船。[66]

---

[64] "The Vice Consul in Charge at Chungking (Bucknell) to the Secretary of State," November 12, 1921, *FRUS, 1921*, Vol. I, p.532.

[65] 為此事件，美國駐漢口總領事致函湖北督軍蕭耀南，強調美國輪船絕不會替湖北、四川任何一方運送軍隊、武器或軍火，要求湖北軍隊此後不得再任意攔檢或攻擊美國輪船。見"American Consulate General, Hankow to General Hsiap Yao-nan, Military Governor of Hubeh, Wuchang," September 26, 1921, RIAC, 893.00/4126.

[66] "Commander, Yangtze Patrol Force to Commander-in-Chief, Asiatic Fleet," September 24, 1922, RIAC 893.811/479.

1923 年川省內戰期間，先是英國輪船萬縣號（SS *Wanhsien*）為貪圖厚利，違反中立原則，在 5 月時替川軍第二軍從萬縣運送士兵前往重慶。67英國駐重慶領事為此還發布通令，要求所有英國輪船不得再有違背中立的行為。68同年 8、9 月間法籍輪船新蜀通號（SS *Hsin Shu Tung*，懸掛法國旗，但實際船主為中國人）部分船員假借運送啤酒，實際上則企圖走私軍火，所幸船長事先發現，避免可能的川軍報復行動。69 10 月，又發生美國輪船美仁號（SS *Mei Ren*）疑似違背中立，涉嫌替川軍第二軍私運軍火，而遭敵對的地方部隊砲擊之

---

67 據萬縣號船長表示，此次運送士兵，並非被軍隊強迫，而是以每名士兵 8 元運費的代價，替川軍第二軍從萬縣運送約 200 名士兵到重慶。萬縣號進入重慶港時，適巧被美國軍艦蒙那卡西號艦長目睹，因而引起美國海軍與領事館注意，擔心英國輪船違反中立運送士兵的行為，會引起敵對川軍對所有外國輪船的不滿，引發攻擊輪船的行動。見"Protest against S.S. Wanhsien Carrying Troops, Second Army," from Commanding Officer, U.S.S. Monocacy to American Consul-in-charge Chunking, May 16, 1923, RIAC, 893.811/543.

68 "Presence of Chinese Troops on Foreign Merchant Steamers on the Upper Yangtze," American Consulate, Chunking to the American Minister, Peking, June 30, 1923, RIAC, 893.811/543.

69 知名的瑞士籍鴉片與軍火掮客衛得勒（Klly Widleer）涉嫌買通部分新蜀通號的船員，挾帶 70 箱的德國啤酒從宜昌前往重慶。但實際上箱中裝的卻是德國製自動手槍。據傳衛得勒因貪圖厚利，受駐防重慶附近的黔系軍閥周西成之託，走私軍火。原價一支 20-30 美元的德國自動手槍，一旦運送到四川，每支將可值 200-300 美元，顯見軍火走私的厚利所在。所幸新蜀通船長與買辦因久聞衛得勒素行，擔心在行經涪州時被駐軍搜查，故事先檢查啤酒箱，果然發現其中藏有軍火。該批軍火後來為萬縣海關所沒收。見"Political Conditions in Szechuan," American Consulate, Chunking to American Minister, Peking, September 14, 1923, RIAC, 893.00/5288.

事。當時周西成的黔軍正圍攻駐守重慶的川軍第二軍楊森所部，[70]值此形勢緊張之際，美仁號輪船從宜昌出發於 10 月 4 日行抵重慶附近，卻忽然改變停泊地點，並在河邊與一艘法國駁船接洽，「此一不尋常的行動，對圍攻的部隊（黔軍）來說，只意謂著她在運送軍火」。傳言船上還有楊森所部的高階軍官在押送軍火，故引起黔軍的不滿，猛烈攻擊輪船。最後在美國海軍派洛斯號（USS *Palos*）艦長介入斡旋，並以個人擔保美仁號絕無走私軍火後，轟擊輪船的情形才告停止。雖然此事後來經美國海軍官員的調查，美仁號上並無楊森所部的高階軍官，也無所謂的軍火，但是「此次不幸的行動（輪船私自改變停泊地點）已經引起包圍重慶的部隊（周西成黔軍）強烈的猜忌，因為被包圍的部隊（川軍第二軍楊森所部）正試圖以厚利（引誘輪船）運送軍火」。[71]顯見軍隊開槍攻擊輪船的原因之一，是擔心輪船違反中立，替敵對勢力走私軍火或運送部隊。

不過相當諷刺的，在四川內戰期間，各派系軍閥一方面以外國船隻違背中立原則，替敵對派系運送軍隊或武器為由，下令部隊攻擊往來外國輪船或軍艦，但是一旦作戰失敗需要逃亡之際，這些軍閥們往往反過頭來想要利用外國輪船，甚至是軍艦來進行撤離行動。例如 1923 年吳佩孚命湖北施宜鎮守使兼第 18 混成旅旅長趙榮

---

[70] 楊森（1884-1977），四川廣安人，畢業於四川陸軍速成學堂，曾加入同盟會，民國成立後歷任川軍營、團、師、軍長，以及四川督理、督辦、省長等職。見徐友春主編，《民國人物大辭典》，楊森條，頁 1213-1214。

[71] "Political Conditions in Szechuan," from American Consulate, Chunking to American Minister, Peking, November 10, 1923, RIAC, 893.00/5336.

華，[72]擔任援川軍副司令率軍進入四川，支援川軍第二軍楊森作戰；在其佔領重慶期間，其部隊多次對往來美國輪船與軍艦進行攻擊行動。但是當作戰失利時，趙榮華竟然「厚顏無恥地要求美國軍艦派洛斯號運送他前往萬縣。當遭到拒絕時，趙榮華又要求進駐美國軍艦接受保護，等待其輪船前來接運。再次遭到婉拒之後，趙榮華又表示想要前往美國軍艦拜訪艦長。」很明顯的，趙榮華無所不用其極地想要託庇於美國軍艦的保護之下。[73]

四、匪患

> 關於長江上游土匪猖獗的情況，在過去，外國人往來宜昌至重慶之間，不太會遭到這些亡命之徒的騷擾。我現在必須很遺憾地報告，在過去一個月裡，至少有三起嚴重攻擊外人的事件發生；每一件都涉及其到不少財產的損失，兩件則有人因此喪命。
>
> 英國駐重慶領事館的報告，1920 年 4 月[74]

---

[72] 趙榮華，山東人，晚清時加入淮軍，曾任江防營統帶；民國以後，歷任江南援鄂陸軍第 1 師團長、陸軍第九師步 18 旅旅長、陸軍第 18 混成旅旅長、湖北施宜鎮守使等職。見徐友春主編，《民國人物大辭典》，趙榮華條，頁 1327。

[73] "Political Conditions in Szechuan," from American Consulate, Chunking to American Minister, Peking, November 10, 1923, RIAC, 893.00/5336.

[74] "W. Stark Toller, Acting Consul, Chunking to W. Lampson, Charge d'Affaires, Peking," April 1920, FO 371/ 5342.

美國駐重慶領事 1919 年底的政治情況報告中，即已提及長江上游宜昌重慶之間，以及重慶再上游地區土匪充斥，「地方報紙每日均報導為數一百至五百的土匪群劫掠木船」。不過，此時土匪為禍雖烈，但僅侷限搶劫當地木船業者，外國輪船雖遭到岸邊槍擊，可是「尚未有騷擾外國人的情況」。[75]然而到了 1920 年代，情況逐漸有很大的改變，外國人在四川地區屢遭劫掠，輪船航運安全構成嚴重課題。[76]一方面，伴隨著外國勢力深入四川，拓展利源與商機，外國人與輪船開始大量出現在長江上游地區；二方面當地局勢卻因為四川大小戰爭不斷，內政秩序漸趨瓦解而日益惡化，土匪人數與日遽增，尤其是軍閥內戰與木船業大量失業後的副產品——兵匪與土匪，成為航行安全事件最主要的元兇之一。

簡單來說，匪患使得 1920 年代長江上游江面非常地不平靜。位居長江上游四川萬縣與湖北宜昌間的雲陽附近，土匪「狙伏江岸，攔截行舟，上下宜（宜昌）、渝（重慶）商船斷絕」。[77]往來輪船

---

[75] "Political Conditions in Chunking Consular District," December 20, 1919, RIAC, 893.00/3304; "Review of Political and Economic Conditions in the Chunking Consular District for the Year 1919," from American Consulate, Chunking to American Charge d'Affaires ad interim, January 27, 1920, RIAC, 893.00/3332.

[76] 美國駐重慶領事在 1920 年 3 月的報告中，即強調當地土匪原先甚少騷擾外國人，但近來情況有很大的改變，土匪開始威脅外國人的安全，外國船隻屢遭劫掠與勒索，而美孚公司自 1920 年 1 月至 3 月間在長江上游宜渝段因強劫與船難，損失就高達 5000 桶煤油。"Recent Brigand Activities along the Upper Yangtze River," from American Consulate, Chunking to American Charge d'Affaires ad interim, March, 22 1920, RIAC, 893.00/3361; "C in C Asiatic via Puget Sound to Opnav," May 8, 1920, RIAC, 893.00/3350.

[77] 《雲陽縣志》，轉引自四川文史研究館，《四川軍閥史料》（成都：四川人

必須在艦橋區域裝置防護鋼板，才能抵禦岸邊土匪的開槍攻擊。[78]

1920 年初長江上游夔府以上河道，特別是萬縣附近，土匪肆虐嚴重，往來汽船與木船屢遭攻擊，外人亦無法倖免。2 月底，加拿大傳教士乘船經過萬縣時被土匪洗劫錢財與衣物。[79] 3 月間，在萬縣與雲陽之間，更是連續發生三起土匪襲擊外人船隻事件，英、美砲艦紛紛趕往萬縣援救。[80]英國駐重慶領事也多次與四川督軍及地方軍政、民政首長交涉，要求派兵剿匪，但情況未有改善。[81] 5 月間，美國商船在重慶遭到土匪攻擊，美國海軍緊急調派軍艦從長江下游前往重慶保護輪船安全。[82]

1921 年初四川長江水道附近已兵匪成群，「徵收非法稅捐、

民出版社，1981-88），第 2 輯，頁 216。

[78] Robert Dollar, *Memoirs of Robert Dollar*, p.82.

[79] "Intelligence Reports for the Quarter Ended March 31st, 1920," British Legation to Foreign Office, June 7, 1920, FO 371/ 5338.

[80] 此三起事件受害者分別瑞典籍海關官員（3 月中乘船遭襲擊）、美國內地會傳教士、英國傳教士（3 月底乘船遭襲擊）。美國海軍派遣派洛斯號軍艦、英國則派遣赤頸鴨號軍艦前往萬縣馳援。見"W. Stark Toller, Acting Consul, Chunking to W. Lampson, Charge d'Affaires, Peking," April 9, 1920, FO 371/ 5342.

[81] "Translation of Letter from Acting Consul, Chunking to the Military Commissioner and the Taoyin, Chunking," March 29, 1920; "W. Stark Toller, Acting Consul, Chunking to Hsiun K'e-wu, Military Governor of Szechuan," April 8, 1920, FO 371/ 5342.

[82] 1920 年 5 月，美國亞洲艦隊司令向海軍部報告，因土匪在重慶河道附近肆虐，美國商船遭到槍擊，故派遣派洛斯號軍艦自南京起程前往重慶，蒙那卡西號軍艦也受命儘速前往長江上游地區。見"C in C Asiatic via Puget Sound to Opnav," May 8, 1920, RIAC, 893.00/3350.

走私鴉片、任意搶劫，並不時傷害人命」。[83]

1922 年四川萬縣一帶則出現專門襲擊輪船的股匪。日商天華洋行所屬聽天號輪船，在是年 4 月首次從宜昌上溯重慶途中，即在萬縣附近遭土匪從岸上狙擊。[84]

1923 年以後，長江上游航行安全情況更趨惡化。受到吳佩孚支持楊森大舉反攻四川戰事的影響，原有川軍四處調動或撤退，許多城鎮沒有軍隊駐守，土匪乃趁機入侵，造成重慶以上的長江河道土匪活動甚為猖獗，嚴重危害航行安全。[85] 1923 年夏天，土匪在重慶、宜昌間河道襲擊福源號輪船、殺死船長。[86]重慶再上游的合江，也聚集土匪萬人向上下貨船勒索保護費，否則即將船扣留。[87] 4 月間，美孚公司所屬煤油船即在重慶與合江間遭到土匪扣留，強索 5000 元；美孚公司另一艘汽船（Mei Siang, motor boat）與美籍員工亦被土匪扣留在合江再上游的瀘州，最後均賴美國海軍出動軍艦方

---

[83] 1921 年初一群外國傳教士，即在四川乘船途中，三度遭遇土匪襲擊：第一批土匪禮遇外國人，故未洗劫外人乘坐之船；第二土匪則登船劫掠，但僅搜刮中國乘客，並未劫掠外人行李；第三批土匪先開槍攻擊船隻，後來登船劫掠，外國傳教士亦無倖免，所幸英國軍艦赤頸鴨號趕到驅散土匪。"The Land of Brigands: Perils of the Yangtze Gorges," *The Times*, June 7, 1921.

[84] 〈日本汽船にして重慶航路の新紀錄〉，《（日本）大阪朝日新聞》，1922（大正 11）年 5 月 1 日。

[85] "Bandit Activities on Upper Yangtze," from American Consulate, Chunking to the Secretary of State, Washington, April 20, 1923, RIAC, 893.00/5015.

[86] 〈字水川輪被劫詳情〉，《申報》（上海），1924 年 1 月 20。

[87] 〈四川之土匪世界（四）〉，《申報》（上海），1923 年 8 月 29 日；邵雍，《民國綠林史》，頁 174。

始救出被扣船隻與人質。[88]至於重慶、夔府間的航道安全情況則更差：

> 查重慶至夔府，水行不過一日程，沿大江兩岸，有匪棚八十餘處。載貨木船，三只五只不敢開行。輪船上下水，凡遇匪棚之處，必開足馬力速率，以避其搶劫。匪棚知輪船不易搶劫，凡有輪船開過，即開快槍攻擊，時時傷人殞命……此下川東一帶，所以土匪劫掠船貨戕殺客人之事時有所聞。[89]

1924年1月間，6名加拿大籍傳教士乘坐中國輪船由重慶往瀘州途中，在合江附近三度遭遇土匪襲擊；面對第一批土匪時，有賴船上中國富商繳納保護費而無事通過，之後輪船靠岸由縴夫牽引渡過急流時，又遭第二批土匪登船綁架乘客；危險之際，第三批土匪（士兵）出現與第二批土匪火拼搶奪，輪船則趁隙逃離，船上加拿大傳教士僅以身免，差點淪為肉票。[90]外交部秘書周澤春為處理中日宜

---

[88] "Bandit Activities on Upper Yangtze," from American Consulate, Chunking to the Secretary of State, Washington, April 20, 1923; "Re: Seizure of Standard Oil Junks at Chin Chen Ngai," from Commander Officer, USS Palos to American Consul, Chunking, April 16, 1923, RIAC, 893.00/5015; "R. S. Hammond to Standard Oil Co. of New York," July 15, 1923, RIAC, 893.00/5108.

[89] 〈四川之土匪世界（一）〉，《申報》（上海），1923年8月20日；邵雍，《民國綠林史》（福州：福建人民出版社，2001），頁174。

[90] "Bandits Attempt to Kidnap Foreigners on Upper Yangtze," from American Consulate, Chunking to American Minister, Peking, January 28, 1924, RIAC, 893.8007/11.

陽丸案，[91]也曾於 1924 年 2 月乘坐輪船由宜昌前往重慶，航行途中即「突遇股匪」，周澤春本人「幾中槍彈」、船上「乘客驚慌」，所幸船上雇有四川「跑哥」，以暗號將股匪退去。[92]鑑於長江上游地區匪患嚴重，肚溪、新場、高家鎮一帶均有成群土匪攻擊往來商船，加上沿岸駐軍對商船的不法騷擾，漢口日本商業會議所在 1924 年 4 月透過總領事林久治郎，向日本政府陳情，希望能在每艘日本商船上派駐 10 名水兵、攜帶 1-2 門機關槍，以護衛輪船安全，同時增派軍艦，強化長江上游水道的巡邏任務。[93] 8 月時，美國捷江公司（Yangtze Rapid Steamship Company）所屬輪船其平號（SS *Chi Ping*）又在長江上游合江附近遭到土匪從岸邊樹林中以機關槍攻

---

[91] 宜陽丸事件發生在 1923 年 9 月，日商日清輪船公司所屬的宜陽丸輪船，疑似違反中立，替北方直系軍隊運送軍火，於行經四川涪陵時，遭反直系的川軍攔阻，雙方發生衝突，宜陽丸日籍船長被殺，日籍大副、大車連同輪船則遭川軍擄走。關於宜陽丸案始末，可以參見應俊豪，〈內戰、輪船與綁架勒贖：中日宜陽丸事件（1923-1924）〉，《近代中國》季刊，161（臺北，2005.6），論著，頁 117-137。

[92] 〈收周秘書呈〉，1925 年 1 月 7 日，中央研究院近代史研究所藏，北京政府《外交檔案》，03-06/5-2-14。

[93] 〈揚子江上流航路ノ保護方ニツキ漢口日本商業會議所陳情ノ件〉，在漢口總領事林久治郎ヨリ外務大臣男爵松井慶四郎宛，1924 年 4 月 29 日，日本外務省外交史料館藏，《外務省記錄》，3-6-4-36-5。為了強化對日本輪船的保護，日本海軍決定在重慶常駐兩艘軍艦，其中 1 艘不定期駐守萬縣或涪州，同時將派駐在輪船上護衛安全的日本水兵，由原先的 1 員提高為 4 員。見〈重慶航路ノ保護ニ關スル件〉，漢口旗艦安宅、野村第一遣外艦隊司令官ヨリ小林海軍軍務局長殿宛，1924 年 5 月 1 日，日本外務省外交史料館藏，《外務省記錄》，3-6-4-36-5。

擊，造成船身受損，船上人員 1 人重傷、多人輕傷的重大損害。[94]後經美國駐重慶領事向四川軍政當局提出嚴重抗議後，[95]合江附近土匪襲擊輪船問題才獲得明顯改善。[96]到了 1925 年初，四川土匪危害的情況依然持續，對外貿易萎縮。[97]僅重慶到夔府短短不到 200 哩的航程中，就有匪窟 80 餘處，外國輪船行駛其間屢屢遭到開槍攻擊。[98]

尤有甚者，長江上游的土匪肆虐，極可能與軍隊的故意放縱有很大的關連性。因為軍隊勾結土匪，挑動土匪攻擊外國輪船，藉此增加輪船航運的風險，迫使貨主轉將貨物交由木船運輸，從而能對

---

[94] "Master SS *Chi Ping*, Yangtze Rapid Steamship Company to American Consul, Chunking" August 9, 1924, RIAC, 893.00/5610.

[95] 美國領事史派克給四川民政長鄧錫侯的抗議照會中，強調合江附近地方長官與駐軍對於美國人身安全負有保護責任，要求採取有效措施改善當地情況，並懲罰相關人員。見"American Consul, Chunking to Teng His-hou, Civil Governor of Szechuan, Chunking," August 12, 1924, RIAC, 893.00/5160.

[96] 鄧錫侯給美國領事的答覆中，強調已通知各級軍事長官，如四川督理、川陝、川滇、川黔等邊防軍長官，以及合江當局，協同派軍圍剿當地土匪。見"Civil Governor Teng His-hou to American Consul at Chunking," August 15, 1924, RIAC, 893.00/5160.美國海軍派洛斯號艦長也曾為此事向合江軍事當局提出交涉；而在美國駐重慶領事給北京公使的報告中，表示在提出抗議照會後，情況確有改善，合江附近已無攻擊輪船的行動。見"Firing on the American Steamers and Military Blackmail," from C. J. Spiker, American Consul in Chunking to The Secretary of State, August 23, 1924, RIAC 893.00/5610.

[97] "Szechuan: A Peace But Unsettled; Trade Languishes and Robbers Harass People," *The Shanghai Times,* January 21, 1925.

[98] 〈四川の土匪には昔の諸葛孔明ですら匙を投げてるた武器の豊富、戰爭の多いが原因〉，《臺灣日日新報》，1925 年 9 月 8 日第 1 版。

木船課徵更多的非法稅收。[99]此外，川軍本身即是名副其實的土匪軍，1923、24 年川軍內戰期間，楊森與劉存厚兩派共計約 20-30 個師中，約有 7 成即是招編而來的土匪。[100]這批數量龐大、與土匪無異的軍隊，平素危害鄉里，眼中毫無法治觀念，更不知條約為何物，又豈會尊重列強的內河航行權，對於航行過往的輪船不加阻擾呢？[101]

依據《京津泰晤士報（*The Peking & Tientsin Times*）》統計，1920 年代上半期（1921-1924）長江上游宜昌到重慶（宜渝段）航程中發生的兵匪襲擊外國輪船或航運的重大事件計有下列數起：

---

[99] 此為英國駐重慶領事館的判斷。見“W. Stark Toller, Acting Consul, Chunking to Beilby Alston, Minister, Peking,” June 7, 1920, FO 371/ 5342.

[100] 《申報》（上海），1935 年 1 月 11 日；《東方雜誌》，32：12；馬烈，〈民國時期匪患探源〉，《江海學刊》，1995 年 4 期，頁 130-135。*The North China Herald* 一篇報導，也敘述楊森正在大肆招募土匪助其肅清四川。見“Gen. Yang Sen Employing Bandits?,” *The North China Herald*, April 26, 1924.

[101] 1923 年 6 月美國駐重慶領事的報告即點出「（四川）軍隊中大量士兵經常變為土匪，然後又變回士兵。而且不論士兵，還是土匪，都不尊重外國國旗，因為他們持續地攻擊外國輪船，甚至是軍艦。」見“Changing Attitude of Chinese toward Foreigners,” from American Consulate, Chunking to American Minister, Peking, June12, 1923, RIAC, 893.00/5170.

表 3-1 *The Peking & Tientsin Times* 記載長江上游宜渝段兵匪肇事案件（1921-1924）[102]

時間	詳細地點	外商輪船/貨船	詳情	備註
1921	四川萬縣	美國輪船 大來裕 *Robert Dollar*	被約 150 名武裝匪徒登船	美國軍艦趕到，拯救輪船與人員
1922	宜渝段	美國輪船 大來喜 *Alice Dollar*	遭到岸邊槍擊約 300 發子彈，2 名乘客遇害。	
1923/6	四川萬縣	美孚煤油木船	被土匪襲擊，將船員綑綁、船長腿被打斷	
1923/7/22	宜渝段	美國海軍 *USS. Monocacy*	該軍艦在護送 Alice Dollar 途中遭到岸邊槍擊，2 名水手負傷。	
1923/7/30	湖北宜昌	美國輪船 大來喜 *Alice Dollar*	一名中國軍官因與船長發生衝突，命隨從衛兵開槍，船長及 3 名外國婦女受傷。	肇事中國軍人遭趕來的美國軍艦水兵拘捕。 此案即中美大來輪船公司案
1923/9/11	宜渝段	日本輪船 宜陽丸	中國軍隊偽裝乘客登上該船，日籍船長及多人被殺，日籍大副與輪機長遭綁架勒贖。	日船宜陽丸因替四川部分軍閥運送軍火，遭敵對軍閥部隊攻擊。 此案即中日宜

[102] "An Occidental 'Outrage'," *The Peking & Tientsin Times*, June 25, 1924.

				陽丸事件。
1923/9	宜渝段	美國輪船 美灘號(*Meitan*)	遭到槍擊，1 名輪機人員受傷。	
1924/1/12	萬縣上游 30 哩	美國其來洋行 Gillespie and Sons 公司 4 艘木船	船上煤油遭匪徒搶走，勒贖 16000 元。	
1924/1	宜渝段	美國大來洋行代理字水號輪船	匪徒登船，英籍船長被殺棄屍江面。	

關於輪船行駛在長江上游宜渝段時所必須面對的重重風險與現實挑戰，可以從一位外籍輪船船長寫給公司高層的報告中略窺一二。1923 年 9 月，美孚石油公司所屬輪船美灘號因行駛宜渝段時遭受攻擊、人員受傷，船長莫維克（O. B. Morvik）打電報給在上海的海運監督，報告此次航程所遭遇的事故：

表 3-2　美孚公司美灘號報告 1923 年 9 月行駛宜渝段狀況表[103]

航路	狀況
去程 （宜昌往重慶）	9 月 14 日晚上停泊巴東(Panto)時，遭到軍隊上船勒索 25 元保護費，後以 5 元打發。
	9 月 15 日晚上停泊洋渡集(Yang Tu Chi)時，遭到一群約 200 人的土匪威脅，要求搭便船到酆都(Fungtu)。後經船長以 4 瓶白蘭地、6 盒香菸為禮物送給土匪頭子，換取安全。

[103] "Firing on Ship, Subsequent Damage", form Master of S.S. Mei Tan, O. B. Morvik, Ichang to Marine Superintendent, Shanghai, September 20, 1923, RIAC, 893.00/5336.

	9 月 16 日途經涪州(Fuchow)、李渡(Li Tu)時遭到嚴重的槍擊。
	9 月 16 日在重慶卸貨時，遭到官員率領軍隊登船騷擾，要求帶走船上的苦力、船老大與水手數人，後經船長向美國砲艦求救後，人員方才獲釋。
回程（重慶往宜昌）	9 月 19 日離開重慶，航經藺市(Ningshih)與李渡間，遭到嚴重的槍擊，美籍輪機人員與一名廚師受傷。

由以上簡單的報告，可知短短幾天（一去一回）的宜渝段航程中，美灘號就遭遇到兩次槍擊、一次軍隊的勒索、一次土匪的勒索，還有一次官員的騷擾。輪船行駛長江上游航道的高度危險性，由此可見一斑。

曾經在 1922、1923 年四川內戰期間，冒著軍隊與土匪襲擊的危險，乘坐汽船或木船往來四川各地視察商務的美孚公司幹部漢蒙（R. S. Hammond），事後即回憶到：

> （動亂期間要在四川各地安全航行往來），除了好運氣外，還可能需要其他因素：不攜帶武器，不僱請士兵護衛，總是遵從土匪與士兵的命令，盡可能對其保持禮貌，……還有語言知識。[104]

換言之，保持中立、不攜帶武器，不與軍隊有所瓜葛，保持客氣與

[104] "R. S. Hammond to Standard Oil Co. of New York," July 15, 1923, RIAC, 893.00/5108.

低調服從，以及基本的語言能力，才是外商要在長江上游四川地區生存的最高法則。

五、小結

四川內戰造就出長江上游航行安全問題，而四川獨立自治的現實環境，則使此問題無法經由外交領事層級的交涉而獲致解決。列強既然致力於開發長江上游航運市場，自然必須面對上述嚴峻形勢的挑戰。此外，受到中國南北對立大環境的影響，以及湖北、四川軍閥爭奪地盤混戰所形成的無政府狀態，造成長江上游地區社會失序、兵匪遍布，各地駐軍、土匪任意騷擾、劫掠或攻擊輪船，形成嚴重的航運安全問題。[105]特別是內戰之際，各部隊往來調動，需船甚急，往往不顧條約規定、強徵各國輪船以為軍用，或是強制徵用外商輪船公司雇用的苦力，或於往來航道私自設立新稅關卡，濫收過路錢，倘有不從，動輒開槍射擊。[106]雖然，絕大部分士兵攻擊輪

---

[105] 英國《泰晤士報》曾分析中國內戰具有下列特色：軍隊作戰所造成的士兵傷亡多半是微不足道的，但是卻給人民造成極大的苦難；「在中國的戰爭，總意謂著不分青紅皂白的劫掠，而且經常是越來越嚴重，作戰雙方都如此」。見"The Peril of China: A Dozen Rival Governments; Help from Outside Essential," *The Times*, November 19, 1921。只是隨著外國輪船與商業利益深入長江上游的內陸地區，在四川、湖北發生的內戰，其苦主與劫掠的對象，也就不再侷限中國百姓，外國人亦深受其害。

[106] "The Robert Company, Shanghai to Legation of the United states of America, Peking," October 5, 1921, RIAC, 893.00/4156. 此外，1921 年川鄂戰爭期間，宜昌軍隊調動運送錙重，多半徵調民間苦力，部分外商公司如怡和洋行、大來

船的行動，不過藉槍擊以威嚇輪船停車，僅少數造成人員損傷，[107] 但持續的騷擾攻擊仍構成航運安全的重大威脅，成為外人眼中揮之不去的夢魘。

輪船公司等為了避免軍隊任意徵調其所雇傭苦力，影響正常裝卸貨，曾發給苦力「保護徽章」（protection badge），以示與一般苦力有所區隔。

[107] 長江上游地區士兵攻擊輪船的頻率雖高，也嚴重危害到航運安全，但甚少造成外輪人員生命的損傷。原因是士兵開槍的目的只是在於讓輪船停車以便予取予求，而非傷人性命，故其射擊目標多半鎖定在煙囪部位。見"Glimpses of China: Spirit Marriage, Dangers of the Yangtze," *The Times*, January 8, 1921.

第四章　美國的因應之道*

一、前言

> 我們的政策，乃不介入中國人的政治、軍事事務；然而（美國）長江巡邏隊的職責，在於完全保護美國在長江沿岸的利益，而我們將不惜任何危險來履行此職責。
>
> ——美國駐長江巡邏隊指揮官菲爾樸斯（W. W. Phelps）
>
> 對上海報紙的談話（1923 年 8 月）❶

1920 年代上半期，伴隨著四川、湖北內戰頻頻，長江上游航運情況日趨嚴峻不安。目無法紀的軍隊與層出不窮的兵變、四處流竄的土匪、抵制外國輪船的木船幫眾，均為脆弱的長江上游航行安全，投下不可預測的變數，連帶造成外國在華相關利益、生命及財

* 本章初稿曾經審查，發表在《國史館館刊》，出版項為：應俊豪，〈長江上游航行安全問題與美國駐華海軍的因應之道（1920-1925）〉，《國史館館刊》，第 20 期（臺北，2009 年 6 月），頁 123-172。本章部分內容略有調整、刪節與增補。

❶ "Admiral W. W. Phelps," editorial from *The China Press*, November 7, 1923.

產的重大損失。列強駐華使領機構與海軍部門該如何因應？一個可能的選擇是尊重中國主權與治理權，由中國中央與地方政府承擔保護外國人民與條約利益的重責大任。然而此種選擇，在中國內亂、內戰情況嚴重，政府秩序漸次瓦解的 1920 年代背景之下，對於列強而言，無異是放任事態演變、坐視情況惡化，似非確實可行的方案。另一個選擇，是以維護外人在華利益為最高優先考量，甚至不惜侵害中國主權，透過強化列強駐華海軍實力、實行武力展示與聯合護航干涉，來確保外人在華航運尊嚴與安全。然而此項選擇，可能落入帝國主義砲艦外交的老路，面臨中國民族主義輿論的反彈聲浪，以及布爾什維克主義國際宣傳的攻訐。同時強化海軍方案，因牽涉到軍備擴充，也受到各國內政因素與整個國際形勢的掣肘。溫和與激進、退讓與強勢之間，列強該如何進退？這並非單純的航運糾紛，而是關乎到航行安全與列強駐華海軍尊嚴如何與現實環境磨合的問題。

西方目前有關美國在華海軍的研究，有 Bernard David Cole 研究國民革命軍北伐期間（1925-1928），美國亞洲艦隊所扮演的角色，以及國務院、駐華使領機構與海軍之間對於中國內戰的不同看法；❷ Kemp Tolley 則是對美國海軍從清代到二戰後（1784-1949）在

---

❷ Cole 認為美國內部對於北伐期間美國海軍究竟應否採取比較強硬的作法來護衛美國在華的條約利益，有相當不同的態度。基本上美國國務院因受到美國國內公眾輿論，以及在華商人、傳教團體的影響，較傾向採取溫和的作法，盡力避免以海軍武力介入中國內政。亞洲艦隊與駐華巡邏隊的高階海軍官員也與國務院的看法一致。不過駐華的外交領事官員以及中階海軍官員（位處第一線的海軍軍艦艦長、軍官等）則由於深刻感受到中國內戰對美國商民利

中國（長江）活動的歷史，做相當詳盡的介紹。❸相較於前兩本專著乃是從美國政府的角度，來思考海軍在中國的作為，David H. Grover 則是從民間航運的角度，來探究戰間期美國商船在長江流域的經營發展，與所面對的困難與挑戰。❹至於最新的研究成果當屬 William Reynolds Braisted 在 2009 年剛出版的 *Diplomats in Blue: U.S. Naval Officers in China, 1922-1933*。❺ Braisted 主要是利用美國海軍部檔案（輔以國務院檔案），將美國海軍在中國所遭遇的問題與因應之道做非常詳盡的討論。至於本章則是利用「美國中國國內事務檔案」（*Records of Department of State Relating to the Internal Affairs of China,*

益的危害，故主張以較為強硬的作法，來保護美國的條約利益。見 Bernard D. Cole, *The United States Navy in China, 1925-1928* (Auburn: Auburn University Ph.D. Dissertation, 1978), pp.259-265.

❸ Kemp Tolley, *Yangtze Patrol: The U.S. Navy in China* (Annapolis: Naval Institute Press, 1971). 該書乃依照時間分章，介紹不同時期美國海軍在長江的活動記錄。Tolley 本身為美國海軍少將退役，二次大戰前曾三次在遠東地區服役，分別是 1932、1937-1940、1941。尤其是 1938-40 年間曾在美國長江巡邏隊派駐在重慶的軍艦 *Tutuila* 上服役。對美國長江巡邏隊執行勤務的實際狀況相當瞭解。

❹ Grover 主要從場域（長江的地理與自然環境、早期美國人在長江的探索與航行等）、經營者（美孚公司、大來公司、捷江公司、美國海軍武裝保護等）、生存競爭（船難、劫掠、走私），危機與結局（中共綁架美國船長案、日本攻擊美國軍艦案等）等四個角度來探究 1920-1941 年間美國商船在長江的發展過程。David H. Grover, *American Merchant Ships on the Yangtze, 1920-1941* (Westport: Praeger Publishers, 1992).

❺ William Reynolds Braisted, "6 The Upper Yangtze," *Diplomats in Blue: U.S. Naval Officers in China, 1922-1933* (Gainesville: University Press of Florida, 2009), pp.65-97.

1910-1929，RIAC，中研院近史所典藏微捲資料）為主要史料而寫成。❻上述英文專著部分內容雖與本章密切相關，但在研究視野上還是有相當大的不同。❼本文探究的場域，並不觸及外人雲集、交通便利的

---

❻ 因執行國科會專題研究計畫之故，筆者近年來專研美國長江巡邏隊在長江上游的活動情況，但卻無暇前往美國直接參閱海軍部檔案，一直引以為憾。*Diplomats in Blue* 一書的出版，讓筆者可以知悉美國海軍部檔案中的長江巡邏隊概況，稍稍彌平上述遺憾。不過仔細閱讀該書後，筆者深覺「美國中國國內事務檔案」中收錄的美國駐華海軍活動記錄，基本上與 Braisted 使用的海軍部檔案，並無多大差異，舉凡相關海軍重要決策經過、往來電文等一應俱全。顯見「美國在中國國內事務檔案」收錄的檔案資料相當全面，不僅是研究中美外交史的寶庫，也是探究美國駐華海軍活動史不可或缺的資料來源。尤有要者，「美國中國國內事務檔案」含括國務院、海軍部，以及駐華外交使領機構、在華美國商會、公司、報紙、教會團體，還有其他美國社群的互動情況，更能建構出全面性的歷史場景與在華美國公眾的具體看法。

❼ 例如 Cole 研究的時間場景，與筆者致力於探討的 1920 年上半期美國海軍對長江上游四川地區航行安全的因應與處置，在本質上有相當大的不同。首先，雖然北伐與四川內戰均屬於中國內戰，但不論規模與時代意義，兩者均不能相提並論。前者是國共合作下大規模的軍事行動，牽動十幾省，背後還有蘇聯共產國際的影響，足以改變整個中國的局勢，而後者不過是四川內部的軍閥混戰與土匪問題，充其量再加入湖北與西南各省，而且軍閥戰爭的本質也著重在地盤的爭奪。其次，美國對於四川內戰與北伐的態度也完全不同，雖然美國政府對於各種性質的中國內戰，均嚴守中立，但前者的四川軍隊僅被美國視為是叛亂團體，而北伐的國民革命軍則被視為是交戰團體，意義上也完全不同。因此不易將兩者放在一起進行比較。不過，雖然本文與 Cole 研究的場景與時代意義不同，但筆者在研究美國政府處理長江上游四川地區航行安全等問題的態度時，也發現與 Cole 相同的現象：駐華使領機構、海軍與華盛頓官員對於中國問題往往有著不同論調。例如對於該不該動用武力、對於美商貨物該不該保護等議題上，美國國內的國務院、海軍部，以及駐華使領機構、亞洲艦隊、長江巡邏隊等也常常出現態度不一致，甚至彼此

沿海與長江中下游地區，而專門集中在水淺流急、內政失序的長江上游地區。長江上游地勢的嚴峻與封閉性，以及 1920 年代上半期四川地區極其頻繁的內戰與遍地土匪的情況，使得航行安全問題遠比其他地區困難與棘手。各國政府與海軍在因應處理上，也無法像在長江中下游或沿海地區從容，除了主觀政策考量外，更必須兼顧當地客觀環境。例如美國政府、使領機構或是駐華海軍本身所定義的任務，不見得在現實環境中可以執行；長江中下游地區可以隨時調動的軍艦，也不見得可以自由航行於長江上游。為了進一步分析上述問題，本文將從美國的角度，考察 1920 年代上半期美國海軍面對長江上游航行安全時所需處理的幾個層次問題：

第一、「美國海軍在長江上游的任務與限制」。在美國使領機構與海軍眼中，駐華海軍與長江上游航行安全問題有何種關連？面對長江上游頻繁發生的戰爭以及攻擊美船行動？美國海軍又該扮演何種角色，保護美國利益？在執行保護美國在華商業利益，美國海軍又受到何種外在環境的限制？

第二、「美國強化保護美商方案方案之一：造艦案」。當國家尊嚴需要靠海軍保護時，美國長江巡邏隊是否有力量因應上游地區日益不安的情勢，透過編組護航艦隊，以實力保護美船？一旦既有駐華海軍實力無法因應情勢，美國政府是否同意編列預算，擴充派駐在長江上游的海軍軍艦數量？此外，歷經第一次世界大戰的慘痛

爭論，以致政策矛盾反覆的情況。然而因為該問題牽涉到極為複雜的美國內部決策過程，需要細緻的論證，請參見筆者另外一篇研究：應俊豪，〈1920 年代上半期長江上游美國海軍護航行動爭議〉，《國立政治大學歷史學報》，第 32 期（臺北，2009.11），頁 71-124。

教訓，1920 年代上半期國際社會充斥著裁武聲浪，美國如要強化駐華海軍，是否會與世界性裁武運動產生抵觸？擴充海軍軍力又是否會引起中國民族主義輿論的疑忌與反彈？

第三、「美國強化保護美商方案方案之二：派駐士兵登船」。如果現有美國軍艦無力全面進行長江上游護航任務，擴充海軍軍備又非一蹴可幾，改派駐少量武裝士兵登上美國輪船防衛，似乎是簡便可行的替代方案。但是美國海軍對此態度如何？派駐士兵登船是否又有不可預測的風險與副作用？

第四、「美國強化保護美商方案方案之三：與中國軍隊合作」。面對日益嚴重的長江上游航行安全問題，除了由美國海軍直接進行第一線保護，如軍艦護航或派駐士兵登船保護外，是否還有其他替代方案？美國海軍透過與中國軍隊的合作，是否也能夠維護美商利益？但中美軍事合作剿匪是否又會有美國違反行政中立、介入中國內政的疑慮？

簡單來說，本文以長江上游航行安全問題為切入點，先分析美國政府自我定義的海軍任務，與所面臨的主客觀環境限制因素；繼而從美國海軍觀點，深入探究其強化保護美商、解決航行安全問題的三種因應方案及其爭議；最後則統整評估美國海軍在面臨嚴峻的長江上游社會環境之下，能否順利達成其預設的任務目標。

二、長江流域美國海軍的任務與限制

美國在長江流域的商業利益與駐華海軍息息相關。依據 1920 年的統計，該年度美國自中國進口價值 2 億 2700 萬美元的物品，出口到中國價值 1 億 1900 萬美元的物品。無論是進口或是出口，中美貿易量至少有一半以上都是經由長江來進行買賣。❽尤其長江上游的輪船航運事業，不論船隻數目，還是總噸位數，美國均高居諸外國之冠。❾然而，隨著中國內政秩序漸趨瓦解，內戰、土匪、水盜、叛亂等情況日益嚴重，充斥著長江流域。

自 1920 年代開始，長江上游湖北、四川地區土匪肆虐、內戰

---

❽ 以上資料出自美國海軍部 1922 年年度報告，見 The Navy Department, *Annual Reports of the Navy Department for the Fiscal Year 1922 (Including Operations to November 15, 1922)* (Washington, D.C.: Government Printing Office, 1922), pp.5-6.（本文所用之美國海軍部年度報告，均參見美國海軍部所屬 The Naval History & Heritage Command Center 網站：www.history.navy.mil）。不過，中國海關統計的 1920 年度中美貿易量，與上述美國海軍部資料有所出入。依據海關統計，1920 年中國直接輸往美國的貨物價值約 6711 萬海關兩，美國直接輸往中國的貨物價值約 1 億 4319 萬海關兩；另外，1920 年 1 海關兩平均約值美金 1.24 元，因此換算起來中國輸美約 8321 萬美金、美國輸華約 1 億 7755 萬美金。海關統計資料，見楊端六，《六十五年來中國國際貿易統計》（出版地不詳：中央研究院社會科學研究所，1931），頁 118、151。

❾ 依據 1923 年的統計資料，在長江上游各國輪船數量與總噸位數如下：

The China Press 統計 1923 年各國長江上游輪船航運事業					
	美國	法國	英國	日本	中國
輪船數量	10	7	7	5	9
輪船總噸位數	3100	2800	2500	2000	1000

美國駐上海總領事館在給國務院的報告中，也引述上述數據，認為「相信是正確的」。見"Upper Yangtze Trade," *The China Press*, January 20, 1924; "Upper Yangtze Trade," American Consul-General, Shanghai to the Secretary of State, Washington, January 23, 1924, Department of State, *Records of Department of State Relating to the Internal Affairs of China, 1910-1929* (Washington, D.C.: The National Archives, 1960) (hereafter referred to as RIAC), 893.811/614.

頻頻，湖南地區也深陷中國南北對立的戰線之上。1920 年 6 月，美國駐重慶領事向國務院報告，長江上游地區土匪對外人的劫掠，加上地方駐軍攻擊往來輪船，勢將造成美國航運利益可觀的損失，而只能仰賴美國長江巡邏隊採取行動、增派軍艦保護，阻止上述情況一再發生。⑩經營長江航線的美商大來輪船公司（Robert Dollar Company），也認為「中國士兵的專橫作為，已經嚴重損害公司利益，危害到輪船與船上船員與乘客的安全」，而海軍提供的保護，卻能讓輪船免於兵匪攻擊的危險，故美國政府「應授與海軍艦長完整的權力，來保護美國輪船對付四川地區的土匪與士兵」。⑪1921 年 9 月間，由於四川內戰爆發，軍事作戰與攻擊輪船事件，使得長江上游輪船航運中斷，美商大來公司、美孚公司（The Standard Oil Company of New York）、其來洋行（L. C. Gillespie and Sons of New York）等更是紛紛請求「美國海軍在中國水域，提供更多的軍事保護」。⑫換言之，要確保美國在長江的商業利益，非得依賴美

⑩ "Political Events in Szechuan Province," from American Consulate, Chunking to the Secretary of State, June 1, 1920, RIAC, 893.00/3402. 為了保護美國僑民生命財產的安全，美國海軍緊急派遣軍艦寇樂司號（USS *Quiros*）駐防長沙，懷俄明頓號（USS *Wilmington*）駐防宜昌，蒙那卡西號（USS *Monocacy*）與派洛斯號（USS *Palos*）則在宜昌、重慶間巡邏。見"Gleaves C in C Asiatic to Opnav," via USS South Dakota, Medio Cavite, June 15, 1920, RIAC, 893.00/3369, 3371.

⑪ "Robert Dollar Company, Ichang to American Consul, Chunking," May 21, 1920, RIAC, 893.00/3402.

⑫ "Naval Attache to Admiral Strauss", radio message, September 29, 1921, RIAC, 893.00/4126; "American Minister, Peking to the Secretary of State," October 4, 1921, RIAC, 893.00/4126.

國駐長江巡邏隊的維持與保護不可。而且隨著美商在長江上游擴展商務，使得商業活動更趨頻繁、輪船航運日益重要，連帶著美國商人所需要的海軍保護需求也與日遽增。⓭

但是美國政府卻似乎沒有隨著中美貿易的擴大，或是考量中國內政失序的特殊情況，而相對應強化駐華海軍。龐大的中美貿易額，相對的卻是不成比例的海軍預算。1923 年中美貿易額高達 3 億 4669 萬美元，但是美國當年用於維持駐華艦隊（包括長江巡邏隊與南中國巡邏隊）的預算，不過區區 75 萬美元。⓮無怪乎在中國的美國公民，均呼籲美國政府應提供更多的軍艦與海軍保護。

㈠ 海軍任務與國家尊嚴

美國在廣大的長江上游地區，僅在四川重慶設有領事館，因此從湖北漢口（總領事館）到四川重慶，長達 720 哩的航程中，⓯均無

⓭ The Navy Department, *Annual Reports of the Navy Department for the Fiscal Year 1923 (Including Operations to November 15, 1923)* (Washington, D.C.: Government Printing Office, 1923), pp.14-16.

⓮ Kemp Tolley, *Yangtze Patrol: The U.S. Navy in China*, p.116.不過，Tolley 並未註明中美貿易統計數據的來源，而依據中國海關統計，1923 年度中美貿易總額為 2 億 8125 萬海關兩（美國輸華約 1 億 5445 萬海關兩、中國輸美約 1 億 2680 萬海關兩），約值 2 億 2500 萬美金（1923 年平均 1 海關兩約值 0.8 美金）。見楊端六，《六十五年來中國國際貿易統計》，頁 118、151。

⓯ 依據美國地理學會 1920 年一篇文章的報導，漢口到宜昌的航程約 370 海哩，宜昌到重慶約 350 海哩，故從漢口到重慶航程約 720 海哩。見 E. T. Williams, "The Open Ports of China," *Geographical Review*, Vol. 9, No., 4 (April-June, 1920), pp.306-334.另外依據全國經濟委員會工程處在 1933 年所作的〈長江吳淞至重慶縱斷面圖；揚子江江堤概況表〉，以吳淞為起點，漢口為 1100 公

其他領事館可以處理美國公司或公民的相關事務。甚至連進入四川的重要門戶港市－宜昌，也無設置美國領事館。⓰代替外交領事官員保護美國利益，就是負責在長江上游巡邏的第一線海軍軍艦，⓱艦上海軍軍官也就身兼領事與海軍雙重任務，職責重大。⓲

里、宜昌為 1812 公里、重慶為 2461 公里，由此推估漢口至宜昌航程約 712 公里，宜昌至重慶航程約 649 公里。見中央研究院近史所檔案館藏，《經濟部檔案》，26-46-111-04。

⓰ 大來洋行老闆羅伯・大來（Robert Dollar）1921 年訪華時，曾深入湖北、四川地區視察商務，對於美國政府竟然未在長江上游入口重要城市——宜昌設置領事館，維護美商利益，感到不滿。大來認為英國都在宜昌設置領事，但美國卻沒有，「希望我們的國會議員將會瞭解到長江上游地區的美國利益」。見 Robert Dollar, *Memoirs of Robert Dollar* (San Francisco: W. S. Van Cott & Co., 1921), p.79.

⓱ 依據美國海軍規則第 720b 條規定，「在沒有美國外交或領事官員的外國港口，軍艦指揮官，作為在場的資深官員，必要時有權與外國民事官員交換意見或抗議」，見"The Vice Consul in Charge at Chungking (Spiker) to the Secretary of State," February 22, 1923, Department of State (United States), *Papers Relating to the Foreign Relations of the United States, 1923* (Washington, D.C.: Government Printing Office, 1938) (hereafter referred to as *FRUS*), Vol. I, pp.752-754.

⓲ Bernard D. Cole, *The United States Navy in China, 1925-1928*, p.19.例如 1921 年 8 月，四川介入兩湖戰爭，進攻宜昌時，川軍將領曾照會美、英、日三國駐宜昌領事，但因美國並未在宜昌設置領事，故英國領事乃將該照會轉交駐防宜昌的美國海軍愛爾卡諾號艦長米爾斯（Captain Milles），最後並由英國領事與米爾斯兩人聯合具名照復川軍將領。從收受照會，到與英國領事聯合回復照會看來，美國在未設有領事的宜昌，是由海軍的資深軍官代行領事職務。見"Consul J.L. Smith to Sir B. Alston," September 1, 1921; "Reply to P'an's Communication," J. L. Smith, H.B.M. Consul and Commander Milles, USS Elcano, Senior Officer to General Pan Chen Tau, Chief Commander of West Hupei, Kueichou, August 30, 1921, FO 371/ 6615.

關於美國駐華海軍與國家尊嚴、僑民（商）安全之間的緊密聯繫，可以由 1921 年初美國駐上海領事博金式（M. F. Perkins）給國務院的報告略窺一二。⑲博金式分析，在中國內部日趨動盪不安之際，長江流域外人安全問題與海軍武力的展現息息相關。中國內部長江沿岸的混亂，導致外人在華生命與財產的損失，也造成外人在華地位與尊嚴的低落。因此要保護外人在華生命與財產安全，必須提高外人在華地位與尊嚴。要提高外人在華地位與尊嚴，則必須持續強化列強駐長江流域的海軍實力。對於外人受害案件，固然要給予中國人適當「懲罰」，否則將會使得情況惡化。但是僅靠事後賠償與懲罰是不夠的，因為外人受害事件發生後才要求賠償與懲治肇事者，並不能改變現況：肇事士兵依舊逍遙法外，也無需支付賠償（因為由政府支付）。必須防範於未然，簡單來說，「尊嚴」需要「保護」才能獲得，這也是海軍武力在華扮演角色的關鍵所在。因此充分、適當的海軍武力乃不可或缺：必須有吃水低、速度快、數量夠的海軍艦隻，才能夠應付長江流域特殊自然環境，也才有能力航行於水流湍急、但水深淺的長江上游，確實保護列強在華利益。要提高外人在華尊嚴，必須使中國人時時看得到列強的海軍武力、時時得面對列強外交、領事及海軍官員的警告。如此久而久之，在中國各層級、各地方官員心目中，形成一種固定的觀念：他們必須

⑲ 博金式（Mahlon Fay Perkins, 1882-?）哈佛大學畢業生，曾任職美國國務院，1909 年來華在北京美國使館學習漢文，先後歷任煙臺副領事、上海領事、長沙領事、北京公使館參議等職。見中國社會科學院近代史研究所翻譯室編，《近代來華外國人名辭典》（北京：中國社會科學出版社，1984），頁 382-383。

要為中國區域內的失序情況負責。屆時即使無足夠海軍威嚇，中國人也會知道要尊重外人在華尊嚴與利益。⑳

美國駐華公使柯蘭（Charles R. Crane）㉑相當贊同博金式的主張，因為美國在長江流域地位的低落，主要就是由於「在一連串的事件中，美國當局於美國在華人民及財產上，並未成功地（向中國方面）要求獲得尊重與安全」。㉒此外，美國駐漢口代理副領事休士頓（J. C. Huston）㉓以及上海總領事克寧漢（Edwin S. Cunningham）㉔等則是直接表明美國在長江上游的利益日趨重要，當中國中央與地方當

⑳ "The Consul in Charge at Shanghai (Perkins) to the Secretary of State," January 28, 1921, *FRUS, 1921*, Vol. I, pp.520-522.

㉑ 柯蘭（Charles R. Crane, 1858-1939）為美國外交家、芝加哥資本家，1909 年曾被美國總統塔虎脫（John Taft）簡派為駐華公使，但並未就任。1920 年復由威爾遜（Woodrow Wilson）總統任命為駐華公使，就任未及一年即辭職。中國社會科學院近代史研究所翻譯室編，《近代來華外國人名辭典》，頁 95-96。

㉒ "The Minister in China (Crane) to the Secretary of State," February 3, 1921, RIAC, 893.00/3804.

㉓ 1921 年 6 月休士頓給美國公使館的報告中，認為中國中央政府對地方事務毫無影響力，地方當局則又無意約束軍隊、土匪以及海盜對長江上游航運的騷擾勒索行動，因此只能由美國海軍自己採取措施，來確保美國在長江上游的航行安全。見 "Protection of American Property and Life on the Upper Yangtze," from American Consulate General (J. C. Huston, Vice Consul in Charge) to American Charge d'Affaires (A. B. Ruddock), June 22, 1921, RIAC, 893.00/3986.

㉔ 1921 年 9 月克寧漢給美國公使的報告中，強調「美國在長江三峽的航運事業已越來越重要，如果中國無法提供保護，則美國軍事當局應該提供保護」。見 "American Consulate General, Shanghai to American Minister, Peking," September 27, 1921, RIAC, 893.00/4156.克寧漢（1868-?），1914-1919 年曾任美國駐漢口總領事，1919 年起任上海總領事直至 1935 年。見中國社會科學院近代史研究所翻譯室編，《近代來華外國人名辭典》，頁 98。

局均無力也無意維護航行安全的情況下，美國海軍應該採取更積極的作為，來保護美國商業利益。簡單來說，美國駐華使領官員幾乎口徑一致強調美國海軍在保護美國利益與尊嚴上的關鍵性作用。

至於美國海軍維持美國尊嚴與保護商業利益的方式，除了由亞洲艦隊（Asiatic Fleet）不定期派遣由戰艦所組成的船隊巡弋長江，展示美國海軍的強大力量外，㉕最主要還是依賴平時常駐在長江的巡邏隊（Yangtze Patrol Force）。但是美國駐長江巡邏隊，有無足夠的力量因應日益嚴重的長江上游航行安全問題，卻是令人擔憂的。㉖

㉕ 最早自 1850 年代開始，美國海軍便不定期地派遣戰艦艦隊巡弋長江，這樣的模式已成為凸顯「美國存在」的重要手法。例如 1924 年 3 月中國報紙便有這樣的報導：「美國亞洲艦隊，由總司令華盛頓上將乘旗艦黑龍號（USS *Huron*），將於 4 月 14 日由馬尼剌開始抵滬，至 5 月 5 日再開往揚子江上游……第 38 驅逐艦隊，俟黑龍號開出後再駛來華，該隊共計驅逐艦 6 艘，留滬一星期，即向揚子江上游開出，其第 43 與 45 兩驅逐艦隊……俟在上游艦隊回滬後，同駐滬港十餘天，再在芝罘，舉行夏操。」見 Bernard D. Cole, *The United States Navy in China, 1925-1928*, pp.15-16；〈美艦隊陸續來滬〉，《民國日報》，1924 年 3 月 8 日，第 10 版。

㉖ 美國長江巡邏隊於 1921 年 3 月 21 日正式編成，隸屬於美國亞洲艦隊之下。Glenn F. Howell, Dennis L. Nobel, ed., *Gunboats on the Yangtze: The Diary of Captain Glenn F. Howell of the USS Palos, 1920-1921* (Jefferson: McFarland & Company, Inc., 2002), p.20.依據 1922 年底的統計，美國駐長江巡邏隊（U.S.S. Yangtze Patrol Force）的組成情況如下：

美國駐長江巡邏隊概況（1922 年 12 月）		
艦名	出廠情況	現況
Villalobos	1886 年由西班牙製造的木造軍艦，航行菲律賓群島附近深水區域	派駐在長沙
Quiros	同上	派駐在宜昌

㈡ 美國駐華海軍的限制：「玩具艦隊」（Toy Fleet）[27]

美國在中國的砲艦……大致說來是可悲的少、悲慘地無法應付他們的工作，又危險的老舊、可笑的慢。受限於甲板與引擎馬力，他們航行的範圍小；由於水深與水流情況，他們只能停泊在深水區域好幾個月……意謂美國海軍沒有能力保護

Palos	1908 年美國國會授權，專為使用於長江流域建造的軍艦，1913 年建造，艦身狹長、吃水淺	派駐在長江三峽以上。航速只有 11-13 節，無法逆流航行
Monocacy	同上	同上
Isabel	原為私人遊艇，1917 年改為驅逐艦	美國駐長江巡邏隊旗艦。航速有 28 節，高速航行時極易浪沈木船，而且因吃水重，夏季高水位時雖可航行至宜昌，冬季低水位時，則無法航行至漢口以上。
Elcano	1885 年西班牙建造的鐵製軍艦	派駐在漢口

"U.S. Yangtze Patrol Suffers," *The North China Daily Mail*, December 4, 1922; "U.S. Yangtze Patrol Suffers," *The Central China Post*, December 12, 1922.上述兩篇英文報導內容一樣，其內容業經美國駐漢口總領事館的確認，除有關 Palos 與 Monocacy 的兩處小錯誤，其餘內容乃「大致正確」。上述表格為筆者依照上述兩篇英文報導、美國漢口總領事館修正的報告，再參酌《字林西報》的報導，綜合整理而成。美國漢口總領事報告，見"American Naval Patrol on the Yangtze River," American Consulate General, Hankow to the Secretary of the State, Washington, December 12, 1922, RIAC, 893.811/489. 《字林西報》報導，見"The U.S. Gunboats in China," *The North China Daily News*, February 6, 1923.

[27] 由於美國輪船、乘客與貨物在長江上游一再被開槍攻擊，但卻得不到美國海軍應有的保護，故美國商會團體乃戲稱已經受夠了「玩具艦隊對貿易與航運所提供的不充分保護」。「玩具艦隊」指得即是美國長江巡邏隊。見"Anarchy on the Yangtsze," *The Peking & Tientsin Times*, October 22, 1923.

（在中國）許多水域的美國航運與交通……。美國在中國的社群，開始感受到他們（對海軍）的信任並沒有引導出美國在遠東的尊嚴，美國海軍部也沒有擔負應有的責任。

《字林西報》一篇評論（1923年2月6日）㉘

在長江上游內戰頻仍、政治社會失序嚴重、中國當局又無力維持的情況下，要維護美國公民在長江上游的尊嚴與安全，並非口頭或紙上說說即可達成，必須要有強大的實力作為後盾。此點與美國駐長江海軍巡邏隊能有多少作為息息相關。在 1920 年代初期，美國駐長江巡邏隊共有 6 艘軍艦，多半由老舊軍艦組成，其中不少更為前西班牙所建造的，速度慢、吃水又深，並不適合執行長江流域，尤其上游水淺流急地區的航行任務。特別是冬天一到，長江水位轉低，㉙美國軍艦因吃水深加上馬力不夠，完全無法航行上游地

㉘ 《字林西報》此則有關美國駐華艦隊窘況的報導，「已在華北地區各英文報紙間廣泛轉載」，故美國駐華公使館剪報後送美國國務院參考，美國國務院再轉送海軍部。見"The U.S. Gunboats in China," *The North China Daily News*, February 6, 1923; "American Legation, Peking to Secretary of the State, Washington," February 20, 1923, RIAC, 893.811/508; "The Secretary of the State to the Secretary of the Navy," April 6, 1923, RIAC, 893.811/508.

㉙ 依據日本東亞同文會在 1910 年代所做的調查，長江上游宜昌、重慶之間的水深變化如下：

日本東亞同文會調查江上游宜昌、重慶之間每年四月最低水深情況	
地區	水深（單位：呎）
重慶	2-8
涪州	11
酆都縣	4-9

區，只能在沿江水位較深的港口「冬眠」。例如 1920 年 12 月宜昌兵變期間，美國亞洲艦隊司令便轉述長江巡邏隊指揮官的報告，指稱長江上游宜昌附近水深僅約 7 呎，因此無法派遣軍艦前往處理。㉚ 1923 年 3 月長江上游低水位期間，駐防江津（重慶再上游）的川軍扣留拒絕繳納保護費的美孚公司煤油船，美國重慶領事雖向海軍求援，但同樣因水深與軍艦吃水重等問題，而無法順利派出軍艦前往救援。美孚公司最後被迫只能選擇付出保護費，以換取煤油船的獲釋。㉛無怪乎在華英文報紙曾諷刺：在保護美國在華利益的任務

萬縣	3.75
夔府	8
巫山峽	3
歸州	12
宜昌	4-9

由上表可知重慶最低水深僅 2 呎、宜昌最低 4 呎、巫山峽則 3 呎，故吃水過深的軍艦是無法全年在長江上游航行。見東亞同文會編，《支那省別全誌：四川省》（東京：東亞同文會，1917 年），頁 293-294。

㉚ "From Cin C Asiatic to Opnav via USS *Huron*," December 3, 1920, RIAC, 893.00/3642.

㉛ 依據美國駐重慶領事的報告，1923 年 3 月間發生的江津駐軍扣押美孚煤油船事件，其過程相當曲折離奇。成都的川軍總司令雖然早在 1923 年 2 月就通令全省駐軍不得任意開徵非法的保護稅，但顯然川軍總司令的「命令出不了成都」，因為 3 月時江津駐軍便發佈命令，要對往來船隻強徵保護費，美孚公司的煤油船即被課徵每桶煤油 0.08 元的保護稅。美國領事隨即於 3 月 7 日向外交部特派交涉員遞交抗議照會。稍後地方軍事當局也回覆保證將嚴格禁止部隊對外國船隻徵收保護稅。然而 3 月 21 日，一批由 27 艘船組成、運送 12000 桶煤油的美孚公司船隊，因拒絕繳納保護稅，還是遭到江津駐軍的扣留。尤有甚者，該批船隊在重慶時，才剛被課徵過保護稅（每桶被課徵 0.06 元）。美國領事於是在 3 月 22 日第二次提出抗議照會，但駐軍的回覆依然官

上，美國駐長江巡邏隊是負債（liability），而非資產（asset）。[32]

美國長江巡邏隊中，僅有派洛斯（*U.S.S.Palos*）與蒙那卡西（*U.S.S.Monocacy*）兩艘軍艦因吃水較輕，尚能勉強執行長江上游宜昌以上的巡邏護航勤務。軍艦數量上的不足，使得美國海軍在執行護衛任務時，往往有捉襟見肘的窘況。1921 年 9 月間四川、湖北內戰情況嚴重，當美商請求海軍提供更多的保護時，兩艘軍艦中，派洛斯號正在漢口整修裝備，因此僅有蒙那卡西號能出動執行保護任

樣文章：「已嚴格下令禁止收取保護稅」。同樣的，英國亞細亞公司的煤油船也因拒付保護稅而被江津駐軍扣留。英、美兩國雖然均企圖動用海軍砲艦來援救被扣押的煤油船。可是 3 月正值長江上游低水位期間，軍艦因吃水過深無法行駛到重慶更上游的江津地區。美孚公司在當地的經理人，考量當時長江上游煤油市場需求大，最後只能選擇支付保護費。不過令人諷刺的，該經理人竟「殺價」成功，將原先每桶 0.08 元的保護費，殺到 0.038 元。使得交付的總額由原先的 960 元，降為 456 元。江津駐軍最初雖答應履行保護的責任，派出軍隊沿途保護該批煤油船，但最後卻又食言。直到 4 月中旬，長江上游水位高昇，美國砲艦派洛斯號趕到，以江津駐軍收取保護費卻沒有派兵保護為由，強迫其返還當初繳納的 456 元保護費。此外，更為有趣的，是英國方面被扣煤油船的後續發展。亞細亞公司在英國領事要求下，堅持拒絕支付保護費；水位稍升後，英國軍艦赤頸鴨號（HMS Widgeon）趕抵江津，並派出一名中國翻譯上岸交涉放船之事，但該名翻譯卻慘遭江津駐軍的痛毆與扣留。英國軍艦不得已，乃宣布江津駐軍如不釋放該名中國翻譯，英艦將砲轟江津城。然而，江津駐軍依然拒絕釋放人質，最後在英國軍艦發射一枚空包彈威嚇後，江津駐軍立刻釋放中國翻譯，稍後被扣押的亞細亞公司煤油船也獲得釋放。見“Bandit Activities on Upper Yangtze,” from American Consulate, Chunking to the Secretary of State, Washington, April 20, 1923, RIAC, 893.00/5015.

[32] “U.S. Yangtze Patrol Suffers,” *The North China Daily Mail*, December 4, 1922; “U.S. Yangtze Patrol Suffers,” *The Central China Post*, December 12, 1922.

務。因而引起美國漢口商會的不滿。[33]尤有要者，這兩艘軍艦馬力不夠、航速慢、通訊系統故障，根本無法因應長江上游日趨重要的美國輪船商務活動，及擔當整個長江上游數百哩航程的相關護航任務。[34]例如 1922 年 8 月四川內戰期間，川軍任意攻擊往來船隻，嚴重危害到長江上游航行安全，但美國軍艦蒙那卡西號卻因「馬力不足，無法在高水位期間、水流湍急時逆流而上」，而備受責難。美國駐重慶領事即坦言：由於缺乏馬力，蒙那卡西號無法在夏季高水位期間航行至宜昌以上，更遑論到重慶去保護美商利益；但此時期「在重慶卻有一艘英國軍艦、一艘法國軍艦（還有另一艘武裝汽艇），與一艘日本軍艦」，獨獨沒有美國軍艦。[35]

派洛斯號軍艦艦長郝威爾（Glenn F. Howell）在 1920 年 9 月的日

---

[33] 美國漢口商會的質疑如下：「長江現況是不能忍受的。長江航運實際上已經中斷，而（適合輪船航行的）季節即將在 6 個星期內結束。由於美國公司正遭受到財政上的損失，美國尊嚴也危在旦夕，所以必要時，應使用武力立刻建立（輪船）運輸。（但現在）除了一艘美國小砲艦之外，美國海軍艦隊卻都已經撤離至宜昌以外之地，為何如此呢？」"American Consul General, Hankow to American Minister, Peking," September 30, 1921, RIAC, 893.00/4126.

[34] "The Secretary of the Navy (Denby) to the Secretary of State," March 28, 1921, *FRUS, 1921*, Vol. I, p.523; Kemp Tolley, *Yangtze Patrol: The U.S. Navy in China*, pp.84-86.

[35] 此時另外一艘軍艦派洛斯號則已航往漢口進行修整。此外，部分美國商輪船長也曾轉告美國駐重慶領事，當川軍在長江上游地區攻擊輪船、危害航行安全時，蒙那卡西號曾兩度嘗試想從宜昌逆流而上，但因為缺乏足夠動力，未能通過宜昌峽，最後均無功而返。"Political Conditions in Szechuan," from American Consulate, Chunking to American Minister, Peking, August 20, 1922, RIAC, 893.00/4694.

記中，即記述著派洛斯號從重慶前往宜昌途中，因鍋爐故障完全失去動力，只能仰賴美孚公司輪船美灘號拖拉前往宜昌的慘況。[36]派洛斯號後任艦長辛普森（G. W. Simpson）在 1922 年 11 月的報告，更清楚點出美國軍艦馬力不足的問題。辛普森認為要維護美國利益、確保長江上游輪船航運的安全，可以從派遣軍艦護航著手，因為軍艦的出現可以有效嚇阻兵匪。然而，現行軍艦護航卻有一個很大的問題，此即老舊美國軍艦最大航行速度明顯低於輪船的航速，以致於輪船對於護航意願不高：「實際上毫無例外地，輪船船長寧願利用機會繼續航行，而不願意降低航速跟著我們（軍艦）」；而且，軍艦護航時如遭遇攻擊，必定火力全開反擊，也有可能誤傷岸邊無辜的非武裝人員。[37]

蒙那卡西號艦長尼爾森（J. L. Nielson）也曾對英文報紙坦承美國海軍艦隻的窘況。1924 年初各國派駐在長江上游巡邏的外國軍艦共有 10 艘，其中有 2 艘屬美國、2 艘屬英國、2 艘屬法國、4 艘屬日本。其中除了日本軍艦較新，能夠有效執行護航任務外，其餘各國軍艦均已過時。美國僅有的兩艘軍艦即完全無法達成巡邏任務，因其航速僅有 11 節，而長江上游部分流域流速即高達 15 節，當軍

---

[36] Glenn F. Howell, Dennis L. Nobel, ed., Gunboats on the Yangtze: The Diary of Captain Glenn F. Howell of the USS Palos, 1920-1921, pp.62-66.

[37] “Lieutenant Commander, U. S. S. Palos (Simpson) to Secretary of the Navy (Denby),” November 27, 1922, RIAC, 893.811/485.不過，美國駐長江艦隊司令菲爾樸斯與派洛斯艦艦長看法略有不同，其相當重視軍艦護航在保護輪船航運上的作用。見“Interference by Insurgents with Commerce,” from Commander, Yangtze Patrol Force to Commanding Officer, U.S.S. Palos & Monocacy, February 13, 1923, RIAC, 893.811/520.

艦逆流而上時，還需縴夫在岸上拖引軍艦方能順利通過。因此尼爾森譃稱「長江上的美國軍艦可以準備當廢鐵了」。㊳

蒙那卡西與派洛斯這兩艘軍艦，是美國政府專門為航行長江流域而設計建造，不僅因吃水淺可以航行長江上游地區，同時是長江巡邏隊中最新穎的（1913 年才建造）。然而這樣的軍艦為何會常會有幫浦、鍋爐故障，馬力不足等問題呢？依據上述派洛斯號軍艦艦長郝威爾的追憶，該軍艦雖是新打造，但是幫浦以及部分附屬裝備，乃是從艦齡高達 26 年的舊魚雷艦拆下來安裝在派洛斯號上。由此可知，到了 1920 年代，派洛斯號軍艦上部分設備等於已經使用約 30 餘年，所以才會有老舊失修、馬力不足、裝備經常故障的情況。㊴

總而言之，美國駐華外交領事官員與海軍艦隊司令、艦長等雖信誓旦旦想要恢復美國尊嚴、確保美商航行安全，但實際上不易達成。空憑美國招牌似乎在長江上游不甚管用，僅靠美國國旗與有限

㊳ "American Gunboats on the Yangtze," *The North China Herald*, February 23, 1924。此處所提四國海軍數據與英國方面 1924 年的統計略有出入，見 "Memorandum by the Foreign Office respecting the Yang-tsze River: Proposed Building of Two Gunboats for Protection of Shipping," Ann Trotter ed., *British Documents on Foreign Affairs: Reports and Papers From the Foreign Office Confidential Print* (Bethesda: University Publications of America, 1994), Part II, Series E, Asia, 1914-1939, Volume 28, China, June 1923- December 1924 (hereafter referred to as *BDFA, 1923-1924*), p.215.

㊴ 郝威爾後來曾經造訪位於加州（Mare Island, California）的美國海軍造船廠，上述情況乃是據船廠人員轉述。見 Glenn F. Howell, "Chunking to Ichang," *U.S. Naval Institute Proceedings*, Vol. 64, No.9 (September 1938), p.1316.

軍力的條件下，明顯無法確保國威與安全，還需要更為強有力的海軍實力。問題是要建置強有力的海軍實力談何容易？

三、強化保護美商方案之一：建造新艦

為了因應日趨嚴重的長江上游輪船航行安全問題，各國必須具備充分的海軍戰力，方足以符合巡邏需求，確保外國商船與公民安全。但事實上，各國宣稱想要達成的，與實際情況有相當大的出入。以美國為例，美國駐華使領館與海軍雖然宣稱欲以自己海軍軍力確保美商在長江上游的航行安全，然而實際上並無法履行上述需求。因此亟需強化現有軍備，尤其必須興建符合長江上游特殊環境的新式砲艦。

㈠ 華盛頓會議決議案與造艦案擱置

早在 1920 年 6 月美國駐北京公使館代辦坦尼（O.C. Tenney）即曾向北京政府外交部代理部長陳籙口頭警告：「如果中國政府無力採取措施（改善長江上游航行安全問題）」，「美國政府將會大幅提高派駐在該區域的海軍艦隻」。㊵ 1921 年 2 月國務院正式向海軍部

㊵ "American Minister, Peking to the Secretary of State, Washington, D. C.," June 25, 1920, RIAC, 893.00/3540. 坦尼所稱的長江上游航行安全問題，指的是美國大來公司所屬輪船於 1920 年 5 月 20 日在四川萬縣遭到川軍士兵登船強索非法貨物稅，雖經附近的美國海軍砲艦趕走上船的川軍，但大來輪船在後來的航程中，在夔府地區仍遭到川軍的開槍攻擊，並嘗試登船。美國公使館認為川軍的行為已經嚴重違反國際法以及中美條約，故提出嚴正的抗議。見美國公

轉達美國駐華公使館的建議，㊶希望強化美國駐華海軍實力。㊷海軍部雖配合國務院建議，將該案送交國會，希望編列預算建造足以應付長江流域特殊需求的新式軍艦，但海軍坦承受限於人事與經費，短期內要獲得新式軍艦並無實現的可能。㊸強化駐華海軍方案遭到擱置。

美國國會與海軍部之所以對於購置新艦態度保留，實際上與戰後全世界裁減軍備聲浪，以及 1921-22 年召開的華盛頓會議及其決議有很大的關係。㊹〈九國公約〉即已強調要尊重中國主權獨立完整，同時給予中國一個無礙的機會來發展成為一個強有力的政府。㊺〈五國海軍條約〉更向全世界宣告美國推動海軍限武的決心，㊻

使館給外交部的抗議照會，"American Minister, Peking to the Acting Minister for Foreign Affairs, Ch'en Lu," June 24, 1920, RIAC, 893.00/3540.

㊶ "The Minister in China (Crane) to the Secretary of State," February 3, 1921, *FRUS, 1921*, Vol. I, p.522.

㊷ "The Secretary of State to the Secretary of the Navy (Denby)," March 28, 1921, *FRUS, 1921*, Vol. I, pp.522-523.

㊸ "The Secretary of the Navy (Denby) to the Secretary of State," March 28, 1921, *FRUS, 1921*, Vol. I, p.523.

㊹ 華盛頓會議主要在處理戰後兩大問題：㈠遠東及太平洋問題、㈡軍備問題。關於遠東及太平洋問題，後來簽訂了〈九國公約〉，確定中國門戶開放政策，以及以〈四國條約〉取代〈英日同盟〉等。至於軍備問題，最大的成果就是由美、英、日、法、義五國簽訂了〈五國海軍條約〉，大幅裁減海軍裝備，並以固定比例限制五國海軍主力艦與航空母艦的總噸位數。

㊺ 關於華盛頓會議、〈九國公約〉與中國地位的討論，可以參見 Westel W. Willoughby 的兩本論著 *China at the Conference: A Report* (Baltimore: The Johns Hopkins Press, 1922); *Foreign Rights and Interests in China* (Baltimore: The Johns Hopkins Press, 1927).

不僅裁撤大批主力艦，並在 10 年內不再增建新的主力艦，史稱為期十年的「海軍假期」。[47]雖然〈五國海軍條約〉並未限制砲艦等附屬艦隻的數量，但此時如果美國又增建新艦，難免為人詬病，而且新艦又是要派往中國，更是有干涉中國內政、違反〈九國公約〉之嫌。尤為重要的，美國國會是否同意在大戰甫經結束、華盛頓會議決議案言猶在耳，以及世界一片裁減海軍裝備聲浪之際，又新造軍艦？[48]因此，美國國會與海軍部選擇擱置造艦案。換言之，「維持現狀（status quo）」也就成為戰後初期美國政府思考太平洋海軍實力時的基本著眼點。[49]

---

[46] 〈五國海軍條約〉全文可參見“A Treaty between the United States of America, The British Empire, France, Italy, and Japan, Limiting Naval Armament,” U. S. Naval War College, *International Law Documents: Conference on the Limitation of Armament with Notes and Index, 1921* (Washington, D.C.: Government Printing Office, 1923), pp.291-327.

[47] Ernest Andrade, Jr., “The Cruiser Controversy in Naval Limitations Negotiations, 1922-1936,” *Military Affairs*, Vol. 48, No. 3, (Jul., 1984), pp.113-120.

[48] 例如美國國會在 1921 年即曾提案修正海軍造艦經費，要求美國政府在未來的五年內裁減一半的造艦經費。見 George W. Bear, *One Hundred Year of Sea Power: The U.S. Navy, 1890-1990* (Stanford: Stanford University Press, 1994), p.94.

[49] 美國駐亞洲艦隊司令 Admiral Joseph Strauss 在 1921 年 7 月時曾建議強化在華的內河砲艦，以擔負警戒與維護美國海外商業利益安全的任務，但美國海軍部總委員會（General Board）以華盛頓海軍限武會議即將召開，美國政府又支持尊重中國的主權，故現階段並不適合討論此問題。見“Commander-in-Chief Asiatic Fleet to SecNav, ” July 26, 1921 in General Board to SecNav, GB No. 420-12/ Serial 1096, September 21, 1921; Bernard D. Cole, *The United States Navy in China, 1925-1928*, pp.10-11, 28.

(二) 美國駐華部門持續推動造艦案

隨著中國南北對立、四川內戰加劇，兵匪四處流竄為禍，長江上游航行安全情況更趨惡化；同時 1920 年代列強對四川地區資源的競逐正如火如荼的展開，美商積極搶進開發利源，在長江上游商業活動的重要性與日遽增，對與海軍保護的需求，也更加強烈與渴望。美國海軍艦隻無法勝任長江上游護航任務的情況，一再出現駐華外交使領與海軍官員的報告之中。

1922 年 9 月美國駐長江巡邏隊指揮官菲爾樸斯向美國政府報告，四川駐軍往往非法且任意騷擾在長江上游航行的外國輪船，唯獨外國軍艦在場時，四川軍隊才會收斂。因此只要在每一個口岸都派駐軍艦，就能有效嚇阻四川軍隊對外國輪船的騷擾。不過，美國在長江上游沒有足夠的軍艦武力。菲爾樸斯最後呼籲：

> 由於缺乏武力，今天列強正在逐漸失去尊嚴——丟臉。兩年以前，四川人從來沒有想過要槍擊懸掛美國或英國旗的輪船，更何況是軍艦。……條約權利遭到嘲弄。列強秉持著協商的態度，忍受無法以武力來壓制的敵意。對於像四川這麼專橫的人來說……假如列強再不強化在長江上游的武力，情況只會更加惡化。(列強駐)北京的公使館只能無助地交涉，因為北京(政府)無力控制四川。不論何時，我們都必須自己跟(四川)地方軍閥交涉處理。[50]

---

[50] "Commander, Yangtze Patrol Force to Commander-in-Chief, Asiatic Fleet,"

因海軍實力不足，菲爾樸斯只能自力救濟，試圖結合民間力量，統整長江沿岸各港口的美國義勇軍（American Volunteer Companies）人員，由軍方供給足夠的武器裝備與彈藥，必要時可與海軍合作，以因應長江流域日益惡化的航行安全與治安問題。[51]不過，此舉又遭到美國駐重慶領事館的質疑，認為可能會引起中國方面不必要的疑慮，惹出更多麻煩，實乃「非常不明智」的作法。[52]

曾任美國海軍部長丹比（Edwin Denby）侍從官，後擔任派洛斯號軍艦艦長的辛普森，在 1922 年底向丹比報告：由於輪船取代木船的態勢日漸明顯，四川反外的情緒已漸趨高漲；尤其日本正計畫引進能全年（包括冬天低水位期間）航行長江上游的輪船與軍艦，屆時木船幫等相關業者的反彈，勢將更為激烈，如此非但反日情緒，普遍排外情緒也將隨之而起。然而，受限於航速，美國在長江上游的軍艦無法全年航行，如果有緊急事故發生，恐將無法處理。故辛普

September 24, 1922, RIAC, 893.811/479.

[51] "Arms and Equipment for American Volunteer Companies on Yangtze River," Commander, Yangtze Patrol to Commanding Officers, American Volunteer Company, October 7, 1922, RIAC, 893.811/497.

[52] 美國人先前曾提議在重慶籌組「少年偵察團」（Boy Scout Troop），但遭到四川軍事當局斷然拒絕，理由是「此類組織帶有軍事性質」。故美國駐重慶領事館相信，任何帶有軍事性質的民間組織，都會引起四川軍事當局的疑慮與猜忌，而有不好的結果。"American Volunteer Companies on Yangtze River," American Vice Consul, Chunking to Rear Admiral W.W. Phelps, U.S.N., Commanding Yangtze Patrol Force & American Consulate General, Hankow, December 19, 1922, RIAC, 893.811/497.

森建議，「有必要增加更有馬力的軍艦」。[53]

同年度美國駐北京公使館給國務院的報告也持同一口吻，強調日本正在建造 5 艘能夠全年航行長江上游的新軍艦，而美國非但軍艦數量不足、設備老舊落後，也無法遏止川軍對美國輪船非法的騷擾、保護美國利益，反倒「遭到中國人的嘲弄」。因此，美國必須建造能夠適應長江上游特殊環境的新軍艦，[54]美國國務卿則將北京公使館的報告轉達給海軍部知曉。[55]

美國駐漢口總領事館給國務卿的報告，更是強調美國駐長江巡邏隊關係到「長江流域，特別是中游與上游地區，美國公民商業與政治上的福祉」，所以在漢口的美國商人、傳教士以及其他居民均十分關心此議題，並且發起運動要向美國政府陳情。[56]

(三) 造艦案的討論與通過

長江上游情形持續惡化，美國在華軍事、使領以及公民等也不間斷地向美國國內傳達希望強化美國在長江流域海軍實力的意

---

[53] "Lieutenant Commander, U. S. S. Palos (Simpson) to Secretary of the Navy (Denby)," November 27, 1922, RIAC, 893.811/485; "The Secretary of the Navy to the Secretary of State" January 12, 1923, RIAC, 893.811/485.

[54] "The Minister in China, Peking to the Secretary of State, Washington" November 21, 1922, RIAC, 893.811/481.

[55] "The Secretary of State to the Secretary of the Navy" January 24, 1923, RIAC, 893.811/481.

[56] "American Naval Patrol on the Yangtze River," American Consulate General, Hankow to the Secretary of the State, Washington, December 12, 1922, RIAC, 893.811/489.

願。[57]因此編列預算，建造吃水輕、速度快新式軍艦的強化駐華海軍方案，在 1923 年再度引起討論。尤其 1923 年 5 月在山東臨城發生震驚國際的劫車案，土匪截斷津浦鐵路，洗劫列車，並綁架車上中外乘客，其中十餘名外國乘客淪為土匪與政府談判的人質。[58]對外國人來說，臨城案的爆發，預示著中國內政秩序已瀕臨瓦解邊緣，華盛頓會議以來列強自我克制、對華友善與靜待中國轉變的氣氛為之消磨殆盡；取而代之的，則是正視中國內政情況的嚴重性，以及如何強化駐華軍力，以自己的軍事力量來保護在華外國人生命財產的安全，恢復外人在華尊嚴。[59]換言之，臨城劫車案就像壓死

---

[57] 美國中國國內事務檔案（RIAC）中收錄的各種駐華外交使領、海軍與一般民間社團報告，幾乎一致性地強調要強化美國駐長江巡邏隊，唯獨 1923 年 5 月一份美國商務部遠東司（Far Eastern Division, Department of Commerce）的報告，持相反意見。該報告引述一位曾經服役於長江艦隊的海軍官員見解，認為「（在長江）漢口以上並無美國投資，加上三峽僅容許吃水淺的砲艦通過，因此僅派駐兩艘軍艦前往長江上游保護美國傳教士與其他相關利益即可」。此份報告後來為美國漢口商會知悉，認為該報告「嚴重誤解」實際情況，請求駐上海總領事採取行動改正商務部的錯誤印象。"Patrol Yangtze River," Chief, Far Eastern Division, Department of Commerce to Dr. Klain, May 12, 1923, RIAC, 893.811/541-542; "American Chamber of Commerce, Hankow to the American Consul General at Large, Shanghai," July 18, 1923, RIAC. 893.811/541-542.

[58] 關於臨城案的前因後果，以及列強對華態度的改變，可以參見應俊豪，《「丘八爺」與「洋大人」——國門內的北洋外交研究（1920-1925）》（臺北：國立政治大學歷史系，2009），第五章「從兵匪問題與帝國主義思維反思「綁架外人事件」——1923 年山東臨城劫車案的前前後後」，頁 125-224。

[59] "China and the Powers," *The Times*, July 2, 1923.

駱駝的最後一根稻草，讓華盛頓會議以來外國人對華幻想正式宣告破滅。此後，不論是商人、駐華使領或軍事單位，無不思考如何透過軍力的強化，來維持外國在華的尊嚴與安全。

臨城案後，美國駐華公使再度向國務院強烈表達長江上游美軍軍艦不敷需求的情況，必須強化美軍在長江上游力量，將軍艦數目由原先 2 艘，新增 6 艘新軍艦，才能消弭威脅，確保安全與美國尊嚴。[60]

在國務院、駐華使領館，以及海軍官員的持續厲聲疾呼下，美國海軍部終於正視長江上游航行安全問題的嚴重性。1923 年 5 月底，海軍部內部負責規劃海軍建軍的總委員會（General Board），建議海軍部應贊成建造新式砲艦，因為既有的船艦「數量不足，又太過老舊」；「要維護美國尊嚴與影響力」，同時兼顧「政治與商業考量」，必須建造新砲艦。[61] 8 月，海軍部正式通知國務院，已將新建 6 艘砲艦的造艦案編入預算，提交下次國會會期討論；同時先調派原駐夏威夷的兩艘掃雷艇支援長江流域巡邏任務。[62]如果中國

---

[60] "American Minister, Peking to the Secretary of State, Washington," June 13, 1923, RIAC, 893.811/530.

[61] General Board to the Secretary of the Navy, General Board No. 420-12/ Serial 1130, May 31, 1923; Bernard D. Cole, *The United States Navy in China, 1925-1928*, p.18.

[62] 美國海軍部從珍珠港調派兩艘掃雷艇（mine-sweepers），U.S.S. Penguin 與 U.S.S. Pigeon，前往長江下游地區。此二艦均為 1918 年新建，排水量為 1000 噸，吃水約 13 呎，因吃水過重並不適合行駛於水流湍急、水淺的長江上游，充其量僅能在夏季高水位期間航行至漢口，根本無法行駛至宜昌以上的長江上游地區。故完全無法擔任長江上游巡邏、護航任務。見 The Navy

情況繼續惡化，海軍部將會建議國會編列特別預算，立刻開始建造新砲艦。[63]

> 由於（美國在長江）軍艦的不堪使用、裝備失當與欠缺效率，既不能實質保護美國利益，也無法反映出（美國）國旗應有的價值與提高尊嚴。海軍部決定在下年度（1924）編列預算建造6艘小砲艦以供中國河道之用。商業的需求、我們的國家尊嚴，以及我們公民生命的保護等問題，均有賴於建造適當與合適的軍艦，才能獲得立即解決。[64]

海軍部態度的轉變，與其充分認識到長江上游的特殊環境，以及美國駐長江巡邏隊的既有現況有關。8 月 27 日，美國海軍部助理部長羅斯福（Theodore Roosevelt Jr.）[65]致函國務院，坦承美國長江巡邏隊

Department, *Annual Reports of the Navy Department for the Fiscal Year 1924 (Including Operations to November 15, 1924)* (Washington, D.C.: Government Printing Office, 1924), pp.6-7; Bernard D. Cole, *The United States Navy in China, 1925-1928*, pp.281-282.

[63] "The Acting Secretary of the Navy (Roosevelt) to the Secretary of State," August 6, 1923, 1923, RIAC, 873.811/538.

[64] The Navy Department, *Annual Reports of the Navy Department for the Fiscal Year 1924*, pp.6-7.

[65] Thedore Roosevelt Jr.（1887-1944）為美國第 26、27 總統（任期 1901-1909）Thedore Roosevelt（1858-1919）之子，父子同名，為了區別，常在其名後加上 Jr.。Thedore Roosevelt Jr.曾任紐約州參議員、海軍部助理部長、波多黎各總督、菲律賓總督，第二次世界大戰期間死於心臟病。關於 Thedore Roosevelt Jr.的資料，引自網站資料：http://www.theodore-roosevelt.com/tedjr.html。

的窘態，以及同意編列預算，興建新式軍艦的原因：1923 年美國派駐長江巡邏隊剩 5 艘，上游 2 艘（*Monocacy*、*Palos*）、下游 3 艘（*Isabel*、*Elcano*、*Villalobos*）。(66)長江上游宜昌至重慶，長約 350 英哩的一段航程，常發生土匪襲擊、軍隊槍擊事件。但此段航線，因水淺流急，吃水較深的下游 3 艘軍艦均無法駛入，唯有吃水較淺的上游兩艘能夠航行。但是這兩艘軍艦又無足夠動力全年行駛於長江上游，因為長江上游部分流域流速高達 14 節，而這兩艘軍艦最高航速也僅 13 又 1/4 節，無法逆流而上。(67)如遇枯水期，則連吃水較淺的兩艘軍艦亦無法上駛。如 1920 年底宜昌發生兵變，美國原派遣軍艦由漢口前往宜昌護僑，即因江中水淺、軍艦吃水重而無法行駛。(68)此外，自 1914 年起，由於長江上游貿易開始發達，航運需求大增，因此在上海興建了許多吃水較淺的商業輪船以便航行。新增的航運需求，同時也需要更多的保護。可是美國海軍現有船隻中，並不具備符合吃水較淺（吃水不超過 4 又 1/2 呎），船身長度短，

(66) 美國駐長江巡邏隊原有 6 艘軍艦，但 U.S.S. Quiros 因老舊無法執行長江流域任務而除役，故後來只剩 5 艘。此外，美國公使館海軍武官給公使的報告中，引用長江艦隊的檢查結果，表示不僅 U.S.S. Quiros 狀況已惡化到無法再修與使用，甚至連 U.S.S. Elcano 與 U.S.S. Villalobos 兩艘軍艦，也面臨相同的情況，不久的將來恐也將報廢。見"The Naval Attache to the American Minister, Peking," July 2, 1923, RIAC, 893.811/540; The Navy Department, *Annual Reports of the Navy Department for the Fiscal Year 1924*, pp.6-7.

(67) 羅斯福此處所述美國海軍軍艦航速、長江上游流速數據，與上述蒙那卡西號艦長尼爾森所述略有出入，但均表明一項事實，即該批軍艦無法全年度、全時段航行於長江上游。"The Acting Secretary of the Navy (Roosevelt) to the Secretary of State," August 28, 1923, *FRUS, 1923*, Vol. I, p.747-748.

(68) 〈宜昌兵變後之各方面〉，《晨報》（北京），1921 年 12 月 7 日第 3 版。

但又有充分動力的軍艦。因此要滿足長江上游護航與巡邏需求，無法就現有船隻調派，而必須說服國會同意編列特別預算，另外興建符合長江上游的特殊需求的新式軍艦。[69]

美國國務院強烈呼應海軍部的看法，強調中國長江上游砲擊商船情況持續惡化，如不改善當地美國海軍實力，將無法確保美商航運安危；尤其建造新式砲艦乃是「最急迫的」，希望海軍部立刻編列特別預算。[70]畢竟，海軍武力是美國在華條約權利與尊嚴的保障：

> 許多年以來，在華擁有主要商業利益的列強（美、英、日、法）在長江流域維持海軍巡邏已成為慣例。這些經常出現在中國中部各港口的軍艦，目的是要向中國人展示外國政府有能力保護其傳教士與商人、履行條約權利。……目前這些權利已受到危害。就國務院所收到的訊息來看，不久的將來，這種情況不會有任何的改善。特別是在長江上游宜昌與重慶之間，外國商船經常遭到土匪與中國省級非正規軍隊的槍（砲）擊。這種情形嚴重地損害了外國的尊嚴……在如此情形之下，顯而易見的，需要維持一支適當的海軍巡邏武力。[71]

---

[69] "The Acting Secretary of the Navy (Roosevelt) to the Secretary of State," August 28, 1923, RIAC, 893.811/551.

[70] "The Secretary of State to the Secretary of the Navy (Denby)," August 20, 1923, RIAC, 893.811/538.

[71] "The Secretary of State to the Secretary of the Navy (Denby),"October 16, 1923, *FRUS, 1923*, Vol. I, p.747-748.

國務院堅稱，建造新式軍艦對確保美國商業與傳教利益是非常急迫的。在缺乏適當海軍武力、又遭遇緊急的情況下，美國公民在長江上游的安危，將必須仰賴其他國家軍艦的保護。[72]

與此同時，在中國有商業利益關係的美國各公司、商會仍持續向國務院、海軍部、國會請願，以確保造艦案的通過。如美孚公司、[73]歐本海爾默包裝公司（Oppenhelmer Casing Company）[74]、其來洋行等，[75]均向國務院請願，要求在長江上游地區提供更多的海軍保

[72] "The Secretary of State to the Secretary of the Navy (Denby),"October 16, 1923, *FRUS, 1923*, Vol. I, p.747-748.

[73] 美孚公司向政府反映輪船在長江上游航行的高度危險性，要求提供更多的海軍保護，而國務院的答覆則是：海軍部已準備在次年興建 6 艘新砲艦，同時也已派遣兩艘掃雷艇前往長江支援護航任務。"Naval Protection Upper Yangtze River – China," from the Standard Oil Company of New York to the Secretary of State, August 28, 1923, RIAC, 893.811/574; "Acting Secretary of the State to Mr. H.E. Cole, Vice-President, Standard Oil Company of New York," September 15, 1923, RIAC, 893.811/547.

[74] 歐本海爾默公司表示支持「美國政府提升長江巡邏隊的裝備與人員，護衛美國在中國的利益」，也希望「美國政府採取立即的行動，保護美國人的生命安全，維護在華商業利益」。國務院的答覆為：已向國會提出海軍建軍方案，即建造六艘砲艦以供中國河道使用。"Oppenhelmer Casing Company to the State Department," February 2, 1924, RIAC, 893.811/600; "Division of Far Eastern Division, State Department to Oppenhelmer Casing Company," February, 1924, RIAC, 893.811/600.

[75] 其來洋行質疑排入國會審查的造艦案（H.R. 6820）並未指定用於長江流域，故於 1924 年 4 月 4 日寫信詢問國務院遠東司司長馬慕瑞（John V. A. MacMurray），強調此案與該公司利益關係甚巨，除要求獲悉相關條文內容外，甚至要求派代表與遠東司官員開會討論。國務院遠東司則答覆：由巴特勒議員（Mr. Butler）提案的 H.R. 6580 號案，已排入下議院海軍委員會

護，通過強化長江巡邏隊方案。在華美國總商會（American Chambers of Commerce in China）於 1923 年年會中，決議「在華盛頓會議各國採取明確對華政策前，美國應採取行動來確保美國人的條約權利」，而唯一的解決方案，就是強化美國在華海軍力量：除了已派遣擔負長江下游巡邏任務的兩艘掃雷艇外，另外增派六艘新艦以應付長江上游的巡邏任務。[76]上海美國商會（American Chamber of Commerce in Shanghai）多次致函美國海軍部，抗議美國駐長江巡邏隊「因缺乏吃水淺的砲艦，而無法在（長江）上游地區提供充足的保護」。美國商會（United States Chamber of Commerce）、美國在華輪船業者與傳教團體等，亦急切地請求海軍部提供更多的保護。[77]

最尷尬的事件發生在 1923 年底，當時重慶發生緊急危機，亟

（Committee on Naval Affairs）議程，其中建造六艘砲艦（造價不超過 70 萬美元）即是用於中國長江流域。4 月 11 日，其來洋行又再度詢問議案進度，國務院則表示造艦案已進入聽證程序，建議該公司直接詢問海軍委員會主席。5 月 29 日，其來公司又致函國務院遠東司，詢問國會是否已通過造艦案；遠東司回信要該公司直接去詢問提案的海軍部。顯而易見，其來公司對此案甚為關注，也企圖利用各種關係，讓造艦案順利通過。見"L.C. Gillespie & Sons to John Vans MacMurray, Chief, Far Eastern Division, Department of State," April 4, 11, 17, & March 29, 1924, RIAC, 893.811/623, 625, 627 & 649; "John Vans MacMurray, Chief, Far Eastern Division, Department of State to L.C. Gillespie & Sons," April & June 4, 1924, RIAC, 893.811/623, 625 & 649.

[76] "Anarchy on the Yangtsze," *The Peking & Tientsin Times*, October 22, 1923; "Working for a Definite U.S. Program in China," *The China Weekly Review*, January 19, 1924; "Americans' Growing Dissatisfaction with China's Misgovernment," *North China Herald*, April 5, 1924.

[77] The Navy Department, *Annual Reports of the Navy Department for the Fiscal Year 1924*, pp.6-7.

需美國海軍的保護，但是美國長江巡邏隊指揮官麥凱維（Charles V. McVay）竟然只能乘坐「商業客輪」前往重慶，原因是：艦隊中沒有一艘軍艦可以在冬季低水位期間航行到重慶。顯而易見，美國長江巡邏隊確實無力執行其保護美國利益的任務。[78]

1925 年底，上述建造新式軍艦預算，終於獲得美國國會通過。美國海軍部並決定造艦工程將在中國的港口進行，但機器與組裝原料則由美國本土提供，並運送到中國港口組裝。[79]最後，這六艘軍艦自 1927 年開始建造。[80]

㈣ 造艦案的意義與反應

1920 年代上半期美國駐華使館及國務院雖極力強化美國在長江流域的海軍實力，但並不意謂美國企圖藉由強化海軍力量，重返「砲艦外交」的老路子。基本上，美國在對華事務上仍相當節制，並不因為長江上游頻頻發生搶劫與槍擊美國商船事件，而輕言動用

---

[78] Bernard D. Cole, *The United States Navy in China, 1925-1928*, p.19.

[79] "Secretary of the Navy to the Secretary of State," February 16, 1925, RIAC, 893,811/685.

[80] 自 1927-1928 年起，6 艘軍艦在上海陸續開始建造，後來分別命名為：Guam、Tutuilla、Oahu、Panay、Luzon 與 Mindanao，其中 Guam 與 Tutuilla 兩艘軍艦專門為長江上游特殊環境打造，即使冬季低水位期間亦可航駛。見 R. C. Sutiliff, "Duty in a Yangtze Gunboat," *United States Naval Institute Proceedings*, Vol. 67, No.7 (July, 1935) pp.981-984; Bernard D. Cole, *The United States Navy in China, 1925-1928*, pp.20-21, 284-289; *FRUS, 1923,* Vol. I, p.751, note 68.

海軍、干涉中國內政。[81]美國亞洲艦隊司令華盛頓（Admiral Thomas Washington）在公開呼籲強化駐華海軍時，也曾自豪地表示美國「軍艦絕不會威脅到中國」，「中國官員從未抱怨（美國海軍）武力有任何不當的使用」。[82]

然而，中國輿論對於美國增建砲艦的反映，並非全如美國海軍官員所預期的。雖然美國一貫對華友好，但歷經 1922 年的中美克門案、[83] 1923 年的臨城劫車案、廣東稅關案後，[84]部分中國人——尤其是南方國民黨勢力——對於美國強化駐華艦隊身懷戒心，懷疑美國另有所圖。自美國造艦計畫提議之初，《民國日報》即已高度關切，並有所報導：美國「眾院海軍委員會贊成議案……造砲

[81] Richard C. DeAngelis, "Resisting Intervention: American Policy and the Lin Ch'eng Incident,"《中央研究院近代史研究所集刊》，第 10 期，頁 415。

[82] "The Navy in China: How the Gunboats Play their Part," *The Peking & Tientsin Times*, June 13, 1924.

[83] 克門案（Coltman Case）發生於 1922 年 12 月，乃美籍商人克門（Charles Coltman）乘坐汽車違約運送現銀由張家口前往庫倫途中，與中國檢查哨官兵發生衝突，克門不幸中槍身亡。因雙方衝突時，美國駐張家口領事也在克門車上，故美國方面強烈質疑中國士兵不顧美國領事在場仍開槍攻擊，是對美國政府尊嚴的傷害，要求中國政府正式賠償道歉。關於克門案可以參見應俊豪，〈死了一個美國商人之後：1922 年中美克門案研究〉，金光耀、王建朗主編，《北洋時期的中國外交》（上海：復旦大學出版社，2006），頁 406-458。

[84] 1923 年 9 月國民黨廣東政府為了分享海關關餘，擬強制收回廣州海關，美、英等國乃調動海軍軍艦包圍廣州，迫使廣東政府讓步。見 John Fitzgerald, *Awakening China: Politics, Culture, and Class in the Nationalist Revolution* (Stanford: Stanford University Press, 1996), p.170.

艦 6 艘，每艘需費 70 萬元，此砲艦乃供中國海面之用」。[85]在另一則社評中，更強力批判美國增建軍艦之舉：

> （美國）此種驚人的增加駐華艦隊的計畫，我們殊不明美國真意之所在。美人一向自詡為中國的好友，可是自去年它對柯爾曼案（按：即克門案）之蠻橫、對臨城案之威嚇、扶助曹錕竊位、妨礙廣東政府收回稅關，人都疑其假面具已經拆穿。……以前中國人是醉心顛倒於美國人道主義和平之口頭禪，和退還庚子賠款，至去年美國之原形畢露，國人始漸覺悟美國的利害。現在美國大增駐華艦隊，適足以加速中國人認識美國真面目之速度。[86]

顯而易見，美國造艦案還是引起部分中國人的質疑與不安。

此外，增派長江上游軍艦與強化駐華軍隊的方案，同樣也在部分美國在華社群引起疑慮與反對的聲音。當美國商會團體，以在商言商，力主強化長江上游海軍艦隻的同時，一些宗教團體，例如美以美會（Methodist Episcopal Church）[87]則以人道主義考量，堅持反對的

---

[85] 路透社報導，〈美國大造駐華砲艦〉，《民國日報》（上海），1924 年 4 月 16 日第 3 版。

[86] 〈美國大增駐華砲艦〉，《民國日報》（上海），1924 年 4 月 16 日第 4 版。

[87] 美以美會屬於美國北方衛理教派，其在中國的傳教，主要是由美以美中國差會負責，1847 年即開始進入福建傳教，之後陸續發展，在江西、河北、四川、山東、江蘇等地均有設置傳教地點，主要以傳教、興辦學校與醫院等事業為主。關於美以美會在中國的發展，可以參見美以美會編，《中華美以美會史略》（上海：廣協書局，出版年不詳）；黃志繁、周偉華，〈近代基督

立場。該會「東亞運動」（Eastern Asia Movement）在中國的負責人雅德（James M. Yard）即曾致函美國國務卿休斯（Chas. E. Hughes）：

> ……（強化駐軍與派遣更多的軍艦巡邏長江上游）是走回歐洲外交的老路，同時也使美國失去領導的地位。我們是東亞的領導者，因為這些國家相信我們是公平與正義的。但現在他們卻已經開始質疑我們了。……我不相信更多的軍隊與軍艦可以提高他們（中國人）對美國的友誼。……（除了）更多的軍隊與介入，這些不名譽的老舊外交方法之外，難道我們不能想出一些更遠大、更有效的方法嗎？88

雅德認為以中國這麼一個古老的國家，在追尋現代化、文明化的過程中，自然會面臨許多困難，而現今混亂情勢正是改變中的陣痛階段，這並非短期可以解決，而是需要幾十年才能找到正途。中國的商人、教育家自己會找到救贖之道。而美國人應該做的，不是靠武力，因為這只會使情況更糟糕，而是該透過有耐心的協助中國，如此才能為美國贏得偉大的尊嚴。89美國在華傳教人士對於美國政府

教新教江西美以美會研究〉，《南昌大學學報（人文社會科學版）》，39 卷 4 期（南昌，2008 年 7 月），頁 98-104。

88 "James M. Yard, Executive Secretary for China, Eastern Asia Movement, Methodist Episcopal Church, Shanghai to Chas. E. Hughes, Secretary of State, Washington," October 20, 1923, RIAC, 893.00/5273.

89 "James M. Yard, Executive Secretary for China, Eastern Asia Movement, Methodist Episcopal Church, Shanghai to Chas. E. Hughes, Secretary of State, Washington," October 20, 1923, RIAC, 893.00/5273.雅德主張改變過去福音派的

強化武力的疑慮，也可能與 1920 年代興起的反基督教運動有很大的關係，擔心外國軍事武力介入會進一步激起更大的反外運動。[90] 不過，傳教團體的憂心與建言，明顯過於理想化，無法真正解決長江上游的航行安全問題，當然不可能得到美國國務院的認同。[91]

作法，而以實業方式，如改善農業與製造業，或是興辦醫院，來拯救中國。關於雅德的主張亦可見"Preaching Missionaries Now Passing in China: Old Time Evangelists Have Given Way to Doctors and Scientists – Yard Tells of New Missionary Movement," *The Harvard Crimson*, May 22, 1924.

[90] 自五四運動以來中國知識界即已開始出現宗教懷疑主義，到了 1922 年又爆發更為聲勢浩大的「非基運動」，先是上海學生成立了「非基督教學生同盟」，北京學界也接著組成了「非宗教大同盟」。之後全國各大都市紛紛成立了反基督教組織。此波 1920 年代的反教風潮又與收回國權運動相結合，許多由傳教士興辦的學校、醫院主導權漸次轉而由中國人控制，造成外國傳教團體相大的震撼。關於民國時期的反基督教運動與教會人士的反應，可以參見王治心，《中國基督教史綱》（臺北：文海書局，1971 年重印），頁 136-138、331-333；顧衛民，《基督教與近代中國社會》（上海：上海人民出版社，1998），頁 402-441。法國政要 Abel Bonnard 早在 1920 年代初期來華遊歷訪問時，即已注意到此種現象：沿海地區的傳教士極力避免任何與外國介入有關的事務，即是擔心可能引起中國人的疑慮與猜忌。見 Abel Bonnard, Veronic Lucas, trans., *In China, 1920-1921 (En Chine, 1920-21)* (London: George Routledge & Sond, LTD., 1926), p.196.

[91] 美國國務院由遠東司司長馬慕瑞具名回覆雅德的請求，但回信內容僅是一般制式的恭維之語，並未針對是否繼續或終止強化駐華武力方案做出實質答覆。見 "J. V. A. Macmurray, Division of Far Eastern Affairs to James M. Yard, Executive Secretary for China, Eastern Asia Movement, Methodist Episcopal Church, Shanghai," November 23, 1923, RIAC, 893.00/5273.

四、強化保護美商方案之二：派駐士兵登船

> 重慶，四川富源之輸出地也。長江上游，交通本不甚便。今則更有人為之限制。外船之行駛江中者，往往為人所襲，兩岸流彈，時遭波及。……美國政府為自衛計，不得不採嚴厲手段。北京之抗議既無效，華盛頓政府乃訓令海軍上將，置衛兵於美船，苟遇襲擊，立即反攻，不稍遲疑。吾以為在此環境中，捨此別無辦法，而美政府亦通告各省軍民長官，實行此政策矣。
>
> 英國前駐華公使朱爾典（John Newell Jordan）
>
> 1923 年 11 月 7 日在英國倫敦「中國協會」的演說[92]

受限於軍艦能力（馬力不足）與數量（僅有兩艘軍艦），美國長江巡邏隊無力派遣軍艦去執行長江上游所有護航任務。美國國會雖然在 1925 年通過造艦案，但造艦工程仍須耗時數年，緩不濟急。因此，在舊艦無力、新艦未到的過渡時期，派駐少量武裝士兵在輪船航行途中執行防衛任務，不失為可行的折衷方案。既可體現美國海軍保護輪船安全，又能省去軍艦護航的麻煩。雖然少數的武裝士兵，無法像軍艦一樣，擁有強大的武力，可隨時因應長江上游的各種危險情況；但是，配備機槍的士兵某種程度上還是足以展現美國海軍力量，可以適時壓制來自長江岸邊的槍擊行動，同時也能遏止

[92] 引自孤帆，〈對於中國現狀之外論〉，《上海總商會月報》，4：2（上海，1924.2），叢載頁 3-6。

中國士兵的任意登船騷擾。

1920 年 6 月，美國軍艦派洛斯號應美商大來公司之請，首次派遣一名水兵攜帶機關槍登上大來輪船（Robert Dollar II）執行護衛任務。不過當時美國長江巡邏隊並未常態性在每艘美國輪船上派駐武裝士兵，只有當美國輪船遭遇攻擊並向海軍請求提供保護時，才會派遣武裝士兵攜帶機關槍登船。[93]之後美國軍艦愛爾卡諾號（USS *Elcano*）也曾派遣武裝士兵登上大來輪船護衛。[94]然而，派駐士兵登船保護似乎成效有限，不足以應付輪船航行途中所面臨的狙擊行動。[95]

1921 年 9 月間，由於四川、湖北戰事緊張，行駛宜昌、重慶之間的美國輪船開始遭到有計畫、有組織、大規模的攻擊。[96]美

---

[93] 派洛斯軍艦艦長郝威爾於 1920 年 6 月 9 日派遣一名水兵攜帶機關槍登船保護大來輪船 Robert Dollar II，10 天後（6 月 19 日）郝威爾認為大來輪船已不再遭到槍擊威脅，隨即將士兵撤回軍艦。見 Glenn F. Howell, Dennis L. Nobel, ed., *Gunboats on the Yangtze: The Diary of Captain Glenn F. Howell of the USS Palos, 1920-1921*, pp.51-52, 56.

[94] Robert Dollar, "Steamer Service on Yangtze," *Pacific Marine Review*, January 1921, p.11; David H. Grover, *American Merchant Ships on the Yangtze, 1920-1941*, p.79.

[95] 此為英國駐成都總領事對美國推動海軍士兵駐防輪船方案的評估結果。"Piratical Attacks on British and American Shipping by Chinese Brigandage and Soldiers on Upper Yangtze," Mr. Clive to Earl Curzon, July 21, 1920, FO 371/5342.

[96] 根據大來輪船（SS Robert Dollar II）船長的報告，輪船一駛出宜昌便持續遭到四川軍隊的攻擊，在進入三峽前，更遭到岸邊數以千計的士兵開槍射擊，槍林彈雨，造成船上中國乘客一死一傷。船長被迫將輪船折返宜昌。該船長認為，除非美國海軍「採取強而有力的報復行動，讓中國暴徒知道美國國旗

孚、大來等公司向美國上海總領事克寧漢請求海軍護航長江上游宜昌、重慶段航運。克寧漢遂向北京公使館提出建言：應轉請海軍部派出軍艦護航美國輪船行駛宜渝段，不過在現有軍艦數量不足的情況下，宜增派一艘大型軍艦駐防宜昌，以應不時之需，並部署適當的兵力，以便能在每艘美國商船上派駐一名武裝士兵。[97]美國亞洲艦隊司令史透斯（Admiral Joseph Strauss）雖然並不認同克寧漢要求海軍護航與派駐武裝士兵登船的觀點，[98]但長江巡邏隊還是有了相對應的措施，考量當時僅有兩艘能夠航行長江上游的美國軍艦中，又有一艘軍艦受損進港維修，因此只剩一艘軍艦能執行勤務時；在軍艦數量極度吃緊的情況下，乃派遣軍艦維拉羅伯斯號（USS *Villalobos*）進駐宜昌，船上部署了 50 名武裝士兵，並視情況可增派人力，「必要時可以在長江上游每一艘美國輪船上派駐武裝士兵，

所代表的意義，否則繼續在他們（川軍）控制的領域內行駛輪船，將是極度愚蠢之事」。見"Report of Firing on SS Robert Dollar II," from Master of SS Robert Dollar II to the Robert Dollar Company, Ichang, September 18, 1921, RIAC, 893.00/4156.

[97] "American Consulate General, Shanghai to American Minister, Peking," September 27, 1921, RIAC, 893.00/4156.

[98] 亞洲艦隊司令史透斯認為在戰事猛烈之際，美國海軍就算與英國海軍聯手共組艦隊，也不可能打通長江上游三峽地區的航運通路，更不用說派駐武裝士兵登輪船護衛。史透斯甚至對上海總領事克寧漢語多批評：「我不能認同克寧漢對我們海軍部署的建議。他住在距離事發地點六百哩遠的地方，而他的教育與經歷背景，也不具備對軍事情況提供建議措施的資格」。由此可以看出美國駐華領事官員與海軍高級指揮官之間，明顯意見不同的情形。"Commander in Chief, Asiatic Fleet, Hankow to American Minister, Peking," October 6, 1921, RIAC, 983.00/4156.

提供適當保護，因應（航行時的）零星攻擊」。[99]加上當時美國輪船浪沈木船事件頻傳，中國民眾與軍隊抵制與攻擊行動隨之而來，情況混亂，美國海軍只能持續派遣武裝士兵攜帶機關槍保護輪船。[100]

就美國輪船公司的立場，當然希望海軍能派遣武裝士兵登船保護。因為輪船公司接受委託承運貨物，往往簽有契約，如果未能在輪船航行季節內順利運送貨物，一旦冬季來臨水位低下，屆時輪船只能困守宜昌，無法行駛上游地區運送貨物，勢必得負起違約賠償之責。所以輪船公司自然希望美國海軍能盡一切努力提供保護，維

---

[99] 派洛斯號於航行中受損必須進港維修，因此能航行宜昌以上水域的僅剩蒙那卡西號。“American Consul General, Hankow to American Minister, Peking,” September 30, 1921, RIAC, 893.00/4126.

[100] 1921 年 9 月前後美國大來公司輪船大來喜號（SS Alice Dollar）在長江三峽浪沈了幾艘承運中國士兵的木船，造成約 60 名川軍士兵溺斃，船上軍事物資也隨之沈沒，因此引起川軍的抵制與攻擊行動，迫使美國海軍派遣武裝士兵攜帶機關槍登美船保護（過程詳後）。川軍要求大來公司賠償損失與撫卹死者，同時在雙方未獲致談判結果之前，不准大來公司所屬輪船在重慶航行或卸貨。最後，經由中美共同組織仲裁委員協調善後，並決定大來公司支付 68000 美元賠償金，方才化解川軍對美輪的仇恨，解除禁運。見 Glenn F. Howell, Dennis L. Nobel, ed., *Gunboats on the Yangtze: The Diary of Captain Glenn F. Howell of the USS Palos, 1920-1921*, p.154; “American Legation’s Quarterly Political Report for the Quarter Ended September 1921,” from American Minister, Peking to the Secretary of State, Washington, January 26, 1922, RIAC, 893.00/4240.另外 1921 年 10 月，英國隆茂洋行（Mackenzie & Company）的隆茂號輪船（Long Mow），也因浪沈中國木船問題在重慶遭到抵制無法卸貨。在英國輪船的請求保護之下，美國海軍蒙那卡西號軍艦也曾派出 4 名武裝士兵登船保護。見“Report of Operations, Yangtze Patrol Force, Week Ending 29 October 1921,” from Commander, Yangtze Patrol Force to Commander in Chief, Asiatic Fleet, October 30, 1921, RIAC, 893.00/4184.

持輪船正規航運。[101]有時美國輪船公司甚至不惜故意懸掛中國旗，以吸引土匪的攻擊，如此就可以堂而皇之地要求美國海軍派遣武裝士兵登船保護。[102]又如 1923 年 7 月間，大來喜號（Alice Dollar）遭到中國士兵登船騷擾，並開槍打傷船長及美國婦女；事後大來公司立刻請託美國公使館，希望能在長江航行的美國輪船上派駐美軍士兵，避免中國士兵登船惹事。[103]

不過，美國海軍官員對於在輪船上派駐士兵保護輪船安全的作法，態度上還是較為保留。因為僅有少數士兵駐防的輪船，一旦面對來自岸邊強大火力攻擊時，往往難以自保。美國亞洲艦隊司令史透斯甚至表示他是在「極度不情願」的情況下，勉強同意美國海軍「保護懸掛美國國旗的正規航班」。[104]史透斯坦言：

> 在商船上派駐武裝士兵很明顯是毫無用處的。我們應該記得，即使是配備優勢武裝的軍艦，（在戰事猛烈之際航行長江上

---

[101] "The Robert Company, Shanghai to Legation of the United states of America, Peking," October 5, 1921, RIAC, 893.00/4156.

[102] 此為大來輪船公司的情況，見 Glenn F. Howell, Dennis L. Nobel, ed., *Gunboats on the Yangtze: The Diary of Captain Glenn F. Howell of the USS Palos, 1920-1921*, pp.46, 51-52.

[103] "American Minister, Peking to the Secretary of the State, Washington," August 3, 1923, RIAC, 893.811/537.

[104] "Report of the Commander in Chief's General Investigating Trip up the Yangtze River," from Admiral Strauss, Commander in Chief, Asiatic Fleet to Chief of Naval Operations, Navy Department, Washington D.C., July 2, 1921, RIAC, 893.00/4021.

游宜渝段）也是不可能成功。[105]

例如 1921 年 9 月，美國海軍派遣武裝士兵登上大來公司輪船執行護衛任務，但輪船一從宜昌出發即遭遇強大火力攻擊，勉強航行 3 哩，即被迫返回宜昌。船上美國士兵並未開槍還擊，理由是「無法判定攻擊者的位置；更重要的是，當面對強大火力攻擊時，開槍還擊乃是不明智的」。[106]美國長江巡邏隊指揮官即曾對美國漢口總領事表示：軍艦挪派士兵登上輪船執行護衛任務，一來登船的少量武裝士兵不足以保護輪船安全，二來軍艦也因此減少部分人力，故當面臨危險時，勢將無充分人力保護岸上美國人生命財產安全。[107] 1922 年底時，派洛斯軍艦艦長辛普森也坦承在輪船上派駐士兵雖然不失為保護輪船安全的辦法之一，但並「不是非常有效」。[108] 1923 年初美國駐長江巡邏隊指揮官菲爾樸斯給上游第一線海軍軍艦艦長的命令中，更是直言：派駐武裝士兵登船，「在戰略上既不正確，也不符合（美國）政策」。[109]因此，美國海軍在輪船上派駐

---

[105] "Commander in Chief, Asiatic Fleet, Hankow to American Minister, Peking," October 6, 1921, RIAC, 983.00/4156.

[106] *The Central China Post*, September 21, 1921.

[107] "Naval Protection for Chinese Junks Chartered by Americans and Flying the American Flag," from American Consulate General, Hankow to American Minister, Peking, September 22, 1921, RIAC, 893.00/4126.

[108] "Lieutenant Commander, U. S. S. Palos (Simpson) to Secretary of the Navy (Denby)," November 27, 1922, RIAC, 893.811/485.

[109] "Interference by Insurgents with Commerce," from Commander, Yangtze Patrol Force to Commanding Officer, U.S.S. Palos & Monocacy, February 13, 1923,

士兵，往往僅是臨時因應危機需求，而採取的權宜作法，並非正式的常設性措施。

然而，長江上游日益嚴重的局勢，最終還是迫使美國海軍官員改變初衷，決定自 1923 年 8 月前後開始，採取較為積極的對策來因應航行安全問題：方案之一，即是派遣海軍武裝士兵登上輪船，並授權當輪船遭受岸邊攻擊時，可開槍還擊。[110]美國政府並將長江巡邏隊新的任務型態，通知四川各地軍事與民政長官，以收威嚇之效。[111]

依據美國軍艦派洛斯號發出的「在長江上游美國商船派駐武裝士兵指示」，其任務主要在兩個方面：一是「保護美國人生命與財產的安全」、二是「必要時協助商船幹部，防止非中立行為的出現，例如運送士兵、武器或軍火」。第一，在保護美人生命財產部分，原則上派駐在美國商船上的武裝士兵人數為四名，並由一名軍官或士官指揮，配有手槍與兩挺機關槍；航程中，美國士兵將全程警戒，只要遭遇攻擊，將立即以強大火力反擊，直至壓制敵人攻擊為止；不過在開火前，美軍應確認攻擊對象，同時避免在人煙密集處開火，以防傷及無辜。第二在避免違反中立行為部分，美國商船

RIAC, 893.811/520.

[110] "Drastic American Naval Policy on the Upper Yangtze: Admiral Phelps Will Afford Ships the Protection That China Will Not Give," *The North China Daily News*, August 23, 1923.此外，必須強調，此時在輪船上派駐武裝士兵並非美國海軍獨有的措施；由於長江上游宜昌以上航路，輪船持續遭受攻擊的情況過於嚴重，1923 年 8 月時各國即提案在所有輪船上均派駐武裝士兵防護安全。見"Upper Yangtze Vessels May Arm," *The China Press*, August 31, 1923.

[111] "Chaos in China: The Protection of Foreigners," *The Times*, November 8, 1923.

船長應確認船上貨物不得挾帶有違禁品（或人員），無論該貨物是否經過海關許可，而美國武裝士兵的責任則是協助船長避免遭受外力脅迫運送非法物資，帶隊的軍官（士官）若懷疑船上有可疑貨物，也應立刻告知船長檢查；此外，有美國士兵駐守的美國商輪一律不准許中國士兵登船檢查，僅同意非武裝官員登船進行檢查。(112)

由「指示」內容看來，美國長江巡邏隊之所改變初衷，決定派駐武裝士兵登船保護美國輪船，與兩個因素相關。首先，上述第一個面向，即清楚反映該年度湖北、四川內戰已嚴重危害美國商船在長江上游的正常航運安全，在有限的軍艦數量下，所以只能於輪船上派駐士兵，以保護美國商民生命財產的安全。其次，派駐在美國輪船的士兵還負有另外一種任務：確保長江上游的美國輪船嚴守中立，避免有涉入走私軍火與違禁品、運送中國軍隊等干涉當地內政的行為。換言之，美國武裝水兵的在場，固然是為了保護輪船抵禦四川軍隊或土匪的攻擊，但同時也向四川軍隊明確宣示，該船受美國海軍擔保，絕無違反中立，替任何敵對軍事派系運送軍火或軍隊，希望藉此能減少當地軍隊對美國輪船的敵意與疑慮。(113)美國海

(112) "Instructions for Armed Guards on US Merchant Steamers on the Upper Yangtze River," Extracts from Report of Commander G. W. Simpson, USS *Palos* for Week Ending September 8, 1898, RIAC, 893.00/5288.

(113) 美國駐重慶領事即認為四川的軍隊之所以持續攻擊外國輪船，主要還是因為擔心輪船違反中立，替敵對軍事派系運送軍火，故敵視輪船。因此只要能讓地方軍事將領明白美國輪船確實嚴守中立，並未走私軍火，攻擊行動自然會停止。不過有時也會發生例外情況，雖然地方軍事當局已明白美船未涉及走私軍火，也已下令停止攻擊輪船，但第一線的士兵仍持續攻擊美國輪船。關於此種情形，美國領事判斷可能乃肇因於基層軍官對外國輪船的敵意，還有

軍甚至還容許中國非武裝官員登船進行檢查，以示清白。此類作法很可能是為了因應發生於 1923 年 9 月 7 日的宜陽丸事件而來。[114] 美國海軍因為擔心會重蹈宜陽丸覆轍，故派駐士兵登船，既可以預防吳佩孚等北方部隊脅迫美國輪船運送軍火，也可以向四川軍隊表明立場，美國輪船絕不會有違反中立的行為。

在輪船上派駐士兵，也確實能發揮某種程度的嚇阻作用，同時提高輪船的防護與反擊能力。[115]大來輪船公司老闆 Robert Dollar 即曾述及：長江流域的匪幫往往以槍擊輪船的方式來迫使輪船繳交保護費，而美國的因應之道，除了軍艦護航外，是在每艘美國輪船派駐 3 名水兵與 1 挺機槍；一旦遭到攻擊，輪船上的水兵就用機槍向

可能是因為中國部隊往往「紀律欠佳，消息不甚靈通（停止攻擊的命令未層層下達）」。見“Political Conditions in Szechuan,” American Consulate, Chunking to American Minister, Peking, September 14, 1923, RIAC, 893..00/5288.

[114] 宜陽丸案發生於 1923 年 9 月 7 日，日清輪船公司所屬宜陽丸、雲陽丸兩艘輪船，疑似違反中立原則，替吳佩孚運送軍火支援受直系支持的川軍第二軍軍長楊森，但於行經四川涪州時，遭到正與楊森作戰的川軍第一軍但懋辛所部湯子謨師襲擊，宜陽丸日籍船長當場遭到擊斃，日籍大副、大車連同輪船則遭川軍擄走。事後日本領事宣稱宜陽丸船長是在湖北軍隊武力威脅之下，被迫替其運送軍火。而美國海軍上述協助美國船長避免遭受脅迫運送非法物資的「指示」，則是在 9 月 8 日之後發佈的。關於宜陽丸事發經過與後續發展，可以參見應俊豪，〈內戰、輪船與綁架勒贖：中日宜陽丸事件（1923-1924）〉，《近代中國》季刊，第 161 期（臺北，2005 年 6 月），頁 117-137。

[115] 《京津泰晤士報》一篇報導即認為：雖然在輪船上派駐武裝士兵並不能應付所有的麻煩，但是能夠預防一些緊急的事故，尤其能預防川軍士兵的攻擊與登船騷擾。“Anarchy on the Yangtsze,” *The Peking & Tientsin Times*, October 22, 1923.

岸邊掃射。Dollar 甚至還沾沾自喜認為，由於機槍的威力，「土匪一見到星條旗，就立刻奔走尋找掩護」。[116] 1923 年 8 月，大來喜輪船在涪州卸貨與接運乘客時，遭到岸上中國士兵槍擊，船上美國水兵使用機關槍還擊，中國士兵隨即閃避一空。「大來船上的美國水兵，僅需發射一至兩排的機槍子彈，就可以將岸上的中國士兵驅散，因為他們一遇到武裝抵抗，立刻就會潰逃」。[117]此外，1923 年 10 月北京政府外交部科長江華本受命前往四川協助解決中日宜陽丸案，在乘坐美國輪船由宜昌前往重慶途中，親見「（長江）南岸援川軍隊紛紛潰退，有以槍向輪船擊射者，輪船美國水兵亦以槍還擊，倖得無事駛過」。[118]由上述事實可知，在輪船上派駐武裝士兵，的確能夠有效嚇阻與反擊中國土匪、士兵的騷擾攻擊。

然而，在輪船上派駐士兵機槍，還是可能造成相當負面的結果。雖然在上述美國海軍的「指示」中，已強調士兵開火反擊時應確認目標，不可誤傷無辜，但輪船遇襲時，船上士兵往往在無法區分開槍匪徒與一般平民百姓的情況下，即利用機槍肆意向岸邊掃射，時有傷及岸邊無辜中國百姓的事情發生，因而引起很大的民怨。例如 1923 年的大來輪船遇襲時的反擊，就造成岸邊百姓的傷亡：

---

[116] David H. Grover, *American Merchant Ships on the Yangtze, 1920-1941*, p.79.

[117] "The Situation on the Upper Yangtze River: An Interview with the Retiring Commander of the U.S. Yangtze Patrol," *Far Eastern Times*, November 26, 1923.

[118] 〈收江科長密呈〉，1923 年 11 月 21 日，中央研究院近代史研究所藏，北京政府《外交檔案》，03-06/5-2-10。

> 大來喜被擊一事，查該輪航川原備有機槍數架，並有該國兵輪護送，每遇兩岸有警，該輪輒用機槍大肆轟擊，往往傷斃住民多人。⑲

兵匪槍擊美國輪船固然造成嚴重的傷害，然而輪船上士兵的任意反擊卻又造成中國百姓人命與財產的損失。此外，部分中國報章也認為外國海軍在輪船上派駐武裝士兵的行動，有損中國尊嚴。例如《東方雜誌》一則評論即認為外國輪船攜帶武器航行中國內地，乃「奇恥大辱」：

> 近年川中軍閥攘奪，此仆彼興，戰事頻仍，遍地荊棘，迭次發生盜殺水手、船主。及至川軍劫掠宜陽丸船長船員案以後，交通部因外商交涉結果，准各輪自備軍械，以謀自衛，並准安設無線電機，以為報警之用。此種外輪攜帶武器航行吾國內地，雖為權宜辦法，然實國勢衰微，政治混濁之表現，吾人應引為奇恥大辱者也！⑳

總結來說，1920-23 年間因為四川內戰持續進行，兵匪橫行，加上輪船浪沈木船事件頻傳，中國軍民抵制或任意攻擊輪船時有所聞，嚴重威脅長江上游輪船航行安全。美國海軍受限於軍艦數量與

---

⑲　〈收川東李宣撫使電〉，1923 年 9 月 29 日，中央研究院近代史研究所藏，北京政府《外交檔案》，03-06/5-1-12。

⑳　於曙巒，〈宜昌〉，《東方雜誌》，23：6（1926 年 3 月 25 日），頁 48。

裝備不足，只能不時派遣武裝士兵登船護衛，藉以維護輪船安全。1923 年由於長江上游形勢緊張，自 8 月起美國海軍開始嚴格執行派駐士兵登輪船保護方案，每一艘美國輪船均派駐武裝士兵防護，並授權士兵可適時開火還擊。然而，武裝士兵登船後，也有負面效應：輪船遇襲時船上士兵的強力還擊，有時難免誤傷無辜，引發民怨與仇視輪船。1924 年後，由於美國堅守中立原則、禁止輪船運送軍火與中國部隊的政策奏效，川軍減緩對美國輪船的敵意。其次，四川內戰暫歇，當地社會環境與秩序漸有改善，似已無庸再派士兵登船。再者，美國駐長江巡邏隊原先即對此方案態度較為保留，乃於是年 6 月正式通令將不再派遣海軍士兵登上輪船防護。[121] 自 1923 年 8 月開始至 1924 年 6 月止，美國海軍執行常設性派遣武裝士兵登船方案，共計約 10 月。

不過該方案停止、美軍撤離輪船後，岸邊土匪開槍攻擊美國輪船的情況又開始出現。1924 年 8 月，美國駐重慶領事即兩次報告土匪攻擊美輪事件。美國駐長江巡邏隊也決定如情況繼續惡化，不排除將再派遣武裝士兵登船保護。[122] 到了 1925 年，中國民族主義情緒日漸高漲，尤其受到五卅慘案的刺激，長江上游地區的反外運動此起彼落，美國海軍也持續在美國輪船上派駐武裝士兵執行護衛任務。但是一些事件的發生，導致美國政府又開始檢討此政策的適當性。首先是 1925 年 7 月時，美輪其川號（SS *Chi Chuen*）前往重慶

---

[121] "Armed Guards-Withdrawal of," from Commander, Yangtze Patrol Force to Whom It May Concern, June 9, 1924, RIAC, 893.811/675.

[122] "The Counselor of Legation at Peking (Bell) to the Secretary of State," September 9, 1924, RIAC, 893.811/678.

途中，遭到岸邊中國軍隊射擊兩槍，以提醒其川號減速慢行避免浪沈軍用木船，但派駐其川號上的海軍士兵卻反應過度，動用機關槍射擊了約 120 枚子彈，不成比例的反擊行動引起中國軍隊的憤恨不平，美國駐北京公使館亦承認為美軍士兵有過度報復的嫌疑。11 月時美仁號輪船上的美軍士兵又在前往重慶途中與軍用木船上的四川軍隊發生激烈交戰，川軍多人死傷，惹起重大交涉。駐防輪船上美國海軍士兵的強勢作為，一方面引起中國方面的反感，痛責美軍以武力欺侮中國，另一方面部分不肖的美國輪船公司，如捷江輪船公司（Yangtze Rapid Steamship Company），則利用美軍駐防士兵為保護傘，大肆從事鴉片與違禁品走私貿易。擔心會引起更大的國際糾紛，傷害中美關係，1926 年 2 月時美國駐華公使馬慕瑞最後決定建議美國亞洲艦隊司令停止在美國輪船上派駐武裝士兵。[123]

五、強化保護美商方案之三：與中國軍隊合作

長江沿岸土匪成股成群，常開槍攻擊或劫掠往來外商船隻，造成龐大商業利益的損失，也是構成長江上游航行安全問題的主要原因之一。對於土匪的危害，除了擴充軍備執行護航任務，或是派遣武裝士兵登船保護之外，美國海軍也試圖採用另外一種方式來反

[123] "John Vans MacMurray to Admiral Hough, Asiatic Fleet," February 11, 1926, RIAC, 893.00/7295.關於其川號與美仁號衝突事件，以及美國駐華使領、海軍與國務院檢討在美輪上派駐士兵政策的經過，可以參見 William Reynolds Braisted, *Diplomats in Blue: U.S. Naval Officers in China, 1922-1933* (Gainesville: University Press of Florida, 2009), pp.86-89.

制：亦即利用中國社會慣有的「民（匪）怕官」、「民（匪）怕軍」現象，尋求中國軍隊的協助與合作，以華制華、以軍制匪，從而確保美商利益。

關於美國海軍利用中國軍隊來壓制土匪、維護美商利益，可以由 1923 年美國海軍對於美孚公司煤油船被劫事件的因應之道，來略窺端倪。1923 年 6 月，美孚公司四艘煤油船，在長江上游酆都與忠州之間的洋渡集（Yang Tu Chi，現為洋渡鎮）附近遭到土匪襲擊，煤油船與船上煤油均遭掠奪而去。美國駐重慶領事遂請求海軍協助，希望採取「立即行動」，救回船與煤油。[124]美國海軍蒙那卡西號軍艦受命後，決定與駐防酆都的中國地方軍事當局合作，由軍艦運送 50 名中國士兵前往洋渡集協助剿匪。蒙那卡西號抵達後，先由軍艦開砲轟擊岸邊，再由中國士兵負責登岸進攻。最後，任務順利完成，中國軍隊擊敗土匪收回煤油，並由蒙那卡西號再運送回酆都。[125]

負責執行任務的蒙那卡西號艦長尼爾森，解釋此次中美協同軍事行動的決策考量，著眼於既能收回美商物產，顧全美國尊嚴，但又能避免美軍傷亡。美國海軍蒙那卡西號執行任務時，即知悉煤油已被運送到岸上的村子裡。如要收回煤油，美軍勢必得派遣士兵登岸，但土匪人數眾多，一旦發生巷戰，登岸的美軍士兵恐將有重大

---

[124] "Presence of Chinese Troops on Foreign Merchant Steamers on the Upper Yangtze," from American Consulate, Chunking to American Minister, Peking, June 30, 1923, RIAC, 893.811/543.

[125] "Activities of U.S.S. Monocacy at Yang Tu Chi," Commanding Officer, U.S.S. Palos to American Consul, Chunking, June 26, 1923, RIAC, 893.811/550.

傷亡，同時土匪也有可能索性攜帶煤油往內陸地區逃逸，反倒增加收回煤油的難度。美軍自行登岸攻擊似不可行，但如果放棄追討此批煤油，無異助長土匪的劫掠行動，也將有損於美國海軍的「顏面」。因此，尼爾森評估過後，認為最好的方式，莫過請求駐防酆都的中國軍隊協助。而中國駐軍也樂於提供軍事協助。[126]

其次，尼爾森也點明中美軍事合作的意義所在。尼爾森認為美國海軍的任務在於「保護美國公民生命、財產與利益的安全」，但是美國海軍介入處理的時機，應該是在中國當局確實無法擔負保護責任之後。既然中國當局有能力擊退土匪，收回美商物產，為何不讓中國當局優先處理？

> 在評估（海軍）任務時，有著外國人依賴中國（當局保護）的原則，只有（當上述原則）無法確保時，才由海軍巡邏隊執行。因此最基本的原則就是：互相依賴與合作。[127]

因此，尼爾森認為「在目前中國混亂的局勢下，外國當局與中國政府合作鎮壓土匪，不僅是值得推薦，也是必須的。」

---

[126] "Cooperation with Chinese Soldiers to Recover Oil Belonging to Standard, Held by Bandits at Yang Tuo Chi," Commanding Officer, U.S.S. Monocacy to Commanding Officer, U.S.S. Palos, July 11, 1923, RIAC, 893.811/550.（按：此處的 Yang Tuo Chi 與上述的 Yang Tu Chi，中文均為洋渡集，此乃因 RIAC 檔案中領事與海軍部門在採用譯音時拼法不同所致）

[127] "Cooperation with Chinese Soldiers to Recover Oil Belonging to Standard, Held by Bandits at Yang Tuo Chi," Commanding Officer, U.S.S. Monocacy to Commanding Officer, U.S.S. Palos, July 11, 1923, RIAC, 893.811/550.

由上述尼爾森的看法，可歸納出美國海軍維護美商利益的處理原則，大致區分為三個層次：第一層次是信賴中國當局的保護；當中國當局無法提供適當保護，則進入第二層次，由美國海軍出動與中國軍事當局共同合作；最後，除非中國當局拒絕或無力提供協助，才進入第三層次，由美國海軍直接面對土匪，自行處理。美國亞洲艦隊司令 1921 年 7 月給長江巡邏隊的政策指示，也明確強調美國海軍應優先尊重由中國地方當局保護美國利益之責，只有當中國無力提供時，美國海軍才有介入的必要。[128]之所以盡量選擇與中國地方軍事當局合作，固然是因為保護美商安全，本是中國當局的責任，但更為重要的：可以讓中國士兵承擔危險的短兵接觸與戰鬥，減少美軍人員不必要的傷亡。

不過，此案仍有其爭議之處，因為駐防在酆都的中國軍隊，恰好是隸屬於吳佩孚派往支援四川作戰的軍隊。[129]而此批援川軍正與川軍第二軍楊森合作，共同進攻川軍第一軍。[130]所以，雖然運送軍隊的目的在剿匪，與四川內戰無關，但北方軍隊公然登上美軍軍

---

[128] "Policy-Yangtze Patrol," from the Commander in Chief to the Asiatic Fleet (Strauss) to the Commander of the Yangtze Patrol (Wood), July 3, 1921, RIAC, 89300/4021.

[129] "Cooperation with Chinese Soldiers to Recover Oil Belonging to Standard, Held by Bandits at Yang Tuo Chi," Commanding Officer, U.S.S. Monocacy to Commanding Officer, U.S.S. Palos, July 11, 1923, RIAC, 893.811/550.

[130] （日本）外務省外交史料館藏，外務省亞細亞局編，《最近支那關係諸問題摘要》（東京：外務省亞細亞局，1923 年 12 月），第 3 卷，帝国議会関係雑纂第 48 次議会用，《外務省記錄》1-5-2，アジア歴史資料センター，參考號：B03041491700。

艦，並由其運送之事，仍具高度爭議性，極可能引起敵對川軍勢力（即川軍第一軍）的猜忌與不滿，進而影響美商輪船在長江上游航行安全。更何況美國領事、海軍官員早已三申五令，不論理由為何，嚴格禁止美國輪船運送任何中國軍隊。因此蒙那卡西號的行動，難免有違反中立、介入四川內戰的嫌疑。因此，美國駐華使領官員，如駐北京公使與駐重慶領事均不贊成尼爾森用美國軍艦運送中國軍隊，質疑此行動的適當性。[131]

然而，蒙那卡西號此次行動並非特例，先前美國海軍即已有與中國軍隊合作剿匪的前例。兩個月前，即 1923 年 4 月美孚公司煤油船在江津上游地區遭土匪襲擊劫掠時，川軍第一軍石青陽也曾向美國海軍派駐在長江上游的另外一艘軍艦派洛斯號，表達願意派遣軍隊協助進攻土匪之意，甚至也同意派遣軍隊護送煤油船從合江到瀘州。[132]換言之，川軍第一軍曾與美國軍艦派洛斯號合作，至於協助川軍第二軍攻打第一軍的北方援川軍，則與蒙那卡西號合作。四川地區不同派系、甚至敵對的軍事當局，均不排斥與美國海軍合作，願意提供兵力攻擊土匪，協助收回美商物產。所以，美國海軍與單一部隊合作剿匪，應不會引起其他川軍的不滿與猜忌，或是有

[131] "Presence of Chinese Troops on Foreign Merchant Steamers on the Upper Yangtze," from American Consulate, Chunking to the Secretary of State & American Minister, Peking, November 2, 1923, RIAC, 893.811/578.

[132] "Bandit Activities on Upper Yangtze," from American Consulate, Chunking to the Secretary of State, Washington, April 20, 1923; "Re: Seizure of Standard Oil Junks at Chin Chen Ngai," from Commander Officer, USS *Palos* to American Consul, Chunking, April 16, 1923, RIAC, 893.00/5015; "Commanding Officer, U.S.S. Palos to American Consul, Chunking," July 20, 1923, RIAC, 893.811/550.

報復行為。因此，派洛斯號艦長辛普森贊同尼爾森與中國軍隊合作剿匪作法。[133]

尼爾森的行動同樣也獲得美國駐長江巡邏隊指揮官菲爾樸斯的認同。菲爾樸斯援引 1923 年 2 月 1 日美國海軍部長給西印度群島分遣艦隊司令的訓令，強調依照國際法，海盜是人類的公敵，為了捉補海盜，一國武裝力量有權進入另一個國家的領土；同時，在打擊海盜的工作上，沒有所謂的中立團體，任何國家都是同盟，均應彼此合作，盡一切努力。[134]而尼爾森與中國軍隊合作打擊土匪的情況，基本上與上述打擊海盜是一樣的，因此菲爾樸斯認為尼爾森「已正確地評估情況，做了明智的決定，並表現出適當的謹慎與判斷。」[135]

總結來說，蒙那卡西號為了維護美商利益，選擇與中國地方軍隊共同合作，以求能在避免美軍傷亡的情況下，擊敗土匪，收回美孚公司煤油船與煤油。雖然，蒙那卡西號的軍事行動，特別是使用軍艦運送中國軍隊，似乎仍有違反中立原則的嫌疑，而遭到外交領事官員的質疑。但是在長江上游土匪為患甚烈的大環境下，美國海軍採取比較務實的態度，傾向與中國地方軍事當局合作打擊土匪，既可減少美軍傷亡，又可維護美商利益。因此，尼爾森與蒙那卡西

---

[133] "Commanding Officer, U.S.S. Palos to American Consul, Chunking," July 20, 1923, RIAC, 893.811/550.

[134] "The Letter of Instruction of Secretary of the Navy (Smith Thomson) to Commodore David Porter," February 1, 1923, RIAC, 893.811/578.

[135] "Second Endorsement," from Commander, Yangtze Patrol Force to Commander in Chief, U.S. Asiatic Fleet, August 5, 1923, RIAC, 893.811/578.

號的行動，還是獲得美國海軍部門的讚賞。[136]

六、小結

四川內戰頻仍、社會失序，目無法紀的兵匪充斥長江河道兩岸，肆意開槍攻擊行駛中的外國輪船，造成了長江上游的航行安全問題。然而，無論是北京的中央政府，還是四川的省政府、軍事當局既無力、也無心改善航行安全。各國駐長江巡邏隊只得越俎代庖，自己來確保外國輪船的航行安全。以美國來說，保護長江上游美國航運的安全與利益，是美國駐長江巡邏隊當仁不讓的職責；但是美國艦隊有沒有充分能力執行保護任務？保護對象的範圍與定義又該到何種程度？以及透過何種措施才能夠有效執行保護任務、維護美國尊嚴？這些問題彼此互相關連，也是美國海軍駐長江巡邏隊必須要面臨的嚴重挑戰與急待解決的課題。

首先，要確保航行安全，最有效的方法莫過於派出軍艦進行護航，但這關係美國是否有足夠的海軍艦隻數量與充分的運航能力，來執行灘險處處、水流湍急的長江上游護航任務。但美國現有派駐在長江上游的兩艘軍艦明顯無法因應長江上游的危險局勢，因此建造新式軍艦遂成為美國政府必須面臨的首要課題。但受到一戰後世界裁減海軍風潮的影響，避免重演戰前各國海軍軍備競賽的夢魘，

---

[136] "The Correspondence Series, 1911-1932," *Papers of Joseph L. Nielson*, Operational Archives Branch, Naval Historical Center, Washington, D.C.（參見美國海軍部所屬 The Naval History & Heritage Command Center 網站：www.history.navy.mil）

大國造艦已非單純的內政問題，而是牽涉到複雜的國際協調與權力（軍力）平衡問題。6 艘新式軍艦造艦案的通過，除了歸功於美國駐華機構以及各民間社團的持續請求之外，實則與整個國際局勢的改變有很大的關係。自 1922 年〈五國海軍條約〉實施後，日本、英國等表面上遵守條約規定裁撤主力艦，私底下卻利用條約漏洞大造巡洋艦，引起美國朝野高度疑慮，憂心將危及美國海軍的優勢。[137]加上美國海軍為了因應未來可能與日本在太平洋作戰的考量，推動「橘子作戰計畫」（War Plan Orange），準備強化美國在西太平洋的海軍力量。[138]於是在國會議員的推動下，提出「巴特勒法案（又稱 8687 號法案）」，重啟新的造艦計畫。預定要在中國長江流域使用的 6 艘砲艦也包裹在此造艦法案之中。[139]所以，造艦案的通過，不

[137] 關於第一次世界大戰後華盛頓五國海軍會議與海軍裁武議題，可以參見筆者另外一篇文章：應俊豪，〈談判桌上的海權劃分：五國海軍會議(1921-1922)與戰間期的海權思維〉，《國立政治大學歷史學報》，第 30 期（臺北，2008 年 11 月），頁 119-168。

[138] 「橘子作戰計畫」早在 1904 年即由美國陸海軍聯席委員會（The Joint Army-Navy Board）提出討論，之後歷經 1910 年代，一直到第一次世界大戰後的 1920 年代仍持續被提出討論，其著眼點為：菲律賓將是日本進攻美國的首要目標，美國軍方必須堅守菲律賓，直至美國主力艦隊能跨越太平洋前來迎擊日本海軍。因此駐防菲律賓的美國亞洲艦隊必須強化其武裝力量。以確保美國在西太平洋以及中國的利益。關於橘子作戰計畫中，一方面預備與日本作戰（建造巡洋艦），另一方面強化保護在華商務利益（建造內河砲艦）之間的矛盾與相互關係，可以見 Bernard D. Cole, *The United States Navy in China, 1925-1928*, pp.9-24.

[139] 「巴特勒法案（又稱 8687 號法案）」（The Butler Act, H.R.8687），授權美國海軍強化既有 6 艘主力艦（預算 1836 萬美元）與建造新的附屬艦隻，包括 8 艘高速、配備裝甲的偵察巡洋艦（每艘預算 1110 萬美元）、6 艘內河砲艦

能僅從美國在長江流域的重大利益著眼，也必須將外在國際環境的改變列入考量。此外，1920、1921 年長江中上游重要的通商口岸武昌、宜昌多次發生兵變，1923 年又發生臨城劫車案，迫使列強反思如何透過強化駐華海軍軍力，來維護外人的生命財產安全。同樣在長江上游有重要商業利益的英國與日本，均於 1923 年時均採取措施強化其駐長江上游海軍武力。英國擬將一戰期間建造、原先用於中東兩河流域數艘吃水淺、火力強大的新砲艦調往長江服役。日本也在漢口、上海等地造船廠開始建造數艘新式軍艦。如果英、日均強化海軍，唯獨美國仍在使用幾近報廢的軍艦，不但會打破長江流域各國軍事平衡，使美國海軍居於「相對弱勢」，而且也無法提供美國公民與利益適當的保護。一旦遇到緊急狀況，美國可能必須仰賴其他外國軍艦來保護美國公民利益。[140]因此，美、英、日三國在長江流域海軍軍力的平衡，勢必也是美國海軍部、國務院最後致力推動造艦案的關鍵原因之一。換言之，一件看似簡單的美國強化駐華海軍實力造艦案，實際上有著十分複雜的面向，有國際海軍限武因素的考量、海權國之間的權力均勢，有著美國國內不同部門

（每艘預算 70 萬美元，預計使用中國長江），總預算高達 1 億 1136 萬美元。關於上述法案在國會通過時程、法案全文、與相關國會議員的討論，見 "The Naval Controversy: The Limitation of Arms Treaty and Navy Legislation in the 68th Congress, Development of Events Since the Washington Conference," "Text of H.R.8687 Authorizing Alternations and Constructions of Naval Vessels," "Is Our Navy Up to Full Treaty Strength," *The Congressional Digest*, Vol.4, No.4 (January,1925), pp.124-125, 127, 142.

[140] "Division of Far Eastern Affairs to Secretary of State," August 22, 1923, RIAC, 893.811/689.

之間的溝通與討論，當然也有著部分中國反帝國主義的視野。不同面向解釋下的造艦案，其結論也不盡相同。

其次，派駐少量士兵在輪船上執行保護任務，既可以因應來自岸邊的攻擊行動，同時美軍在船上也能夠監視美國輪船的舉止，避免有違背中立運送軍隊與軍火的行為，也可以產生嚇阻效應，防止中國士兵任意強行登船肇事，似乎是更為簡易、又容易達成的作法。但是派駐武裝士兵登上民用輪船，有無違反中外條約、抵觸美國對華政策之嫌？以及僅憑幾名武裝士兵是否就能成功嚇阻岸邊兵匪、達成保護效果，也不無疑問。尤其一旦面臨大規模有組織的攻擊行動，派駐在輪船上的武裝士兵，反倒成為中國軍隊與土匪鎖定攻擊的標靶，屆時輪船受襲、士兵受傷或陣亡，豈不造成美國國旗與尊嚴更大的損害？1921 年 9-10 月間美國亞洲艦隊司令與上海總領事之間的意見不同，甚至口出惡言，即反映出派駐武裝士兵登船的成效的確具有重大爭議性。

再者，美國海軍與中國軍隊合作剿匪，以保護美國利益，在實務上的確不失為低成本、有效的因應之道。然而，中國四川、湖北等地軍隊系統複雜，彼此之間又常常為搶奪地盤發生戰爭、互鬥。所以為了避免違反中立原則，不當捲入中國內戰，美國駐華使領機構與海軍部門早已三申五令嚴格禁止美國輪船不得以任何理由運送中國軍隊。但是身為執法者的美國海軍卻帶頭違背規定，大搖大擺地派出軍艦運送中國軍隊，雖然動機正當並無疑慮，可是在某種程度上，其後續效應仍然可能引起不必要的猜忌，而且明顯有違反中立、介入中國內政的嫌疑。所以美國海軍與中國軍事合作保護美商利益的作法，因爭議性過高，只能視為是臨時性措施，並非長期有效的因應方案。

最後，總結美國因應長江上游航行安全所提出的三個因應方案。造艦案雖能在本質上大幅強化美國駐華海軍實力，有效壓制長江上游的不確定因素，但造艦本身牽涉到國際環境與權力平衡等複雜因素，因此不易達致，加上造艦過程耗時，實乃緩不濟急。至於在美國輪船上派駐武裝士兵，雖然簡便易行，但說穿了其象徵意味大於實質作用。少數美國海軍士兵僅能擺出來做個樣子，實際則無力因應處理長江上游大規模的攻擊輪船行動。至於美國海軍與中國軍事合作方案，更是爭議性過大、備受質疑，毫無普遍推行的可能性。由此觀之，美國海軍針對長江上游航行安全問題所提出的三個因應方案，顯然無法切實有效解決美商業者與輪船所面臨的各種挑戰威脅。總結來說，造艦案緩不濟急，派駐士兵與中美軍事合作又非確實可行，無怪乎 1920 年代長江上游航行安全問題，一直成為美商業者與美國海軍揮之不去的夢魘。

第五章　英國的因應之道

一、前言

> 近幾年來，英國利益在（長江）上游地區宜昌、重慶段已有可觀的發展，特別建造的輪船在水位允許的時間航行。……但最近情況惡化，不只有大量的土匪，南方與北方軍隊之間也經常發生戰爭。隨之而來的劫掠與失序已大幅增加外國居民的危險，攻擊輪船事件也層出不窮。在未來的幾年裡，難以想像會有多大的改善。
>
> 英國外交部備忘錄 1924 年 7 月❶

1920 年代上半期四川地區內戰不斷，從 1920 年的川軍驅逐滇黔軍之戰、1921 年的川軍內戰（川軍驅逐北方支持的劉存厚之戰）、川軍援鄂之戰，1922 年的川軍內戰（川軍第一軍熊克武、但懋辛與第二軍劉

❶ "Memorandum by the Foreign Office respecting the Yang-tsze River: Proposed Building of Two Gunboats for Protection of Shipping," July 1924, The National Archives, *The Cabinet Papers, 1915-1978*, CAB/24/167: 0066.

湘、楊森之戰），到 1923-24 年的直系介入四川內戰（北方吳佩孚直系與黔系軍隊支援川軍第二軍楊森驅逐南方支持的川軍第一軍熊克武之戰）。長期戰爭中，混雜著四川省內軍閥惡鬥與中國南北之爭，直系（吳佩孚）、粵系（孫文）、滇系（唐繼堯）、黔系（袁祖銘）等各方勢力競逐，造成四川戰禍連年、大小軍閥割據分裂，各佔防區、地盤。軍隊數量從 1920 年的 10 師成長到 1924 年的 29 師 30 混成旅，士兵人數更高達 20 萬人，軍費每年約需 2400 萬元。❷佔地為王的軍閥，為維持地盤、養兵作戰，無不窮徵暴斂，到處設置稅卡以搜刮錢財。另外，伴隨著內政秩序瓦解與頻繁內戰而起的，是大批由兵轉匪的各類匪幫，分佈在長江上游沿岸各地，盤據險要區域，虎視眈眈地騷擾往來航行的中外船隻，攻擊船隻、殺人越貨之事時有所聞。❸

自第一次世界大戰結束 1919 年後，英國在長江上游地區的航運利益日漸重要，位居各國之首，但四川軍隊與土匪對於英國商民的危害，卻也自 1920 年左右開始逐漸加劇。❹英國駐華使領機構

---

❷ 受到清末四川保路運動以及 1915 年反袁戰爭的影響，四川一省之內，除了原有川軍外，還有所謂的客軍，如滇軍、黔軍等。1922 年之後，隨著吳佩孚執行武力統一政策，直系軍隊與鄂軍亦入川參戰。關於 1920 年代上半期四川軍閥與內戰，可以參見陳志讓，《軍紳政權：近代中國的軍閥時期》（桂林：廣西師範大學出版社，2008），頁 57-60；李白虹，〈二十年來之川閥戰爭〉，收錄在廢止內戰大同盟會編，《四川內戰詳記》（上海：廢止內戰大同盟會，1933；北京：中華書局重印，2007），頁 247-276。

❸ 〈四川之土匪世界（一）〉，《申報》（上海），1923 年 8 月 20 日。

❹ Foreign Office, "Memoranda for the Cabinet: British Policy in China," November 23, 1926, *The Cabinet Papers, 1915-1978*, CAB/24/182:0024.

與海軍「中國艦隊」（China Station）❺如何因應長江上游航行安全問題所帶來的困境與挑戰，是本文主要探究的課題。

領事與海軍，是英國人在華的兩大護符。藉由條約的規定，英國領事享有非常大的權限，可以出入中國衙署，維護英國的權利與利益。但是民國以來，長江上游四川地區久處內戰與割據分裂，社會嚴重失序，軍閥與土匪則宰制了地方的控制權。領事打交道的對象，也由清末科舉功名出身的縣太爺、巡撫，轉變為草莽氣息的軍人。在這樣的轉變過程中，英國領事是否還能維持以往的強勢地位，打著條約名號，解決日益嚴重的長江上游航行安全問題？❻

其次，自清末以來，英國之所以能確立在華特權地位，與海軍力量的強大有非常密切的關係。然而，隨著商務活動的擴展，當英國人的觸角從沿海地區，逐漸深入到內陸地區，面對特殊險峻的長

---

❺ 19 世紀中葉英國為了因應鴉片戰爭、兩次英法聯軍後的中國情勢，維護遠東地區的商業利益，同時處理日益嚴重的海盜問題，從「東印度艦隊」（East Indian Station）中獨立出「中國艦隊」。關於英國中國艦隊在晚清成立的背景與活動情況，可以參見王家儉〈十九世紀英國遠東海軍的戰略布局及其「中國艦隊」在甲午戰爭期間的態度〉，《臺灣師大歷史學報》，No.40（臺北，2008.12），頁 57-84；Gerald Sandford Graham, *The China Station: War and Diplomacy 1830-1860* (Oxford: Clarendon Press; New York: Oxford University Press, 1978); Grace Estelle Fox, *British Admirals and Chinese Pirates, 1832-1869* (London: K. Paul, Trench, Trubner & Co., ltd., 1940).

❻ 例如英國駐重慶領事館即曾報告與軍閥打交道的無力感：雖然長江上游地區的軍閥不吝於口頭保證會尊重國際關係，但事實上與其交涉過程中，不論是引用條約還是討論任何原則性問題，其結果可能都是枉然，因為他們從不理解條約文字背後的意義。“W. Stark Toller, Acting Consul, Chunking to W. Lampson, Charge d’Affaires, Peking,” April 1920, FO 371/ 5342.

江上游地勢，英國海軍是否依然有辦法以強大的海軍力量，攝服當地極端不安的混亂因素，維持英國的利益與尊嚴？❼

二、英國眼中的長江上游航行安全問題

> 關於長江上游宜昌、重慶之間，特別是萬縣附近，土匪與沿岸駐防的軍隊對英國貿易的干擾問題，本商會已接到許多的抱怨。輪船被開槍攻擊，木船則被扣押勒索鉅額贖金。一些案例中，土匪已獲得贖金，而商人為避免整體損失，選擇支付部分贖金。本商會認為，這樣的情況是絕對無法容忍的……緊急請求英國北京公使館立即採取措施，提供英國商業利益充分的保護。
>
> 英國漢口商會給漢口總領事館的陳情信，1920年5月❽

---

❼ 例如1920年初英國使領機構即曾向外交部報告長江上游萬縣到雲陽地區的土匪特別囂張，因為他們深知「冬季低水位期間，沒有一艘軍艦可以到達他們的巢穴」。顯而易見，長江上游的特殊環境大幅削弱砲艦外交施展的力道。見"Intelligence Reports for the Quarter Ended December 31st, 1919," British Legation to Foreign Office, April 22, 1920, FO 371/ 5338. 此外1924年8月1日英國下議院議員也曾質詢海軍部，表示中國艦隊潛艦、與附屬艦隻的船員，可能因不習慣中國的氣候與生活條件而心生不滿。見"Oral Answers," August 1, 1924, His Stationery Majesty's Office (Great Britain), *The Parliamentary Debates: House of Commons* (London: His Stationery Majesty's Office), 5th series, Vol.176, pp.2416-2417.

❽ "British Chamber of Commerce, Hankow to Acting Consul-General, C.C.P. Kirke, Hankow," May 24, 1920, FO 371/5342.

自 1920 年左右，英國派駐在長江上游地區的領事機構已經開始強烈感受到內政秩序漸趨瓦解之後，軍隊與土匪對航行安全的重大危害。外國船隻屢屢遭到土匪襲擊劫掠，僅是 1919 年底到 1920 年初的 6 個月之間，在長江上游萬縣到雲陽短短 30 哩的航程上，至少發生了 12 起土匪襲擊外國船隻的案件。❾地方軍事當局雖對英國領事一再保證會嚴飭軍隊前往剿滅土匪，討回被劫掠的英國財產；然而事實上，軍閥們從未履行其諾言，也無視保護外人的責任，因此土匪肆虐的情況未嘗稍息。❿

> 最令人驚訝的，是歷經冗長交涉之後，無論是（四川）軍事抑或民政當局，對於甫經野蠻劫掠的外國友邦人民，除非在強大壓力下，否則毫無意願提供救濟與援助。⓫

尤有甚者，非但土匪對外人危害的嚴重程度幾乎日甚一日，軍閥本

---

❾ "W. Stark Toller, Acting Consul, Chunking to W. Lampson, Charge d'Affaires, Peking," April 9, 1920, FO 371/ 5342.

❿ 1920 年 3-4 月英國駐重慶領事曾寫信給四川地方軍政長官、民政首長，以及督軍熊克武，抗議地方當局往往只會反覆下令保護英人安全或剿滅土匪，但卻從無實際作為。因此，無論英國領事如何交涉、抗議，英船遭到襲擊劫掠的情況依然持續出現。領事交涉與地方首長的承諾形同兒戲。見"Translation of Letter from Acting Consul, Chunking to the Military Commissioner and the Taoyin, Chunking," March 29, 1920; "W. Stark Toller, Acting Consul, Chunking to Hsiun K'e-wu, Military Governor of Szechuan," April 8, 1920, FO 371/ 5342.

⓫ "A. E. Eastes , Yun-yang to W. Stark Toller, Chunking" March 24, 1920, FO 371/5342.

身對外商輪船、木船也是極盡騷擾之能事，往往藉口軍事戒嚴，強迫外船停船檢查或課徵非法稅收。英國所屬的安瀾號（SS *Anlan*）、安康號（SS *Ankon*）、鴻福號（SS *Hungfok*）、鴻江號（SS *Hungkiang*）、隆茂號（SS *Longmow*）等輪船均曾遭受軍閥的騷擾。⓬

例如 1920 年上半年，涪州、長壽一帶的駐軍以作戰需要，發佈軍事戒嚴令，中外輪船、木船航經此區域時均須停船受檢，拒絕受檢的船隻將遭到駐軍的開火攻擊。英國輪船安瀾號、安康號、鴻福號在航行此段區域時，均曾因此遭到駐軍的攻擊。英國領事與海軍官員雖提出抗議交涉，但駐軍將領卻始終否認下令攔截或攻擊英國輪船，⓭甚至暗示真正攻擊者其實是土匪，還大言不慚地要嚴懲

⓬ "W. Stark Toller, Acting Consul, Chunking to Beilby Alston, Peking," June 9 & July 8, 1920, FO 371/ 5342.

⓭ 此批駐軍番號為第二師川東縱隊。相當有趣的是該份軍事戒嚴令顯然有兩個版本。英商輪船公司早先所收到的戒嚴令，是規定所有輪船，無分中外，均須停船受檢，否則將遭到攻擊。但是英國駐重慶領事稍後所收到的戒嚴令，則是僅檢查華籍船隻，英國船隻無須受檢，也不會遭到攻擊。究其實際，這是長壽駐軍所玩的兩面手法：原先的戒嚴令乃是強迫英國船隻一併受檢，但當英國領事與砲艦介入後，為恐引起事端，長壽駐軍乃重新發佈一份新的戒嚴令，否認有檢查、攻擊英船的行為，撇清相關責任。長壽駐軍將領更向前來關切此事的英國海軍駐長江上游資深軍官捷克司-休斯（Commander, R.G. Jukes-Hughes, Senior Naval Officer, Upper Yangtze）表示從未下令攔停或攻擊英國船隻，而且已事先「將許多英國旗幟的範本，以及英國輪船名錄分發給部隊，以便提供保護」。但事實上這一切全是「精心安排的謊言」，因為涪州的天主教教士即曾親眼見到駐軍要攔停外船的佈告。見"Master of SS Ankon to W. Stark Toller," June 1920; "Ch'iu Hua-yu, Commander of the Eastern Szechuan Mobile Column to W. Stark Toller," July 1920; "Acting Consul Toller to Sir B. Alston," July 8, 1920, FO 371/ 5342.

攻擊事件的始作俑者。⓮

駐防四川東部萬縣一帶的中國軍隊則是設置收稅處，堂而皇之對往來各國輪船、木船強收軍事稅捐。⓯在萬縣軍事收稅處官員給英商太古洋行中國代理人的通知中，可以清楚得知軍事當局的意向與企圖：

> 基於互利，我確信你們（輪船公司）必定會與我們合作。軍事事務不容等閒視之。因此，我相信你會通知貴公司宜昌、重慶辦事處，當船隻通過收稅處時，應繳納「自願軍稅」（Voluntary Contribution），以避免發生麻煩，而有影響貴公司商務活動。⓰

外商公司均須靠繳納軍事捐款，方能換取船隻在萬縣附近的航行

⓮ 長壽駐軍將領給英國領事的答覆中強調：「我的部隊都是紀律良好。但是自從內戰動亂發生，土匪猖獗，城市內外龍蛇混雜。……（攻擊英國輪船的）這種行動是殘暴的，那些始作俑者必須遭到嚴厲的處罰，而且當事實真相調查清楚後，航運交通將不再受到阻擾」。見"Ch'iu Hua-yu, Commander of the Eastern Szechuan Mobile Column to W. Stark Toller," July 2, 1920, FO 371/ 5342.

⓯ 根據統計，僅是從重慶、萬縣將桐油運至漢口所需繳納捐稅的名目，就高達十餘種，例如省稅、統捐、馬路附加、商埠附加、樂捐、市政捐、護商費、重慶萬縣馬路費、附加女學捐、附加學捐、附加市政捐、統捐印花稅、樂捐印花稅、護商印花稅、重慶夔州護商費等。見〈每百斤桐油從重慶萬縣運至漢口的稅捐〉，收錄在陳志讓，《軍紳政權：近代中國的軍閥時期》，頁145。此類巧立名目所收的稅捐，多半進了地方軍閥的口袋。

⓰ "Letter from Manager of the Collecting Office, Wanhsien to the Chinese Agent of Messrs Butterfield and Swire," June 1920, FO 371/ 5342.

權。如果外商拒絕繳納，將會蒙受重大商務損失。其實依據英國海軍的觀察，軍閥對船商強徵非法軍稅的陋習其來有自：長期以來，船商代理人（買辦）為求航運順暢，往往透過賄賂地方軍政當局來換取保護；久而久之，軍閥對於收取船商額外賄賂往往習以為常。因此當軍事當局有經濟上的需求時，自然而然將目標指向航運業者。⓱

軍閥勒索稅款的手段，大致可以分為兩種。對於外商雇用運貨的華籍木船，乃逕與扣押。至於不能扣押的外國輪船，則採用間接抵制方式迫使外商就範：當外輪停泊時，禁止所有駁船靠近輪船，使其無法上下乘客與裝卸貨物；同時並在煤料運補船上派駐士兵，完全封鎖外輪補充燃料的可能性。⓲有時即或外國砲艦在場可能也無濟於事，因為砲艦充其量僅能阻止中國軍隊直接騷擾輪船，但卻無法阻止其以禁運手段間接阻礙航運活動。⓳因此兩害相權之下，外商的華籍代理人多半選擇讓步，以避免航運中斷所造成的重大損害。萬縣軍事當局還能透過威脅中國商人的方式，來抵制拒絕屈服的外商公司。例如英輪鴻福號從宜昌航行至重慶時，因拒絕繳納萬縣軍事稅捐，故萬縣軍事當局乃唆使萬縣中國商會通知重慶商會

⓱ "Report by S.N.O. Yangtze to H. M. Charg'e d'Affaires, Peking," June 20, 1920, FO 371/ 5342.

⓲ "W. Stark Toller, Acting Consul, Chunking to Beilby Alston, Peking," June 9, 1920, FO 371/ 5342.

⓳ 例如 1920 年 6 月初，雖然英國軍艦赤頸鴨號在場，但美國輪船大來號仍遭到萬縣軍閥的抵制，禁止任何船隻運補大來號，否則將遭到攻擊。直至美國軍艦蒙那卡西號趕到，大來號才獲得直接來自蒙那卡西號的煤料補給。見 "Extract from Report by Master of SS Ankong," June 4, 192, FO 371/ 5342.

「因該輪上駛時拒絕繳納自願軍稅，故在其回程經過萬縣時，將被強制徵用，故建議中國貨主不要委託該輪運貨」。地方軍事當局有時可能採取更為激烈的手段，即直接開火攻擊拒絕繳納軍事稅捐的外國輪船。例如英國輪船安瀾號在行經長壽附近時，即因拒絕繳納稅捐而遭到駐軍攻擊。⑳軍隊的開槍攻擊雖然對輪船的威脅不大，但是一旦流彈擊中在船艏領航的引水人，則會造成悲劇性的結果：失去引水人領航的情況下，輪船極易在湍急的水流誤觸礁石而沈沒。㉑

地方軍隊甚至與土匪同流合污，對往來船隻收取保護費。船隻稍有不從，即遭軍隊扣留，或是被土匪劫掠。㉒此外，軍事當局也常常曲解條約規定，例如 1920 年 6 月援鄂軍第一路總司令黃復生、副司令盧師諦即曾通知重慶中國商會，要求轉告其他商人不得委託美國輪船美灘號（SS *Meitan*）、英國輪船安瀾號運送貨物，理由是「（外國）輪船運送其他貨物（土貨），將違反條約規定」。其實，軍事當局發動抵制的真正原因仍是外輪拒絕繳納軍事稅捐。㉓

⑳ "W. Stark Toller, Acting Consul, Chunking to Beilby Alston, Peking," June 9, 1920, FO 371/ 5342.

㉑ "Report by S.N.O. Yangtze to H. M. Charg'e d'Affaires, Peking," June 20, 1920, FO 371/ 5342.

㉒ "W. Stark Toller, Acting Consul, Chunking to W. Lampson, Charge d'Affaires, Peking," April 9, 1920, FO 371/ 5342.

㉓ "W. Stark Toller, Acting Consul, Chunking to Beilby Alston, Peking," June 9, 1920, FO 371/ 5342.依據〈中英煙臺條約續增專條〉（1890 年）第十一條「俟有中國輪船販運貨物往來重慶時，亦准英國輪船一體駛往該口」，且無僅能運送洋貨不能運送土貨之規定。見〈煙臺條約續增專條〉（1890 年），汪

根據英國駐重慶領事在 1920 年 6 月的統計，地方軍事當局在長江上游四川東部地區對外國航運的危害就有下列情況：

表 5-1　四川東部地區軍事將領暴行表（1920 年 6 月）㉔

將領姓名	部隊職稱	暴行	駐地*
黎天才	湖北靖國聯軍總司令	非法軍事稅徵 攻擊外國輪船 未能鎮壓土匪	夔府附近
王天縱	豫軍總司令	非法軍事稅徵 未能鎮壓土匪	夔府附近
盧師諦	援鄂軍第一路副司令	非法軍事稅徵 攻擊外國輪船* 未能鎮壓土匪	萬縣附近
田鍾穀	援鄂軍第一路團長	非法軍事稅徵 攻擊外國輪船* 未能鎮壓土匪	長壽附近
黃復生	援鄂軍第一路總司令	非法軍事稅徵 未能鎮壓土匪	重慶附近
備註	* 原表未有，筆者根據 FO371/5342 其他文件補充		

從上表可知，長江上游沿岸夔府、萬縣、長壽、重慶等地區均充斥大量土匪，然而駐防軍隊卻未能善盡鎮壓土匪之責，反倒在各自防區內收取軍事稅捐，以致外商船隻航行此地區，一方面必須應付大

毅、許同幸、張承榮編，《清末對外交涉條約輯》（臺北：國風出版社，1963），第二冊，頁 243-244。

㉔ "List on Chefs for Outrages in Eastern Szechuan," June 9, 1920, FO371/ 5342.

批土匪的埋伏襲擊，二方面還必須沿途繳納層出不窮的軍事稅捐，方能順利通過，騷擾之嚴重，莫此為甚。

英國駐重慶領事雖曾多次與地方軍事將領交涉，㉕希望軍隊尊重英國條約權利，改善長江上游航行情況，但是成效十分有限。地方軍事當局若非將交涉事宜推交給毫無約束軍隊力量的外交部特派交涉員，即是形式上敷衍了事，表面上嚴令禁止騷擾外船，實則毫無作為。㉖

三、褪色的領事招牌：英國領事尊嚴在長江上游四川地區的低落

> 根據重慶領事報告，四川東部地區土匪搶劫、士兵非法勒索的情況相當猖獗，這意謂該地可悲的情況以及長江上游貿易所面臨的困境。從四川省長期獨立的情況來看，也沒有辦法採取有效的行動。要保護英國利益，必須依賴領事官員，他們已經盡其所能在這個方面努力著。

㉕ 例如在英國駐重慶領事致援鄂軍第一路總司令的抗議信函中，強烈指責萬縣軍事當局的強制徵稅行動是「殘暴的行為」，「違背條約規定」，強調除了海關以外，任何單位均無權檢查英國船隻或徵收稅捐。見“Translation of Letter from Acing Consul to Commandant-General, 1st Division, Hupeh Expedition Force,” June 1, 1920, FO 371/ 5342.

㉖ 英國領事除了向援鄂軍黃復生、盧師諦等將領以及重慶交涉員抗議外，還致函雲南督軍唐繼堯，但均無結果。見“W. Stark Toller, Acting Consul, Chunking to Beilby Alston, Peking,” June 9, 1920, FO 371/ 5342.

英國駐北京公使館給外交部的報告，1920年5月[27]

在四川任職多年的英國情報官員金恩（Louis King），[28]曾在1920年底向英國駐華公使館參贊克來福（R. H. Clive）報告在四川遭遇的外交困境。這份報告，明白揭露四川的分裂現狀，迫使英國領事官員不得不改變其原有外交立場、辭令，來適應當地的特殊場景。[29]

金恩認為「外國在華尊嚴正在逐漸下降」，過去領事僅需依賴中國地方官對條約權利的知識、公正與責任感，以及擔心中央政府的憤怒，即能將華洋交涉問題在地方上解決。然而隨著中央政府威信瓦解、地方軍閥割據分裂，四川省級地方官員幾乎不太理會外國領事，因為他們不用關心中央政府是否高興，也不用顧及是否有好的官聲與外人的態度；任何原先中央政府注重的事情，都不再與地方官員發生連帶關係。因此外國領事的存在，對於地方官員來說，

---

[27] "British Legation to Foreign Office," May 12, 1920, FO 371/ 5342.

[28] 依據美國陸軍部軍事情報處（Military Intelligence Division, War Department）的資料，金恩為英國最早派駐到川藏邊界的領事官員，後調往他處，1919年時又被調回四川，專門負責處理川藏邊界問題。見"Political Conditions in Chunking District," December 12, 1919, *Correspondence of the Military Intelligence Division Relating to General, Political, Economic, and Military Conditions in China, 1918-1941* (RG165, hererafter referred to as MID) (Washington D.C.: National Archives and Records Administration, 1987) , 2657-I-26.

[29] "Extract from Tachienlu Despatch No. 27 of October 10, 1920, to Mr. Clive, Peking ," Enclosure in Peking Despatch NO. 749 of November 19, 1920, FO 371/6632.

不過是一個多餘的麻煩物、一個毫無好處可撈的交涉對象。外國領事官員常掛在嘴上的外交辭令：「這個案件如果你不如此處理，將會侵犯條約權利，我將會報告北京，他們知道條約，而你將會發現你弄錯了，你的上司將會認為你是站不住腳的」。但是這些外交辭令現在完全不管用，因為地方官員對於他們的條約責任一知半解，更重要的是他們完全獨立於中央政府之外：

> 現在每個地方軍事實力派都是獨立的，不僅獨立於北京之外，也獨立於提名他的省級上司。領事唯一的老花樣不再有用了。尤有甚者，這些現今當權之人，極度忽視條約、欠缺任何責任感、毫無教養、固執，對於其他人的權利都感到不耐煩。

金恩以為，這些專橫的四川軍閥雖然不知道條約為何物，但是相當清楚其轄下領域內的歐美白人不屬於他的統轄權之內，而屬於外國領事官員。當地方軍事實力派任意魚肉中國鄉民，卻發現無法支使外國人之際，外國領事的存在對於軍閥的獨裁威權來說，不啻是一種諷刺。因此軍事將領們自然支持政府「收回國家主權」。而他們的愛國熱誠，則表現在「輕視與傷害外國人」。另外一方面，中國百姓深受軍隊、土匪荼毒，卻眼見外國人得以置身事外，基於嫉妒心理，也仇恨外國人。在地方獨立於中央政府、官民又均仇視外人的情形之下，領事的地位就顯得相當尷尬了。條約既不足恃，向中國中央政府告狀又毫無作用，列強勢力在內陸地區卻又鞭長莫及，因此領事要保護其國人權益，只有憑藉私人關係。領事如果能利用其官員身份，融入中國官場文化，與地方軍閥交際應酬，把酒言歡，很多麻煩事都可以迎刃而解：

> 假如一個領事可以與他們（地方軍閥）在桌上喝酒，相互友善的挖苦嘲諷，誠意相對，不堅持官方角色，而身段柔軟地維持對等地位，不妄自菲薄，也不刻意追求與他們友誼。如此，這個領事將會贏得他們的友誼，將可以做許多的事情。……如果一個領事拒絕與其中國對手面對面地把酒言歡，或是酒量不好，那他或許可以在條約基礎上（與地方軍閥）爭論，但不論如何卻是毫無進展。

四川內政混亂、軍閥割據分裂的現狀，使得英國領事難以依照清末以來的外交模式正常行使職權。他們必須在堅持外交尊嚴，與把酒言歡建立私人友誼關係之間做出抉擇。這反映出英國領事正逐漸被中國內政場景內化的過程。歐美列強來到東方，想要改造中國，但某種程度而言，英國派駐四川的領事，只能入境問俗地選擇融入中國內政場景之中，苟延殘喘地透過傳統官場文化、私人友誼關係來維護英國的利益。

英國駐成都總領事許立德（W. Meyrick Hewlett）在1920年9月的報告中，也有相同的看法。許立德曾引述四川將領但懋辛的談話內容，「我尊敬，也願意與你們（外國領事）溝通，但是……我們反對北京（的統治），而且只要我們喜歡，可以處死任何外國人的中國代辦。你們的砲艦是到不了這裡的」。許立德坦承四川人完全不理會國際責任，因此「外國官員及其在成都的影響，可謂已死」。[30] 易言之，川軍蔑視北京政府的統治威信，使外國領事失去交涉憑藉，而長江上游特殊的地理環境，又大幅削弱外國砲艦的進出與威嚇能力。雙重弱勢下使得列強以往的砲艦外交無法施展，英國駐川領事也自然無法再尋求晚清時代的交涉模式，只能憑藉個人與川軍將領之間的私人交情：

> 必須記得，現在中國內陸地區的（外國）領事官，與滿清時期的前任者之間有很大的差別。過去，（地方）總督明白對與錯之間的分別，也遵守國際交涉的責任，更清楚他是一個中央政權的（地方）代表。今天，在成都的領事官，背後毫無憑藉，而且令人不快的是，要維護英國利益，完全必須仰賴個人的影響力。

許立德舉 1920 年初的怡和洋行交涉案為例，英國領事官員 A. E. Eastes 無論立場多麼公正正當，但最後卻一事無成，而許立德一介入交涉，僅憑藉他與四川官員之間的私人情誼，就能輕而易舉地解決所有問題。因為「要解決所有案子，必須訴諸於友誼，而非官員（交涉）。」[31]

英國領事威信在四川地區低落，還與英國傳教團體濫用條約特

[30] 1918 年 9 月川軍突然逮捕美孚石油公司派駐在成都的中國買辦，當外國領事與其交涉時，但懋辛做出上述回應。見"Consul Hewlett to Mr. Clive," September 9, 1920, FO 371/ 5347.

[31] "Consul Hewlett to Mr. Clive," September 9, 1920, FO 371/ 5347.

權有關。首先是治外法權的濫用。基本上英人在華享有的領事裁判權僅限於擁有英國國籍之人，但在四川的傳教團體，為了保護深受戰亂危害的中國籍改宗信徒，違法私發自製護照（外觀形式仿照英國官方護照）給教民，以圖將其納入大英帝國的保護下。

> 現今傳教團體的作法，是對其擁護者（中國改宗信徒）發出護照或是旅行信件，讓其可以通過作戰區域、不受騷擾的旅行，與免於限制與風險……。這種凸顯外國基督教的作法將會有不好的影響，但是大部分的傳教士都昧於其致命的最終後果：……反基督教的爆發。㉜

此類違背條約規定、介入中國內政事務的作法，將會影響到一般英人的安危，因為濫發的護照必然引起四川軍政當局的不滿，從而削弱正規護照的保護效力，降低英國領事的威信。

其次，傳教團體還自以為是地頻繁地介入四川內戰事務，㉝雖然傳教團體是基於人道考量，但擅自介入內戰協調的結果往往卻是更為悲慘屠戮或仇恨：作戰雙方利用英國傳教士協調，順利逃脫或擴大戰果，反而使得戰事延續，導致四川軍隊對英國傳教團體的厭惡與敵意。

㉜ 根據英國駐成都總領事館的報告，甚至有販賣此類護照的情況出現，每份價格 4 元。"Consul Hewlett to Mr. Clive," September 9, 1920, FO 371/ 5347.

㉝ 英國傳教團體頻繁介入四川內戰，例如曾經居中協調四川軍與雲南軍隊的戰爭、四川軍內戰、川軍與土匪的戰鬥、四川軍與其他聯軍的戰爭中，見 "Consul Hewlett to Mr. Clive," September 9, 1920, FO 371/ 5347.

> 任何一個英國人都必須嚴肅地避免介入目前的（四川）政治。沒有一個外國人，無論其動機多麼良善，可以去向作戰的一方保證其協議必將執行，他的行為可能有助於作戰其中一方而不利另一方。他（以為）拯救了一個城市，事實上卻可能（戰火延續）推遲大局底定的時間，從而直接造成整個省的痛苦。……自得意滿的外國人，原先以為將會贏得長久的謝意，但卻明顯造成奠基於仇恨的蔑視。㉞

一言以蔽之，英國傳教團體濫用治外法權、介入內戰事務，還有違法收容難民的行為，在在均傷害到四川軍事當局的自尊，勢將導致反外運動的出現。傳教團體濫用條約特權的情況，也迫使英國政府必須出面與教會聯繫，以約束在華傳教團體的不當行為。㉟

英國駐北京公使館的情況，並不比地方領事好多少。尤其是對外代表中國、號稱中央政府的北京政府，其實「令不出北京」，權力都掌握在地方割據分裂的各省督軍手上。㊱英國《泰晤士報》（*The Times*）一則評論更是點出箇中情況：

㉞ "Circular Letter from Consul Hewlett to the British Missionaries in Szechuan," August 30, 1920, FO371/5347.

㉟ 英國領事對於四川英國傳教士濫用條約特權的報告引起英國公使館的注意，除關心事態發展外，也要求領事將所有相關傳教團體列冊，以便必要時通知其母國教會。"Mr. Clive to the Earl Curzon of Kedleston, Foreign Office," October 5, 1920, FO 371/ 5347.

㊱ 在英國《泰晤士報》〈中國的困境〉評論中，即坦言「只要出了首都的城牆之外，無論就哪個層次或意義來說，北京政府都是毫無權力的」。見"The Plight of China," *The Times*, September 15, 1921.

> 由於不負責任的士兵，在長江上游航行充滿一連串的驚險。外國輪船總是被開槍攻擊，偶爾造成悲劇。相關的公使館將問題帶到北京，北京政府當然是迅速表示遺憾、道歉與賠償。然而公使館相當清楚那些開槍的暴徒是在中央政府的控制之外，所以他們早已放棄要（中國政府）保證不再發生一樣的攻擊事件。相反的，他們派出自己的軍艦……用砲彈……（來執行保護輪船、壓制開槍暴徒的任務）。㊲

對於蔑視條約規定、反抗中央政府的四川軍事當局，英國駐華公使館基本上毫無辦法，在外交方面唯一能做的，就是消極地宣稱紙面上的正義，亦即持續與中央政府交涉，口頭或書面上堅持中央政府應肩負起賠償英國商民在長江上游地區損失的責任，等待有朝一日四川復歸統一之際，再進行索賠動作。㊳換言之，要確保英商在長江上游的航運安全，正規的外交交涉，不論是中央公使層級、還是地方領事層級俱已失效。

英國外交、領事尊嚴低落至此種狀態，又有何餘力以外交手段來解決日益嚴重的長江上游航行安全問題。一切外交交涉，對無視條約的四川軍閥來說，不過是見面聊天、口頭應付罷了，無須認真看待；措辭嚴厲的抗議照會，對於割據分裂、擁兵自重的軍事將領

㊲ "Glimpses of China: Spirit Marriage, Dangers of the Yangtze," *The Times*, January 8, 1921.

㊳ "British Legation to Foreign Office," May 12, 1920, FO 371/ 5342; "W. Stark Toller, Acting Consul, Chunking to Beilby Alston, Peking," June 9, 1920, FO 371/ 5342.

來說，也只是紙上談兵，毫無約束力。㊴「對於一個像今日中國那麼分裂的社會，要採取傳統外交手段進行（交涉），確實是沒有作用的」。㊵四川軍閥的輕蔑、敷衍態度，及其對於保護英人上的口惠而實不至，清楚反映出 1920 年代英國領事在當地威信已大幅滑落。

外交、領事管道既無法發揮應有的作法，英國要解決長江上游航行安全問題似乎也只能依靠軍艦與武力了：

> 很明顯的，只有使用武力，英國航運的條約權利才會受到尊重。如果沒有砲艦的在場，每一艘輪船都會被扣留在萬縣，直至其支付所要求的稅金。㊶

前英國駐北京公使朱爾典（John Newell Jordan）也曾倡言：列強海軍「在（攻擊）現場採取直接行動（保護輪船安全），遠比透過毫無權力的北京政府發佈迂迴的命令來的有效」。㊷但是英國駐華海軍是否

㊴ 正規外交、領事系統在處理長江上游航運安全問題的無力感，可由美國駐長江巡邏艦隊司令寫給英、法、日等國海軍指揮官的信件中略窺一二。"Letter from Rear Admiral W.W. Phelps to the Senior Japanese, British and French Naval Commanders on the Yangtze," December 3, 1922, RIAC, 893.811/513.

㊵ "Chinese Brigandage" *The Times*, September 21, 1923.

㊶ "W. Stark Toller, Acting Consul, Chunking to Beilby Alston, Peking," June 9, 1920, FO 371/ 5342.

㊷ 此為朱爾典於 1923 年 11 月在英國「中國協會」（China Association）年度餐會上演說的部分內容。"Chaos in China: The Protection of Foreigners," *The Times*, November 8, 1923.

真能提供充分的保護，則是另外一個面向的問題。

四、英國駐華海軍強化方案

> 中國除了沿海或可航行河流區域外，（英國）海軍武力無法（在內陸）提供保護。因此我們認為傳教士或其他個人，當面臨危險時，應該立即撤退到港口或其他海軍可提供保護的地區。
>
> 英國國防委員會參謀首長小組，1925年6月[43]

既有的條約、外交領事系統無法有效維護英國在長江上游四川地區的利益與尊嚴。駐華的陸軍又侷限在沿海幾個地方，而且軍力明顯不足，完全不可能支援長江上游等內陸地區的緊急狀況。[44]因此，英國只能依賴海軍，藉由海軍武力的展現，自行保護英國公民的生命財產安全與商業利益。尤其是第一次世界大戰後，隨著各國在長江上游商務活動的急速擴大，上下往來的輪船航運也漸趨頻

[43] Chiefs of Staff Sub-committee, Committee of Imperial Committee, "Situation in China," June 1925, *The Cabinet Papers, 1915-1978*, CAB/24/174: 0026.

[44] 根據英國陸軍部在1920年8月所做的評估，英國駐華陸軍實力嚴重不足（華北地區僅北京使館區與威海衛，華南地區則是在香港駐有陸軍部隊），如果中國發生大規模排外暴動，將不足以因應，只能從印度洋與遠東的殖民地調派軍隊，或是向其他盟邦尋求援助。至於要採取「軍事行動保護條約口岸的國民安全，則超出陸軍的能力範圍，或許只有海軍有能力承擔此任務」。英國陸軍部的評估，見 The War Office, "Reinforcements for China Garrisons," August 18, 1920, *The Cabinet Papers, 1915-1978*, CAB/24/110: 0085.

繁；但長江上游的內政情況，卻隨著輪船入侵與四川內戰等因素影響，日益惡化與失控。外國擴大的商務活動與中國瀕臨崩潰的內政秩序，兩者碰觸在一起，即清楚意謂著：密集的輪船航運班次，需要更多、更強大的海軍保護。㊺然而問題是，英國在華海軍力量足以應付長江上游四川地區層出不窮的攻擊輪船事件嗎？㊻

早自 1920 年初，英國駐重慶代理領事托勒（W. Stark Toller）即已感受到英國船隻在長江上游地區的航行安全問題，故在與英國海軍派駐在長江上游的資深軍官（Senior Naval Officer on the Upper Yangtze）協調後，建議艦隊司令派遣武裝士兵登輪船進行保護，抵禦軍隊與土匪的攻擊。㊼但是此提議遭到英國海軍資深軍官與「中國艦隊」司令的質疑。海軍資深軍官認為在輪船派駐武裝士兵並無多大用

㊺ 英國《泰晤士報》即認為在日益嚴重的木船與輪船之爭，加上長江上游長期社會失序，英國海軍「如果不採取強硬措施，將會嚴重損害四川地區有利可圖的貿易」。"Riots on the Yangtze: Steamer Versus Junk," *The Times*, October 28, 1921.

㊻ 為了強化護衛長江上游的英船航行安全，必要時派遣武裝士兵登輪船防護，1920 年 6 月英國海軍即曾調派軍艦開羅號（H.M.S. Cairo）支援。見 "Telegram from the Commander in Chief, China," June 9, 1920, "Admiralty to Foreign Office," June 11, 1920, FO 371/5340.但受限於吃水問題，此類增援的軍艦本身不可能實際航行上游地區，充其量僅能提供艦上海軍士兵登商用輪船保護。

㊼ 1920 年 5、6 月間，英國輪船鴻福號（SS *Hungfok*）、安康號（SS *Ankong*）先後在長江上游遭到土匪襲擊，英國駐重慶代理領事托勒乃在與海軍資深軍官討論後，建議海軍派遣武裝士兵攜帶一挺機關槍登船保護。托勒也希望海軍應派出軍艦採取即時有效的行動來反擊土匪的攻擊。"W. Stark Toller, Acting Consul, Chunking to Beilby Alston, Minister, Peking," June 7, 1920, FO 371/ 5342.

處，而且他們遭遇攻擊時的反擊行動極有可能適得其反，引起中國軍隊的憤恨與報復。㊽艦隊司令亦駁斥領事所提方案「既不可行，也不可取」，理由是：從軍艦上抽離兵力去防護商業船隻，將削弱軍艦的力量；其次，商船的武裝化也將抵觸英國的原則，所以除非最後情況極度惡化、別無辦法時，否則不應在商船上派駐海軍士兵。㊾英國駐成都總領事也不贊同派遣士兵登船保護，認為勢將造成廣泛且嚴重的影響。因為一旦英國將商船武裝化，必須先考量到如果四川土匪武裝力量採取報復行動，對於那些沒有海軍士兵駐防，但有英人乘坐或擁有的傳統木船與郵船，英國海軍又該如何因應與保護。最後在沒有共識下，英國海軍並未執行派遣武裝士兵登輪船保護的方案。㊿

㊽ 英國海軍資深軍官認為，中國軍隊開槍攻擊輪船多半是出於戲謔，並不帶有惡意，因此對輪船的危害亦不甚大。但是如果派駐輪船上的士兵開槍反擊，則有可能激起中國軍隊的恨意，從原先的開玩笑心態，轉變成報復行動。資深軍官並舉美國大來輪船的例子，雖然船上駐防有美軍士兵，但航行途中還是兩次遭到中國軍隊攻擊。見"Report by S.N.O. Yangtze to H. M. Charg'e d'Affaires, Peking," June 20, 1920, FO 371/ 5342.

㊾ 英國駐華海軍艦隊司令顯然與重慶領事看法有很大的分歧，除了反對在輪船上派駐士兵之外，也認為由軍艦進行護航並非可行方案，因為船隻的航行速率不一致，軍艦難以照顧商輪。見"W. Stark Toller, Acting Consul, Chunking to Beilby Alston, Minister, Peking," June 7, 1920, FO 371/ 5342.

㊿ 當時美國已率先執行海軍士兵駐防輪船護衛的方案，英國方面則評估成效不佳，認為並沒有成功遏止岸邊的狙擊行動，因為長江流速過快，每當輪船遭受攻擊時，駐船士兵還來不及開火反擊，輪船即已駛離攻擊地點。"Piratical Attacks on British and American Shipping by Chinese Brigandage and Soldiers on Upper Yangtze," Mr. Clive to Earl Curzon, July 21, 1920, FO 371/ 5342.

除了英國駐華使領與海軍對於派遣士兵保護輪船方案存有歧見之外，英國本國的海軍部與外交部對於長江上游航行安全與強化英國駐華海軍實力問題，也有相當不同的看法。1921 年初，鑑於中國內政日漸失序的情況，英國駐華使館與外交部，咸以為應強化駐華海軍因應可能的威脅。但外交系統的看法，明顯無法獲得海軍部門的同意，海軍部認為第一次世界大戰後英國駐華海軍實力，與戰前 1914 年相較，無論艦隻數目或是人員配置均已有顯著成長，實無再度擴張海軍力量的必要。[51]

表 5-2　1914、1921 年英國駐華海軍實力比較[52]

1914				1921			
艦隻種類	艦名	數量	人員定額	艦隻種類	艦名	數量	人員定額
巡洋艦 (Cruisers)	Minotaur	2	850				
	Hampshire		675				
輕型巡洋艦 (Light cruisers)	Yarmouth	2	394	輕型巡洋艦 (Light cruisers)	Hawkins	5	759
					Cairo		379
					Carlisle		379
	Newcastle		377		Colombo		379
					Curlew		379
派遣艦 (Despatch	Alarcity	1		特別任務艦 (Special	Alarcity	1	125

[51] "Admiralty to Foreign Office," May 4, 1921, FO371/6646.

[52] "Comparative Statement Showing the Strength of the China Squadron, 1914 and 1921," May 4, 1921, FO371/6646.

vessels)				service vessel)			
單桅帆船 (Sloops)	Cadmus	2	121	單桅帆船 (Sloops)	Bluebell	4	104
					Magnolia		104
	Cho		116		Foxglove		104
					Hollyhock		104
一級砲艦 (Gunboats, 1st class)	Bramble	3	88				
	Britomart		88				
	Thistle		89				
驅逐艦 (Destroyers)	Jedd	8	70				
	Kennet		70				
	Ribble		70				
	Colne		70				
	Chelmer		70				
	Welland		70				
	Usk		70				
	Fame		63				
潛艦 (Submarines)	C36	3	16	第 4 潛艦支隊 (4th Submarine Flotilla)	Ambrose	15	229
					Titania		236
	C37		16		Marzian		65
	C38		16		L1, L2, L3, L4, L5, L7, L8, L9, L15, 19, L20, L23		Each 39 (468)
內河砲艦 (River gunboats)	Kinsha	10	58	內河砲艦 (River gunboats)	Bee	14*	64
	Moorhen		31		Cockchafer		64
	Nightingale		25		Cricket		64
	Robin		25		Gnat		64
	Sandpiper		25		Mantis		64
	Snipe		25		Scarab		64
	Teal		31		Woodcock		26
	Woodcock		26		Woodlark		26
	Woodlark		26		Cicala		64

	Widgeon		37		Moorhen		31
					Robin		25
					Tarntula		64
					Teal		31
					Widgeon		35
					Moth（預備艦）		
總計		31	3708	總計		39*	4500
				* 另加一艘預備艦			

上述艦隻中，因大型艦隻吃水重，只能航行於沿海或河川主幹道，無法航行於水淺流急的內河支流。故真正與中國內河航運安全問題密切相關的，主要為能夠航行中國內河支線，如長江上游區域、西江流域的砲艦（river gunboats）。這個部分，1914 年英國駐華砲艦共有 10 艘，其中 3 艘派駐廣東西江流域一帶、7 艘派駐在長江流域；1921 年砲艦總數則提升至 14 艘（另有一艘預備艦），其中 4 艘派駐廣東西江流域一帶、10 艘派駐在長江流域。海軍部認為現有數目砲艦，輔以配置機關槍的單桅帆船，即可應付中國所需，毋須另外增加艦隻。

1921 年 6 月，長江上游的宜昌、中游的武昌先後發生兵變，嚴重威脅外人生命財產的安全。英國駐華公使館也再度要求強化海軍武力警備任務：

> （1921年）6 月初，宜昌、武昌先後遭到中國士兵的焚燬與劫掠。外國產業與利益在宜昌遭到可觀的損害。英國駐北京使館認為非常可能再度爆發類似的兵變，因此各國長江海軍武

力應增加警備任務。[53]

但是英國駐華使領的呼籲並未被海軍採納。非但沒有擴充軍備，英國海軍後來又將兩艘砲艦封存在上海，因此 1922 年時派駐在長江流域的砲艦，由於原先的 10 艘減為 8 艘，其中 6 艘駐防長江下游地區，2 艘駐防上游地區。尤有要者，駐防長江流域上游地區的兩艘砲艦，赤頸鴨號（HMS *Widgeon*）與小鳧號（HMS *Teal*）分別建造於 1904、1901 年，均為已使用 20 年上下的老舊軍艦。[54]因此，英國海軍是否具備充分能力，因應日益嚴重的長江上游航運安全問題，實在不無疑問。

1923 年 5 月爆發臨城劫車案，還有無以復加、層出不窮的內戰、兵變與匪害，引起外人對中國內政秩序崩潰的注意，英國駐華外交系統、商會等機構以及報紙輿論，紛紛主張強化英國駐華海軍力量，進行直接武力干涉行動。[55]不過，強化英國駐長江海軍武力

---

[53] Naval Intelligence Division, Naval Staff, Admiralty, *Secret Admiralty Weekly Intelligence Summary (W.I.S.)*, No. 28 (July 16, 1921), p.5, *The Cabinet Papers, 1915-1978*, CAB/24/126: 0045.

[54] 英國海軍將 Cricket 與 Mantis 改為預備艦（停泊上海），剩下的 8 艘軍艦，Bee（旗艦）、Cockchafer、Gnat、Scarab、Woodlark、Woodcock 等 6 艘派駐於長江下游，Widgeon、Teal 等 2 艘則派駐於長江上游。可以參見“Naval Military: Gunboats on the Yangtze,” *The Times*, November 16, 1922.

[55] 例如臨城案後不久，英國在華報紙《字林西報》（*The North China Daily News*）即刊出上海英商的心聲與呼籲，認為非法稅徵、內戰與土匪問題所造成的混亂與失序，已使得英國在華商務受到嚴重損害，為了改正此種情況，英國必須採取強硬路線，除了一般外交抗議照會之外，還得進行武力干涉，最好能由列強籌組一支快速反應部隊，直接打擊土匪。見“The Great Threat to

方案依然遭到海軍部的反對與抵制。英國海軍部（Lords Commissioners of Admiralty）的態度，可以由英國駐華海軍「中國艦隊」司令李文森（Admiral Arthur Cavenagh Leveson）1923 年底所寫的視察備忘錄中略窺一二。為了清楚長江上游實際情形，李維森曾經親往當地視察，並綜合長江中上游英國商會及領事官員的意見，認為防制措施不外乎有以下幾點：

一、輪船由海軍護航。

二、在危險時刻由海軍巡邏長江流域。

三、部分危險地點駐紮海軍艦隻。

四、由海軍提供武裝人員駐防輪船之上。

五、與其他列強合作。[56]

China Trade," *The North China Daily News*, May 31, 1923。英國倫敦《泰晤士報》（*The Times*）則為文鼓吹列強應重新檢討華盛頓會議九國公以來約對華立場，建議增加各國駐長江巡邏艦隊的數量，在天津維持強大的駐軍，藉以恢復外人在華的尊嚴。見"China and the Powers," *The Times*, July 2, 1923.在另一篇〈中國即將崩潰〉報導中，《泰晤士報》又主張外國人在中國的處境只會每況愈下，除非各國政府採取有效的措施，增強駐華軍事力量。因為就中國的情況來說，「一針即時勝九針」（A stich in time saves nine）。雖然，「在一個被軍閥推翻、但本質上愛好和平的國度」，強化軍力可能有道德上的疑慮。見"China Going to Decay: General Paralysis," *The Times*, July, 23, 1923.

[56] "Commander-in-chief, China Station. To Admiralty," December 18, 1923, Ann Trotter ed., *British Documents on Foreign Affairs: Reports and Papers From the Foreign Office Confidential Print* (Bethesda: University Publications of America, 1994), Part II, Series E, Asia, 1914-1939, Volume 28, China, June 1923- December 1924 (hereafter referred to as *BDFA, 1923-1924*), p.153.

簡單來說就是由列強海軍共同護航、巡邏與駐紮長江上游地區，並派遣武裝人員登船協防商輪。57但是並非所有意見在現實上均可執行，仍有一些問題存在。例如派遣武裝人員到輪船執行協防任務，雖然最為方便，但並無多大幫助。因為如果只是零星的槍擊輪船，則不論有無武裝人員在船上均無關緊要，武裝人員即使開槍還擊，也不太可能真正打到開槍匪徒，反而可能誤傷岸邊無辜民眾。相反的，如果是有計畫、有組織的部隊攻擊或搶劫，即或有武裝人員在船上，也無濟於事，非但不可能擊退來犯軍隊，反而使場面更為危險，容易造成人員損傷。因此，李維森認為比較可行的是改裝一般商船為武裝商船，派駐軍事人員，配備火砲執行巡邏任務。58此外，在海軍艦隻上加裝 W/T 通訊系統，俾軍艦能隨時獲知緊急狀

57 關於保護長江上游的輪船航運安全的方案，早在 1921 年初英國泰晤士報即曾建議「在每一艘英國輪船上派駐一名攜帶機槍的水兵槍手，以及在（輪船）艦橋及脆弱部分安裝鋼板，將有助於改善長江上游的情況」。見“Glimpses of China: Spirit Marriage, Dangers of the Yangtze,” *The Times*, January 8, 1921.

58 “Commander-in-chief, China Station. To Admiralty,” December 18, 1923, *BDFA, 1923-1924*, p.153.關於在輪船上派駐武裝士兵無用論的情況，也發生在香港地區。依照 1914 年香港政府通過的〈防範海盜條例〉（*Piracy Prevention Ordinance*, 1914），授權可以在輪船派駐武裝士兵以防範海盜襲擊。但在 1924 年時，輪船公司紛紛抨擊此作法，要求撤出輪船上的武裝士兵與武器，因為船上配備的武器反倒成為海盜覬覦的對象，從而使輪船陷入危險境地。他們要求海軍直接派出船艦護航。香港政府後來的作法，則是由駐港海軍司令派出武裝汽艇進行護航。顯見派遣武裝汽艇（商船）護航輪船，比直接在輪船上派駐士兵更能保護輪船的安全。見 Chiefs of Staff Sub-Committee, Committee of Imperial Committee, “Piracy in China Waters,” January 1929, *The Cabinet Papers, 1915-1978*, CAB/24/202: 0024.

況趕往處理，也是非常重要的。總而言之，李維森以為現有兩艘海軍軍艦，如輔以數艘由商船改裝的武裝船隻，備配 W/T 通訊系統，即可應付長江上游的任務。[59]雖然英國海軍部的內部評估報告中，也認為中國局勢日益惡化，必須在長江維持足夠的砲艦，才能保護英國的利益，[60]但英國海軍部最後還是認同李文森的看法。[61]

英國外交部則不似海軍樂觀，認為英國在長江上游的利益仰賴海軍保護，但海軍方案僅夠勉強應付目前需求，一旦中國局勢惡化，將不足以處理緊急情況，勢必影響英國商業利益。以僅有兩艘英國軍艦要執行整段長江上游護航、巡邏任務實是力有未逮，即或輔以武裝商船，效果依然有限。[62]

1924 年 7 月，英國內閣正式討論是否要新建兩艘砲艦以強化保護長江上游地區的英國利益。外交部為此發出說帖，大力支持造艦案，宣稱長江上游日益嚴重的土匪與內戰問題，及其衍生出的搶劫與失序情況，深深影響長江航運，但中國政府「既不試圖（派艦）巡邏長江，又無力、無法有效鎮壓動亂，結果外國人必須靠他們自己的海軍武力。」英國在長江上游的商業利益居各國之冠，但卻只有兩艘軍艦維護航行安全，實不成比例。因此，必須建造兩艘新軍艦，強化英國駐防長江上游的海軍實力。

---

[59] "Commander-in-chief, China Station. To Admiralty," December 18, 1923, *BDFA, 1923-1924*, p.153.

[60] "Statement of the First Lord of the Admiralty: Explanatory of the Navy Estimates, 1924-25," March 10, 1924, *The Cabinet Papers, 1915-1978*, CAB/24/165: 0088.

[61] "Admiralty to Foreign Office," March 4, 1924, *BDFA, 1923-1924*, p.152.

[62] "Foreign Office to Admiralty," April 11, 1924, *BDFA, 1923-1924*, p.163.

英國政府要（在長江上游地區）提供國民適當的保護，與護衛英國利益……很明顯的必須立即建造兩艘軍艦。在可見的未來，中國的情況只會惡化而不會改善，新建兩艘軍艦也不見得能提供適當的保護。因此，除了希望政府立刻授權建造軍艦外，也應下令駐華公使與「中國艦隊」司令針對此問題深入調查，考量整體情況，是否需要更多的海軍保護。[63]

造艦提案經英國內閣討論，雖然肯定英國海軍武力的必要性，但遭到財政部長（Chancellor of the Exchequer）強烈的質疑：

假設中國陷於內戰，完全無法確保英國人民的安全，以及距離海岸數千哩、因激流每年只有數月能夠通行的商業（活動）。只是多建兩艘軍艦，就能完全鎮壓孤立的土匪或岸邊襲擊事件？這似乎是不可能的。每件事總有個限度，假如英國人超過這個限度，他們必須在沒有海軍保護的情況下從事（商業）。我看不出有任何的急迫性，可以合理化向國會提出附加預算。[64]

---

[63] 不過，外交部也主張未來的造艦案，必須考量到經濟與軍備擴充問題。見"Memorandum by the Foreign Office respecting the Yang-tsze River: Proposed Building of Two Gunboats for Protection of Shipping," July 1924, *The Cabinet Papers, 1915-1978*, CAB/24/167: 0066.

[64] "China Gunboats: Memorandum by the Chancellor of the Exchequer," Meeting of the Cabinet, July 2, 1924, *The Cabinet Papers, 1915-1978*, CAB/23/48: 0014.

所以財政部長認為現有 2 艘砲艦，加上 2 艘武裝商船已明顯足夠應付長江上游所需。最後在財政部質疑造艦急迫性，與反對以附加預算編列造艦經費的情形下，內閣決議要重新審視此案的急迫程度。[65]

英國財政部之所以對海軍造艦案有重要發言權，與 1919 年國會通過的「十年規定」有密切的關係：為了裁減海軍軍備開支，如果「十年內沒有大規模衝突發生」，則財政部「將不會提供資金從事重要的新造艦或是強化武力」。[66]因此，財政部隨時可以藉口違反「十年規定」，推翻海軍軍備擴充計畫。[67]加上 1920 年代初期，英國經濟蒙受重大衰退，避免不必要的軍備開支也就成為財政部的重要考量之一。[68]

不過，隨著長江上游地區內政秩序漸趨瓦解，航行安全問題日益嚴重，英國海軍後來還是調整了長江上游地區的軍艦配置情

---

[65] "Conclusion of a Meeting of the Cabinet, held on Wednesday, July 2, 1924: Yang-Tsze River Gun-boats," *BDFA, 1923-1924*, p.237.

[66] Antony Preston, *The Royal Navy Submarine Service: a Centennial History* (London: Conway Maritime Press, 2001), p.84.

[67] Stephen Roskill, *Naval Policy between the Wars: The Period of Anglo-American Antagonism, 1919-1929* (London, Collins, 1968), p.215.

[68] J. Kenneth McDonald, "The Washington Conference and the Naval Balance of Power," John B. Hattendorf and Robert S. Jordan ed., *Maritime Strategy and the Balance of Power: Britain and America in the Twentieth Century*, p.193.關於戰間期列強海軍軍備限制問題，亦可參見應俊豪，〈談判桌上的海權劃分：五國海軍會議（1921-1922）與戰間期的海權思維〉，《國立政治大學歷史學報》，第 30 期（臺北，2008 年 11 月），頁 119-168。

形，[69]軍艦數目仍然維持 4 艘，但已由原來的 2 砲艦、2 武裝商船，改為 4 艘砲艦，稍微強化了海軍實力。[70]

---

[69] 1923 年湖北、四川內戰期間，英國駐宜昌領事即曾跟日本領事表示，英國海軍在長江上游規劃的部署為：重慶、萬縣、宜昌各派駐一艘砲艦，另外一艘砲艦則擔任警備任務。見〈森岡領事ヨリ內田外務大臣宛〉，1923 年 8 月 25 日（第 96 號），日本外務省外交史料館藏，《外務省記錄》，5-3-2/5-1428（以下簡稱《外務省記錄》）。

[70] 依據《泰晤士報》1925 年 6 月的報導，英國駐華艦隊分佈情況如下：

英國駐華艦隊配駐情形（1925 年 6 月）

艦型	艦名	派駐地	區域
Flagship	Hawkins	上海	長江下游地區
Sloop	Petersfield	上海	
Gunboat	Woodlark	鎮江	
Gunboat	Gnat	九江	
Gunboat	Woodcock	蕪湖	
Gunboat	Cricket	長沙	長江中游地區
Gunboat	Bee	漢口	
Gunboat	Mantis	漢口	
Sloop	Hollyhock	漢口	
Gunboat	Scarab	宜昌	長江上游地區
Gunboat	Teal	重慶	
Gunboat	Widgeon	重慶	
Gunboat	Cockchafer	萬縣	
Cruiser	Despatch	前往長江途中	其他地區
Sloop	Bluebell	香港	
Cruiser	Durban	香港	

因此配駐在長江上游地區，除了原先 Teal、Widgeon（重慶）兩艘砲艦外，又調派 Scarab 駐防宜昌，Cockchafer 駐防萬縣，共計四艘砲艦。見 "British Ships on China Station," *The Times*, June 16, 1925. 另外根據英國海軍中國艦隊 1925 年 6 月底的資料，與上述統計大致相符，派駐在長江上游地區的軍艦數目仍維持 4 艘，Scarab 駐宜昌，Teal 與 Widgeon 駐重慶，Cockchafer 則從萬

總結來說，對於長江上游輪船搶劫、槍擊事件的因應之道，英國內部明顯有不同的聲音。外交部與海軍部、財政部的態度就有相當大的出入。基本上，海軍部認為在現有軍艦上做一些技術上的調整與配套措施，即可因應需求。但外交部則認為海軍力量不足以制止長江上游的暴力事件，因此必須建造新軍艦、強化海軍力量。財政部則質疑造艦的急迫性，同時考量年度預算，不贊成以追加預算方式編列造艦項目。

五、英國面對長江上游航行安全問題的困境

英國在處理長江上游航行安全問題時，除了應付外在的四川軍隊與土匪外，還得處理內部的英國船隻中立問題。此問題含括兩個面向：一是中國船隻懸掛英（外）旗問題；二是英國船隻違反中立，介入四川內戰問題。船隻中立問題若無法釐清，四川、湖北等地方軍隊即會以英（外）船介入內政事務為由，持續騷擾或攻擊英（外）船，長江上游航行安全問題也就無從解決。

㈠ 華輪懸掛外旗問題

根據英國「中國艦隊」司令達夫（Vice-Admiral A. L. Duff）1920 年 8 月給海軍部的報告，長江上游英、美輪船常常遭到地方軍閥的武

縣調往重慶。見"Dispositions of Ships on China Station on June 29, 1925," Annexure of "Situation in China: Joint Note by the Naval, General and Air Staffs," June 30, 1925, *The Cabinet Papers, 1915-1978*, CAB/24/174:0026.

力干涉，其表現形式為開槍狙擊輪船，但諉稱係土匪所為，甚至藉由切斷燃料（煤）供給，來達到抵制輪船的目的。至於軍閥干涉的主要原因有二：一是地方軍閥的窮徵暴斂、二是華輪懸掛外旗的負面影響。首先，長江上游各軍閥幾已完全失控也不受節制，為了從往來船隻搾取更多的稅款，往往使用武力攔擊船隻。其次，一般中國籍船隻本是地方軍閥的囊中物、予取予求，但為了躲避軍閥的騷擾，大部分華輪選擇將船隻抵押給外國公司，以便取得懸掛外旗的權利，藉此獲得外國海軍的保護。地方軍閥亦深悉此種情況，故痛恨外國海軍提供中國船隻保護。所以英國司令認為，當務之急是必須確認這些中國船隻究竟有無違法懸掛英國商船旗（Red Ensign），以及英國海軍是否該提供其保護。[71]

實際負責長江航行安全業務的英國海軍資深軍官，亦持相同態度，認為有權懸掛英國旗，並獲得海軍充分保護的應該僅限於「真正的英國船隻」（genuine British ships）。對於那些藉由將輪船抵押給英商，換取懸掛英旗的中國船隻，英國海軍應該停止提供保護：

---

[71] "Table of Positions and Movements of H. M.. Ships of China Fleet," A. L. Duff, Vice Admiral, Commander-in-Chief, China Station to the Secretary of the Admiralty, August 4, 1920, FO 371/ 5339.英國駐重慶領事館態度也與海軍大致相同，嚴格區分真正英國輪船與懸掛英旗的中國輪船：一方面全力保護純英商輪船（genuine British vessels）免於軍閥騷擾，另一方面則對向英國政府註冊、實際則為中國擁有的輪船（British-registered but Chinese-owned steamers），態度相當消極，即使其遭到軍閥課徵非法稅收，也不太介入交涉。見"W. Stark Toller, Acting Consul, Chunking to W. Lampson, Charge d'Affaires, Peking," April 1920, FO 371/ 5342.

> 為了避免中國（當局）誤認，最好的方法莫過於規定只有完全由英國人擁有的船隻，才有權懸掛英旗……我再次重申，讓我們保持清白，將保護的範圍侷限在懸掛英旗、真正的英國船隻。至於那些藉由鑽法律漏洞取得懸掛英旗的（中國）船隻，絕不提供保護。[72]

易言之，依照英國艦隊司令與資深軍官的看法，長江上游地區軍閥攻擊英、美輪船的原因在於徵稅利益，而英國所必須考量的，則在於是否要動用海軍保護那些假借中英合作之名、懸掛英旗的中國輪船。

表面上英國如不准許上述輪船懸掛英旗，[73]海軍也不提供保護，似乎可以緩和軍閥的敵意，降低軍隊對真正英國船隻的攻擊頻率。然而，實際情況並非如此單純。即或英國從嚴審核懸掛英旗的條件，中國船東還是可以選擇改向其他條件較為寬鬆的國家申請懸

---

[72] 英國海軍資深軍官特別指明鴻福、鴻江兩艘輪船即是藉由將輪船抵押給英國公司，來換取懸掛英旗的權利，海軍資深軍官並質疑中國公司故意拖延清償債務的時間，來延長抵押與懸掛英旗的期限。見“Report by S.N.O. Yangtze to H. M. Charg’e d’Affaires, Peking,” June 20, 1920, FO 371/ 5342.

[73] 關於中國擁有但懸掛英旗的輪船定位問題，似乎相當困擾著英國駐華使領與海軍官員，例如原先屬於中國人所有的輪船如果抵押給英國公司，是否可以向英國註冊、懸掛英旗，還有英國公司有投資利益的中國輪船是否要比照英國輪船。最後英國決定將此議題移交給駐上海總領事與皇家律師（Crown Advocate）處理。見“Piratical Attacks on British and American Shipping by Chinese Brigandage and Soldiers on Upper Yangtze,” Mr. Clive to Earl Curzon, July 21, 1920, FO 371/ 5342.

掛外旗，例如法國或義大利。[74]如此中國船隻懸掛外旗的現象依舊，只是換個國家。對於地方軍閥，尤其一般基層士兵而言，他們並不會特定區分某國船隻，而是簡單區分為予取予求的本國（旗）船隻，與有條約與砲艦保護的外國（旗）輪船。只要華輪懸掛外旗的現象沒有改善，軍隊士兵也沒有明確方法（也無意於）辨別真外輪或假外輪，攻擊外輪事件自然會一再發生。[75]因此，除非所有條約列強採取相同嚴格的標準，來審核懸掛外旗的條件，否則中國船懸掛外旗情況仍將持續存在，而四川軍閥對於懸掛外旗船隻（無論華輪或外輪）的仇恨與攻擊也將隨之而來。[76]所以英國方面的潔身自

---

[74] "Political Conditions in Szechuan," from American Consulate, Chunking to American Minister, Peking, August 11, 1922, RIAC, 893.00/4677.

[75] 英國駐重慶領事即曾製作各種英國旗幟樣式，以及長江上游英國輪船名錄轉交中國軍隊，希望減少誤認旗幟或船隻的情況。但是中國軍隊誤認英船為華船所造成的攻擊外船事件，還是常常發生，有時甚至連英國軍艦亦無法倖免。例如 1920 年 6 月，長壽駐軍即曾誤會英艦赤頸鴨號是替敵對派系運送軍隊的中國籍輪船蜀亨號，而開槍攻擊赤頸鴨號，雙方交火。同年 8 月，駐防忠州附近的川軍第一軍又再度誤認另外一艘英國軍艦小鳧號為蜀亨號而攻擊英艦。事後小鳧號艦長氣憤地告訴川軍將領「應利用時間好好地教育士兵辨明長江上游各外國船隻的國旗」。小鳧號艦長還送給川軍將領英、法、美三國國旗樣本以供參考。見"Acting Consul Toller to Sir B. Alston," July 8, 1920, FO 371/ 5342; "Commanding Officer, H.M.S. Teal to the Rear Admiral, Yangtsze River," October 1, 1920, FO 371/5340.

[76] 美國駐華海軍指揮官即持此看法，他認為如不改變華輪懸掛外旗的浮濫現象，將不足以提高外輪在長江上游的地位，也就無法改變地方軍閥任意攻擊外輪的現象。因為攻擊的士兵會誤以為懸掛外旗的船隻其實是華輪。美國海軍的看法，可見"Commander, Yangtze Patrol Force to Commander-in-Chief, Asiatic Fleet," September 24, 1922, RIAC, 893.811/479.

愛、不濫發船旗，充其量只能證明英國保持中立、不涉入地方軍事當局與華籍輪船之間徵稅問題的立場，但並不能改變地方軍隊對於整體外輪的敵意。況且長江上游航行安全問題既然牽涉到利益問題，窮黴暴斂的地方軍閥也想染指真正的外國輪船，以開槍攻擊的方式迫使外輪停船繳交保護費。

㈡ 英船違反中立問題

川軍攻擊外國輪船的原因，除了上述所謂華輪懸掛外旗所牽涉的利益問題外，還與外國輪船涉嫌違反中立原則，介入四川內戰，其表現形式則為替某一派軍閥運送軍隊或武器彈藥。部分英國船隻即因貪圖厚利而涉入此類業務，遭到其他川軍的仇視。

例如 1920 年 1 月，即有英人雇用船隻運送彈藥前往重慶，而遭宜昌海關查扣的事件發生。[77] 1921 年 8 月，英國駐宜昌領事為避免川軍敵視、攻擊英國船隻，還曾向川軍保證長江上游的英船絕對嚴守中立，不會涉入運輸軍隊或彈藥的行為。[78]但英船走私運送

---

[77] 關於此次事件乃英商買辦受一中國將軍之託運送軍火前往重慶。英商聲稱事先並不清楚運送的為軍事物資，但事發後仍要求海關發還被扣物資。見"Intelligence Reports for the Quarter Ended March 31st, 1920," British Legation to Foreign Office, June 7, 1920, FO 371/ 5338.

[78] 1921 年 8 月川軍介入兩湖戰爭、進攻宜昌時，為避免英、美船隻遭受內戰波及，英國駐宜昌領事曾與美國愛爾卡諾號（SS Elcano）艦長乃聯合照會川軍將領：「四川軍隊違反國際法與條約，持續攻擊航行於宜昌、重慶之間的英、美輪船。我們謹向你保證英國與美國的商船都是完全中立，他們不會為戰爭任何一方運送軍隊或彈藥。」見"Reply to P'an's Communication," J. L. Smith, H.B.M. Consul and Commander Milles, USS Elcano, Senior Officer to

軍用物資之事，仍時有所聞。例如 1922 年 8 月，英商安利洋行（Arnold Brothers and Company）與華商康寧輪船公司（Kang-Ning Steamship Company）合作經營的安寧（SS *Anning*）與安康號輪船，協助運送川軍第二軍楊森所部士兵，引起與第二軍敵對作戰的川軍第一軍、第三軍不滿，安利洋行的華籍買辦（兼康寧輪船公司經理）慘遭川軍第一軍士兵逮捕，並被送至軍事法庭槍決。[79]位於成都的川軍總司令部（第一軍與第三軍），因為英輪的違反中立行為，還發佈通告要求長江上游的中外輪船必須嚴守中立：

> 有許多中外輪船在長江上游航行，所以當我們的軍隊與敵人作戰時，應該特別保護通過的輪船，避免他們遭受損害或阻擾。然而，商輪也應該感謝我們軍隊提供的保護，不得替敵軍從其他省分運送軍火到四川，而這將有損於（彼此的）善意。[80]

另外還有一種情況是介於華籍輪船與外籍輪船之間的問題：華籍輪船與英籍船長。當華籍輪船因運送軍隊或軍火而遭其他敵對派系的

General Pan Chen Tau, Chief Commander of West Hupei, Kueichou, August 30, 1921, FO 371/ 6615.

[79] "Political Conditions in Szechuan," from American Consulate, Chunking to American Minister, Peking, August 20, 1922, RIAC, 893.00/4694.

[80] 川軍總司令部的通告，乃是經由外交部駐重慶交涉員轉交給各國領事，要求通知各國輪船公司務必遵守規定，不得違反中立運送軍火。見"Translation of A letter from the Commissioner for Foreign Affairs to American Vice Consul at Chunking," August 26, 1922, RIAC, 893.00/4694.

猜忌與攻擊，但由於船長是英國人，因此形成爭議，英人是否有違反中立介入中國內戰的行為？以及當此類輪船受到攻擊時，英國軍艦是否要提供保護？1920 年 8 月華籍輪船蜀亨號及其英籍船長的情況，即為明顯案例。[81]

1923 年 5 月川省內戰期間，英國太古洋行（Butterfield & Swire）所屬萬縣號輪船（SS *Wanhsien*）又再度因為商業利益考量，接受川軍第二軍的委託，替其從萬縣運送士兵前往重慶。萬縣號私運軍隊的行為，竟然還被美國軍艦蒙那卡西號（USS *Monocacy*）現場目睹，故引起美國海軍與領事的極度不滿，認為英船的行徑將會造成川軍對外輪的普遍性仇恨，從而危及到其他外輪的安危。[82]英國駐重慶領事因而發布通令，下令禁止英國輪船從事任何介入四川內戰的業務。[83]

1923 年 12 月英國「中國艦隊」司令李文森給海軍部的報告中，清楚強調長江上游地區川軍攻擊輪船問題，實際上與輪船涉嫌替敵對派系運送軍火和部隊有很大的關連。[84]因此，若要改善川軍

---

[81] "Commanding Officer, H.M.S. Teal to the Rear Admiral, Yangtsze River," October 1, 1920, FO 371/5340.

[82] 萬縣號船長坦承為了賺取運費（每名士兵 8 元），為川軍第二軍從萬縣運送約 200 名士兵到重慶。見"Protest against S.S. Wanhsien Carrying Troops, Second Army," from Commanding Officer, U.S.S. Monocacy to American Consul-in-charge Chunking, May 16, 1923, RIAC, 893.811/543.

[83] "Presence of Chinese Troops on Foreign Merchant Steamers on the Upper Yangtze," American Consulate, Chunking to the American Minister, Peking, June 30, 1923, RIAC, 893.811/543.

[84] "Commander-in-chief, China Station. To Admiralty," December 18, 1923, *BDFA,*

攻擊外國輪船情況，首先必須先禁止外國輪船的違法行為，否則將不足以消弭川軍口實。然而，1920 年代上半期外國輪船違反中立，介入四川內戰的現象相當猖獗。英國駐華海軍也早在 1921 年即宣告不會派遣軍艦保護涉嫌走私軍火的外國輪船，[85]但似乎效果有限，從上述 1922 年安康號、安寧號輪船，到 1923 年的萬縣號事件看來，英國海軍連約束國籍輪船的不當行為已力有未逮，更何況要影響其他外輪。[86]

六、英國海軍執行護航任務與遭遇到的狀況

> 除非土匪（襲擊英船時）被當場逮獲，否則英國軍艦難以採取行動。這樣的機會幾乎微乎其微。軍艦巡邏長江也完全沒有作用，從英商雇用船隻被劫掠時，有兩艘軍艦就在該區域，水位高度也適合軍艦穿越急流（但依然來不及拯救船隻）。如果

1923-1924, p.155.

[85] 因此時懸掛法旗的輪船違法私運軍火現象嚴重，故英國海軍做此宣告，見“Annual Report of Events in China for the Year 1921,” Sir B. Alston to the Marquess Curzon of Kedlestone, Foreign Office, February 14, 1922, FO371/8033.

[86] 美國長江巡邏隊司令菲爾樸斯在 1923 年初於上海召開的四國海軍會議，其目的之一即是想透過四國海軍的力量，共同約束所有外國輪船維持中立，不介入四川內戰事務。不過成效似乎仍然有限。關於菲爾樸斯對四國海軍會議的規劃，可見“A Draft of Communication,” the Present Senior Officers in Command of the Naval Forces Respectively of Japan, Great Britain, United States and France Operating on the Yangtze River to the Szechuanese High Military Commanders along the Upper Yangtze”, RIAC, 893.811/513.

（軍艦）無法直接採取行動，那就只剩一個同樣沒有用的方法：與只會承諾卻從來不付諸實踐的人（地方軍事當局）進行交涉。或許威脅要採取直接（軍事）行動，可能可以讓他們更嚴肅地承擔其責任。但是我同樣不是那麼樂觀。

英國駐重慶領事館的報告，1920 年 4 月[87]

英國想要改變長江上游航行安全問題，不能寄望於地方軍閥，只能依靠自己；當外交、領事系統受制於分裂與動盪的中國現狀，而無法發揮效力的情況下，似乎只能仰賴於海軍武力，提供實質保護。不過，英國海軍在執行護航任務時，又可能必須面對其他更為棘手的問題。基本上，關於長江上游航行安全問題，英國海軍所要面對有內部與外部兩大難題。首先是內部問題，即上述因英國輪船違反中立行為所導致的航行安全問題。其次，則是外部問題，即軍隊、土匪對英國輪船的主動騷擾與攻擊，英國海軍又該採取何種應變措施。

英國在處理長江上游航行安全問題時，對於海軍直接動用武力介入處理時機，原先態度相當謹慎、低調。例如，1920 年 6 月英國軍艦赤頸鴨號在長壽附近遭到中國軍隊的攻擊，先鳴空砲示警，但因岸邊攻擊行動持續，遂發射一枚 6 磅砲彈反擊。不過因考慮到岸邊部隊附近有一般平民婦女，為免誤傷無辜，火砲射擊的目標並

[87] "W. Stark Toller, Acting Consul, Chunking to W. Lampson, Charge d'Affaires, Peking," April 9, 1920, FO 371/ 5342.

未選擇中國軍隊，而是附近地區。[88]換言之，此時英國海軍動用火砲的目的僅在於威嚇與制止攻擊行動，不在於報復或傷人性命。但是受到四川、湖北地區內戰惡化影響，自 1920 年下半年開始，外人在長江上游航行安全問題急遽惡化。軍隊及其衍生物土匪，對英人貿易與生命財產安全的危害也日益嚴重，迫使英國海軍必須採取更為強硬、有效的手段來因應，實際動用海軍武力或威嚇的場合也就與日遽增。

1920 年 8 月，英國軍艦小鳧號行經長江上游忠州附近時，遭到川軍猛烈襲擊，小鳧號在鳴空砲示警無效後，動用火砲反擊。由於川軍隱身在樹林或城市中，不易判明其確切位置，小鳧號一共發射 13 枚砲彈還擊，加上認為部分士兵藏身在市區一棟建築物中，故其中 3 枚砲彈乃射往忠州市區。小鳧號艦長最後雖以「無意讓戰火波及忠州市區波及無辜的平民百姓」為由，下令停止砲擊行動。但射往市區的砲彈勢必還是造成忠州市區的騷動。[89] 10 月，川軍與黔軍在重慶附近激戰，黔軍敗退撤出重慶，但卻在撤出途中肆意攻擊往來重慶兩岸的船隻，造成船上一名英國人死亡，英國軍艦赤

---

[88] "R.G. Jukes-Hughes, Commander, S.N.O. Upper Yangtze to Acting Consul W. Stark Toller," July 2, 1920; "Acting Consul Toller to Sir B. Alston," July 8, 1920, FO 371/ 5342.

[89] 小鳧號艦長坦承因為「士兵均隱匿在濃密樹林或城市房舍中」，故無法判明砲擊行動的結果。射往市區的 3 枚砲彈亦未命中目標。依據中國方面的消息，英艦的攻擊，造成一座寺廟嚴重毀損，20 名士兵傷亡。見"Commanding Officer, H.M.S. Teal to the Rear Admiral, Yangtsze River," October 1, 1920, FO 371/5340.

頸鴨號乃向城中黔軍開砲攻擊（共發射 12 枚砲彈）。[90]由此可見，英國海軍為了壓制中國軍隊的攻擊行動，不惜動用火砲轟擊人口雲集的城市區域。

1921 年 10 月，四川軍隊入侵湖北，介入兩湖戰爭，[91]肆意攻擊長江上往來各國輪船。[92]英國雖派出軍艦小鳧號（HMS. *Teal*）護航輪船，強行從宜昌出發，試圖往上游地區前進，但同樣遭受到川軍猛烈攻擊。[93]小鳧號並在漢口附近與四川軍隊相互開槍交火。[94]英國海軍在長江上游地區的另外一艘軍艦赤頸鴨號，亦於航行途

---

[90] Naval Intelligence Division, Naval Staff, Admiralty, *Secret Admiralty Weekly Intelligence Summary (W.I.S.)*, No. 17 (October 30, 1920), p.4, *The Cabinet Papers, 1915-1978*, CAB/24/114: 0053.

[91] 1921 年湖北宜昌、武昌等地多次發生兵變，鄂人指責乃督軍王占元專事聚斂、軍隊欠餉之故，乃推動驅王與湖北自治運動，並向湖南求援，湘軍乃以協助湖北自治名義，進攻湖北，是為兩湖戰爭。四川軍閥亦利用此時機，派兵進攻湖北宜昌，以確保四川鴉片輸出的集散地。見郭廷以，《近代中國史綱》（香港：中文大學出版社，1989），頁 473-474；Office of Naval Intelligence, Navy Department, "Local Chinese and Foreign Newspapers," September 6, 1921, MID, 2657-I-204.

[92] 〈湖北四川両軍は尚交戰：吳佩孚旗色惡し、長江航行は頗る危險〉，《臺灣日日新報》，1921 年 10 月 16 日第 7 版。

[93] 英國海軍派出軍艦小鳧號，保護英籍輪船隆茂號（SS Loong Mow）、安瀾號（SS Anlan）、美籍輪船美灘號（SS Mai Tan）從宜昌出發，但出航不久即遭到猛烈攻擊，小鳧號船上兩人受傷，被迫折返宜昌。"Political Situation at Ichang," by P.S. Hopkins, Manager of Standard Oil Company of New York, Hankow, October 1921, RIAC, 893.00/4146; "The Robert Company, Shanghai to Legation of the United states of America, Peking," October 5, 1921, RIAC, 893.00/4156.

[94] 〈英艦四川軍と戰ふ〉，《臺灣日日新報》，1921 年 10 月 28 日第 2 版。

中，遭到四川軍隊以火砲和步槍攻擊。赤頸鴨號立即動用重砲反擊，總計使用砲彈 62 枚、機關槍子彈 3000 發。戰鬥中，英國軍艦上 1 名士兵受傷，岸邊的川軍死傷則估計約在 20 人左右，可見當時戰火之猛烈。[95]

1922 年 8、9 月間，四川又陷入內戰，川軍第一軍熊克武與第二軍楊森為爭奪地盤而相互交戰，[96]長江上游宜昌以上地區輪船航運為之中斷。[97]英國軍艦赤頸鴨號在執行護航任務，護衛英國太古洋行輪船萬縣號（SS Wanhsien）從萬縣前往重慶途中，於洛磧遭到大批土匪的攻擊。赤頸鴨號雖先鳴空砲示警，但仍然無法遏止土匪的持續開槍射擊，故決定開砲還擊。沿岸土匪聚集之處，均成為艦砲砲擊的目標。赤頸鴨號一共發射了 14 枚的高爆砲彈，土匪死傷慘重，成功阻止了土匪的攻擊輪船行動。然而，高爆彈的威力同樣也波及了無辜百姓，「部分在岸邊圍觀的群眾（男男女女，也包括小孩）同樣也遭到重大損傷」。[98]

1922 年 8 月底，英國海軍小鳧號軍艦在護送萬縣號與日船雲

---

[95] "Report of Operations, Yangtze Patrol Force, Week Ending 29 October 1921," from Commander, Yangtze Patrol Force to Commander in Chief, Asiatic Fleet, October 30, 1921, RIAC, 893.00/4184.

[96] 郭廷以，《近代中國史綱》，頁 482-483。

[97] Naval Intelligence Division, Naval Staff, Admiralty, *Secret Admiralty Weekly Intelligence Summary (W.I.S.)*, No. 77 (September 6, 1922), p.2, *The Cabinet Papers, 1915-1978*, CAB/24/155: 0037.

[98] "Political Conditions in Szechuan," from American Consulate, Chunking to American Minister, Peking, August 20, 1922, RIAC, 893.00/4694; "Rival Factions in Szechuan," *The North China Daily News*, September 11, 1922.

陽丸由重慶返回宜昌途中，又於萬縣附近，遭到駐防當地的四川軍隊攻擊：

> 在返程（重慶至宜昌）途中，雲陽號與英國輪船（萬縣號）由英國軍艦小鳧號護航，但到萬縣時，同樣遭到來自岸邊的攻擊，持續近 25 分鐘之久。不過小鳧號以火砲與機關槍還擊，最後這三艘船隻平安順利的通過。[99]

而依據日本領事的報告，小鳧號軍艦的反擊行動，乃是待雲陽、萬縣兩艘輪船平安駛離後，特地折返萬縣，動用機關槍與火砲向市區發動報復砲轟，雖然成功壓制岸邊士兵的攻擊，但也造成萬縣市區重大騷動。[100]

1924 年 1 月發生在萬縣的萬縣事件，雖然只是單純的民間木船與英國輪船的衝突，只因過程中有一美國人意外喪命，英國海軍更是不惜以砲轟城市為威脅手段，迫使地方當局處死木船幫首要，並以十分屈辱的方式，強令軍政首長徒步參加死者的喪禮。[101]

---

[99] "Upper River Attacks on Foreign Steamers: Navigation Difficulties; Japanese Boats' Casualties," *The North China Daily News*, August 29, 1922.; "Upper Yangtze Unsafe; Troops Fire on Ships; Japanese Gunboat and Steamer Sustain Casualties; Teal Acts as Escort," *The Evening Star*. August 28, 1922.

[100] 〈四川第一軍ノ兵宜渝航路汽船射撃ニ関スル件〉，在重慶領事代理副領事貴布根康吉ヨリ外務大臣内田康哉宛，1922 年 8 月 30 日，《外務省記錄》，5-3-2/ 5-1423。；〈支那兵の暴行、長江航行の不安：各國船共に被害頻頻〉，《上海經濟日報》，1922 年 9 月 23 日。

[101] 關於 1924 年 6 月中英之間因為英國輪船載運桐油而與萬縣木船幫發生暴力衝

除了輪船外，英國海軍面臨的長江上游航行安全問題，還包括受英商委託的中國木船行船安全問題。

> 土匪危害問題比以往更嚴重了。每一天都有一件以上的土匪攻擊事件。（1920 年）一月底時一艘運用亞細亞石油公司的木船在忠州附近遭到劫掠，損失 97 桶煤油……（軍閥）對於（外商）委託木船的非法課稅造成河道運輸一定程度的影響。三位四川將軍最惡名昭彰，此外河道警察也經常假借受取保護費之名，課徵非法稅收。[102]

駐紮夔府附近的軍閥黎天才、王天縱所部更是惡名昭彰，公然無視外人的條約權益，對「委託木船」（chartered junks）課徵非法稅收。[103]由於長江上游冬季時水位低下，吃水較重的輪船無法通航，只能仰賴木船。因此英商往往雇用中國木船代為運送貨物。依照〈中英

突的事件，以及英國海軍武力威嚇過程，可以參見應俊豪，〈航運、砲艦與外交——1924 年中英「萬縣案」研究〉，《國立政治大學歷史學報》，第 28 期（臺北，2007.11），頁 287-325。

[102] "Intelligence Reports for the Quarter Ended March 31st, 1920," British Legation to Foreign Office, June 7, 1920, FO 371/ 5338.

[103] 黎天才在風箱峽附近對委託木船課徵的非法稅率為：1 等木船 200 元、2 等 160 元、3 等 120 元、4 等 80 元。王天縱則在夔府對委託木船課徵船貨價值 1% 的非法關稅。見"A .W. Frake to W. Stark Toller, Chunking," March 1920, FO 371/5342。此外，黎天才甚至還通知英國駐宜昌領事，希望其協助徵收此類稅收。"W. Stark Toller, Acting Consul, Chunking to W. Lampson, Charge d'Affaires, Peking," April 1920, FO 371/ 5342.

煙臺條約續增專條〉（1890 年）第一條規定「英商自宜昌至重慶往來運貨，或雇用華船，或自備華式之船，均聽其便」，第二條則規定「此等船隻自宜昌至重慶往來裝載貨物……即照條約稅則及長江統共章程一律辦理」。[104]因此，英商可雇用中國木船代為運送貨物，且在繳納正規關稅如進口正稅、長江各海關關稅、子口稅、釐金後，無須再繳納其他稅徵。[105]但受英商委託承運英貨的中國木船，經常在長江上游地區受到軍隊騷擾，動輒課徵非法稅收，稍有不從即扣押木船，連帶影響到英商的利益（木船被扣，連帶船上英國貨物也一併遭殃）。[106]英國駐重慶領事認為有損條約權益，曾交涉禁止

---

[104] 〈煙臺條約續增專條〉（1890 年），汪毅、許同莘、張承棨編，《清末對外交涉條約輯》，第二冊，頁 243-244。

[105] 依照長江〈通商各口通共章程〉（1862 年）第一條規定「洋商由上海運洋貨進長江須在上海將進口正稅完納，俟到長江各口後，一經離口，自入內地販運，如無長江各關稅單者，逢關納稅、過卡抽釐。遇有商人欲在長江各關請入內地之稅單，即令該商於運貨過卡之先，照約在該關完一子口稅，方准發給稅單，不再另徵。」至於洋商買賣土貨也僅需繳納長江各口（復）進出口稅、關稅與釐金。見〈長江通商各口通共章程〉（1862 年），汪毅、許同莘、張承棨編，《清末對外交涉條約輯》，第一冊，頁 41-42。

[106] 例如為了支應軍餉，夔府駐軍規定，往來通過的所有土貨，無論是由中國人自營或由外商雇用的木船承運，均必須繳稅；至於委託木船承運純粹外商貨物，除了繳納「轉運費」（Transit Dues）外，無須繳稅。經英國領事交涉，夔府駐軍轉而改徵稅率較低的「愛國奉獻稅」（Patriotic Contribution）。大致來說，非純英商，帶有中英合營性質的貨運主或委託人多半選擇妥協，繳納奉獻稅，以避免與駐軍衝突。英商怡和洋行、太古洋行所屬的中國貨運代理人亦是如此。然而，這樣卻波及純粹英商性質的委託木船（英商委託木船運送英貨），由於只有他們堅持拒絕繳納奉獻稅，往往慘遭軍事當局扣留船隻。英國駐重慶領事則認為，依據中英〈煙臺條約續增專條〉規定，只要是

此類非法課稅行為，但情況似未改善，[107] 1923 年初重慶再上游的江津地區，又發生駐軍對往來英商委託木船課徵保護稅。英商亞細亞石油公司因奉英國領事之命，拒絕支付保護稅，運有煤油的委託木船慘遭扣押。英國海軍乃出動赤頸鴨號（HMS Widgeon）軍艦趕抵江津拯救被扣木船。赤頸鴨號先派出翻譯登岸交涉，但卻被江津駐軍扣留。赤頸鴨號隨即以砲轟江津城為威嚇手段，要求江津駐軍立即釋放人質與木船。最後在赤頸鴨號開砲示警的脅迫之下，江津駐軍釋放中國翻譯與被扣押的煤油船。[108]木船被扣事件，雖有違條約規定，損害英商利益，但英國海軍竟然以砲轟縣城為手段，完全不顧城內數以萬計無辜百姓的安危。如果江津駐軍仍拒絕交還木船，英國軍艦隨之而來的砲轟行動，極可能造成重大死傷的慘案。[109]

英商委託的木船，無論承運為英貨或土貨，均不應受軍閥騷擾。見"W. Stark Toller, Acting Consul, Chunking to W. Lampson, Charge d'Affaires, Peking," April 1920, FO 371/ 5342.

[107] 依據 1920 年英國公使館的報告，長江上游地區中國軍隊扣押英商委託木船的情況相當嚴重。木船船主為求不被扣船往往私自交付稅金。英國駐重慶領事認為非法課徵有違條約利益曾要求四川督軍下令禁止此種行為。"Intelligence Reports for the Quarter Ended September 30th, 1919," British Legation to Foreign Office, March 16, 1920, FO 371/ 5338.

[108] 赤頸鴨號以鳴放空砲的方式，威嚇江津駐軍放人放船。見"Bandit Activities on Upper Yangtze," from American Consulate, Chunking to the Secretary of State, Washington, April 20, 1923, RIAC, 893.00/5015.

[109] 後來的事實證明，英國海軍所謂的砲轟縣城，絕非僅是口頭威嚇，一旦所求遭拒，隨時將變為實際行動。例如 1926 年英國輪船被萬縣駐軍扣押事件，最後即演變成英國海軍砲轟萬縣的慘案，數以千計的中國商民死於砲轟，房舍毀損者更是不計其數。關於萬縣慘案，可見李健民，〈民國十五年的四川萬縣慘案〉，《中央研究院近代史研究所集刊》，19（臺北，1990.6），頁

英國海軍的強硬作為，也與英國領事的態度有關。例如 1922 年 7 月前後，英國駐重慶領事即兩度向其他列強領事表示，對於中國軍隊的挑釁攻擊，英國海軍應立即採取報復性反擊行動，也建議各國海軍採取相同作為。不過，美、日兩國領事均不贊同海軍直接報復行動。(110)

另外，英國海軍當受到挑釁行動時，毫不節制地使用武力反擊，極易引起地方民眾或川軍的不滿，形成有組織的抵制運動。例如 1922 年 9 月英國怡和洋行輪船福和號，在遭遇岸邊兵匪攻擊時，船上水兵大肆開槍反擊，共擊發約 600 發子彈，傷及不少無辜中國百姓，故造成地方報紙的憤慨，發起抵制運動。(111) 1924 年 1 月時又發生相類似的情況，怡和洋行所屬另外一艘輪船慶和號（SS *KingWo*）在遭受到攻擊時，船上駐防海軍士兵立刻開槍還擊，卻不幸將岸邊一名川軍第二軍士兵擊斃，引起第二軍軍長楊森的不滿。最後協調由輪船公司支付給川軍 5000 元的賠償金，方才化解此

387-420。

(110) 英國駐重慶領事兩度向重慶領事團中的美、法、日等國領事表達列強海軍採取報復性反擊行動的必要性。對於此項建議，日本領事以事關重大，需請示政府，美國領事則不表認同。見“British Consulate, Chunking to American Consulate, Chunking,” July 12, 1922, RIAC, 893.00/4627；〈雲陽丸被擊ニ関スル件〉，在重慶領事代理副領事貴布根康吉ヨリ外務大臣伯爵內田康哉殿宛，1922 年 8 月 1 日《外務省記錄》，5-3-2/ 5-1427；〈米国ノ楊子江商権保護並ニ日英米仏砲艦兵共同動作ニ関スル楊子江艦隊参謀談話ノ件〉，在重慶領事代理副領事貴布根康吉ヨリ外務大臣伯爵內田康哉殿宛，1922 年 9 月 22 日，《外務省記錄》，5-3-2/ 5-1427。

(111) Ann Reinhardt, *Navigating Imperialism in China: Steamship, Semicolony, and Nation, 1860-1937* (Ann Arbor, UMI, 2002), p.161.

事。[112]

尤有要者，英國海軍的動武行為也極易成為中國民族主義運動攻擊的對象或是布爾什維克反英宣傳的素材。受到中英新疆、緬甸、西藏等問題刺激，中國人已強烈懷疑英國圖謀擴大在華勢力範圍的野心。[113]其次，1921 年又受到英日同盟續約論等議題的影響，中國公眾輿論質疑英日勾結，並思抵制英貨運動的可能性。[114] 1922 年重慶地區即曾出現過反英學生團，動員群眾包圍英國商店，號召抵制英貨。[115]中國日益高漲的民族主義運動，背後也可能有布爾什維克的因素在內。因為布爾什維克在華宣傳活動的主要目標，即是利用中國人對外人干涉中國內政的普遍不滿情緒，鼓動出反外風潮。[116]英國海軍的武力政策，無異是火上加油。上述發生在 1924 年的萬縣事件更在北京引起相當大的反英行動。帶有濃厚反帝國主義色彩、受「布爾什維克啟發」的「國民對英外交聯席會

---

[112] "Another Yangtze Ship Forced to Pay Tribute," *The China Press*, January 23, 1924.

[113] 中國人懷疑英國企圖由新疆、西藏等邊界地區，逐漸將勢力滲入四川、雲南等地。"Foreigner in China," June 8 ,1921, MID, 2657-I-176.

[114] 關於 1921 年中國公眾輿論對英日同盟的看法與檢討，可見"Chinese Opinion of Anglo-Japanese Alliance," June 17, MID, 2657-I-179.

[115] 〈重慶の英貨排斥〉、〈重慶排英學生團〉，《臺灣日日新報》，1922 年 12 月 9 日第 2 版、12 月 10 日第 2 版。

[116] 美國軍事情報處即曾引用一份由蘇俄國家社會主義者所撰寫的報告〈布爾什維克主義在中國的成功〉（'Bolshevism Success in China'），報告中提及：雖然中國政府不願承認蘇聯，中國人民也完全不瞭解蘇維埃主義與社會主義，但是只要利用中國人民對於外人介入中國事務的的廣泛不滿，挑起反外運動，即可加速蘇維埃在中國的革命任務。見 J. V. McConville, "Memorandum for Colonel Smith," August 8, 1921, MID, 2657-I160.

議」即藉此鼓動反英輿論，並連同北京學生聯合會等 50 餘個團體，一同譴責英國海軍的暴力行為。[117]這股反英運動持續加溫，在 1925 年五卅慘案之後推到高峰，掀起了龐大的反英風潮。英國海軍在長江上游地區與中國百姓、軍隊爆發流血衝突的情況也日益嚴重。[118]

七、小結

隨著四川、湖北地區戰爭不斷，長江上游地區內政秩序瀕臨瓦

---

[117] 萬縣事件在北京國會議員的策動下引起一波反英運動，根據英國倫敦《晨報》以及在華《京津泰晤士報》報導，此波行動背後有蘇俄駐北京使館以及孫文的支持。"Foreigners in China: Hostility Fermented by Soviet Envoy," *Morning Post*, July 25, 1924; "So This Is China," *The Peking & Tientsin Times*, July 9, 1924; "'Cockchafer' Affair: Chinese M.P.'s Distorted Version of Incident," *The Peking & Tientsin Times*, July 9, 1924. 關於萬縣事件與所引起反英、反帝國主義輿論及其和布爾什維克宣傳之間的關係，參見應俊豪，〈航運、砲艦與外交——1924 年中英「萬縣案」研究〉，《國立政治大學歷史學報》，第 28 期，頁 297-301、322-323。

[118] 例如 1925 年 6 月以來重慶反英運動日漸高昂，英國居民飽受威脅，連駐重慶領事也都暫避於海軍軍艦上，7 月英國水兵在重慶與學生團體爆發流血衝突，造成不少學生死傷。1926 年 9 月，英國海軍又在萬縣與四川軍隊爆發武裝衝突。見〈重慶在留の英人極度に脅威さる領事は砲艦砲艦內へ避難〉、〈英水兵の行動から重慶にも形勢不穩危まれる四川省境の外人〉，《臺灣日日新報》，1925 年 6 月 23 日第 2 版、7 月 29 日第 2 版；〈英艦萬縣ニ砲擊事件関スル報告ノ件〉，勢多艦長山崎助一ヨリ海軍大臣財部彪宛，1926 年 9 月 6 日，收錄在（日本）防衛廳防衛研究所藏，《海軍省——公文備考》，艦船 9，卷 34。

解狀態，與經濟貿易密切相關的航運安全問題，遂成為英國駐華使領機構與海軍部門必須嚴肅以對的重要課題。然而四川獨立分裂的政治現實，以及長江上游形勢險峻的地理環境，大幅削弱英國的應變能力。加上四川軍閥往往善於口頭保證，卻從不認真處理士兵、土匪對英船的攻擊行為，履行保護外人的職責。因此，處於混亂局面及對英人生命財產的危害狀況，英國駐川領事機構極度缺乏正規交涉的使力點，只能超脫傳統制式外交，選擇融入中國傳統的人際網絡，與軍閥建立密切私人關係，把酒言歡，以便順利推展領事維護商務與照顧英民的業務。

其次，當平和的外交領事交涉無法奏效之際，另一替代方案則是動用砲艦外交：以海軍軍事武力為後盾，直接保護英國行船安全，或是透過武力的展示，威嚇地方軍事、民政當局，迫其處理相關航行安全問題。此一方案必須仰賴強大海軍武力以為護持，但是受到第一次世界大戰後衰敝的國內經濟，以及裁減武備的國際輿論影響，使得英國政府內部對於強化駐華海軍武力的態度較為謹慎保守，而在財政部的反對下，無法順利擴編英國派駐在長江上游區域的海軍艦隻。因此，如何利用有限的海軍武力，善盡維護英國人民安全與商業利益的責任，也就成為英國駐華海軍所必須面臨的挑戰與困境。

再者，英國海軍武力一旦介入航行安全問題，即可能形成重大軍事衝突，或是造成無辜平民百姓的死傷。航行安全與人道問題之間的兩難，常常是外國軍艦在長江上游執行護航任務時，必須面臨的抉擇。護航途中，如果遭遇來自岸邊村鎮的開槍攻擊，外國軍艦該如何反應？在無法立刻有效區分一般百姓與土匪的情況之下，如果基於人道考量，顧及岸邊一般群眾的安危而不開砲還擊，則軍艦及其護航的輪船，勢將持續面臨猛烈攻擊的危險。⑲反之，如果進行還擊，軍艦憑藉著優勢重砲火力，或許可以輕易壓制軍隊或土匪的步槍攻擊，但又無可避免地將對岸邊村落裡尋常百姓造成嚴重的傷亡。英國軍艦的作法與因應之道，很明顯的乃是以英國船隻或人員的安全為優先考量：不吝於動用武力進行壓制，甚至多次威脅要砲轟大量平民百姓的居住的縣城區域，亦即以暴制暴的方式來報復土匪、士兵的攻擊行動，雖然過程中軍艦的反擊，可能造成岸邊無辜百姓的傷亡，亦在所不惜。

英國海軍的強勢作為也與長江上游的特殊環境有關。受制於長江上游水淺流急的天然環境，數量少且能力有限的英國砲艦，僅是馳援宜昌至重慶長達 350 海哩河道內的航運安全事件，已是力有未逮，遑論重慶再上游的廣大流域。因此如何藉由武力的施展，殺一儆百，樹立英國利益不可侵犯的形象也就成為英國海軍的重要任務。究其實際，英國軍方內部相當清楚，由於中國幅員遼闊，不可能以動用大規模武力來解決中國內部問題，更何況是海軍武力鞭長莫及的長江上游地區。⑳因此，英國海軍在長江上游的武力行動，

---

⑲ 英國駐重慶領事給北京公使館的報告中，即清楚描述此項困境：「當商船遭到攻擊，英國軍艦趕抵現場後，原先攻擊的土匪往往早已偽裝成一般尋常的農夫」。見 W. Stark Toller, Acting Consul, Chunking to Beilby Alston, Minister, Peking," June 7, 1920, FO 371/ 5342.

⑳ 英國國防委員會參謀首長小組在 1925 年 6 月便曾做出如下的評估：「從海軍與陸軍的觀點，我們必須瞭解英國不可能在中國單獨進行大規模攻擊行動。幅員遼闊的中國，無法找到具決定性的軍事攻擊目標。在充分準備以及其他列強默許下，也只可能佔領北京、廣東或沿海區域的一個大城市。這就是軍

充其量只是自衛的報復反擊，稱不上是軍事攻擊行動；其目的也僅是透過具威嚇性的武力反擊，以收殺雞儆猴之效。

但是在武力威嚇的程度上，相較於美國、日本，英國海軍顯然展現出更為積極性與攻擊性的傾向。美國素來對華友善，加上理想主義影響，美國海軍對於長江上游航行安全問題相當具有容忍力。日本則受到戰後國際輿論的影響，又考量華盛頓會議與英日同盟終止的因素，使得日本海軍在動用武力上較為節制。但英國則無上述顧忌，加上晚清以來的砲艦外交均為英國帶來可觀的回報，因此英國海軍傾向使用武力來維護國家威嚴與條約利益。然而，這種動武傾向一旦與 1920 年代日漸興盛的中國民族主義及布爾什維克宣傳活動碰觸在一起，則可能掀起重大華洋衝突案件及隨之而來的排外運動。1920 年代中期以後橫掃整個中國的反英風潮，即是上述情況的具體結果。

事攻擊行動的極限。」見 Chiefs of Staff Sub-committee, Committee of Imperial Committee, "Situation in China," June 1925, *The Cabinet Papers, 1915-1978*, CAB/24/174: 0026.

第六章　日本的因應之道*

一、前言

> 由於內部政治紛擾的因素，長江上游的情況已經不安定好長一段時間了。……很不幸地，外國人將發現他們身處在（四川）彼此敵對、攻擊的軍事派系之中，也不能期望條約會提供更多的保護。
>
> 《大陸報》（*The China Press*），1924 年 6 月❶

1920 年代上半期，四川頻繁的內戰，導致民不聊生，軍隊、土匪人數暴增，失控的兵匪問題威脅到正規航運的安全。不論是一般乘客、貨物主或是航商，為了安全與便利性，降低遭到軍隊土匪的騷擾或干涉的風險，紛紛選擇託庇於有條約特權的外國旗幟之下：一般乘客選擇乘坐外輪，貨物主選擇由外輪托運貨物，中國航

---

* 本章初稿曾經審查，發表在《國史館館刊》，出版項為：應俊豪，〈1920 年代前期日本對長江上游航行安全問題的因應之道〉，《國史館館刊》，第 23 期（臺北，2010.3），頁 33-78。本章部分內容略有調整、刪節與增補。

❶ "The Situation on the Upper Yangtze," *The China Press*, June 24, 1924.

商則透過向外國領事註冊改懸掛外旗。因此，四川內戰、社會失序愈形嚴重，雖然風險加倍，但外國在長江上游貿易與航運事業也就益發顯得有利可圖。❷處於這樣大環境下，英、美、日、法等國商人無不卯足全力發展長江上游航運事業。而對於各國駐華使領機構與海軍部門來說，如何在四川內戰、軍隊環伺的情況中，維持正規輪船航運，確保航行安全，也就成為首要考量之一。❸

中日馬關條約簽訂以來，日本即積極投入長江流域航運市場。

---

❷ 以重慶海關的進出口統計為例，1920 年代上半期雖然受到四川內戰的影響，但整體而言貿易情況還是呈現成長趨勢。自 1906 年重慶設關以來，年度進出口總額超過百萬兩以上者，只有 1914（176 萬兩）與 1919（100 萬兩）兩年，但 1920 年代上半期的 1921（112 萬兩）、1922（116 萬兩）、1924（135 萬兩）、1925（122 萬兩）等年度均超過百萬兩。1920 年（71 萬兩）的衰退，應是受到直皖戰爭波及，影響到長江流域出口貿易，至於 1923 年（97 萬兩）則因該年直系吳佩孚派軍介入四川內戰，為四川戰亂最為嚴重的一年，貿易受到衝擊。

1906-1927 年重慶海關進出口總額（單位萬兩，以下無條件捨去）												
年份	1906	1907	1908	1909	1910	1911	1912	1913	1914	1915	1916	1917
總額	34	36	23	25	43	44	45	85	176	79	67	91
年份	1918	1919	1920	1921	1922	1923	1924	1925	1926	1927	1928	
總額	64	100	71	112	116	97	135	122	116	84	172	

相關數據見〈六十一年來出入口貨價值港別統計表（1868-1928）〉，收錄在楊端六，《六十五年來中國國際貿易統計》（出版地不詳：中央研究院社會科學研究所，1931），頁 79。

❸ 關於 1920 年代上半期歐美日等國在長江上游航運的發展與困境，可以參見應俊豪，〈輪船入侵與華洋衝突：1920 年代上半期長江上游航運安全問題〉，國立臺灣海洋大學海洋文化研究所編，《東亞海域與文明交會：港市、商貿、移民與文化傳播》（基隆：國立臺灣海洋大學海洋文化研究所，2008），頁 193-273。

自1907年起，日本政府開始大力推動國策會社，擴展在長江流域中下游的航運事業，透過整併商社、經費補助方式搶攻航運市場。第一次世界大戰期間，日本又利用歐洲各國無暇東顧之際，擴大航運規模，在長江中下游取得與英國並駕齊驅的優勢地位。❹至於長江上游地區，日本政府亦很早即注意到該區的豐富資源與貿易潛力，先在1895年的〈中日馬關條約〉中，取得湖北宜昌至四川重慶的通航貿易權，❺繼之於1901年在重慶設立租界，成為唯一一個在四川地區設有租界的國家。❻一戰之後、1920年代起，當歐美各國公司紛紛致力於長江上游航運市場與原始資源的開發時，❼日本自

---

❹ 1907年起，日本政府將經營長江流域航線的日本郵船、大阪商船、大東汽船、湖南汽船等日商會社合併為日清汽船株式會社，成為日本的國策會社，除由日本政府直接指導經營方針外，每年並給予經費補助，以提高競爭力。見朱蔭貴，〈1895年後日本輪運勢力在長江流域的擴張〉，《中國科會科學院經濟研究所集刊》，10（北京，1988），頁162-187。

❺ 〈中日馬關條約〉第6款第2條規定，日本輪船得駛入「湖北省宜昌溯長江以至四川省重慶府」附搭行客、裝運貨物，見〈中日馬關條約〉（1895年），汪毅、許同幸、張承棨編，《清末對外交涉條約輯》（臺北：國風出版社重印，1963），第二冊，頁304-306。

❻ 1901年，日本領事山崎桂與清廷川東道寶棻訂立重慶日租界約章，在重慶東北對岸的王家沱設置租界，面積701.3畝。不過日租界因距離重慶城區稍遠，人煙稀少，不利商業活動發展，故日商遷入租界的意願不高，多半仍選擇在重慶城區內開業經商。見費成康，《中國租界史》（上海：上海社會科學院出版社，1991），頁302-303、429、446-447。

❼ 〈各公司競爭長江上游航業〉，《民國日報》（上海），1924年4月19日第10版；Ann Reinhardt, *Navigating Imperialism in China: Steamship, Semicolony, and Nation, 1860-1937* (Ann Arbor, UMI, 2002), p.157.

然也不能置身事外，積極投身四川地區的航運與貿易事業。❽

1920 年代上半期經營長江上游航運業的日本航商有天華洋行與日清汽船會社，後期因天華洋行退出營業，由日清汽船會社獨撐大局。❾關於日本輪船在長江上游航運市場發展情況，以 1922 年萬縣出口船舶為例，該年懸掛日旗的輪船甚至超越英美等國，躍居第二，僅次於懸掛法旗但為華人所有之輪船。《上海總商會月報》即形容日輪崛起乃「以前所無，去年（1922 年）驟盛」。❿

---

❽ 日商在重慶地區的商業活動，以收購原物料如桐油、豬鬃、牛羊皮、藥材、白蠟、牛油、羊毛、青麻、生漆等工業與軍事物資為主，並輸入洋紗、洋布、西藥、搪磁、文具、化妝品等生活用品。另外依據日本重慶領事館 1924 年底的統計，先不算高額的萬縣桐油買賣，僅是重慶一地的日本貿易額即超過 300 萬元，其中重慶、宜昌航運業收入約 50 萬元，重慶、敘府之間土貨買賣約 50-60 萬元，由上海輸入重慶的日本海產物、雜貨、織物及賣藥等約 200 萬元。見費成康，《中國租界史》，頁 302-303；〈支那軍警ノ德陽丸侵入事件ニ関スル重慶新聞及學生團ノ排日行動ニ鑑シ對將來ノ善後愚見ヲ開陳シ併セテ英米トノ競爭上重慶ヲ重要視スル事ノ國家的ニ必要ナルヲ稟申ノ件〉，在重慶代理副領事貴布根康吉ヨリ外務大臣幣原喜重郎宛，1924 年 12 月 15 日，日本外務省外交史料館藏，《外務省記錄》，5-3-2/ 5-1427。（以下簡稱《外務省記錄》）

❾ 依據日本駐宜昌領事館 1922 年的統計，行駛長江上游航線的日輪有天華洋行的聽天、行地、護法、宜慈 4 艘輪船，以及日清汽船會社的雲陽丸，總共 5 艘日輪。但 1925 年上海商務書記官統計時，則僅剩日清汽船會社的雲陽、宜陽與德陽等 3 艘輪船。見〈揚子江上游ニ於ケル列國航業ノ發展〉，在宜昌清水領事代理來信，1922 年 3 月 12 日；〈宜昌重慶行路線ノ現況調查書送付ノ件（取調者囑託德川健次）〉，上海駐在商務書記官橫竹平太郎ヨリ外務省大臣幣原喜重郎殿宛，1925 年 5 月 30 日，《外務省記錄》，3-6-4/ 36-5。

❿ 「（萬縣）出口船舶……掛法旗而華人所有之船最多，次為掛日旗之船（以

但是日本要經營長江上游的航運事業，必須面臨各種嚴厲的挑戰。首先是軍隊對於輪船航運的危害與阻礙。四川內戰期間，軍隊往往任意徵調或勒索輪船，稍有不從即開槍攻擊輪船，形成嚴重的航行安全問題。其次，內戰期間部分派系部隊為取得外來作戰物資以利作戰，往往用武力強迫或高利賄賂外國輪船代為運送軍火。但此類介入中國內戰、違反中立的行為，又會引起敵對軍事派系的不滿與仇恨，從而敵視外國輪船，進而攔截、臨檢，甚至攻擊、劫掠外國輪船的情況也就曾出不窮。⓫再者，更為嚴重的乃是因四川內戰所導致的長江上游航運中斷。不僅輪船公司直接受害，其他相關貿易輸出入商也間接遭受重大損失。例如 1922 年 8、9 月間，因四川內戰，航路封鎖二十餘日，即造成日本輪船公司、貿易商高達十餘萬兩的損失。⓬ 1923 年 6 月的長沙慘案，日本水兵登岸槍殺中

前所無去年驟盛），再次為英美之船不相上下。」見〈各埠商情：萬縣〉，《上海總商會月報》，3 卷 8 期（上海，1923 年 8 月），頁 15-16。

⓫ 例如 1923 年川軍內戰期間，貴州軍隊周西成倒戈支持川軍第一軍以對抗第二軍楊森及其背後的吳佩孚後，即宣稱輪船替北方軍隊運送軍火，故一直持續在涪州附近對往來輪船進行攔停與臨檢的動作。見"Japanese Ship Delayed by Death Threats: Chunking Students Menace Pilots; Gunboat Can't Proceed," *The China Press*, September 29, 1923.

⓬ 據日本駐重慶領事館的報告，1922 年夏天 8、9 月間，因為四川內戰以及川軍攻擊輪船導致重慶、宜昌之間航路中斷 20 餘日，造成日商重大損失：

四川內亂期間重慶、宜昌航路中斷日商損失表（統計時間：1922 年 8 月 10 日至 9 月初）			
重慶日商損失（單位：兩）			
會社商店名	屬性	損失額	備考
天華洋行	輪船公司	50000	行地、聽天兩船停駛損失預估
日清汽船會社	輪船公司	25000	雲陽丸停駛損失預估

國抗議民眾，更是掀起到整個長江流域的排日風潮，抵制日輪運動此起彼落，也造成航運安全的重大危害。⑬對於上述航行安全問題，職司保護在華僑民與商務安全的日本使領機構與海軍部門，又該如何因應與處理？

再者，日本為了因應長江流域戰亂，強化保護日本僑民商務與生命財產安全，也開始建造新式軍艦，提升駐華日本海軍的實力。⑭自 1920 年起，日本海軍在八八艦隊計畫下，⑮也開始建造補充

森村洋行	輸出商	12000	豬鬃、棕櫚絲、獸皮等土貨輸出中斷損失
新來洋行	輸出商	9000	同上
若林洋行	輸入商	5000	日本仁丹及其他賣藥補給中斷損失
萬縣日商損失表（單位：兩）			
三井洋行	輸出商	11000	桐油輸出中斷損失
日華製油會社	輸出商	10000	同上
兩地總計		122000	

〈四川擾亂中重慶宜昌間航路汽船ノ停船ニ伴フ本邦商人ノ被害額見積書〉，在重慶領事代理副領事ヨリ貴布根康吉外務大臣內田康哉宛，1922 年 9 月 11 日，《外務省記錄》，5-3-2/ 5-1423。《上海經濟日報》亦報導因為四川內戰期間川軍攻擊輪船，造成航運中斷，日商日清、天華兩家公司因此損失約 10 萬元。見〈日清天華で約十萬弗：指揮官の命令に依る故意の暴動と判明す〉，《上海經濟日報》（日文），1922 年 9 月 23 日。

⑬ 關於長沙慘案前後的抵制日輪行動，及其引起的排日風潮，參見應俊豪，〈抵制日輪與中日衝突：長沙案及其善後交涉（1923-1926）〉，《東吳歷史學報》，19（臺北：2008.6），頁 111-180。

⑭ "Division of Far Eastern Affairs to Secretary of State," August 22, 1923, RIAC, 893.811/689.

⑮ 日本海軍八八艦隊計畫，倡議於 1907 年，直至 1920 年始獲國會通過，開啟造艦計畫，預計在 1927 年時，建立由 8 艘主力艦與 8 艘戰鬥巡洋艦組成的海軍艦隊。但受到 1922 年華盛頓海軍條約的影響，八八艦隊計畫並未順利完

艦艇，其中包括準備用於中國內河水域的四艘小型砲艦。此類砲艦均是在日本國內建造，由上海、漢口等地造船廠組裝完成，分別為勢多（Seta）、堅田（Katata）、比良（Hira）與保津（Hozu）等四艘軍艦。⑯從其狹長艦身與吃水淺的特徵，可知乃是為了因應長江上游三峽地區特殊地理環境而特別設計的。1923 年 7 月，堅田軍艦在上海進行下水典禮時，日本駐上海總領事船津辰一郎曾對上海外國報紙表示，新軍艦將可以強化對長江流域日人生命財產的保護。⑰因此，自 1923 年底開始，除了原先長期駐防重慶的鳥羽軍艦外，四艘新軍艦的投入，將大幅提高日本海軍在長江上游地區的護航與應變實力。⑱

成。關於日本八八艦隊計畫與華盛頓海軍條約可以參見 Sadao Asada, *From Mahan to Pearl Harbor: American Strategic Theory and the Rise of the Imperial Japanese Navy* (Annapolis: US Naval Institute Press, 2006), pp.47-96.

⑯ 勢多級內河砲艦的規格為：基本排水量為 338 噸、艦長 184 呎、寬 27 呎；四艘軍艦均在 1923 年陸續完工。見 Robert Gardiner ed., Randal Gray and Przemyslaw Budzbon, *Conway's All the World's Fighting Ships: 1906-1921* (Annapolis: US Naval Institute Press, 1985), p.250.

⑰ 勢多級內河砲艦吃水約僅 3 呎 4 吋。見"Second Japanese Gunboat Floated from Yards Here: Consul-General Funatsu Comments on Need for Protection on Yangtze," *The China Press*, July 17, 1923.

⑱ 例如 1923 年 8 月湖北、四川內戰期間，川東邊防軍在長江上游涪州等地設置臨檢站，強令往來中外輪船必須停船檢查，否則將開砲攻擊，日本駐宜昌領事為避免日船遭到臨檢，經外務省同意，與海軍協調請將甫下水的砲艦比良號緊急派至長江上游涪州地區保護日本商船。見〈森岡領事ヨリ內田外務大臣宛〉，1923 年 8 月 25 日（第 96 號）、8 月 27 日（97 號）；〈內田外務大臣ヨリ森岡領事宛〉，1923 年 8 月 29 日，《外務省記錄》，5-3-2/ 5-1428。

二、日本面臨的長江上游航行安全問題

㈠ 川軍強徵、攻擊日船問題

依據日本駐宜昌領事清水芳次郎的分析，四川軍隊之所以攻擊日本或其他外國輪船，基本上與當地的排外運動或排斥外船（中外輪船之爭）毫無關係，而是與四川軍隊本身利害有關。第一是四川士兵疲於內戰戰事，故意攻擊外國輪船阻擾航運，希望藉此迫使列強駐宜昌、重慶領事團出面介入干涉，停止四川戰爭。第二則是藉由開槍攻擊，迫使外國輪船停船，以便登船檢查是否有運送敵對派系軍隊或戰爭物資等違反中立的行為；如無違反情事，也可能趁機劫掠輪船。第三同樣是藉開槍攻擊，迫使外國輪船停船，而強制其運送本身的軍隊。第四則是基於戰爭需要，為了切斷敵軍對外交通聯絡，故意開槍攻擊，迫使輪船停止；也可能認定外國輪船有違反中立運送敵軍部隊或長官，故基於報復心態，蓄意攻擊特定國籍輪船。⓳日本駐重慶副領事貴布根康吉，也有大致類似的看法，他認為四川軍隊攻擊外國輪船，基於下列理由：1.無法對輪船徵稅，故開槍攻擊報復、2.欲對外國輪船上所運之中國貨物課徵稅收、3.軍事上需求，欲對輪船進行臨檢、4.少部分基於惡作劇，或是對於外

⓳ 〈本邦汽船ガ四川軍ヨリ射擊サシタル件〉，在宜昌代理副領事清水芳次郎ヨリ外務大臣伯爵內田康哉宛，1922 年 8 月 24 日，《外務省記錄》，5-3-2/5-1427。清水認為中外輪船之爭與川軍攻擊外輪船並無直接關係，因為中國方面還有其他和平方式可以抵制外輪，更何況川軍乃無差別地攻擊所有往來輪船，沒有區分中外，也無刻意攻擊外輪的情況。

國輪船未與川軍交涉即往來航行感到不快，故藉開槍攻擊以展示軍威。⑳綜合上述日本宜昌與重慶領事官員的看法，可以歸納出川軍攻擊輪船的原因，不外乎停戰需求、檢查輪船是否違反中立、劫掠、非法課稅或徵用輪船、封鎖航路、報復心態等。

1.強制徵用日船問題

> 一艘溯江而上、行駛於重慶、宜昌間的日本天華洋行輪船，在宜昌附近遭到四川第二軍的強制徵用，以運送軍隊前往重慶。川軍原先要求租用輪船，但遭到日籍船長的嚴詞拒絕，因為船上還有滿載的貨物與乘客。然而，軍隊最終還是用武力強制徵用。
>
> 上海《星報》（*The Evening Star*）㉑

自 1922 年 7 月四川內戰爆發起，㉒軍隊往來調動亟需船隻運

---

⑳ 〈四川第一軍ノ兵宜渝航路汽船射擊ニ関スル件〉，在重慶領事代理副領事貴布根康吉ヨリ外務大臣內田康哉宛，1922 年 8 月 30 日，《外務省記錄》，5-3-2/ 5-1423。

㉑ "Szechuen Army Takes Steamer from Japanese: First Ask it as Loan; Then Commandeer Craft up River Run," *The Evening Star*, August 11, 1922.

㉒ 1922 年 7、8 月前後，川軍第一軍熊克武、但懋辛與第二軍劉湘、楊森展開內戰爭奪勢力範圍，後來第二軍作戰失利，劉湘宣布下野，楊森率領第二軍撤離重慶，轉往湖北向吳佩孚求援。吳佩孚擬藉此良機介入四川政局，其麾下的長江上游總司令孫傳芳通電要求川軍停戰，意在阻止川軍第一軍對第二軍的追擊行動，否則將動用武力援助川軍第二軍。關於 1922 年 7、8 月間四川內戰的情況，見"The Rival Factions in Szechuan," *The North China Daily News*, August 19, 1924; "The Fight in Szechuan: 2nd Army Entirely Collapsed;

送。除了徵用木船民船，或自行購置輪船之外，㉓軍隊也試圖強制徵用運量大又航速快的外國輪船。㉔ 1922 年 7 月 22 日，日本天華洋行㉕行地號輪船從宜昌出發前往重慶途中，先是在涪陵（涪州）

Appeal to Wu Pei-fu," *The North China Daily News*, August 25, 1924；李白虹，〈二十年來之川閥戰爭〉，收錄在廢止內戰大同盟會編，《四川內戰詳記》（上海：廢止內戰大同盟會，1933；北京：中華書局重印，2007），頁 247-276。

㉓ 川軍第二軍劉湘、楊森在 1922 年初即曾向英國安利洋行（Arnold Bros.）購買其安寧（SS *Anning*）、安康（SS *Ankong*）兩艘輪船，但後來因未完全支付購船款項，而遭安利洋行索還船隻。見"The Civil War in Szechuan: The Defeated Second Army; A renew of the Struggle," *The North China Daily News*, September 25, 1922.

㉔ 四川內戰期間，軍隊多以作戰需要強徵輪船，大部分華籍輪船為了避免被軍隊徵調運送軍隊與軍火，乃轉向外國領事註冊，取得懸掛外國旗的權利。不過作戰期間，軍隊往往無視外國輪船的條約權利，因此不論是託庇於外國旗幟之下的華籍輪船，還是真正的外國籍輪船，均常常遭到軍隊脅迫運送人員或戰爭物資。例如英國怡和、太古等輪船公司均有被強制徵用的經驗。見"Commander, Yangtze Patrol Force to Commander-in-Chief, Asiatic Fleet," September 24, 1922, Department of State, *Records of Department of State Relating to the Internal Affairs of China, 1910-1929* (Washington: The National Archives, 1960) (hereafter referred to as RIAC), 893.811/479；〈外交部照會英國駐華公使館〉，1923 年 12 月 13 日、15 日、1925 年 3 月 7 日，FO228/ 2047、2058；〈揚子江上流ニ於ケル列國航業ノ發展〉，在宜昌清水領事代理來信，1922 年 3 月 12 日，《外務省記錄》，3-6-4/36-5。

㉕ 依據日本外務省 1922 年的調查，天華洋行乃是日本靈智教（渡邊薰美所倡導）信眾組成，在中國經營各種事業，致力於開拓中國物資輸入日本，以促進中日親善為使命。天華洋行尤其著重經營水上運輸業，例如上海至宜昌間航路（一艘輪船乃購置，其餘則租用），以及宜昌至重慶間航路（擁有兩艘輪船，近來並新造兩艘）。天華洋行的社長由日本前警視總監岡田文治出

遭到為數約 200 名的川軍第二軍武裝憲兵隊強制登船，之後在長壽又有約 80 名第二軍士兵強制登船。無獨有偶，日清公司所屬的雲陽丸輪船在 21 日在行經涪陵時，也遭到士兵開槍攻擊，其目的無非想迫使雲陽丸停船，讓士兵強制登船前往重慶。㉖

2.攻擊日船問題

> 日本日清公司所屬雲陽丸輪船歷經驚險後從重慶抵達宜昌。在溯江航行時，該船在涪州遭到兩岸士兵的攻擊，許多子彈擊中船身，造成兩名船員受傷，機關長頭部中彈。

任，東京本店則由某海軍少將主持。見〈天華洋行〉，《外務省記錄》，5-3-2/ 5-1427。

㉖ 天華洋行所屬行地號輪船於 7 月 22 日從宜昌出發，25 日抵達涪陵後，即有十餘名川軍第二軍楊森所部士兵上船，要求運送 700 名軍隊前往重慶，但遭到日本船長的拒絕。隔日早晨 6 日，行地號正準備出發之際，200 名武裝憲兵隊不顧船長制止與反對，強制登船，並脅迫船長立刻開船。憲兵隊隊長楊天驊雖出具一紙已解除武裝的證明，但實際上該批部隊依然仍保持武裝狀態。到達長壽後，又有 80 名左右的士兵趁日本輪船上下乘客之際，以一樣的方式強制登船。合計共有 288 名武裝士兵以強迫方式乘坐日本輪船前往重慶。日本駐重慶領事研判行地、雲陽兩船事件，乃因川軍第二軍正準備與從成都南下的第一軍、第三軍在瀘州、榮昌附近對陣，故急於將涪陵、長壽等地的部隊運往重慶備戰，乃強徵（攻擊）日本輪船。見〈報告書〉，本船行地船長坂本榮ヨリ在重慶大日帝國領事館宛，1922 年 7 月 26 日；〈貴布根領事代理ヨリ內田外務大臣宛〉，1922 年 7 月 27 日，《外務省記錄》，5-3-2/ 5-1427。此外，行地號輪船為證明該船並非自願，乃是受武力脅迫而運送軍隊，還請船上四名日籍乘客，包括臺灣總督府專賣局鹽務監督官花香伯貢、若林洋行宮川敷，以及兩名東亞同文書院學生出具證明。〈行地乘組船客證明書〉，1922 年 7 月 26 日，《外務省記錄》，5-3-2/ 5-1427。

〈路透社電報〉，1922 年 8 月㉗

由於四川爆發內戰，陷入無政府狀態，川軍對輪船的攻擊、騷擾不斷，1922 年 8 月往來行駛宜昌、重慶之間的各國輪船，均在涪州、萬縣附近遭到川軍士兵亂槍攻擊，導致宜渝間航路因此中斷。㉘日船聽天、雲陽兩船亦先後遭到攻擊，船身中彈數十處，雲陽丸機關長亦因此負傷。㉙因重慶、宜昌間電信不通，日本駐宜昌

㉗ "Upper River Attacks on Foreign Steamers: Navigation Difficulties; Japanese Boats' Casualties," *The North China Daily News*, August 29, 1922; "Upper Yangtze Unsafe; Troops Fire on Ships; Japanese Gunboat and Steamer Sustain Casualties; Teal Acts as Escort," *The Evening Star*. August 28, 1922.

㉘ "Kuomintung Win in Szechuen," *The Evening Star*, August 17, 1922；〈四川は無政府狀態：外國船射擊損害頻夕〉，《臺灣日日新報》，1922 年 9 月 10 日。

㉙ 依據雲陽、聽天兩船長事後的報告，他們均是在 1922 年 8 月行駛長江上游宜昌、重慶間，遭到川軍第一軍、第二軍士兵的開槍攻擊。雲陽丸甚至兩度（上行、下行各一次）遭到攻擊，而且在從重慶往宜昌下行時，雖有英國軍艦小鳧號護航，但仍在萬縣附近遭到川軍攻擊，幸賴英艦開砲還擊。關於攻擊經過，可以參看〈三塊石巴陽峽間ニ於ケル狙擊並ニ龜門關寗石間ニ於ケル猛射ノ件ニ就キ御報告〉，重慶雲陽丸船長山下平藏ヨリ在宜昌清水領事官宛，1922 年 8 月 11 日；〈遭難報告書〉，聽天船長佐藤直治ヨリ在宜昌清水領事官宛，1922 年 8 月 14 日；〈本船第十一次下航モ際ニ於ケル發砲ニ付報告〉，重慶雲陽丸船長山下平藏在宜昌清水領事官宛，1922 年 8 月 23 日，《外務省記錄》，5-3-2/ 5-1427；"Capture Wanhsien by Szechuanese: Evacuation of Chunking; River Trade at a Standstill; Attacks on Steamers," *The North China Daily News*, August 17, 1922.此外，根據上海《星報》報導，聽天號從重慶回宜昌途中，之所以遭到川軍第二軍的猛烈攻擊，可能與船上運有大量銀元有關。根據美豐銀行（American Oriental Bank）職員透露，該行委

領事清水芳次郎緊急與在港的海軍鳥羽號（*Toba*）軍艦艦長協調因應之道，決定派遣特使直接前往當地與各駐軍交涉。鳥羽號艦長亦建議與美國領事協商，兩國海軍軍艦採取共同行動以維護長江上游航行安全。㉚清水芳次郎除與隸屬直系的長江上游總司令孫傳芳交涉，通令該部軍隊保護日本及外國輪船之外，也勸說英國領事同意以宜昌領事團名義，向孫發出抗議照會，並派遣特使直接前往上游警告各川軍不得再攻擊外國輪船。㉛日本駐華公使小幡酉吉亦向北京政府外交部提出嚴重交涉。㉜

㈡ 日船違反中立問題

1922 年四川、湖北戰事混亂之際，傳出日商天華洋行準備將所屬輪船租予北方直系軍隊用於運兵。由於吳佩孚決定利用四川內戰之機，將影響力深入四川，故決定介入四川戰局，擬從湖北派遣軍隊支援作戰失敗的川軍第二軍楊森回川，故命孫傳芳派人與天華

託大來喜號（SS *Alice Dollar*）與聽天號兩船從重慶運出 20 萬銀元。因從重慶運出銀元需經軍事當局的同意，故川軍第二軍事先即已獲悉兩船運銀之事，故攻擊輪船試圖奪取銀元。不過，因當時第二軍作戰失利，急於從重慶撤出，所以攻擊兩輪也可能只是因為想奪輪船以運輸部隊撤離。見"Describes Events on Upper River: Mr. H Sander Tells Exciting Story of Szechuen," *The Evening Star*, August 23, 1922.

㉚ 〈宜昌清水領事代理ヨリ內田外務大臣宛〉，1922 年 8 月 16 日（第 48 號），《外務省記錄》，5-3-2/ 5-1427。

㉛ 〈宜昌清水領事代理ヨリ內田外務大臣宛〉，1922 年 8 月 16 日（第 50 號），《外務省記錄》，5-3-2/ 5-1427。

㉜ 〈北京小幡公使ヨリ內田外務大臣宛〉，1922 年 8 月 17 日，《外務省記錄》，5-3-2/ 5-1427。

洋行交涉，計畫租用該行所屬聽天、行地兩艘輪船一個月，並改懸掛中國旗幟，用來運送軍隊。日本宜昌領事清水芳次郎獲悉後，極力反對天華洋行為了商業利潤與中國軍隊簽訂雇傭契約。[33]

清水認為川軍第一軍之所特別仇視日本輪船，即在於認定日本輪船與第二軍楊森有相當特殊關係。先前日商天華洋行行地號輪船雖係遭脅迫運送第二軍士兵，但已在第一軍心中烙下日本輪船幫助第二軍的印象。1922 年 7、8 月間第二軍作戰失敗，又盛傳日本輪船協助該軍首腦劉湘、楊森逃離重慶。故基於報復心態，第一軍乃蓄意攻擊日輪。[34]

因此，如果日本輪船與川軍第二軍楊森簽訂雇傭契約，勢將加深日本輪船違反中立、介入四川內戰的錯誤印象，也將造成川軍第一軍的誤解，強化對日輪的恨意與報復，從而對航行長江上游的日本輪船造成危險的狀態。

不過，日本領事的告誡顯然沒有發揮作用。時隔一年之後，1923 年 9 月，日清輪船公司所屬的宜陽、雲陽兩船，疑似因替吳佩孚運送軍火援助川軍第二軍，遭敵對的川軍第一軍襲擊。雲陽丸僥倖逃過一劫，但宜陽丸則慘遭劫掠，日籍船長當場被殺，兩名船

---

[33] 〈宜昌清水領事代理ヨリ內田外務大臣宛〉，1922 年 8 月 19 日（第 53 號）；〈漢口瀨川總領事ヨリ內田外務大臣宛〉，1922 年 8 月 17 日，《外務省記錄》，5-3-2/ 5-1427。

[34] 〈本邦汽船ガ四川軍ヨリ射擊サシタル件〉，在宜昌代理副領事清水芳次郎ヨリ外務大臣伯爵內田康哉宛，1922 年 8 月 24 日，《外務省記錄》，5-3-2/ 5-1427。清水認為日船協助劉湘、楊森逃離重慶乃係誤傳，因為事實上楊森乃是乘坐中國輪船撤離，而劉湘則是匿居重慶又新絲廠。

員被擄。事後日本駐重慶副領事貴布根康吉雖對外宣稱宜陽丸乃是被中國軍隊以武力脅迫運送軍火，但在給外務省的報告中，還是坦承不排除宜陽丸船長與直系軍隊可能在軍火運送上有所協議。㉟

1923 年 10 月，川軍第一軍又在重慶與日清汽船的德陽丸爆發重大衝突。當時川軍第一軍正與駐守重慶的川軍第二軍激戰，第二軍作戰失利往長江北岸撤退，第一軍則趁勝進佔重慶市區。10 月 16 日下午，德陽丸在重慶朝天門外暫泊裝運貨物之際，第一軍部隊約五百餘人適巧追擊第二軍至該地，因懷疑日船違反中立、企圖運送第二軍高階軍官撤離重慶，故對德陽丸展開攻擊，除用步槍射擊外，也架起兩挺機關槍攻擊德陽丸。四、五十名川軍士兵甚至分乘兩艘舢舨船擬登上德陽丸。值此危急時刻，派駐在德陽丸上保護的日本海軍護衛隊乃動用機關槍與步槍還擊（共射擊 467 發子彈），㊱

㉟ 關於宜陽丸案始末，中國方面的資料可以參見〈宜陽丸中國買辦傅廷勳報告〉（1923 年 9 月）、〈運輸隨員隊保械隊隊長王澤成報告〉（1923 年 9 月），以及北京政府外交部科長江華本的調查報告〈收江科長密呈〉（1923 年 11 月 21 日），中央研究院近代史研究所藏，北京政府《外交檔案》，03-06/5-2-10。日本方面的資料，則為〈重慶日本領事通啟〉（1923 年 9 月），北京政府《外交檔案》，03-06/5-2-10；日本外務省亞細亞局編，《最近支那關係諸問題摘要》（東京：外務省亞細亞局，1923 年 12 月），第 3 卷，帝国議会関係雜纂第 48 次議会用，《外務省記錄》，1-5-2。此外亦可參見筆者先前的研究：應俊豪，〈內戰、輪船與綁架勒贖：中日宜陽丸事件（1923-1924）〉，《近代中國》季刊，161（臺北，2005.6），論著，頁 117-137。

㊱ 依據德陽丸船長谷田義生的報告，鑑於四川內戰影響，長江上游航路危險，乃要求日本海軍派遣護衛兵登船保護。加上德陽丸此行除了前往重慶運送貨物外，還要負責援救在涪州被川軍劫掠的宜陽丸，故第一遣外艦隊司令部決定由停泊宜昌的伏見軍艦派遣福住不二男中尉率領下士 1 名、水兵 10 名（共

除擊沈兩艘舢舨船外，也對岸上川軍士兵進行掃射攻擊，共造成約 51 名川軍士兵死亡。衝突過程中，德陽丸船身中彈三十餘處，船上兩名日本海軍水兵負傷。為避免川軍進一步的進攻與報復，德陽丸緊急割斷錨繩，急馳出港下江前往宜昌避難。㊲由於衝突中有 50 餘名川軍士兵身亡，擔心川軍第一軍挾怨報復危及日本僑民安全，日本外務大臣伊吉院彥吉也緊急命令漢口總領事、宜昌、重慶、成都等領事館，與長江上游日本海軍以及各國海軍軍艦保持密切聯繫，以便危急時採取行動護僑。㊳

---

12 名），攜帶機關槍 1 挺、手槍 2 支、步槍 10 支登上德陽丸進行護衛。見〈第十三次航海報告及重慶碇泊中第一軍入城ニ際レ猛射サレ本船ヨリモ應射捨錨脫出顛末〉，德陽丸船長谷田義生ヨリ日清會社漢口支店宛，1923 年 10 月 19 日，《外務省記錄》，5-3-2/ 5-1427。關於德陽丸此行任務亦可參見外務省亞細亞局編，《最近支那關係諸問題摘要》（東京：外務省亞細亞局，1923 年 12 月），第 3 卷，帝国議会関係雜纂第 48 次議会用，《外務省記錄》，1-5-2/ 043；〈第一遣外艦隊司令官ヨリ海軍見大臣宛〉，1923 年 10 月 8 日，《外務省記錄》，5-3-2/ 5-1428。

㊲ 關於川軍第一軍與德陽丸衝突過程，亦可參見：〈德陽丸船長航海日誌〉（1923 年 10 月 18 日）、〈重慶領事館警部小池運藏報告書〉（1923 年 10 月 19 日），收錄在〈德陽丸射擊事件ニ関スル件〉，在重慶代理副領事貴布根康吉ヨリ在北京公使芳澤謙吉宛，1923 年 10 月 21 日，《外務省記錄》，5-3-2/ 5-1427。日本海軍報告，見〈伏見艦長報告〉，第一遣外艦隊司令官ヨリ海軍次官、軍令部次長宛，1923 年 10 月 18 日，《外務省記錄》，5-3-2/ 5-1427。

㊳ 根據日本外務省的調查，當時居住在四川境內的日本僑民共約 83 人，其中在重慶有 66 人（男 44 人、女 22 人，共 31 戶，全為日本人），在成都有 17 人（男 6 人、女 9 人，共 14 戶，另有朝鮮人男 2 人）。此外日本海軍派駐在長江上游地區共有 3 艘軍艦，當時比良艦在重慶，伏見、鳥羽兩艦在宜昌，見〈德陽丸射擊事件〉，伊集院大臣ヨリ在漢口林總領事宛，1923 年 10 月 21

四、日本的因應之道

(一) 駐華使領交涉

1.川軍徵用日船交涉

川軍強制徵用日船之後，天華洋行立刻報告駐重慶領事館，要求日本政府採取嚴厲措施向中國政府展開交涉。㊴日本駐重慶副領事獲悉即向川軍第二軍軍長楊森面交抗議，並提出道歉、保證（不再發生相同之事）與賠償等三項要求。同時，為避免正與第二軍敵對作戰的川軍第一軍、第三軍誤會日本輪船有介入四川內戰的行為，日本領事也致函第一軍、第三軍，強調日本輪船乃係遭脅迫所為。㊵此外，日本領事也向重慶海關當局、領事團表明行地號輪船遭受武力脅迫運送軍隊的情況。㊶日本外務省獲悉此事後，因擔心外界誤解日本輪船違反中立原則，故要求駐華公使、領事務必向中央、地方當局提出嚴重交涉以正視聽。㊷ 8 月 10 日小幡酉吉公使正式

日，《外務省記錄》，5-3-2/ 5-1427。

㊴ "Szechuen Army Takes Steamer from Japanese: First Ask it as Loan; Then Commandeer Craft up River Run," *The Evening Star*, August 11, 1922.

㊵ 〈貴布根領事代理ヨリ內田外務大臣宛〉，1922 年 7 月 27 日，《外務省記錄》，5-3-2/ 5-1427。

㊶ "Letter from Y. Yamashita to the Commissioner of Customs, Chunking," July 27, 1922; "Letter from Y. Kifune, Acting Consul of Japan to German Consul, British Consul, French Consul and American Consul," July 27, 1922, 《外務省記錄》，5-3-2/ 5-1427。

㊷ 〈內田大臣ヨリ在重慶貴布根領事代理宛〉、〈內田大臣ヨリ在支小幡公使

照會北京政府外交部抗議四川軍隊強制佔用日本輪船之事，9 月 11 日外交部照覆已轉電四川省飭「各軍長官嚴束兵丁，勿任再有此種舉動」。43

至於強制佔用行地號輪船的善後交涉事宜，仍由日本駐重慶副領事與當地外交交涉員處理。日本領事當初所提之道歉、保證與賠償三項要求，因為川軍第二軍隨即在與第一軍、第三軍聯合軍的作戰中失利，楊森急於率領所部從重慶撤退，憲兵隊隊長楊天驥也因作戰負傷，兩人均無法親至日本領事館致歉，故最後折衷由外交部駐重慶交涉員陳同紀代替楊森與憲兵隊隊長楊天驥前往日本領事館表達遺憾之意，並保證將來不再發生類似情事；至於賠償部分，第二軍則繞過日本領事，直接與被害者天華洋行交涉，最後以涪州至重慶間一般船票價格，支付約 576 元。44

宛〉，1922 年 8 月 7 日，《外務省記錄》，5-3-2/ 5-1427。日本駐華公使小幡酉吉則於 1922 年 8 月 10 日向北京政府外交部長遞送抗議照會，見〈四川軍ノ本邦汽船強制乘船並ニ射擊抗議ニ関スル件〉，1922 年 8 月 10 日，《外務省記錄》，5-3-2/ 5-1427。

43 〈外交部照覆日本駐華公使館〉，1922 年 9 月 11 日，《外務省記錄》，5-3-2/ 5-1427。

44 陳同紀給日本領事的照會中，轉述第二軍司令部覆函，表示「軍士佔裝日輪一節，實深抱歉，至軍士船價，已由軍部自與天華洋行了結清楚」，至於道歉一事，則因「楊軍長、楊隊長均因公在外未克親趨貴館道歉」，故由陳同紀代為道歉。見〈重慶交涉員陳同紀致日本領事函〉，1922 年 8 月 6 日，《外務省記錄》，5-3-2/ 5-1427。川軍與天華洋行議定的補償方式為：總共 288 名第二軍士兵登船，其中 200 名在涪州登船，88 名在長壽登船，但以較遠的涪州為計價標準，涪州往重慶船票價格為每人 2 元，故 288 人的船票為 576 元。日本領事後對於天華洋行未經領事同意，私自與第二軍議定賠償方

2.川軍攻擊日船交涉

聽天號、雲陽丸攻擊事件發生後，日本駐重慶領事館運作重慶領事團，以德、英、法、美、日五國領事共同具名，聯合照會重慶外交交涉員陳同紀，抗議四川軍隊攻擊日本輪船事件。㊺ 8 月 19 日，日本重慶副領事再度照會陳同紀，正式提出雲陽丸案的善後條件要求：一、成都聯合軍（係指四川第一軍、第三軍與邊防軍）總指揮須代表四川政府向日本領事道歉；二、成都聯合軍須嚴令並保證將來不得再有軍隊攻擊日輪之事；三、賠償雲陽丸修繕費 2830 元；四、支付雲陽丸上受傷人員醫療費 475 元；五、給予受傷人員撫卹費 1200 元；六、賠償雲陽丸無法行駛期間的相關損失。㊻日本領事所提六項要求，基本上如同上述行地號遭佔用事件一樣，可以歸納為道歉、保證與賠償三大範疇。至於聽天號案，則因無日人受傷，情況較為單純，故日本領事只要求四川軍隊保證將來不得再攻擊日本輪船，同時支付聽天號修繕費用。㊼

不過，對於五國領事的聯合抗議照會，四川軍隊的答覆則為

式，深感不滿，並嚴厲斥責天華洋行；不過，由於重慶交涉員出具天華洋行的領據，日本領事只能接受上述賠償條件，了結此案。見〈四川第二軍兵本邦汽船ニ強制乘船ノ件〉，貴布根領事代理ヨリ內田外務大臣宛，1922 年 8 月 12 日，《外務省記錄》，5-3-2/ 5-1427。

㊺ "The Joint Note Sent by the Consular Body to T. Chen Esquire, Commissioner of Foreign Affairs, Chunking," August 15, 1922,《外務省記錄》，5-3-2/ 5-1427。

㊻ 〈日本駐重慶領事貴布根康吉照會重慶交涉員陳同紀〉，1922 年 8 月 19 日，《外務省記錄》，5-3-2/ 5-1427。

㊼ 〈日本駐重慶領事貴布根康吉照會重慶交涉員陳同紀〉，1922 年 9 月 6 日，《外務省記錄》，5-3-2/ 5-1427。

「查自戰事發生，沿江土匪甚為猖獗，刻正趕派大兵前往肅清，茲聞日輪被擊，實深抱歉」。換言之，攻擊日輪乃係土匪所為，與四川軍隊無涉。㊽陳同紀給日本領事的覆函中，也引用四川軍隊的看法，將雲陽丸攻擊事件定調為「川中軍事未平，匪徒趁機竊發，雲陽丸上駛之時，適值匪徒聚集涪陵（州）江岸開槍射擊」。所以四川軍隊雖對此事深感抱歉，但「此事既係匪徒所為，又已派隊剿辦，（四川）官廳礙難承認賠償之責」。然而基於中日親善之意，四川軍隊願意給予受傷人員治療撫慰費 1200 元，並由交涉員陳同紀代表四川軍事當局前往日本領事館道歉，並交付費用。㊾至於聽天號賠償問題，重慶交涉員陳同紀亦以相同理由，主張聽天號所受攻擊乃是由土匪所為，故中國方面無賠償之責，僅表示川軍總部已嚴飭江面軍隊，將來不會再有攻擊輪船之事。㊿簡單來說，四川軍事當局（重慶交涉員）藉口土匪問題，規避應負之責任，以陳同紀代表道歉來應付日本的軍事首長道歉要求，以已肅清匪患來交代保證要求，並將賠償部分合併為一條治療撫慰費，其實等於僅支付日方原先所提之雲陽丸受傷人員撫慰費 1200 元，至於聽天號、雲陽丸修繕費、雲陽丸停駛期間賠償費，受傷人員治療費則完全置之不理。

㊽ 〈重慶交涉員陳同紀照覆駐渝各國領事〉，1922 年 8 月 2 日，《外務省記錄》，5-3-2/ 5-1427。

㊾ 〈重慶交涉員陳同紀照覆日本重慶領事貴布根康吉〉，1922 年 9 月 12 日，《外務省記錄》，5-3-2/ 5-1427。

㊿ 〈重慶交涉員陳同紀照覆日本重慶領事貴布根康吉〉，1922 年 9 月 18 日，《外務省記錄》，5-3-2/ 5-1427。

日本領事雖然接受治療撫慰費一項，但堅持雲陽丸確實是受川軍第一軍攻擊，而且即或土匪所為，但亦係四川「政府管轄境內，保護之責亦不能辭」。故日本領事除要求四川當局必需支付雲陽丸停駛期間損失，共計 6 日，以每日損失 800 元計算，應支付 4800 元。(51)至於聽天號，日本領事則認為四川軍隊需賠償船身修繕費用 2160 元。(52)

不過重慶交涉員陳同紀依然強調雲陽丸案確係「匪徒所為」，而且依「照條約，匪徒對於外商損害，（地方當局）只能緝匪，不能賠償」，現四川軍隊既肅清江面土匪，則已盡條約義務，故不可能再行賠償。(53)上述陳同紀所謂的條約規定，指的即是〈中日通商行船條約〉（1896 年）第 19 款，「日本船隻被中國強盜海賊搶劫者，中國官員即應設法將匪徒孥辦追贓」；該條約並未規定中國官方負有賠償相關損失的責任。(54)而聽天號案，「匪徒並未上船搶劫，無

(51) ·〈日本重慶領事照貴布根康吉覆重慶交涉員陳同紀〉，1922 年 9 月 14 日，《外務省記錄》，5-3-2/ 5-1427。

(52) 〈日本重慶領事照貴布根康吉覆重慶交涉員陳同紀〉，1922 年 9 月 21 日，《外務省記錄》，5-3-2/ 5-1427。

(53) 〈重慶交涉員陳同紀照覆日本重慶領事貴布根康吉〉，1922 年 9 月 19 日，《外務省記錄》，5-3-2/ 5-1427。

(54) 〈中日通商行船條約〉（1896 年）第 19 款，收錄在汪毅、張承棨編纂，《清末對外交涉條約輯》，第二冊，頁 338-342。除了中日條約之外，其他中外條約也有類似規定，例如〈中美天津條約〉（1858 年）第 11 條，規定地方官對於在中國安分貿易辦事的外國人民負有保護之責，如有「內地不法匪徒逞兇恐嚇焚燬侵害」，地方官應立即派兵彈壓，將匪徒按律拿辦。換言之，外國人船如在中國如遭遇匪徒劫掠侵害，中國方面僅負查緝彈壓之責，見〈中美和好條約（中美天津條約）〉（1858 年），收錄在黃月波等編，

贓可追」。[55]因此，如雲陽丸、聽天號案確係土匪所為，則四川軍事當局僅負緝捕、追贓之責，而無須賠償。這也是為何四川軍事當局與交涉員堅持雲陽丸事件為土匪所為的主要原因。

但日本領事則強調日本輪船顯係遭到川軍第一軍攻擊，並駁斥陳同紀援用〈中日通商行船條約〉第 19 款，「意圖避責，未免失當」，指責陳同紀曲解條約意義：

> 縱使實係土匪，則照約文意義，貴國政府即應設法將匪徒拏辦追贓。此次聽天雖非遭搶劫，然被擊之損害，亦與搶劫相當等，追贓既照條約係貴政府之責任，則賠償亦當然為貴政府之義務。[56]

但陳同紀仍是代替川軍否認到底，堅持該軍部隊並未開至涪州等處，故無從徹查。[57]因此，聽天、雲陽兩案遲遲無法善了，一拖再拖。為了順利獲得雲陽丸賠償，以及因川軍攻擊行動所導致的航運中斷損失賠償，日本外務省甚至不惜想利用「承認問題」來加速與川軍的賠償交涉。因為日本駐重慶領事館向來採取不承認四川省

《中外條約彙編》（上海：商務印書館，1935），頁 127。

[55] 〈重慶交涉員陳同紀照覆日本重慶領事貴布根康吉〉，1922 年 9 月 22 日，《外務省記錄》，5-3-2/ 5-1427。

[56] 〈日本重慶領事照貴布根康吉覆重慶交涉員陳同紀〉，1922 年 9 月 26 日，《外務省記錄》，5-3-2/ 5-1427。

[57] 〈重慶交涉員陳同紀照覆日本重慶領事貴布根康吉〉，1922 年 10 月 12 日，《外務省記錄》，5-3-2/ 5-1427。

（自治獨立地位）的方針，但外務省認為可以在進行賠償交涉時，與川軍一併交涉承認問題。[58]換言之，外務省企圖以外交手段，以承認四川當局為籌碼，來交換賠償。但結果依然一樣，仍舊無法解決此案。

1923 年 3 月起，日本重慶領事館又再度提起交涉，希望中國方面儘速賠償日船損失，以便早日完結此案，但四川方面仍以此類案件係土匪所為，依照條約只能緝匪，不能賠償為由拒絕受理。[59]無計可施的情況下，日本領事甚至不惜以威脅口吻，表示如不解決此案，未來如有相同情況發生，日本將動用海軍介入處理：

> （四川當局）欲以援照條約一層，遂存推卸不負賠償責任，以此項為匪徒之暴行，即置不顧，則將來再有同樣之事發生，……亦必指為土匪，不負賠償。不得已僑商勢將自請海軍清匪臨時保護，設一旦誤遇係是軍隊，惹起異常重大事件，敝領事即不負責可乎？[60]

但四川方面還是斷然以「無從再辦」的態度，聲稱「明係匪徒所

---

[58] 〈本件損害賠償請求方可否ニ就テ〉，日本外務省內部分析資料，約 1922 年 9 月，《外務省記錄》，5-3-2/ 5-1423。

[59] 〈日本重慶領事照貴布根康吉覆重慶交涉員王唐〉，1923 年 3 月 21 日，《外務省記錄》；〈重慶交涉員王唐照覆日本重慶領事貴布根康吉〉，1923 年 3 月 24 日，《外務省記錄》，5-3-2/ 5-1427。

[60] 〈日本重慶領事照貴布根康吉覆重慶交涉員王唐〉，1923 年 4 月 20 日，《外務省記錄》，5-3-2/ 5-1427。

為，當然不能賠償」，拒絕日方的賠償要求。[61]

由於軟硬兼施均無法奏效，日本重慶領事館最終只能放棄地方層級的交涉，決定將此案移交日本駐華公使館，希望透過中央政府層級的交涉來解決懸案。[62]然而，日本駐華公使館就有能力迫使四川讓步嗎？

(二) 海軍的護航對策

1920 年代初期，日本海軍對於屢次攻擊日本船隻的中國軍隊或土匪，原先可以採取外交的平和手段，即經由外交交涉要求地方軍事當局嚴格約束軍隊或圍剿土匪。但是在中國各地割據分裂、內戰混亂的情形之下，和平的外交交涉幾乎不可能解決航行安全問題，所以勢必得動用武力，採取自衛行動。[63]而依據日本海軍外務令第 23 條，軍艦在遭遇攻擊時，可以臨機制宜採取武力行動。然而，日本海軍軍艦一旦動用武力反擊，雖然屬於正當自衛行動，極有可能引起普遍性的排外運動，反倒影響通商。為了擔心引起不必要的排日運動，日本軍艦在因應岸邊中國軍隊的攻擊行動時，有時採用空包彈威嚇，而不願進行實彈還擊。[64]日本艦隊司令官也訓令

---

[61] 〈重慶交涉員王唐照覆日本重慶領事貴布根康吉〉，1923 年 5 月 2 日，《外務省記錄》，5-3-2/ 5-1427。

[62] 〈日本重慶領事照貴布根康吉覆重慶交涉員王唐〉，1923 年 4 月 20 日，《外務省記錄》，5-3-2/ 5-1427。

[63] 例如 1921 年 9 月川鄂戰爭爆發時，為保護宜昌日清汽船會社的安全，日本海軍鳥羽軍艦即曾派遣陸戰隊登陸執行護衛任務。〈鳥羽陸戰隊登陸〉，《臺灣日日新報》，1921 年 9 月 7 日第 2 版。

[64] 〈楊子江ニ於ケル帝國ノ通商航海保護シ関シ麾下艦長ニ訓示〉，第一遣外

日本軍艦對於中國軍隊的不法行為，不一定要採取直接報復手段，對於動用武力應戰還擊，應慎重考慮。[65]

1. 日本鳥羽軍艦被攻擊事件的處置問題

> 一艘日本軍艦在通過夔州府時，不幸遭到當地第一軍士兵的猛烈攻擊。該軍艦多處遭到擊中，並有兩名人員受傷。據報目前雖然重慶已恢復平靜，但長江上游仍然十分不安全，船隻均被警告不要試圖穿越該水域。
>
> 〈路透社電報〉1922 年 8 月[66]

四川內戰期間，1922 年 8 月 19 日，日本軍艦鳥羽號從宜昌前往重慶途中，在風箱峽、白帝城附近，遭到岸邊四川軍隊的猛烈攻擊，造成兩名士兵受傷。隨後又在夔府附近，遭到另外一批川軍攻擊，鳥羽號向川軍表明身份（避免川軍誤以為該艦為一般商船），乃發射兩枚空包彈示警，但川軍並未理會，攻擊行動依然持續，造成艦身中彈 50 餘處。鳥羽艦考量當地水流甚急，加上擔心晚上無安全停泊之地，故並未應戰還擊，而是全速航行通過當地危險區域。隔日，鳥羽號駛抵萬縣，日本艦長隨即登岸拜訪駐紮該地的川軍第一

艦隊訓示第三號，1922 年 12 月 1 日，《外務省記錄》，5-3-2/ 5-1427。

[65] 該訓令時間約在 1921 年 8 月，見〈長江ニ於ケル帝國軍艦被射擊事件摘要〉，海軍次官井出謙治ヨリ外務次官埴原正直殿宛，1922 年 12 月 21 日，《外務省記錄》，5-3-2/ 5-1427。

[66] "Upper River Attacks on Foreign Steamers: Navigation Difficulties; Japanese Boats' Casualties," *The North China Daily News*, August 29, 1922.

軍第二混成旅旅長張沖，詢問日艦遇襲地點的駐軍番號，張沖坦承該批部隊確屬第一軍。日艦長即向張沖抗議川軍對於日艦的不法攻擊行動，張沖除表示遺憾之意外，也將嚴飭沿岸第一軍部隊注意不得再有攻擊行動。[67]

攻擊事件發生後，日本駐重慶領事館除照會重慶交涉員陳同紀外，也同時致函川軍行營總部實力派將領鄧錫侯、賴心輝抗議此事。[68]但鄧、賴兩人的答覆顯然避重就輕，否認川軍攻擊日艦的可能：「敝國各軍將領，素重邦交，斷無向友邦軍艦射擊之理。此次事實或出誤會，亦未可知」。鄧、賴僅承諾會嚴飭駐軍詳查再做答覆。[69]四川當地報紙亦刊出川軍行營總部下令保護外艦、調查攻擊日艦原委等命令，[70]但似乎只是川軍故作姿態之舉。日本駐北京公使小幡酉吉也照會外交總長顧維鈞，嚴重抗議中國軍隊攻擊日本軍艦的「重大不遜行為」，要求詳細調查、賠償損失，並採取有效措施，取締攻擊日艦的不法行為。但外交部的答覆亦是將問題推給四

---

[67] 〈第一遣外艦隊司令官ヨリ海軍大臣、軍令部長宛〉，情報機密第八番電，1922年9月2日，《外務省記錄》，5-3-2/ 5-1427。

[68] 〈日本駐重慶領事照會重慶交涉員陳同紀〉，1922年8月24日；〈日本駐重慶領事致總指揮鄧錫侯、賴心輝函〉，1922年8月26日，《外務省記錄》，5-3-2/ 5-1427。

[69] "Upper Yangtze Unsafe; Troops Fire on Ships; Japanese Gunboat and Steamer Sustain Casualties; Teal Acts as Escort," *The Evening Star*. August 28, 1922；〈鄧錫侯、賴心輝回覆日本駐重慶領事函〉，1922年8月27日，《外務省記錄》，5-3-2/ 5-1427。

[70] 四川當地報紙報導「（行營）總部昨通令各軍師旅一律保護各國軍艦以重外交」、「行營總部昨令一軍但（懋辛）軍長查夔府駐軍槍擊烏羽日艦情形呈報」，見〈各方面要訊〉，《民治新聞》，1922年8月30日。

川當局，要求由重慶交涉員與日本領事妥商善後之法。[71]

然而，一如前述的聽天、雲陽丸攻擊事件，不論是中央或地方層次的交涉，均無法順利有效解決此案。日本駐北京公使將善後交涉權賦予給重慶領事館，[72]但重慶領事官員顯然沒有動作，這可能與四川動亂有關，不易展開交涉。直到 1923 年 7 月，日本外務省督促向四川當局提出交涉後，駐重慶領事館才趕緊向四川重慶交涉員提出道歉、賠償與保證三項要求。[73]但此時四川戰局已有很大的變化，川軍第一軍軍長但懋辛等因作戰失利，已撤離重慶轉往川西。在難以聯繫交涉對象的情況下，重慶領事館只得將交涉之責又轉移給成都總領事。[74]但結果仍是一樣，受到四川內戰的影響，實

---

[71] 〈日本全權公使小幡酉吉照會外交總長顧維鈞〉，1922 年 8 月 29 日；〈外交部照覆日本公使館〉，1922 年 9 月 13 日，《外務省記錄》，5-3-2/ 5-1427；"Japan Protests Yangtze Troops Firing on Ships," *The Evening Star*, August 30, 1922.

[72] 〈四川省內亂ノ為帝國軍艦及邦人被害ニ関スル件〉，特命全權公使小幡酉吉ヨリ在重慶領事代理貴布根康吉宛，1922 年 9 月 15 日，《外務省記錄》，5-3-2/ 5-1427。

[73] 日本駐重慶領事提出的三項要求為：1.由「四川有力之人」向日本領事及鳥羽艦長表達道歉之意；2.軍艦當日受傷之二人，應由四川當局給予撫卹治療金 2000 元，並賠償軍艦修理費 1200 元；3.四川當局應保證未來不再有類似事件的發生。見〈日本駐重慶領事照會重慶交涉員〉，1923 年 7 月 14 日，《外務省記錄》，5-3-2/ 5-1427。

[74] 由於四川內戰持續，川軍第一軍與第二軍作戰互有勝負，1922 年下半年第一軍作戰勝利佔領重慶，第二軍則敗逃至湖北西部，故此時重慶乃是在第一軍控制之下。但 1923 年後，川軍第二軍在吳佩孚支持下又反攻回四川，重新佔有重慶，第一軍等則失敗撤回四川南部與西部。因為攻擊鳥羽艦的是第一軍部隊，所以如欲與第一軍實力派將領但懋辛等人交涉善後事宜，勢必得將交

力派將領居無定所，日本駐成都總領事不易展開有效的交涉。(75)此外，1923 年 10 月以後四川內戰戰事逆轉，川軍第一軍擊敗第二軍再回重慶，但卻與日本海軍發生衝突（即上述德陽丸攻擊事件），造成川軍第一軍士兵 50 餘人死亡。也加深川軍與日本之間的仇恨。日本駐重慶領事館此時想要重啟鳥羽號賠償索賠交涉，無疑是難上加難。(76)

相較於外交使領的無力感，日本海軍的反應也不見得強勢。初受攻擊時，鳥羽軍艦僅鳴空砲示警，稍後眼見川軍攻擊持續，也未積極應戰、動用實砲還擊，反倒加速駛離；至於事後的處置，只不過向萬縣川軍將領表達口頭抗議之意而已，並未採取任何實質性的報復行動。相同時間，英國軍艦小鳧號（HMS *Teal*）從長江上游順江而下，也遭到岸邊川軍的開槍攻擊，但英艦反應與作為則與日艦有著非常大的不同：立即以實彈進行還擊，壓制川軍攻擊。(77)由此可知，與英國相較，此時日本海軍在因應長江上游航行安全問題上，是相當隱忍克制與保守低調的。

涉舞臺從重慶移往第一軍勢力範圍的成都。見〈軍艦鳥羽ニ對スル支那兵射擊ノ件〉，貴布根領事代理ヨリ內田外務大臣宛，1923 年 7 月 15 日，《外務省記錄》，5-3-2/ 5-1427。

(75) 〈支那兵ノ軍艦鳥羽ニ関スル件〉，在成都總領事代理國原喜一郎ヨリ在重慶領事代理貴布根康吉宛，1923 年 7 月 23 日，《外務省記錄》，5-3-2/ 5-1427。

(76) 〈德陽丸射擊事件ニ関スル件〉，在重慶代理副領事貴布根康吉ヨリ在北京公使芳澤謙吉宛，1923 年 10 月 21 日，《外務省記錄》，5-3-2/ 5-1427。

(77) "Political Conditions in Szechuan," from American Consulate, Chunking to American Minister, Peking, August 11, 1922, RIAC, 893.00/4677.

2.日本駐華海軍態度的改變

隨著四川內戰加劇，日本在長江上游航行安全受到嚴重的威脅。一般正規外交使領交涉，受到四川自治與戰亂的牽制，不論在事前的警告預防，或事後的善後處置上，均無法發揮有效的作用。因此，日本駐華海軍勢必得兼負起護衛日本商業利益與國家尊嚴的重責大任。

1922 年底日本海軍決定採行比較果斷的海軍護航政策。是年 12 月，負責長江流域的日本海軍第一遣外艦隊司令官小林研藏發佈新的訓示給各艦艦長。[78]有鑑於長江流域戰亂影響，對日艦的攻擊行動也日益頻繁，為了制止中國方面的不法行動，小林研藏正式下令日本海軍艦長：當自由航行權遭到阻礙，或是受到人身攻擊時，授權位處第一線的軍艦艦長臨機制宜，自行決定是否要動用武力。其應變程序為：當日本船艦受到攻擊時，必須先高懸日本旗幟，或是使用空包彈威嚇，如果攻擊仍持續進行，則日本軍艦將採取斷然措施動用武力進行反擊。不過使用武力仍有一定的規範與限制。首先，盡量不使用比攻擊者優勢的武器。其次，當攻擊停止時或是已順利完成通航任務後，將不再繼續動用武力進行追擊。最後，當位處戰亂地區受到流彈波及時，也應盡量避免使用武力。小林訓示的部分內容，也由駐華公使小幡酉吉通知北京政府，嚴飭地

---

[78] 小林研蔵此份訓示乃是針對長江流域各軍艦艦長而發，內容也含括整個長江流域各種挑戰與任務，並非專為長江上游而發佈。不過因長江上游的情況也一體適用。故此訓示也可視為長江上游日本海軍艦長執行任務的基本方針。見〈楊子江ニ於ケル帝國ノ通商航海保護シ関シ麾下艦長ニ訓示〉，第一遣外艦隊訓示第三號，1922 年 12 月 1 日，《外務省記錄》，5-3-2/ 5-1427。

方當局與軍隊不得再攻擊日本船隻。[79]

依據日本海軍外務令第 23 條，軍艦艦長有權臨機制宜，決定是否動用武力。因此，軍艦艦長往往各自彈性處理所面臨危機。有時為擔心刺激中國輿情，軍艦艦長多極力克制，避免使用武力。例如，受到岸邊中國軍隊攻擊時，可以選擇快速通過，或以空包彈威嚇，而不使用實彈。依據日本海軍的統計，1918-1922 年間，日本軍艦在長江流域共發生 6 次被攻擊事件，前 3 次日艦選擇還擊，但其中 2 次僅使用殺傷不大的步槍，唯獨 1 次是動用威力較大的火砲；至於後 3 次則全未進行還擊行動。由此可知 1920 年代以來，日本海軍對於動用武力是較為克制的。

表 6-1　1918-1922 年日本海軍艦隻在長江流域被攻擊事件與處置之道[80]

時間	地點	被攻擊軍艦	艦長處置	流域
1918 年 3 月	漢口附近	伏見軍艦（Husimi）（護航商船）	開砲還擊	長江中游
1918 年 4 月	宜昌附近	鳥羽軍艦（單獨行駛）	步槍還擊	長江上游

[79] 〈日本駐華公使小幡酉吉致外交部長施肇基書翰〉，1923 年 1 月 27 日，《外務省記錄》，5-3-2/ 5-1427。

[80] 〈長江ニ於ケル帝國軍艦被射擊事件摘要〉，海軍次官井出謙治ヨリ外務次官埴原正直殿宛，1922 年 12 月 21 日，《外務省記錄》，5-3-2/ 5-1427。不過依據《臺灣日日新報》的報導，1921 年 9 月日本海軍隅田軍艦從四川下航途中也曾遭到兩岸軍隊攻擊，並有人員受傷，但此事並未見於上述海軍統計記錄內。見〈宜昌戰鬥決せず：兩軍互に讓らず宜昌重慶交通杜絕〉，《臺灣日日新報》，1921 年 9 月 25 日，第 2 版。

1920 年 6 月	長沙附近	伏見軍艦（停泊時）	步槍還擊	長江中游
1921 年 8 月	漢口（龍口）附近	宇治軍艦（Uzi）（護航商船）	隱忍未還擊	長江中游
1921 年 8 月	漢口（龍口）附近	伏見軍艦（護航商船）	未還擊	長江中游
1922 年 8 月	夔府附近	鳥羽軍艦（單獨行駛）	未還擊（空包彈威嚇）	長江上游

隨著四川頻繁發生內戰、社會失序，長江上游沿岸軍隊、土匪攻擊往來輪船問題也日益嚴重，長江流域的日本海軍不得不採行更為明確的應變程序。自新的訓示發佈後，日本海軍將採取更為積極的作為，來處理日人安全問題。1923 年 4 月因重慶戰亂，散兵、土匪四處劫掠，駐防重慶的日本鳥羽軍艦即派遣水兵登岸保護日本居民安全。尤其自 1923 年 9 月宜陽丸事件發生後，四川軍隊認定日清汽船會社替直系軍隊私運軍火，故極度仇視日船，大肆狙擊船隻，迫使日船只得暫停長江上游宜昌、重慶間航路，也造成日商貿易上相當大的損失。日本駐重慶領事館為維護重慶日人安危，也為確保日商在四川貿易的地位，防止其他外國勢力趁虛而入，於是請求海軍提供協助。第一遣外艦隊司令官野村吉三郎則在給領事答覆與給海軍省的報告中，闡述海軍護航的基本立場：

> （日本）政府方針是：對於（中國）內亂，採取絕對中立主義。相信日本商船有義務不運送（中國）彈藥與軍人。對於從事不正當商務的船隻，海軍不可能登船保護。……（但

是）對於全部從事平和商業的日清汽船會社，應慎重考慮派遣護衛兵登船保護。81

至於登船的海軍護衛隊，則視情況採取不同的應變措施：當遭遇小批軍隊（土匪）攻擊時，商船上海軍護衛兵動用武力反擊，但如面對數百或數千名大批軍隊（土匪）時，則避免衝突，儘速駛離現場。例如德陽丸號從宜昌前往重慶途中，在萬縣附近曾兩度遭遇土匪攻擊，船上的海軍護衛隊一次選擇應戰反擊（小股土匪），另一次則避免衝突（大股土匪）。82尤其當情況緊急時，海軍護衛隊更是不惜動武。在上述1923年10月的德陽丸事件中，德陽丸在重慶遭受川軍第一軍攻擊時，船上的日本海軍護衛兵即斷然採取武力反擊行

81 野村認為日清汽船會社一直嚴守政府方針，也採取適當方式通告湖北、四川軍事當局與新聞報紙，禁止日船運送彈藥與軍隊。所以海軍應考慮派遣護衛兵登船保護。另外野村也向海軍次官報告，英、美兩國已採取積極措施保護商船，美國海軍派遣護衛兵登船，英國海軍則是在重要區域派遣軍艦間接保護商船；加上考量到上海各方輿論，海軍實在難以採取消極態度因應。換言之，日本海軍也必須採取積極作為來保護商船。見〈第一遣外艦隊司令官ヨリ海軍次官宛〉，一遣機密第70番電，1923年10月16日，《外務省記錄》，5-3-2/ 5-1428。

82 德陽丸1923年10月9日從宜昌出發，10月12日下午4時半航經萬縣再上游7浬的洋頭溪場時，遭到約25名的土匪開槍攻擊，幸賴船上海軍護衛隊開槍還擊驅散土匪；下午6時半在萬縣再上游66浬的高家鎮暫泊時，又遭遇30名土匪攻擊，海軍護衛隊起初向靠岸水邊射擊以試圖威嚇土匪，但因土匪日漸聚集達數百名之多，且又配備機槍，故決定拔錨駛離，避免與土匪衝突。事後得知高家鎮的土匪總人數約2000名，並有4門機槍。〈德陽丸警護隊指揮官福住中尉報告〉，丸山伏見艦長ヨリ第一遣外艦隊司令部宛，1923年10月18日，《外務省記錄》，5-3-2/ 5-1427。

動，造成川軍多人死傷。事後野村吉三郎在給第一線軍艦艦長的訓令以及給海軍省的報告中，均強調長江上游航路受到土匪與軍隊攻擊的危險，因此在商船上派駐海軍護衛兵是明智的措施。而且當遭受軍隊攻擊時，海軍護衛兵的行動必須「隱忍與果斷兼備」，亦即該忍則忍，但不能忍時則應當機立斷應戰。以德陽丸案過程來看，海軍護衛兵在最後危急時刻動用武力擊退敵人，不但保護船員安全、維護日本國威，同時也避免了中日兩國之間重大問題的產生，因此野村認為海軍護衛兵「臨機制宜地採取了適當的行動」。[83]

簡言之，由上述日本第一遣外艦隊兩任司令官的訓令，以及長沙、德陽丸兩事件中日本海軍的反應與舉措，還有 1923 年底甫建造完成能夠因應長江上游地形的四艘新式內河砲艦看來，日本海軍顯然已採取更積極的作為來維持長江流域航行安全、強化保護商船安全；一旦遭遇危險情況，不論攻擊者是手無寸鐵的平常百姓或是土匪、軍隊，日本軍艦以及派駐在商船的海軍護衛隊，均不吝於動用武力採取反擊行動。[84]

---

[83] 〈第一遣外艦隊司令官ヨリ帝國軍艦勢多艦長宛〉，1923 年 11 月 18 日；〈第一遣外艦隊司令官ヨリ海軍次官、軍令部次長宛〉，1923 年 11 月 20 日，《外務省記錄》，5-3-2/ 5-1427。

[84] 不過必須強調，雖然日本海軍對航運安全態度漸趨強勢，但對於一般商務糾紛，例如木船與輪船之爭，日本海軍並不主張任意動用武力。1923 年初，日本海軍認為中國木船（民船）與外國輪船在爭奪載貨權上的糾紛，全屬地方領事館掌管權限，只要由領事介入斡旋應可獲致圓滿解決。中國木船幫眾還不至於危害到輪船貨物與乘客的安全，也就無須海軍方面的干涉。換言之日本海軍介入干涉的時機，以木船與輪船之爭是否已危及到日本輪船上貨物與乘客的安全為主要的指標。〈米原案ノ內容ニ関スル日本意見〉，收錄在

不過，日本海軍積極的應變措施、增建的海軍艦隻依然趕不上長江上游航行安全的惡化程度，四川地區戰事不斷，強制徵用、攻擊日輪事件依舊時有所聞：1923 年 9 月日本海軍比良軍艦行經涪州附近，遭到當地駐軍攻擊，比良艦應戰，雙方交火 30 分鐘；[85] 1924 年 11 月，日清汽船會社所屬輪船停泊重慶時，遭到川軍第 33 師士兵洗劫現金，並將船長、運轉士綁架而去；[86] 1925 年 1 月時德陽丸在萬縣附近，遭到木船上中國士兵的開槍攻擊；[87] 11 月時又發生雲陽丸遭川軍第二軍楊森所部強制登船事件。[88]領事的外交

〈上楊子江通商航江保護ニ関スル日英米佛海軍首席指揮官會議指導方針〉，倉賀野第一遣外艦隊參謀ヨリ重慶貴布根領事殿宛，1923 年 1 月 20 日，〈上海來電〉，日清汽船會社，1925 年 11 月 2 日；〈上海電〉，日清汽船會社，1925 年 11 月 4 日，《外務省記錄》，5-3-2/ 5-1427。

[85] 因為發生宜陽丸事件，日本第一遣外艦隊急令比良艦由宜昌趕往涪州救援，但卻遭到當地駐軍攻擊。見〈宜陽丸事件の真相〉，《臺灣日日新報》，1923 年 9 月 26 日第 2 版。

[86] 報載稱被劫掠的輪船為「岳陽丸」，應為筆誤，因日清汽船會社能航行長江上游的輪船僅宜陽丸、雲陽丸及德陽丸三艘，故實際被劫掠的輪船應為上述三船之一，而非岳陽丸。見〈又も重慶で邦人船員を拉致した支那兵の暴狀唐師長の謝罪て落著〉，《臺灣日日新報》，1924 年 11 月 23 日第 7 版。

[87] 德陽丸是在萬縣下游 18 浬處遭遇分乘數艘木船的川軍士兵，德陽丸為避免浪沈木船故減速緩行，但其中一艘木船上的士兵卻趁機突然向德陽丸開槍攻擊。事發後，日本重慶領事館駐萬縣出張員伊地知吉次研判該批部隊應屬川軍唐汞遵所部士兵，故直接與其交涉。見〈支那兵ノ德陽丸狙擊ニ関スル件〉，在萬縣領事館出張員、外務書記生伊地知吉次ヨリ在重慶領事代理副領事貴布根康吉宛，1925 年 1 月 8 日，《外務省記錄》，5-3-2/ 5-1427。

[88] 雲陽丸於 1925 年 10 月 31 日從重慶駛抵萬縣，遭當地駐軍川軍第二軍第 12 混成旅約 500 人強制登船，日籍船長以及日本領事館書記生伊地知吉次先後向川軍交涉婉拒搭載，但俱歸無效。後來楊森亦親自到場，川軍士兵以刺刀

抗議形同具文，⑧⑨日本海軍艦隻也只能奔波於長江上游各港口之間替日輪護航，或是在戰火波及的危險航段從事警戒任務。⑨⓪

脅持日籍機關長為人質，強迫雲陽丸開船前往宜昌。日本駐宜昌領事則趕緊乘坐日本海軍宇治軍艦攔截雲陽丸，要求川軍士兵立刻下船。此時在重慶的宜陽丸，也因擔心楊森所部會強制登船，故暫緩出航，等待日本軍艦保護。關於此案經過，可以參見〈上海來電〉，日清汽船會社，1925 年 11 月 2 日；〈上海電〉，日清汽船會社，1925 年 11 月 4 日，《外務省記錄》，5-3-2/ 5-1427。

⑧⑨ 雲陽丸案事發後，日本駐重慶領事雖曾對四川軍務督辦劉湘表達嚴重抗議，但坦承內戰期間四川高級將領居無定所，無從交涉，只能轉命令派駐萬縣的書記生伊地知嘗試與當地駐軍將領川軍第 22 師師長唐式遵交涉，重申日船不搭載中國軍隊的基本立場。見〈日本駐重慶領事代理町田萬二郎致四川軍務督辦劉湘函〉，1925 年 11 月 2 日；〈支那軍隊ノ雲陽丸強制乘船事件ニ對スル錯置方ノ件〉，在重慶領事館事務代理町田萬二郎ヨリ在萬縣伊地知出張員宛，1925 年 11 月 16 日，《外務省記錄》，5-3-2/ 5-1427。

⑨⓪ 為了避免攻擊、強制登船事件一再發生，日本駐宜昌領事通過外務省向海軍請求保護雲陽、宜陽兩船。日本駐漢口總領事也與海軍司令官協調，派遣軍艦在長江上游萬縣、夔州附近監視警戒。見〈上海電〉，日清汽船會社，1925 年 11 月 4 日，《外務省記錄》，5-3-2/ 5-1427。但是川軍攻擊、強制徵用日輪的情況還是一再出現。1926 年 11 月宜陽丸從重慶下駛途中，在酆都附近，遭到分乘五艘划子的川軍士兵開槍攻擊，船身中彈 20 餘處；12 月時，雲陽丸則再度遭到川軍強制登船，船上的川軍甚至還在雲陽丸航經枝江縣、洋溪市時與岸上的貴州軍隊袁祖銘部相互交火，直接將日輪捲入戰爭之中。見〈駐宜日本領事官浦川昌義致川軍第二軍軍長魏楷函〉，1926 年 11 月 16 日；〈川軍第二軍軍長魏楷覆駐宜日本領事官浦川昌義函〉，1926 年 11 月 18 日；〈酆都ニ於ケル支那兵ノ宜陽丸射擊ニ関スル件〉，在宜昌領事代理浦川昌義ヨリ在重慶領事代理後藤錄郎宛，1926 年 11 月 20 日；〈漢口發電報〉，日清汽船會社，1926 年 12 月 14 日，《外務省記錄》，5-3-2/ 5-1427、1428。

五、日本舉措的檢討及其分析

㈠ 中央（公使）與地方（領事）層級的交涉爭議

雲陽丸事件發生後不久，1922 年 8 月，日本駐華公使小幡酉吉即正式拜會與照會北京政府外交部長顧維鈞；但外交部的照覆，明顯仍屬官樣文章，僅強調已「轉電該省查明辦理，茲准電覆已電各軍嚴行查禁，並令交涉員查明，迅與日領妥商議結」。[91]也由於上述外交部照覆中，提及將由重慶交涉員與日本領事妥商解決辦法，故 9 月時小幡公使決定停止與外交部的中央政府層級交涉，交由事發地附近的重慶領事館負責與四川方面協商。[92]

然而，如同前述情況，歷經數月往來交涉，到了翌年（1923 年）4、5 月間，重慶領事館仍遲遲無法與四川軍事當局在賠償交涉上獲致結果，故希望再將此案移回北京。但 1923 年 6 月日本代理駐華公使吉田伊三郎卻還是重申中央政府層級交涉已終止，應由領事與重慶交涉員進行地方層級的善後交涉。[93]

日本駐重慶副領事貴布根康吉只能再向吉田公使坦承：無論是

---

[91] 〈日本全權公使小幡酉吉照會外交總長顧維鈞〉，1922 年 8 月 29 日；〈外交部照覆日本公使館〉，1922 年 9 月 13 日，《外務省記錄》，5-3-2/ 5-1427。

[92] 〈四川省內亂ノ為帝國軍艦及邦人被害ニ関スル件〉，特命全權公使小幡酉吉ヨリ在重慶領事代理貴布根康吉宛，1922 年 9 月 15 日，《外務省記錄》，5-3-2/ 5-1427。

[93] 〈北京發重慶領事宛電報〉，1923 年 6 月 9 日，《外務省記錄》，5-3-2/ 5-1427。

雲陽丸案抑或聽天號案，均無法在地方政府層次解決的窘況。首先外交部派駐在重慶的交涉員基本上乃由四川軍閥所任命，對於軍事當局常心存戒慎恐懼，更不敢提出賠償要求。再者，由於近來內戰頻繁，所謂的四川實力派軍閥常常到處轉戰、居無定所，難以直接與其交涉。因此，日本領事如果僅是與重慶交涉員反覆進行形式上的交涉，無助於解決此案。[94]

簡言之，由上述情況可以清楚得知在聽天、雲陽兩船攻擊事件善處理問題上，當日本駐華公使館期許地方領事層級的交涉之際，領事館卻寄望於中央公使層級的介入交涉。然而，受限於四川內戰、割據分裂與自治的現實環境，以及海軍軍力鞭長莫及的情況之下，日本駐華使領機構，無論是以北京政府外交部為交涉對象的公使館，抑或以四川當局與重慶交涉員為對口單位的領事館，本質上均無法有效處理發生於長江上游四川地區的日船攻擊事件。姑且不論攻擊雲陽、聽天兩船的究竟是四川第一軍或是土匪，整個攻擊事件所牽涉到的賠償費，其實不過區區幾千元，但日本公使、領事歷經十餘次往來照會、耗時近年，卻無法順利取得賠償。[95]至於由於川軍肆意攻擊輪船，造成航運中斷，日商輪船公司因此而導致的重

---

[94] 〈聽天號（雲陽丸ノ船体ニ對スル損害賠償ヲ含ム）被擊事件損害賠償要求ノ件〉，在重慶領事代理副領事貴布根康吉ヨリ臨時代理公使吉田伊三郎宛，1923年6月30日，《外務省記錄》，5-3-2/ 5-1427。

[95] 總計聽天、雲陽兩船日本方面尚未取得的賠償，有雲陽丸船隻修繕費 2830 元以及停駛期間賠償費 4800 元，聽天號則是船隻修繕費 2160 元，合計 9790 元。見〈日本重慶領事照貴布根康吉覆重慶交涉員王唐〉，1923 年 3 月 21 日，《外務省記錄》，5-3-2/ 5-1427。

大商業損失，更是索賠無門。[96]由此可見，傳統正規的外交使領交涉管道，在因應長江上游航行安全問題上，是充滿著無奈與無力感的。

其次，日本駐重慶副領事貴布根康吉在分析日本對於川軍攻擊日船的因應之道時，曾提出四個可能解決方案。第一是順從川軍徵稅、臨檢甚至乘船的要求而停船，但是如此日船將面臨川軍可能趁機掠奪的風險。第二則是派出日本軍艦護航，或是讓日船跟隨外國軍艦航行。然而參酌過去經驗，無論是英船安瀾號跟隨日本軍艦鳥羽號，或是日船雲陽丸跟隨英國軍艦小鳧號，雖均有軍艦護航，後來依然仍是不免遭到川軍的開槍攻擊。第三是派員與川軍軍官溝通，請其停止攻擊外國輪船的行動。第四則是在輪船上安裝充分的防彈裝置。貴布根最後認為四個方案中，還是以第四個方案為上策。因為在輪船上安裝防彈鋼板，雖然厚重的鋼板會佔去約 40 噸的輪船承運量，但卻可一勞永逸地解決川軍開槍攻擊輪船問題；即或遭到攻擊，船上船員、乘客也可躲避於鋼板之後，不用擔心生命危險。[97]《上海經濟日報》一則報導也強調裝置防彈鋼板的重要性，該報導陳述在四川內戰期間，外國輪船如無軍艦護航幾乎無法

[96] 日本外務省認為由於川軍攻擊輪船，輪船公司為顧及安全自發性暫停航運所造成的損失，要中國政府付出賠償是「非常困難的」。見〈本件損害賠償請求方可否ニ就テ〉，日本外務省內部分析資料，約 1922 年 9 月，《外務省記錄》，5-3-2/ 5-1423。

[97] 〈四川第一軍ノ兵宜渝航路汽船射擊ニ関スル件〉，在重慶領事代理副領事貴布根康吉ヨリ外務大臣內田康哉宛，1922 年 8 月 30 日，日本外務省外交史料館藏，《外務省記錄》，5-3-2/ 5-1423。

順利航行長江上游地區，然而就算有軍艦的護航，輪船如缺乏充分的防彈裝置，仍然無法順利平安地通過川軍的攻擊區域。[98]由此可知，要應付四川軍隊對輪船的攻擊行動，最為有效的方式竟是在輪船裝置防彈鋼板，消極地以鋼板來忍受川軍的槍彈。熟知四川事務的日本領事最終也只能選擇以被動消極的方式來因應川軍攻擊輪船問題，可見長江上游地區的特殊地理環境與中國紛亂的內政情況，某種程度上削弱外國駐華使領機構的應變處理能力與力道。

㈡ 外交與海軍步調不一致

就上述德陽丸違反中立問題而言，德陽丸前往重慶的真正原因為何？是否有違反中立的行為？由日本方面的資料來看，德陽丸乃是在重慶從事正規航運上下貨業務，卻不幸被川軍誤會違反中立、運有川軍第二軍軍官，故遭到攻擊，最後引發雙方衝突事件。不過，依據美國駐重慶領事的報告，日船德陽丸確實受第二軍之託前來重慶運送高級軍官撤退，只不過因為德陽丸到達重慶時間過晚，第二軍已經從陸路撤退逃離，故德陽丸來不及運送劉湘、楊森等人。[99]此外，派駐在德陽丸上的海軍護衛隊指揮官福住不二男中尉，在其事後給伏見艦長與第一遣外艦隊司令部的報告中，也提及事發當日（10 月 16 日）中午他曾經率領水兵 5 人陪同德陽丸機關長小野澤力治一同上岸前往日商新利洋行視察，並與川軍第二軍洪團

[98] 〈支那兵の暴行、長江航行の不安：各國船共に被害頻頻〉，《上海經濟日報》（日文），1922 年 9 月 23 日。

[99] "Political Conditions in Szechuan," from American Consulate, Chunking to American Minister, Peking, November 10, 1923, RIAC, 893.00/5336.

長、司令部謝秘書、《四川日報》[100]周社長等三人會晤談論戰況。洪等三人還向福住表示第二軍作戰形勢不利。由當日德陽丸機關長、海軍護衛隊指揮官與川軍第二軍官員的密會來看，雙方之間可能有一定程度的聯繫。雖然不得而知密會的目的，是否與運送川軍第二軍軍官撤離重慶有關，但川軍第一軍懷疑德陽丸與第二軍之間有合作關係顯然並非空穴來風。[101]

姑且不論德陽丸事件真相為何，事件的結果勢將對日本在長江上游的商務發展與僑民安全造成重大影響。衝突過程中川軍士兵的重大死傷，導致重慶民情激憤，謠傳中國人將「殺盡日本僑民」、「把死去中國士兵屍體抬往日清汽船會社」等不穩情況，日本駐重慶副領事貴布根康吉為化解危機，只得趕緊派員與川軍討賊總指揮

---

[100] 依據日本駐重慶領事館的報告，《四川日報》為日本的言論機關。見〈支那軍警ノ德陽丸侵入事件ニ関スル重慶新聞及學生團ノ排日行動ニ鑑シ對將來ノ善後愚見ヲ開陳シ併セテ英米トノ競爭上重慶ヲ重要視スル事ノ國家的ニ必要ナルヲ稟申ノ件〉，在重慶代理副領事貴布根康吉ヨリ外務大臣幣原喜重郎宛，1924 年 12 月 15 日，《外務省記錄》，5-3-2/ 5-1427。

[101] 〈德陽丸警護隊指揮官福住中尉報告〉，丸山伏見艦長ヨリ第一遣外艦隊司令部宛，1923 年 10 月 18 日，《外務省記錄》，5-3-2/ 5-1427。然而，德陽丸船長谷田義生事後的報告卻未提及與第二軍軍官間的會晤，僅稱機關長與指揮官曾率兵登岸視察。另外，谷田還提及在遭受第一軍攻擊前，曾有 6、7 名第二軍武裝士兵與著平服者來船臨檢，值班的日本水兵拒絕第二軍武裝士兵登船，但准許兩名著平服的官員登船與船上買辦會面。當時第一軍與第二軍正在嘉陵江江面附近激戰，在此敏感時刻第二軍的臨檢與官員登船會晤，也是可能造成第一軍猜忌的原因。〈第十三次航海報告及重慶碇泊中第一軍入城ニ際レ猛射サレ本船ヨリモ應射捨錨脫出顛末〉，德陽丸船長谷田義生ヨリ日清會社漢口支店宛，1923 年 10 月 19 日，《外務省記錄》，5-3-2/ 5-1427。

賴心輝、第一軍張沖及其他軍事長官協商善後方法。同時，貴布根也建議應暫緩提出抗議與船隻損害、人員治療等賠償要求，以免刺激輿情。究其實際，德陽丸案非但有害於日清汽船會社未來的營運，隨之而來的反日情緒，更可能影響到日商在四川所有的正常貿易活動。[102]因此，如何改變四川人的仇日情結，同時去除川軍第一軍對日本的成見，改善雙方關係，也就成為日本在長江上游商務發展的重要課題。[103]然而，貴布根的意見顯然與海軍部門有所出入。第一遣外艦隊司令野村吉三郎即認為德陽丸上海軍護衛兵的反擊行動是在遭受非法攻擊時的正當防衛，並無缺失，故外務省應針對此案向中國提出抗議。[104]

宜陽丸案、德陽丸案之後，1923 年 10 月底北京政府外交部駐宜昌交涉員奉湖北督軍之命，又照會日本領事，以四川戰事急迫，四川軍隊往往假扮乘客混入輪船，或是暗中運送武器彈藥，故要求

---

[102] 〈德陽丸射擊事件ニ関スル件〉，在重慶代理副領事貴布根康吉ヨリ在北京公使芳澤謙吉宛，1923 年 10 月 21 日，《外務省記錄》，5-3-2/ 5-1427。在另外一份給外務大臣的報告中，貴布根再次強調宜陽丸案、德陽丸案均造成川軍第一軍與日本（日清會社）之間的猜忌，為了確保重慶當地日本僑民的安全，日本應在租界停泊軍艦，以便必要時能將僑民撤往軍艦避難。〈德陽丸事件ノ影響ニ関スル件〉，在重慶代理副領事貴布根康吉ヨリ在外務大臣伊吉院彥吉宛，1923 年 11 月 10 日，《外務省記錄》，5-3-2/ 5-1427。

[103] 〈支那軍警ノ德陽丸侵入事件ニ関スル重慶新聞及學生團ノ排日行動ニ鑑シ對將來ノ善後愚見ヲ開陳シ併セテ英米トノ競爭上重慶ヲ重要視スル事ノ國家的ニ必要ナルヲ稟申ノ件〉，在重慶代理副領事貴布根康吉ヨリ外務大臣幣原喜重郎宛，1924 年 12 月 15 日，《外務省記錄》，5-3-2/ 5-1427。

[104] 〈第一遣外艦隊司令官ヨリ帝國軍艦勢多艦長宛〉，1923 年 11 月 18 日，《外務省記錄》，5-3-2/ 5-1427。

外國輪船應暫停行駛萬縣以上航線，以免影響湖北軍隊剿匪事宜，同時應嚴守中立，避免重蹈宜陽丸案覆轍。[105]日本外務省雖質疑上述航運禁令的有效性，[106]但還是再次提醒日清汽船會社，[107]同時通知遞信省、海軍省，[108]以及駐華公使館、長江沿岸各領事館，[109]在川軍內戰之際，應注意避免日本商船涉及武器彈藥運輸，以免引起誤會，違背日本政府向來禁止日船運輸軍火的方針。

---

[105] 〈在宜昌森岡領事ヨリ伊集院外務大臣宛〉，1923 年 10 月 27 日，《外務省記錄》，5-3-2/ 5-1428。不過，湖北當局此次萬縣以上航運禁止令，明顯與兩湖巡閱使吳佩孚企圖調兵介入四川內戰有關，據英、美駐華使領判斷，吳佩孚乃假封鎖河道剿匪之名，行封鎖四川以便用兵之實。見〈英館會晤問答：渝萬一帶暫停外輪行駛事〉，1923 年 11 月 12 日，中央研究院近代史研究所藏，《北京政府外交檔案》，03-11/ 007-01-008；"Situation on Upper Yangtze," from Wai Chiao Pu to Dean, November 13, 1923, RIAC, 893.811/595。

[106] 日本外務省、遞信省均以此禁令有違日本航行權，故「主義上礙難承認」。見〈伊集院外務大臣ヨリ在宜昌森岡領事宛〉，1923 年 11 月 1 日，《外務省記錄》，5-3-2/ 5-1428、〈日清汽船ノ楊子江航江ニ関スル件〉，遞信省宮崎局長ヨリ外務省亞細亞局出淵局長宛，1923 年 11 月 14 日，《外務省記錄》，5-3-2/ 5-1428。

[107] 〈日清汽船ノ楊子江航江ニ関スル件〉，外務省亞細亞局出淵局長ヨリ日清汽船會社竹內社長宛，1923 年 11 月 5 日，《外務省記錄》，5-3-2/ 5-1428。

[108] 〈日清汽船ノ楊子江航江ニ関スル件〉，外務省亞細亞局出淵局長ヨリ遞信省宮崎局長、海軍省大角軍務局長宛，1923 年 11 月 7 日，《外務省記錄》，5-3-2/ 5-1428。

[109] 〈日清汽船航行ニ関スル件〉，外務省伊集院大臣ヨリ在支芳澤公使宛，1923 年 11 月 7 日，《外務省記錄》，5-3-2/ 5-1428。

㈢ 反日運動的衝擊[110]

四川內戰期間，日本海軍除了必須處理軍隊、土匪對航行安全的危害外，還得面對由 1920 年代左右開始漸趨嚴重的反日、抵制日貨、抵制日輪等運動所造成的航行安全問題。[111]早自日本輪船進入長江上游開始，四川的學生組織即已威脅要抵制日本輪船。1922 年 4、5 月間學生團體即曾派出糾察隊，阻止兩艘駛抵重慶的日本輪船靠岸。日本領事要求重慶當局派兵驅趕學生糾察隊，但遭到拒絕。日本海軍軍艦鳥羽號則因必須前往上海進行修整，故艦長只能

---

[110] 1920 年代前期中日之間發生一連串衝突事件，以致雙方關係日漸緊張，如 1920 年的廟街事件、1923 年的收回旅大案、長沙事件、宜陽丸案、關東大地震戕害華僑案、德陽丸案等。廟街事件可參見張力，〈廟街事件中的中日交涉〉，《南京大學學報：哲學・人文・社會科學版》，42：1（南京，2005.1），頁 57-70。關東大地震案，可參見川島真，〈關東大震災と中國外交—北京政府外交部の對應を中心に—〉，《中國近代外交の形成》（名古屋：名古屋大學出版社，2004），頁 518-536。

[111] 1919 年底因福州興起抵制日貨運動，反日群眾與日本海軍水兵衝突，百姓多人死傷，影響所及，連重慶也出現為數 8000 餘人的學生團反日示威運動，並與警察爆發激烈衝突。學生甚至包圍警察局，高喊「亡國奴」口號，要求將日貨銷毀。重慶軍政當局為避免衝突擴大，並未介入處理。最後警方讓步，同意銷毀價值約一萬元的日貨。關於 1919 年底的重慶抵制日貨運動，可以參見 "Political Conditions in Chunking District," December 12, 1919, *Correspondence of the Military Intelligence Division Relating to General, Political, Economic, and Military Conditions in China, 1918-1941* (RG165, hererafter referred to as MID) (Washington D.C.: National Archives and Records Administration, 1987), 2657-I-26；〈重慶の排日騷擾〉，《臺灣日日新報》，1919 年 11 月 25 日第 2 版。

拜託英國海軍官員代為「照顧（重慶的）日本利益」。⑫ 1923 年 3 月後，又因收回旅順、大連運動影響，長江沿岸各港陸續爆發反日遊行示威，由外交後援會、學生會策動的抵制日貨、抵制日輪行動此起彼落，長江上游的宜昌、重慶等地亦無倖免，造成日本各商會、領事館極大壓力。⑬受到抵制日貨影響，行駛長江漢口、宜昌段的日本輪船僅有少量貨運，至於長江上游宜昌、重慶段更是遭到嚴重抵制，日船停在宜昌港無貨可運，重慶商人甚至電告將不會委託日輪運送貨物。⑭重慶的駁船業者也拒絕替日船接駁，導致日船無法正常裝卸貨物，水路交通全斷。部分反日群眾更衝入重慶日清汽船會社建物內，破壞物產，打傷人員。⑮抵制運動使得日清公司

---

⑫ 依據美國駐重慶領事館的觀察，重慶當局之所以拒絕日本的要求派兵驅趕學生糾察隊，乃是因為此舉可能刺激學生運動，造成更大的抵制風潮，也可能是因為重慶當局擔心如果過度制止學生行動，將會激起學生的反政府活動。此外，原先派駐在重慶的日本海軍軍艦鳥羽號，則是在抵制運動之前即已離開重慶駛往長江下游的上海。"Anti-Foreign Sentiment and Political Conditions in Szechuan," from American Consulate, Chunking to the Secretary of State, May 2, 1922, RIAC, 893.00/4433.

⑬ "Annual Report, 1923," Sir R. Macleay to Mr. Macdonald, April 22, 1924, Robert L. Jarman ed., *China: Political Reports 1911-1960* (Slough: Archive Editions, 2001), p656；〈最近中國各地排日行動之實例一覽表〉，〈收日本使館照會〉，1923 年 5 月 12 日，附件，收錄在中央研究院近代史研究所編，《中日關係史料：排日問題（1919-1926）》（臺北：中央研究院近代史研究所，1993），頁 322-325。

⑭ "Anti-Japanese Boycott Gains in Szechuen: Students and Others at Ichang Keep up Agitation," *The China Press*, May 15, 1923.

⑮ 〈重慶排日運動惡化〉，〈重慶にも排日運動起り日清汽船破壞〉，《臺灣日日新報》，1923 年 6 月 9 日第 2 版、6 月 10 日第 7 版。

在長江上游航運事業蒙受重大損失。而且由於四川反日輿情極度高漲，甚至當日本輪船宜陽丸號在萬縣上游附近不幸觸礁時，岸上民眾非但不提供人道協助，還威脅要攻擊上岸求援的船員。[116]

強大的反日浪潮，導致日本在華商務蒙受重大損失，重慶日本居民以及各地日本商會紛紛起而要求日本政府採取極端措施來反制或報復中國的反日運動，[117]甚至高喊中日戰爭論，[118]間接迫使日本海軍必須採取較為積極作為來保護日商利益，但也預示更為嚴重的中日衝突行將到來。1923 年 5 月，日本水兵在宜昌與反日運動群眾發生衝突。[119] 1923 年 6 月，伏見軍艦派兵在長沙登岸保護被中國百姓包圍的日商輪船，當使用空包彈威嚇無法奏效後，日軍隨之進行實彈射擊，而造成中國百姓重大死傷，引起普遍性排日風潮。[120]四川省的反日氣氛也因此日益高漲，美國駐重慶領事 1923 年 6

[116] "Boycott Still on: Aids is Refused to Wrecked Vessels," *The China Press*, July 14, 1923.

[117] 〈支那の不當を鳴さん重慶在留日本人より〉，《臺灣日日新報》，1923 年 6 月 29 日第 2 版；"Japanese Chambers in Session here Warn China: Patience Is Nearing End; Advocate Drastic Counter Measures in Retaliation against Anti-Japan Agitation through Country," *The China Press*, July 13, 1923.

[118] 在華日本商會聯合會會長即曾寫信給中國商會聯合會會長要求停止抵制日貨運動，否則中日兩國終將進入戰爭狀態。"Japanese Urge Chamber Heads to End Boycott," T*he China Press*, July 3, 1923.

[119] "Reports of Sino-Japanese Clash ay Ichang Distorted," *The China Press*, May 25, 1923.

[120] 伏見艦長的報告，可見〈丸山伏見艦艦長ヨリ小林司令官宛報告書寫〉，伏見機密第 53 號，1923 年 6 月 1 日，收錄在日本外務省編，《日本外交文書・大正 12 年》（東京：日本外務省，1979），第 2 冊，頁 46-47。北京政

月的報告，即強調「現在很難說四川省是否有明確的排外運動，但是肯定有非常強烈且明顯的反日情緒」。121同年 7、8 月湖北、四川內戰期間，日本駐宜昌領事原擬規劃商船武裝方案以強化日本商船在長江上游的航行安全，但日清汽船會社卻向領事坦言，日本商船武裝後恐將引起反日運動的攻擊。122

因此，除了原先單純的中國土匪、軍隊攻擊日輪外，又加上民族主義反日情緒的成分，迫使日本海軍調派第 24 驅逐艦隊趕赴中國，協助第一遣外艦隊擔當強化長江水道警備、保護日僑的任務。123但增援後的日本海軍似乎仍無法消除日商對於長江上游航行安全

府外交部對長沙事件的調查報告，見〈施參事履本報告〉，1923 年 8 月 20 日，北京政府《外交檔案》，03-06/8-1-24。

121 "Changing Attitude of Chinese toward Foreigners," from American Consulate, Chunking to American Minister, Peking, June12, 1923, RIAC, 893.00/5170.

122 〈森岡領事ヨリ內田外務大臣宛〉，1923 年 8 月 25 日（第 96 號），《外務省記錄》，5-3-2/ 5-1428。

123 1924 年 6 月，受長沙事件反日運動影響，日本政府從佐世保軍港調派第 24 驅逐艦隊四艘軍艦（分別為桃號、柳號、堅號、檜號）到長江，歸日本第一遣外艦隊司令官小林研蔵指揮，以強化長江水道警備任務、保護日本僑民安全。此四艘軍艦排水量為 665-835 噸、航速 30-31 節，艦上均配備有火砲 10 餘門，見〈在留邦人保護ノ目的ヲ以テ驅逐隊ノ揚子江方面出動ニ關シ通牒ノ件〉、岡田海軍次官ヨリ田中外務次官宛，官房機密第 824 號，1923 年 6 月 7 日、〈長沙筋警備ノ為驅逐艦四隻派遣ノ件〉，內田外務大臣ヨリ在中國吉田臨時代理公使、在漢口林總領事宛（電報），1923 年 6 月 7 日，《日本外交文書・大正 12 年》（東京：日本外務省，1979），第 2 冊，頁 56、61；〈全國注目之長沙中日交涉〉，《晨報》，1923 年 6 月 20 日第 2 版；〈驅逐隊を派遣す楊子江方面の邦人保護じして〉，《臺灣日日新報》，1923 年 6 月 9 日第 2 版。

的疑慮，1924 年 4 月間漢口日本商會又請求日本政府增派軍艦，因應長江上游日益嚴重的軍隊、土匪攻擊日輪事件。[124]

質言之，日本海軍雖透過建造新式軍艦、增援艦隊以及果決的武力護航政策來因應長江上游航行安全問題，但受到四川內戰方熾以及中國反日輿情高漲的雙重複合影響，使得日本海軍在應對處置上頗有捉襟見肘之感。特別是日本海軍在處理航行安全問題時，稍有不慎即可能觸動敏感的中國反日情節，造成中日衝突事件，反倒激起更為龐大的抵制運動，嚴重影響日本在華的商務活動。[125]

另外一方面，日本駐重慶副領事貴布根康吉則認為 1920 年代上半期的反日風潮與排日運動背後可能有英國與美國勢力的運作，即透過新聞媒體煽動，或是動員教會學校學生，發起反日或抵制運動。因為英、美、日在長江流域商業競爭激烈，英、美在華報紙也多半傾向於親華反日。[126]影響所及，除了造成四川百姓情緒性仇日

---

[124] 〈揚子江上流航路ノ保護方ニツキ漢口日本商業會議所陳情ノ件〉，在漢口總領事林久治郎ヨリ外務大臣男爵松井慶四郎宛，1924 年 4 月 29 日，《外務省記錄》，3-6-4/ 36-5。

[125] 有趣的是，為了避免日本軍事行動影響在華商務發展，上海的日本商人早已弄出一套應變方案：極力對上海華商表現善意，一方面設法區隔日本商人與軍人的形象，強調商人並不認同軍隊的行為，另外一方面則給予華商長期信貸，藉此減緩軍事行動與反日輿情所帶來的影響。再者，日本在華的新聞媒體也藉由指控中國反日、抵制日貨運動帶有布爾什維克性質，來分化中國與其他歐美國家。見"Foreigner in China," June 8 ,1921, MID, 2657-I-176; Stanley K. Hornbeck, "Bolshevism in China," June 13, 1921, MID, 2657-I-178.

[126] 根據美國軍事情報處的分析，自 1919 年五四愛國運動以來，英、美在華各大報，如《字林西報》（*The North China Daily News*）、《京津泰晤士報》（*The Peking & Tientsin Times*）等均日漸展露同情中國、反對日本的論調，

之外，現實上也由於抵制日輪與日貨運動的盛行，造成當地百姓主動或被動地不願意乘坐或使用日本輪船。連帶地原先與日本輪船公司有密切合作關係的中國公司，擔心受到反日運動波擊，紛紛轉而改向英、美、法、義等其他外國旗幟之下，造成日本商務上的重大損失。因此如要消除排日問題，貴布根康吉認為，必須從五個方面著手：一是日本必須投入文化事業，如設置學校（培養親日學生）、建立慈善醫院等；二是建立日本商品陳列所，推廣日本商品，改變四川人對日本的成見；三是徹底地控制重慶的中國新聞媒體，如藉由撥支機密費，控制新聞報紙，必要時將營造親日輿論，反擊英、美報紙的仇日言論；四是與當地的中國留日學生保持密切聯繫，培養其發言權；五是鼓勵日本僑民少年與當地中國學生進行網球運動交流，推動中日親善，並由日清汽船會社撥款支助設立中國學生俱樂部，內設圖書、食堂、浴場等讓中國學生瞭解日本文化與清潔習

也不主張英日同盟，甚至還出現所謂的「ABC 觀念」，即美國（America）、英國（Britain）、中國（China）合力抵抗日本。但 1921 年初由於英日同盟續約論的討論，英國在華報紙的論調又有所改變，傾向支持英日同盟續約，反美宣傳漸次浮出檯面，出現如美、日開戰，英國將支持日本的論調。見"Foreigner in China," June 8, 1921, MID, 2657-I-176.不過，隨著華盛頓會議的召開，英日同盟不再續約，英國的立場自然不再搖擺，向美國靠攏的態勢也日益明顯。關於英國對英日同盟態度的改變與定調，可以參看 Malcolm D. Kennedy, *The Estrangement of Great Britain and Japan* (Berkeley and Los Angeles: University of California Press, 1969), pp.48-59; J. Kenneth McDonald, "The Washington Conference and the Naval Balance of Power," John B. Hattendorf and Robert S. Jordan ed., *Maritime Strategy and the Balance of Power: Britain and America in the Twentieth Century* (London: The Macmillan Press, 1989), pp.192-193.

慣。[127]

五、小結

由本文實際案例處理情況可清楚得知，在長江上游地區攻擊日船事件的善後處置上，日本駐華公使館希望透過重慶領事與四川實力派軍人的地方層級交涉，來解決此案。其著眼點，與北京政府和四川之間的對立現況有很大的關係。究其實際，北京政府對於已於 1921 年宣告自治的四川省根本毫無約束力，四川軍事當局也否定北京政府的中央管轄權。[128]所以，無論日本公使如何嚴辭抗議四川軍隊攻擊日船暴行，北京政府除了以官樣文章的答覆之外，並無有效的解決辦法。中央層級交涉既然無法奏效，只能寄望於地方政府

[127] 見〈支那軍警ノ德陽丸侵入事件ニ関スル重慶新聞及學生團ノ排日行動ニ鑑シ對將來ノ善後愚見ヲ開陳シ併セテ英米トノ競爭上重慶ヲ重要視スル事ノ國家的ニ必要ナルヲ稟申ノ件〉，在重慶代理副領事貴布根康吉ヨリ外務大臣幣原喜重郎宛，1924 年 12 月 15 日，《外務省記錄》，5-3-2/ 5-1427。不過日本在華商會卻認為中國反日與抵制日貨運動實際上與直系軍閥有密切的關係。在 1923 年 7 月「日本在中國與日本商會聯合會」（Joint Conference of Japanese Chambers of Commerce in China and Japan）會議上，擔任主席的日清汽船會社經理即表示，反日運動背後乃受到直系軍閥的支持，藉此將人民注意力轉移到對日外交問題上，故直系勢力範圍內的抵制日貨運動最為嚴重。見"Japanese Chambers in Session here Warn China: Patience Is Nearing End; Advocate Drastic Counter Measures in Retaliation against Anti-Japan Agitation through Country," *The China Press*, July 13, 1923.

[128] 郭廷以，《近代中國史綱》（香港：香港中文大學出版社，1989），頁 478。

層級的交涉。但是日本駐重慶領事館似也陷入類似的困境之中。正忙於內戰與搶奪地盤的四川軍事當局，對於日本領事一再的賠償要求，幾乎置之不理，僅由重慶交涉員代為出面，堅稱攻擊事件乃土匪所為，照約不用賠償為辭，拒絕日方的要求。川、日雙方各說各話，毫無解決的可能。而日方的屢次交涉，除了換來川軍毫無實質作用的保護外輪通令外，其他仍然照舊，川軍攻擊輪船事件仍一再發生。長江上游險峻的自然環境，阻礙了軍艦上駛，也大幅降低日本動用海軍武力進行干涉的可行性。傳統正規的外交、領事交涉無法發揮應有的作用，海軍也無法像在長江中下游地區提供充分支援的情況之下，日本想要在日船攻擊事件上討回公道，縱然僅是區區的幾千元的賠償費，並非易事。

其次，由日本領事的分析報告中，可知原先川軍攻擊日本輪船並未帶有針對性或排日情緒，單純只是想課徵非法稅收或強制徵用輪船等。然而由於日船多次疑似涉入、介入四川內戰事務，無論過程中是否被迫，最終均造成川軍第一軍對與日本輪船的敵意，間接導致宜陽丸案、德陽丸案等重大中日衝突事件的發生。日本領事部門雖曾提議從產業、輿論、僑民互動、慈善事業與經濟補助等各個方向，試圖化解中日仇恨與偏見，但成效顯然有限，如何落實也是難事。再加上領事與海軍系統對於中日衝突問題的看法也不太一致，使得此類問題的善後處理更形棘手。

再者，日本海軍雖採取積極作為處理長江上游航運安全問題，但仍堅持中立立場，不介入中國內戰，也不保護違反中立的日本船隻。然而對於從事平和貿易的日本船隻，日本海軍則提供保護，派遣軍艦護航或是護衛兵登船保護。尤其自 1922、1923 年開始，鑑於長江上游地區戰爭頻繁與內政秩序瓦解的現實情況，派駐在長江流域的日本第一遣外艦隊逐漸開始採取積極的作為來強化保護日商航行安全。不過，海軍介入後也可能引起負面效應。姑且先不論此類海軍護航或動武方針是否真能達到提高航行安全的目的，強硬武裝政策所引起的後續效應，反倒可能為航行安全問題投下更不易處理的變數。因為日本海軍出動軍艦或武裝水兵，以優勢武力壓制長江上各種不確定因素，表面上看似保障了日商安全與利益，但動用武力的結果，卻可能導致中國方面百姓或軍隊的死傷，從而激起更為深刻的民族仇恨，造成日本發展商務上的致命傷。而長沙案、宜陽丸案、德陽丸案等一再發生的中日衝突事件，勢必再起漣漪引起一波波群眾運動。

最後，除了四川內戰所引起的一般航行安全問題之外，日本還需面臨日益麻煩的排日問題。肇因於日本歷來對華政策的影響，1920 年代中國各地反日情緒漸趨高漲，長江上游四川地區亦不例外，排斥與燒毀日貨、抵制日本輪船、反日示威遊行、對日商罷業等活動此起彼落，勢必嚴重影響到日商在長江上游的發展。因此，海軍介入保護與避免排日運動之間，分寸該如何的拿捏，則考驗日本駐華海軍與使領的智慧。

總結來說，駐華海軍偏向動用武力來處理長江上游航行安全問題與排日運動，但駐重慶領事館則偏向以文化事業、中日親善活動與輿論形塑來改善川人對日本的觀感。一方面由此可以略窺日本駐華海軍與領事在對華事務上不同調的情況，另外一方面無論是駐華海軍的強力壓制，抑或重慶領事館的中日親善策略，顯然均無法有效解決長江上游航行安全與反日問題，反倒形成一種惡性循環，日本政府越想確保航行安全問題，就必須動用更強勢的海軍武力介入來保護商船，卻因此引起中國方面強大的反日輿論與抵制行動，從而為航行安全問題平添更多的變數。

第七章　四國海軍聯合行動*

一、前言

我想要強調的事實為：從過去幾年我個人的經驗來看，（長江上游地區四川軍隊）對外國輪船的開槍攻擊行動一年比一年嚴重；幾年前作為實質威攝力量的外國國旗，已經迅速失去（其影響力），對於外國國旗的尊重，現在實際上也已不復存在。正是由於外國政府（對攻擊行動）的容忍，造成了此種現狀：一種（對外國的）蔑視，使得他們敢對外國軍艦開槍，違反條約規定對外國輪船進行攔截、臨檢與扣留。持續的容忍勢必將造成更為嚴重的災難，除非採取非常強硬的行動，才能重新建立這個地區的外國尊嚴。

美商大來喜號（SS *Alice Dollar*）船長給美國駐重慶領事的報告

* 本章初稿曾經審查，發表在《東吳歷史學報》，出版項為：應俊豪，〈四國海軍因應長江上游航行安全問題採取的聯合行動（1920-25）〉，《東吳歷史學報》，第 22 期（臺北，2009.12），頁 169-224。本章部分內容略有調整、刪節與增補。

（1922年9月1日）❶

自 1910 年代末期開始，隨著四川、湖北內戰的動盪與失序，長江上游地區的航行安全問題逐漸浮出檯面。首先，在軍隊、土匪交相肆虐下，民不聊生、生活困苦，長江上游地區內政失序情況日益嚴重，一般百姓處於混亂的社會環境中，極易將對社會的不滿，轉換成仇外情緒，❷間接可能使得部分帶有排外色彩的地方秘密會社，有壯大的養分與空間。❸例如長江上游沿岸的湖北、湖南以及四川萬縣，在 1921 年時即曾發生過多起地方秘密會社攻擊外國人的反教、反外運動，在華外國使領即擔心清末義和團仇外事件會再次發生。❹其次，隨著大量輪船進入長江上游地區後，外國輪船浪

❶ "G. W. Grum, Master of S.S. Alice Dollar, Chunking to American Consul, Chunking," September 1, 1922, Department of State, *Records of the Department of State Relating to the Internal Affairs of China, 1910-1929* (Washington, D.C.: The National Archives, 1960) (hereafter referred to as RIAC), 893.00/4707.

❷ 熟悉中國事務的美國專家即曾分析：中國人往往傾向將國家的動盪歸諸於外人的過錯，認為軍政官員的不當行為其實都是受到外國人的指使。見 "Political and Social Conditions in China," June 9, 1921, Correspondence of the Military Intelligence Division Relating to General, Political, Economic, and Military Conditions in China, 1918-1941 (RG165, hererafter referred to as MID) (Washington D.C.: The National Archives and Records Administration, 1987), 2657-I-177.

❸ "Banditry on the Upper Yangtze," June 7, 1920, MID, 2657-I-140.

❹ 根據中國內地會（China Inland Mission）與英國駐重慶領事館的調查，四川萬縣地區的「神兵」（Shen Ping）組織，屬於紅燈照分支的秘密會社，其原先發起叛亂的目的，並不帶有反外或反教性質，僅單純為了反抗地方軍隊的侵壓與科徵雜稅，但後來卻演變成具有反基督教、反洋人特徵的排外運動。

沈華籍木船事件時有所聞。❺飽受浪沈之苦的中國百姓與軍隊從而敵視輪船，抵制、攻擊等報復外輪的行動亦隨之而來，間接使長江上游航行安全問題更為複雜化。❻再者，處於社會秩序瓦解的大環境下，駐防或盤據長江上游湖北、四川等地沿岸的軍隊與土匪，對於外國輪船的直接騷擾與攻擊行動也日漸頻繁。外船遭到攔停、攻擊或劫掠之事時有所聞。❼整體而言，長江上游極度不安定的情

英國領事即認為此宗教組織與義和團有許多相似之處：宣稱信徒刀槍不入、推翻現有政權，最後演變成攻擊外人的運動。英國駐北京公使還為此照會北京政府外交部，要求採取緊急措施鎮壓反外運動，以避免此類宗教狂熱活動持續擴散。英國外交部雖然請求海軍的協助，但仍對此現象感到憂心，因為排外運動發生的地點四川「完全不受中央政府的控制，也不在軍艦可以提供保護的範圍，我們完全無能為力」見"Mr. Darlington, China Inland Mission to Acting Consul Pratt, Chunking," May 18, 1921; "Acting Consul Pratt, Chunking to Sir B. Alston, Peking," May 24, 1921; "Sir B. Alston to Wai-chiao-Pu," June 21, 1921; "Sir B Alston to Earl Curzon," June 30, 1921; "Political Situation in China," August 1921, FO371/ 6615.

❺ 所謂浪沈，即是指噸位大、速度快的輪船，在駛近噸位小、速度慢的木船時，如未保持安全距離或減低速度，輪船的尾浪極易將木船捲入，導致木船翻覆，構成浪沈事件。關於輪船浪沈木船與川民仇視外輪的情形，可以參見金問泗，〈英艦非法砲擊萬縣案經過情形之回顧〉，《東方雜誌》，27：15（1930.8.10），頁35-36。

❻ "Annual Report of Events in China for the Year 1921," Sir B. Alston to the Marquess Curzon of Kedlestone, Foreign Office, February 14, 1922, FO371/8033.

❼ "Commander-in-chief, China Station. To Admiralty," December 18, 1923, Ann Trotter ed., *British Documents on Foreign Affairs: Reports and Papers From the Foreign Office Confidential Print* (Bethesda: University Publications of America, 1994), Part II, Series E, Asia, 1914-1939, Volume 28, China, June 1923- December 1924 (hereafter referred to as *BDFA, 1923-1924*), p.155.

勢，使外人生命財產安全受到嚴重威脅。

從大歷史的派絡來說，1920 年代上半期，列強對華整體態度是相當友善的。一方面，自 1917 年俄國革命以來，受到布爾什維克推動世界革命的影響，列強對華態度已有所改變，顧慮中國可能受到布爾什維克的啟發，產生激進的反帝、反西方行動，故傾向採取較為溫和的對華政策，避免引起不必要的動盪與不安。❽二方面，自 1921、1922 年美國推動召開華盛頓會議，簽訂九國公約以降，更確立在未來對華事務上，列強將採取以美國為中心的合作協調政策，尊重中國主權的獨立與領土完整，不利用中國現狀擴大特權，同時給予一個完整無礙的機會讓中國發展出一個穩定的政府，此即所謂的華盛頓會議體制。❾三方面，原先利用歐戰期間大肆擴張在華勢力範圍的日本，有鑑於戰後巴黎和會與華盛頓會議中國問題所引起的風波，以及美國對日本的懷疑與猜忌，所以在對華事務上也較為收斂，而採取與列強協調的方針。❿在上述的環境影響

---

❽ 最明顯的例子莫過於美國總統威爾遜在巴黎和會上所發表的看法，他曾指出擔心布爾什維克（Bolshevik）革命之火，會在亞洲悶燒，最後引發「森林大火」，危及世界和平。見'Mantoux's Notes of A Meeting of Council of Four', April 18, 1919, Arthur Stanley Link, ed., *The Papers of Woodrow Wilson* (hereafter referred to as *PWW*), 69 vols. (Princeton: Princeton University Press, 1966-94), vol.57, p.454.

❾ 關於華盛頓會議體制，請參見入江昭的見解，Akira Iriye, *After Imperialism: The Search for a New Order in Far East, 1921-1931* (Cambridge: Harvard University Press, 1965), pp.13-22.亦可參見王立新，〈華盛頓體系與中國國民革命：二十年代中美關係新探〉，《歷史研究》，2（北京，2001），頁 56-68。

❿ 林明德，《近代中日關係史》（臺北：三民書局，1984），頁 260-262。

下，以美國為首的列強，究竟如何因應長江上游日益嚴重不安的局勢？

在長江上游有重大商業利益的英、美、日、法等國家，雖曾透過外交途徑，以四國聯合照會的方式，要求北京中央政府肩負起因地方失序所導致的外人損害責任，但也僅止於口頭宣示，無力實際解決問題。⓫各國為確保本國籍船隻的航行安全，同時維護條約利益，挽回失去的國家體面與護衛輪船上的國旗尊嚴，紛紛出動海軍艦隻進行護航行動。1920 年代美、英、日、法四國均有在長江流域部署海軍艦隻，但受限於上游特殊的地理環境、水淺流急，能夠通過三峽航行於上游地區的軍艦數量不多，每一國海軍平均約只有 2 至 3 艘軍艦長期駐防長江上游宜昌至重慶地區。⓬所以，單一國家的個別海軍行動，力量極其有限，似乎並不能徹底有效地改變長江上游地區整體不佳的社會秩序，輪船在航行中遭受到的攻擊事件也是持續不斷。其實，依據美國海軍部的資料，1920 年代初期在華擁有海軍武力的有英、美、法、日四國之間，即訂有一套海軍工作協定：

⓫ 1918 年 2 月英、法、日、美四國駐北京公使館以外交通牒方式向外交部「抗議（四川、湖北）地方當局無視條約規定，對於長江上游的外國人生命財產安全，未能提供適當的保護，因此要求（中央政府）應擔負起地方官員失職所造成的損失。」北京外交部的答覆中，雖承認依照條約規定，地方官員負有保護外人職責，但拒絕承擔相關的損失責任。見“British Legation to Foreign Office,” May 12, 1920, FO 371/ 5342.

⓬ 〈德陽丸射擊事件〉，北京伊集院大臣ヨリ在漢口林總領事宛，1923 年 10 月 21 日，《外務省記錄》，5-3-2/ 5-1427。

> 視情況允許，在長江水域（列強）砲艦行動的立即範圍內，計畫採取協調行動保護外國居民的生命財產安全。⓭

原則上各國軍艦僅保護其所屬國民的權益。但「當有不同國家兩艘或兩艘以上的軍艦出現在同一危險水域時，軍艦將保護所有（外國）國民的生命財產安全。」⓮然而，此海軍工作協定顯然成效有限，不足以因應日漸嚴重的航行安全問題。因此，美、英等列強開始反思聯合行動的可行性與必要性，亦即透過聯合列強駐華海軍、外交與領事機構，採取共同一致行動，一方面藉由外交使領交涉，督促中國中央政府與四川、湖北等地方政府正視長江上游地區的航行安全問題，另一方面透過實際海軍武力的展現與威嚇，尋求長江上游航行安全問題的根本解決。

究其實際，1920 年代上半期中國割據分裂、內戰頻繁、財政破產等整體亂象日益惡化，嚴重危害各國在華商業利益與發展，但要改正中國混亂局面，又非單一國家所能處理。⓯因此，在華盛頓

⓭ "The Secretary of the Navy (Denby) to the Secretary of State," August 24, 1921, Department of State (United States), *Papers Relating to the Foreign Relations of the United States, 1921* (Washington: Government Printing Office, 1938) (hereafter referred to as *FRUS*), Vol. I, pp.526-527.

⓮ "The Secretary of the Navy (Denby) to the Secretary of State," August 24, 1921, *FRUS, 1921*, Vol. I, pp.526-527.

⓯ 1924 年 1 月英國《泰晤士報》（*The Times*）一則中國現狀評論，強調由於中國的分崩離析，唯有列強合作協調方能維護條約利益：「中國不再是一個有組織的國家，而是一個個小領地的聚合體，對外國的條約與道德責任，絕大部分均不會受到尊重……。然而這種情況也不是無法改變。只要列強協調以

會議體制下，由美、英等國致力於推動彼此合作協調，藉由國際共管中國事務來因應危局，⑯諸如國際共管中國財政、鐵路等亦成為外國在華公眾經常探討的議題。⑰而列強採取海軍聯合行動處理長江航運安全問題，也是屬於此類思維下的產物。換言之，長江上游航行安全問題與四國海軍聯合行動，適足以用來檢視華盛頓會議體制在面對中國現狀挑戰時的反應與成效。

及採取共同政策來確保外國利益與條約，就能舒緩這種情況。」見"Anarchy in China: Peking Powerless," *The Times*, January 30, 1924.

⑯ 1921 年美國海軍部情報處一份中國政情報告，即歸結「根據過去幾年的經驗，中國官僚體系只會繼續墮落腐敗，我們相信，重建的力量必定來自外在。當外國列強已受夠中國的混亂時，一種有時間限制的國際共管（International Control）將會帶來改變的力量」。另外一份中國現狀報告，也認為「沒有一個強人有能力統一整個國家，除非國際共管施行，否則中國將持續陷入紛亂」。Office of Naval Intelligence, Navy Department, "Political Conditions in China," August 9, 1921, MID, 2657-I-181; "Situation in China," August 13, 1921, MID, 2657-I-206.

⑰ 例如 1921 年時英國即擬提議籌組一個委員會來管理中國。1922-23 年時英國又提議由國際共管中國鐵路，非但可以確保外國債權無虞，同時也能夠免除軍閥、土匪對鐵路的危害，維持鐵路通行無礙，對於中外商民往來通行貨運均有所助益。見"Chinese Opinion of Anglo-Japanese Alliance," June 17, MID, 2657-I-179; "Annual Report of Events in China for the Year 1922," Mr. Clive to the Marquess Curzon of Kedleston, Foreign Office, January 27, 1923, FO371/12149; "Annual Report of Events in China for the Year 1923," Sir R. Macleay to Mr. Macdonald, Foreign Office, April 22, 1924, F O371/12490.不過根據美國海軍部情報處的評估，日本政府「極度不贊同國際共管中國的作法，因為腐敗的中國政府，更容易從中獲利」，見 Office of Naval Intelligence, Navy Department, "Political Conditions, Far East," October 12, 1921, MID, 2657-I-201.

關於 1920 年代長江上游航行安全問題與列強海軍的研究，國內尚無相關研究成果；國外方面，則以美國學者的研究較為重要。⓲美國學者多是利用國務院與海軍部檔案，針對美國駐華海軍史進行深入研究，其關懷重點都是以美國為中心導向的；換言之，即是專門探究美國政府對華政策與海軍動向。然而，對於中國現狀的發展以及其他各國海軍的合作狀況，則較少著墨。自華盛頓會議以來，雖然美國在主導列強對華政策與行動上，已逐漸發揮其影響力，可是如果不能將中國本身的情況與英、日、法等國海軍部署一併納入探討，將不足以明瞭 1920 年代上半期在長江上游的列強海軍聯合行動如何產生，成效又是如何。簡言之，本文將在前述研究基礎上，深入探究為了因應長江上游航行安全問題而提出的四國海軍聯合行動，並剖析各國駐華使領與海軍內部的協調與歧見。

二、列強合作：四國海軍聯合行動

1920 年前後，長江上游地區內政失序情況日益嚴峻，土匪肆虐，任意攻擊往來船隻，外商船隻亦深受其害；沿岸駐防軍隊非但未能鎮壓土匪，善盡保護外人之責，反倒變本加厲在各防區私設稅關，向通過船隻強索軍事稅捐、保護費，稍有不從即扣押船隻或開

⓲ Bernard D. Cole, *The United States Navy in China, 1925-1928* (Auburn: Auburn University Ph.D. Dissertation, 1978); Kemp Tolley, *Yangtze Patrol: The U.S. Navy in China* (Annapolis: Naval Institute Press, 1971); William Reynolds Braisted, *Diplomats in Blue: U.S. Naval Officers in China, 1922-1933* (Gainesville: University Press of Florida, 2009).

火攻擊。影響所及，長江上游航行安全問題已逐漸成為外人眼中的棘手問題。⑲

1920 年 5 月，在長江流域有重大商務利益的英國「中國協會」（China Association）漢口分會致函英國駐漢口總領事：

> 近幾個月來在長江上游發生許多令人遺憾的事件……我們決議請你電告英國駐北京公使館，立即採取措施減緩事態惡化，並提供這個水域內英國輪船與木船充分的保護。我們建議，英國海軍與美國海軍之間的積極合作，將會是有效解決目前困境的好方法。⑳

漢口英國商會亦同聲附和，大力鼓吹英、美兩國海軍當局在長江上游擬定一套合作計畫，並立即付諸實行，以確保長江上游貿易安全。㉑

1920 年 6、7 月間，英國海軍派駐在長江上游的資深軍官伯瑞少將（Real-Admiral Borret, Senior Naval Officer on the Upper Yangtze）與駐北京公使艾斯敦（Beilby Francis Alston）商議長江上游航行安全問題的因應之道，認為應由英、美、日三國駐華海軍將領會商，共同籌組護航

---

⑲ "W. Stark Toller, Acting Consul, Chunking to Beilby Alston, Peking," June 9, 1920, FO 371/ 5342.

⑳ "China Association Hankow Branch to Consul-General, C.C. Kirke, Hankow," May 28, 1920, FO 371/5342.

㉑ "British Chamber of Commerce, Hankow to Acting Consul-General, C.C.P. Kirke, Hankow," May 24, 1920, FO 371/5342.

艦隊保護商船，並巡邏危險區域。然而，經過三國海軍將領實際討論後，因日本海軍無意加入，故最後僅由英國與美國海軍艦隊共同合作執行巡邏任務，保護英、美船隻。㉒美國與英國海軍之間，也有一種合作的默契：由於英國軍艦吃水較淺，故由英國軍艦負責護航兩國商輪，而由吃水較重的美國軍艦負責保護條約口岸外人生命與財產的安全。㉓換言之，1920 年代初期長江上游較為密切的海軍聯合行動，僅限於英、美兩國之間，法、日兩國海軍顯然並未積極參與。

1920、1921 年又歷經兩次宜昌兵變，外人生命財產安全遭到嚴重威脅，㉔長江上游地區外人與輪船航行安全問題，更成為英、美等條約列強關注的重要課題。㉕ 1921 年 7 月，美國駐北京公使

㉒ "Piratical Attacks on British and American Shipping by Chinese Brigandage and Soldiers on Upper Yangtze," Mr. Clive to Earl Curzon, July 21, 1920, FO 371/5342.

㉓ "Naval Protection for Chinese Junks Chartered by Americans and Flying the American Flag," from American Consulate General, Hankow to American Minister, Peking, September 22, 1921, RIAC, 893.00/4176.

㉔ 長江上游的重要港口宜昌，於 1920 年 11 月與 1921 年 6 月先後發生兩次重大兵變。當地駐軍因欠餉譁變，劫掠宜昌中外商區，造成外國商業損失。關於兩次宜昌兵變的來龍去脈及其交涉經過與結果，可以參見應俊豪，《丘八爺與洋大人——國門內的北洋外交》（臺北：國立政治大學歷史系，2009），第二章「從軍隊兵變與中外反應討論危害外商事件——1920、1921 年湖北兵變損及外商案」，頁 65-134。

㉕ 宜昌、武昌兵變後，美國與日本海軍甚至準備必要時動用武力。見 Naval Intelligence Division, Naval Staff, Admiralty, *Secret Admiralty Weekly Intelligence Summary (W.I.S.)*, No. 31 (August 6, 1921), p.4, *The Cabinet Paper, 1915-1978*, CAB/24/127: 0007.

館向國務院報告，「中國當局已擺明無力，也無意鎮壓長江特別是宜昌上游地區的土匪、違約徵稅與其他非法行動」，因此列強只能依靠自己；有鑑於各國駐長江艦隊往往各自巡邏河道，缺乏具體的協調計畫，如要保護外國人生命財產，莫過於籌組一支長江國際巡邏艦隊（an international patrol of the Yangtze river）。㉖美國亞洲艦隊司令也認為「要真正保護長江流域的外國人，必須仰賴外國軍艦的巡邏」。㉗美商美孚公司駐漢口代表則於 1921 年 10 月向美國政府建言：要終止四川軍隊攻擊輪船的行為，確保外國國旗的尊嚴，以及因應四川地區普遍性排外情緒與抵制運動，唯一的辦法即是「列強共同行動，籌組巡邏艦隊，打通長江上游航運」。㉘英國政府亦持相同看法，為防範未來可能的動盪與不安，最重要的工作，即列強駐華海軍當局在必要時，能夠協調採取及時行動；故英國積極尋求與美國海軍在長江事務上的協調與合作。㉙

簡言之，隨著四川內部動盪以及長江上游日益嚴峻的局勢，也使得各國駐華使領與海軍官員反思進一步強化海軍合作的可能性。

㉖ "American Charge d'Affaires ad interim to the Secretary of State," July 11, 1921, RIAC, 893.102Ic/18.

㉗ "American Charge d'Affaires ad interim to the Secretary of State," August 22, 1921, RIAC, 893.102Ic/27.

㉘ "Political Situation at Ichang," by P.S. Hopkins, Manager of Standard Oil Company of New York, Hankow, October 1921, RIAC, 893.00/4146.

㉙ 英國方面尤其希望能與美國駐華海軍採取更密切的聯繫與協調。"The Secretary of the British Embassy (Craigie) to the Chief of the Division of Far Eastern Affairs, Department of State (MacMurray)," August 6, 1921, RIAC, 893.102Ic/21.

尤其在1922年7、8月間，受到四川、湖北內戰加劇的影響，軍隊任意槍擊輪船的情形更趨嚴重，行駛於長江上游宜昌、重慶間的各國輪船（甚至軍艦）幾乎都不能倖免。㉚

1922 年 7 月初，英國駐重慶領事在領事團會議中，提議尋求各國派駐重慶海軍艦長會議的贊同，如將來外國輪船在四川地區遭到中國軍隊的攻擊，則巡邏於宜昌重慶之間的各國軍艦，將立即採取報復性的反擊行動。㉛同月，英國領事再度探詢美國領事的態

㉚ 〈中華民國十一年重慶口華洋貿易情形論略〉，上海通商海關造冊處譯，《中華民國海關華洋貿易總冊》（臺北：國史館史料處重印，1982），1922年第 1 卷，頁 11。例如 1922 年 7 月，日本輪船行地號、宜陽丸在涪州、英國輪船在重慶上游地區遭到四川軍隊槍擊；8 月，英國軍艦小鳧號（HMS *Teal*）、赤頸鴨號（HMS Widgeon）在萬縣與重慶、日本軍艦鳥羽號在夔州，以及美國輪船大來喜號、法國輪船新蜀通、福源號等在涪州，亦先後均遭到四川軍隊的開槍或開砲攻擊。見〈貴布根領事代理ヨリ內田外務大臣宛〉，1922 年 7 月 27 日；〈雲陽丸被擊ニ関スル件〉，在重慶領事代理副領事貴布根康吉ヨリ外務大臣伯爵內田康哉殿宛，1922 年 8 月 1 日；〈宜昌清水領事代理ヨリ內田外務大臣宛〉，1922 年 8 月 24 日，《外務省記錄》，5-3-2/ 5-1427；"Political Conditions in Szechuan," from American Consulate, Chunking to American Minister, Peking, August 20, 1922, RIAC, 893.00/4694; "Memorandum from Commander Geography Gerlett of HMS Widgeon to American Consul, Chunking," August 1922, RIAC, 893.00/4694; "G. W. Grum, Master of S.S. Alice Dollar, Chunking to American Consul, Chunking," September 1, 1922, RIAC, 893.00/4707.

㉛ 不過，英國的提案並未在領事團會議中達成共識。日本領事即主張此類重大事件，應俟政府訓令後方能討論。此外，美國駐重慶領事在事後也曾對日本領事表示，認為英國提案過於偏激。見〈雲陽丸被擊ニ関スル件〉，在重慶領事代理副領事貴布根康吉ヨリ外務大臣伯爵內田康哉殿宛，1922 年 8 月 1日《外務省記錄》，5-3-2/ 5-1427。

度，希望英、美兩國海軍軍官能召集一次會議，會商「在（長江）宜昌到重慶之間組成一隻聯合巡邏艦隊」，對於攻擊外國輪船的軍隊，採取「直接報復」行動。英國領事認為，在英、美海軍聯手的後盾下，可由兩國領事「共同照會地方軍事當局，威脅其必須盡一切努力阻止類似事件一再發生」。㉜美國領事雖然並不認同採取「直接報復」行動，但同意與英國以及其他領事共同照會中國地方軍事當局抗議輪船攻擊事件，也樂於推動各國海軍將領會議，會商籌組共同巡邏艦隊之事。㉝ 7 月 14 日，美國駐重慶領事利用與日本領事晤談的機會，建議日本領事與其海軍部門充分溝通，協議各國海軍如何採取「共同動作」，以防止長江上游航行安全問題的惡化。㉞ 1922 年 8 月 22 日，法國駐華公使也向日本公使小幡酉吉探詢由各國海軍採取協同措施，以提供宜渝段外國商船適當保護的可

㉜ "British Consulate, Chunking to American Consulate, Chunking," July 12, 1922, RIAC, 893.00/4627.英國領事同時也向英、美、法、日四國重慶領事團提案，為保護航運安全，希望各國砲艦採取「共同動作」。見〈米国ノ楊子江商権保護並ニ日英米仏砲艦兵共同動作ニ関スル楊子江艦隊参謀談話ノ件〉，在重慶領事代理副領事貴布根康吉ヨリ外務大臣伯爵內田康哉殿宛，1922 年 9 月 22 日，《外務省記錄》，5-3-2/ 5-1427。

㉝ "American Consulate, Chunking to British Consulate, Chunking," July 12, 1922, RIAC, 893.00/4627.美國駐重慶領事的意見，也獲得美國駐北京公使館的認同。見"American Minister, Peking to American Consulate, Chunking," July 26, 1922, RIAC, 893.00/4626.

㉞ 美國領事乃是利用法國大革命紀念日，各國領事齊聚法國領事館之際，與日本領事談論海軍合作問題。見〈雲陽丸被撃ニ関スル件〉，在重慶領事代理副領事貴布根康吉ヨリ外務大臣伯爵內田康哉殿宛，1922 年 8 月 1 日《外務省記錄》，5-3-2/ 5-1427。

能性。[35]

顯而易見，英、美、法、日四國外交使領機構（尤其重慶領事團）在 1922 年下半年，已充分意識到四國領事與海軍必須採取更為有力的共同措施，方能維護長江上游航行安全。在四國領事的部分，很快就有了結果：1922 年 7 月 27 日，英、美、法、日四國駐重慶領事團聯合以「最強烈的抗議」照會外交部駐重慶交涉員，要求立即轉告軍事當局應嚴格約束部隊，不得再攻擊外國輪船。[36]但四國海軍的共同行動部分，則有待各國海軍部門的協商與推動。

㈠ 美國長江巡邏隊指揮官菲爾樸斯（W. W. Phelps）的提案

持續惡化的中國局勢、幾年來層出不窮的槍擊輪船事件，以及英、美、法、日等國外交、領事官員的一再建議，上述強化各國海軍在長江上游合作、採取聯合行動保護輪船的計畫，最後終於獲得各國駐華海軍將領的呼應。

美國駐長江巡邏隊指揮官菲爾樸斯率先發難，他認為要解決長江上游輪船航運安全問題，有賴於列強的聯合行動：「要能成功與四川當局交涉，必須要有條約列強的聯合行動」。1922 年 9 月，菲爾樸斯決定推動美、英、法、日四國駐華海軍將領會議，並希望在獲得領事單位副署後，由會議擬定一份聲明，一方面承諾輪船將

---

[35] 〈在北京小幡公使ヨリ內田外務大臣〉，1922 年 8 月 27 日，《外務省記錄》，5-3-2/ 5-1427。

[36] "Despatch from Consular Body to Commissioner of Foreign Affairs," July 27, 1922, RIAC, 893.00/4677.

保持中立、謹慎航行，如浪沈木船，也將賠償損失，另一方面則督促四川當局必須嚴格禁止槍擊輪船、停止對輪船非法臨檢搜索。㊲換言之，即透過四國海軍與領事部門的共同保證與施壓，來確保長江上游航行安全。此外，在菲爾樸斯正式決定推動四國海軍合作方案之後，其參謀也開始試探性向日本駐重慶領事詢問合作的可能性，所提的方案為：自 1923 年夏季開始，四國在長江上游宜昌、重慶之間各港口派駐 1 艘軍艦，一方面可以防止中國軍隊對外國輪船非法實行臨檢或課稅，二方面一旦發生攻擊輪船事件，四國海軍可立即採取聯合行動保護輪船與商業利益。㊳

1922 年 11 月菲爾樸斯訪問北京，並與美國駐華公使舒爾曼（Jacob Gould Schurman）商討舉辦四國海軍將領會議一事，獲得舒爾曼的認同；㊴但舒爾曼建議在召開軍事會議前，由他先行在北京與英、法、日三國公使就長江上游航運問題進行非正式的會談。㊵此外，美國國務院也與海軍部針對此事進行磋商，海軍部表示將不會

㊲ "Commander, Yangtze Patrol Force to Commander-in-Chief, Asiatic Fleet," September 24, 1922, RIAC, 893.811/479.

㊳ 〈米国ノ楊子江商權保護並ニ日英米仏砲艦兵共同動作ニ関スル楊子江艦隊参謀談話ノ件〉，在重慶領事代理副領事貴布根康吉ヨリ外務大臣伯爵內田康哉殿宛，1922 年 9 月 22 日，《外務省記錄》，5-3-2/ 5-1427。

㊴ "Information Concerning A Conference," Commanding Yangtze Patrol Force to Commanding Officer, U.S.S. Palos & Monocacy, January 28, 1923, RIAC, 893.811/514.

㊵ 舒爾曼也建議菲爾樸斯在召開四國軍事會談時，最好能邀集四川將領一起與會，以確保他們願意一同合作。"The Minister in China, Peking to the Secretary of State, Washington" November 21, 1922, RIAC, 893.811/481.

介入四國海軍會議及其後續問題，而由美國駐亞洲艦隊司令全權處理。㊶

1922 年 12 月菲爾樸斯寫信給日、英、法四國海軍駐長江指揮官，針對長江上游航行安全問題，提出他個人的看法與因應之道。信中，菲爾樸斯預擬了一份準備由四國海軍指揮官直接給長江沿岸四川軍事將領的照會草案，以供其他三國海軍指揮官參考。該草案主要就如何改善長江上游航行安全問題，細部規定四川軍事當局與四國海軍方面應採取的措施與作為：

1. **四國駐長江海軍未來應採行的作為**

(1)繼續督促外國輪船航行時避免殃及木船。

(2)繼續督促外國輪船嚴守中立原則，不得運送軍火軍隊與介入內戰。

(3)建議海關總稅務司改進長江上游的航行訊號，以便輪船與木船能保持良好溝通，避免雙方行駛過近，造成浪沈。

(4)此封信件將會翻成中文，經由長江上游的海軍軍官傳送給沿岸的四川將領。

2. **四川軍事當局未來應採行的作為**

(1)應盡一切方法停止攻擊輪船的行為。

(2)應下令長江沿岸四川所有低階軍官不得再派遣軍隊登上外國輪船，也不得再指控外國輪船違反中立。

㊶ 美國國務院派遣遠東司官員與海軍部情報、作戰部門官員磋商列強海軍在長江聯合行動問題，海軍作戰部官員答以：將由亞洲艦隊司令全權處理此事，海軍部不會介入。見“Memorandum,” Division of Far Eastern Affairs, April 18, 1923, RIAC, 893.811/481.

⑶應命長江沿岸民政首長與低階軍官去管理木船業者，避免不必要的浪沈事件。

⑷應認可此份信件，並將中文譯本傳達給長江上游沿岸所有民政與軍政長官，並命其廣為宣傳此文件，以及教導士兵對於友好國家人民應有的責任。[42]

簡言之，菲爾樸斯認為外國輪船頻頻遭到攻擊的原因，可以區分外國輪船的責任與四川人民與軍人的責任兩部分。在外國輪船的責任部分，主要還是浪沈木船與運送違背中立原則的物資等。只要各國分別對其國籍輪船公司施壓，避免浪沈木船與停止運送違法物資，即可獲得解決。[43]菲爾樸斯之所以將輪船浪沈木船事件納入長江上游航行安全問題一併考量，乃由於 1921 年下半年時曾因輪船浪沈木船頻傳，引起重慶地區龐大的抵制輪船浪潮，苦力也加入抵制運動，造成輪船無法正常裝卸貨，以致輪船航運業務完全停擺。同時，也由於浪沈木船事件中，部分沈沒木船上運有四川軍隊與軍事物資，故川軍也成為浪沈事件受害者，乃一同加入抵制運動。影響所及，長江上游兩岸川軍紛紛使用武器攻擊往來輪船，構成嚴重的

---

[42] "A Draft of Communication," the Present Senior Officers in Command of the Naval Forces Respectively of Japan, Great Britain, United States and France Operating on the Yangtze River to the Szechuanese High Military Commanders along the Upper Yangtze", RIAC, 893.811/513.

[43] 關於菲爾樸斯對於長江上游航行安全問題與木船與輪船之爭的看法，亦可以參見 William Reynolds Braisted, *Diplomats in Blue: U.S. Naval Officers in China, 1922-1933*, pp.66-67.

航行安全問題。㊹至於四川人民與軍人的責任部分，即是要設法提醒他們對於外國條約利益的尊重。此外，更為重要的，菲爾樸斯認為以往四國多半各自向四川當局交涉，但成效不彰，因此最好的辦法莫過於由四國海軍採取聯合行動，直接一起向四川軍事當局施壓，將會有「非常大的成效」。菲爾樸斯建議召開一次四國海軍將領會議，俾深入商討細節問題。㊺

作為對菲爾樸斯提案的回應，1923 年 2 月，法國駐美使館派人與美國國務院遠東司官員洽商長江上游航行安全問題，也建議由列強駐華海軍採取聯合行動以進行「有效的干涉」，同時搭配外交領事代表向中國政府與各地方當局共同發表強硬聲明，希望「藉由法、英、美、日外交與軍事雙重行動，將不只可以給四川，更可以給整個中國帶來可觀的道德作用」。㊻

日本海軍則認為美方提案主要環繞在兩個主題上，一是如何制止中國軍隊、土匪對於外國輪船的不法行為問題、二如何解決是外

㊹ 1921 年下半年的輪船浪沈木船事件與抵制風潮，後來由重慶海關監督、各國駐重慶領事團、輪船公司與川軍等各方代表一同會議協商後善後之法，一方面由輪船公司出錢賠償浪沈受害者，二方面則擬議修改長江上游航行章程，限定輪船航速與木船承載量，以減少浪沈事件的發生。關於 1921 年輪船浪沈木船事件與抵制運動等相關問題，可以參見〈商情：重慶，兵匪勢力下之四川商業談〉，《上海總商會月報》，2 卷 8 期（上海，1922.8），頁 17-19；"The Junks Sunk in the Gorges," *The North China Daily News*, January 3, 1922.

㊺ "Letter from Rear Admiral W.W. Phelps to the Senior Japanese, British and French Naval Commanders on the Yangtze," December 3, 1922, RIAC, 893.811/513.

㊻ "Memorandum of Conversation with Mr. Henry, 2nd Secretary of the French Embassy," Division of Far Eastern Affairs, February 13, 1923, RIAC, 893.811/498.

國輪船浪沈民船、木船問題。日本覺得這兩個問題毫無關連，解決之法也不一樣，如果將之混為一談，將來一旦再發生輪船浪沈木船事件，中國方面將會以此為口實，合理化軍隊攻擊或騷擾外國輪船的行為，故應分別處理。關於第一項，日本建議四國海軍應在適當時機警告中國當局，不得攻擊合法通商的外國輪船、不得強迫外國輪船運輸軍事物資、不得對外國輪船登船臨檢搜索，以及應儘速解決土匪問題等。關於第二項，日本則建議商請海關稅務司儘速制訂有關航行警戒標示以及規範汽船速率及行船法。㊼

日本駐重慶領事貴布根康吉也認為美方將浪沈木船問題與外國輪船被攻擊事件放在一起基本上毫無價值。因為浪沈事件鮮少與輪船攻擊事件有關，浪沈的受害者多是木船船主、水夫與貨主，而輪船攻擊事件的加害者多是軍隊，兩者並無緊密的關連性。此外，內戰期間外國輪船自發性違反中立行為也並不多見。因此，貴布根認為四川軍隊攻擊輪船的真正原因在於其他方面。首先，四川內戰期間，軍隊往往任意截停佔領區內往來的木船，但對於外國輪船卻無法命之停船，故有損其自尊心，乃開槍洩憤。其次，軍隊開槍威嚇的目的，自然是想迫使輪船停船，勒索稅金（例如萬縣駐軍）。第三，則是內戰期駐軍間懷疑輪船運有其他敵軍，故開槍射擊。最後則是作為軍費主要來源的鴉片貿易，在從重慶輸往宜昌、萬縣時遭到海關扣押而無法運送，而輪船又拒絕為其運送鴉片，故在雙重仇

㊼ 〈米原案ノ內容ニ関スル日本意見〉，收錄在〈上楊子江通商航江保護ニ関スル日英米佛海軍首席指揮官會議指導方針〉，倉賀野第一遣外艦隊參謀ヨリ重慶貴布根領事殿宛，1923 年 1 月 20 日，《外務省記錄》，5-3-2/ 5-1427。

恨下，開槍攻擊輪船。㊽

㈡ 上海四國海軍會議

1923 年 2 月 19 日上午，英、美、法、日四國駐華海軍將領正式於上海日本總領事館開會討論。雖然日本海軍、領事內部事前曾對美國方案有所質疑，㊾但四國海軍還是對於長江上游四川地區日益嚴重的砲擊外國輪船事件，達成一項決議案，企圖利用四國海軍力量，要求中國方面保證類似事件不再發生。㊿此份由四國海軍將領決議案如下：

㊽ 〈アドミラル　フエルプスノ提議ニ對スル批評〉，重慶貴布根康吉ヨリ漢口小林司令官閣下宛，1923 年 1 月 10 日，《外務省記錄》，5-3-2/ 5-1427。

㊾ 四國海軍會議召開前，日本駐重慶領事貴布根曾向駐華公使小幡酉吉分析日本參與美國所提聯合警告的利弊得失。貴布根評估在四川相關問題上，日本向來與外國採取同一步調，但是日本如果不參與美方所提的聯合行動，將可展現出日本對四川特別優待的態度，從而強化與四川軍隊（尤其是高階留日軍官）間的友善關係，有助於中日「同文同種提攜」、親善政策。不過目前推動此理想政策的時機尚未成熟，故現階段日本仍應該依照美國所提方案與其他三國共同合作，採取有效的措施，徹底解決中國軍隊的暴行，確保日本在長江上游的航運利益。見〈揚子江上游ニ於ケル外國船舶被害事件ニ對シ善後措置講究ニ関スル件〉，在重慶領事代理副領事貴布根康吉ヨリ在支那特命全權公使小幡酉吉宛，1923 年 2 月 10 日，《外務省記錄》，5-3-2/ 5-1427。

㊿ 四國海軍指揮官於 19 日上午 10 點開會討論，同日下午議決，20 日下午一點於法國軍艦上簽署。此次會議紀錄，可參見〈上楊子江通商航江保護ニ関スル日、英、米、佛海軍首席指揮官會議ノ件〉，倉賀野第一外遣艦隊參謀船津上海總領事殿，1923 年 2 月 20 日，《外務省記錄》，5-3-2/ 5-1427。

> 過去兩年來，懸掛各國國旗航行於長江上游貿易的各國商船，屢次遭到岸邊的攻擊與砲擊，危及各國人民生命。尤其（中國）士兵還無視船主的抗議，登上各國商船搜查。這構成了對各國國旗的侮辱及有違各國政府的善意。對於這些攻擊與侮辱，各國領事屢次抗議卻沒有結果。因此著眼未來，日、英、美、法四國駐防長江現役海軍高級軍官共同認為，必須維持符合國際公法慣例、基於各國善意的條約權益。我們極力要求此類事件將來不再發生。51

四國海軍將領並將決議案送交四國駐北京公使館，希望透過領事系統將決議案傳達給四川軍政當局。52上述決議案最後獲得四國公使

51 署名的四國海軍將領分別為：日本海軍少將小林研蔵（Kenzo Kobayashi）、英國海軍少將 P. Maclachlan、美國海軍少將 W.W. Phelps、法國海軍上校 E. Steva。見"Memorandum by the Senior Officers in Command of the Naval Forces Respecting of Japan, Great Britain, the United States and France Operating on the Yangtze River," February 19, 1923, Shanghai, *F.R.U.S., 1923*, Vol. I, p.744; "Memorandum of Senior Naval Officers in Command of the Naval Forces of Japan, Great Britain, the United States and France Operating on the Yangtze River," February 19, 1923, RIAC, 893.811/512; "Memorandum from the Present Senior Naval Officers in Command of the Naval Force Respectively of Japan, Great Britain, the United States and France Operating on the Yangtze River to the Szechuanese Civil and Military Authorities," February 19, 1923, RIAC, 893.811/517.

52 "Joint Communication from Senior Naval Officers of Japan, Great Britain, the United States and France to Respective Ministers in Peking," February 19, 1927, RIAC, 893.811/512.

的認可，由四國公使館於 3 月 19 日正式照會北京政府，除轉交上述決議案外，還嚴正提醒中國政府對於長江流域的問題負有「絕對的責任」，必須密切注意長江航運交通的情況，與採取必要的手段來制止長江上游地區四川軍隊攻擊或騷擾外國輪船的行為。[53]與此同時，美、英、法、日四國駐重慶的領事也以備忘錄的形式，「聯合照會」四川各軍政、民政當局，表達相同的要求。[54]

---

[53] 四國駐華公使館的聯合照會內容強調：「近年來，各國商船在長江上游持續遭到四川敵對軍事派系的暴力攻擊……依照條約、和平地在長江上游宜渝段航行的船隻，儘管屢次抗議，還是遭受到來自岸邊一而再、再而三的攻擊，不但危及到外人生命財產，也破壞了既有和諧的中外關係。雖然中國政府有責任確保中國河川的航運安全，但日、美、法、英四國駐長江上游海軍武力，也有保護其國民航運、對抗無責任感兵匪攻擊的職責……。我們要求中國政府必須負絕對的責任、以更嚴肅的態度正視此照會，以及採取必要的措施……終止中國士兵在長江上游對外國航運的攻擊與騷擾。」見"Ministers of Japan, the United States, France and Great Britain to Acting Minister for Foreign Affairs," March 19, 1923, RIAC, 893.811/512.

[54] "Form of Joint Communication from the Consuls at Chunking of Japan, Great Britain, the United States and France to the Civil and Military Authorities of Szechuan," RIAC, 893.811/512.

表 7-1　美、英、日、法四國駐重慶領事團送交聯合照會的軍事將領名單[55]

職稱	姓名	四川省駐軍地名
援川軍總司令	王汝勤	夔府
援川軍副司令	趙榮華	重慶
援川軍總指揮	盧金山	萬縣
援川軍副指揮	楊森	重慶
邊防軍司令	石青陽	瀘州
成都衛戍司令	劉文輝	成都
第三師師長	鄧錫侯	成都
第七師師長	陳國棟	成都
第八師師長	陳洪範	嘉定
第四師師長	楊春芳	合江
四川總司令官	劉成勳	成都
衛川軍總司令	熊克武	敘甯
衛川軍副司令	但懋辛	敘甯
第一師師長	喻培棣	敘甯
第六師師長	余際唐	敘甯
第二混成旅旅長	張沖	敘甯
第一混成旅旅長	湯子模	江津

1923 年 4、5 月間，隨著吳佩孚在四川軍事作戰的局部勝利、北京

---

[55] 依據日本駐重慶領事館的報告，四國領事團共對 17 名駐防四川的軍事將領發出聯合照會，見〈揚子江上游ニ於ケル列國通商汽船保護ニ對シ日英米佛海軍司令官ノ決議ニ係ル警告發送ニ関スル件〉，1923 年 5 月 15 日，在重慶領事代理副領事貴布根康吉ヨリ在支那臨時代理公司吉田伊三郎殿宛，《外務省記錄》，5-3-2/ 5-1427。

中央政府在四川的影響力提升，[56]菲爾樸斯又暗中運作上述四國駐華公使，於 5 月 1 日再次聯合照會北京外交部：希望中國政府「利用此次機會重新建立長江上游的和平與秩序」，同時也「提醒中國政府必須立刻採取適當措施來預防危害長江上游航運與外人安全的暴力事件」。[57]

簡言之，藉由四大強國的聯合行動，透過軍事（四國駐長江海軍）、外交（四國駐北京公使館）、領事（四國駐重慶領事館）等三重途徑，形成環環相扣的外交軍事壓力，迫使中國中央（北京政府）與地方（四川地方政府、軍事當局）正視長江上游航行安全問題的嚴重性，

---

[56] 1922 年四川發生內戰，熊克武結合鄧錫侯，成功驅逐楊森；1923 年熊克武又與鄧錫侯發生衝突，兩湖巡閱使吳佩孚乃利用川軍內訌之際，以武力支持楊森反攻四川，意圖藉此將四川省納入北方直系勢力範圍。但雲南的唐繼堯與南方的廣東國民黨政府則支持熊克武。四川成為南北對立的戰場。見郭廷以，《近代中國史綱》（香港：香港中文大學出版社，1989），頁 482-483；楊維真，〈抗戰前國民政府與地方實力派之關係——以川滇黔為中心的探討〉，《國立政治大學歷史學報》，第 15 期（臺北，1998），頁 199-238。

[57] 1923 年 4 月，菲爾樸斯眼見吳佩孚的直系軍隊與依附直系的川軍第二軍楊森所部成功地攻入四川，故向美國駐華公使舒爾曼建議利用直系軍事勝利之機，由四國公使再次照會北京政府外交部，要求改善長江上游航行與外人安全。舒爾曼乃在美國使館邀集英、法、日三國公使（代辦）會商，並於 5 月 1 日再度發出聯合照會。菲爾樸斯的建議，見"Commander, Yangtze Patrol, Hankow to American Minister, Peking," April 21, 1921, RIAC, 893.00/5011；舒爾曼的後續動作，見"American Minister, Peking to Commander, Yangtze Patrol, Hankow," May 1, 1921, RIAC, 893.00/5011；美、英、法、日四國聯合照會，見 "Joint Note of Representatives of United States, France, Great Britain and Japan, to Foreign Office," May 1, 1923, RIAC, 893.00/5011.

進而採取有效措施來抑制情況繼續惡化。[58]

三、聯合行動的性質與內部協調問題

㈠ 聯合行動的性質：菲爾樸斯的行動理念

為了進一步凸顯列強海軍確保長江上游航行安全的決心，1923 年 8 月菲爾樸斯接受報紙訪問，闡述在華擁有商業利益列強之間的「聯合政策」（a unified policy），以及「聯合道德陣線」（a unified moral front）的正當性。他認為長江上游的失序與混亂，肇因於當地軍閥們利用列強對華政策的歧見，所以英、法、日、美等國駐長江海軍將領應開會協商如何消弭歧見，達成聯合政策。[59]菲爾樸斯也在各報紙上發表公開聲明，表示美國對於長江上游航行問題將有新的政策：強硬路線。菲爾樸斯以為外國雖然一再向北京中央政府與地方當局抗議長江上游航行安全問題，但俱歸無效。為了「教育」那些無視國際公法與條約規定的四川軍閥，美國海軍將採取新作為，依據條約與國際法，避免美國利益遭受絲毫的危害。他已授權美軍艦長，一旦美國人員或商業利益遭受土匪與軍隊的危害，美國

[58] "American Legation, Peking to the Secretary of the State," March 20, 1923, RIAC,893.811/512; "Answer from Division of the Far Eastern Affairs, Department of State to Mr. Jules Henry, 2nd Secretary, French Embassy," April 25, 1923, RIAC, 893.811/498.

[59] "Admiral W. W. Phelps," editorial from *The China Press*, November 7, 1923.

軍艦將立刻以武力打擊任何攻擊行為。[60]簡單來說，菲爾樸斯公開宣示美國海軍將以實際作為，打擊兵匪對於長江上游輪船航行的危害。菲爾樸斯在報紙公開放話以後，美國長江巡邏隊的確開始積極反制長江上游砲擊輪船的行為。先是放寬第一線美軍艦長動武的限制，航行途中一旦有警，美國海軍雖不准率先開火，但遭受攻擊後的瞬間，將立刻以強大火力反擊：岸上匪徒的一槍，將換來美艦十幾挺機關槍的反擊。同時，也將擴大護航任務，只要商船有需求，即配置武裝人員在船，甚至派遣軍艦實際執行護航任務。此外，菲爾樸斯也試圖與地區軍閥達成某種程度的「君子協定」：美方將嚴格下令，禁止美商輪船違反中國禁令運送走私品，以免介入中國內政糾紛；另一方面，地區軍閥也將不得阻礙輪船行駛或任意搜查輪船。[61]

菲爾樸斯的各國海軍聯合政策也獲得美國在華商會的支持。1923 年「美國中國國商會」（American Chamber of Commerce in China）的年會，即通過十分強硬與現實觀點的決議，認為美國政府應該「諮詢英國以及其他國家，採取一種共同的政策，來保護其國民與改善整體環境」。而正確的方向，就是「各國長江海軍武力彼此協調、整合起來，讓所有的軍艦成為一個聯盟單位（an Allied unit）」。[62]

不過，美國長江巡邏隊指揮官菲爾樸斯推動的四國海軍會議，

---

[60] "The 'Strong' Yangtsze Policy Bring Peace," *The China Weekly Review*, August 23, 1924.

[61] 此為美國報紙的事後觀察，見"The 'Strong' Yangtsze Policy Bring Peace," *The China Weekly Review*, August 23, 1924.

[62] "Anarchy on the Yangtsze," *Peking & Tientsin Times*, October 22, 1923.

表面上看起來確實是一種聯合列強且立場強硬的路線，但不意謂著菲爾樸斯本人有意違背美國歷來不干涉中國內政的對華政策。事實上，菲爾樸斯在提案之初即曾向其他三國海軍將領強調四國海軍聯合照會目的，僅在於喚醒中國地方當局對外人航行安全的重視，並不隱含武力威脅的意涵，故在文字使用上應盡量平易，以避免誤會。[63]至於四國海軍會議做成的決議案，菲爾樸斯也表示「既不是警告，也不是威脅，而只是一種外國觀點下對（航運安全）事實的坦率陳述」。他也不認為四川軍閥存有所謂的「排外情緒」。因為層出不窮的攻擊輪船行為，在他眼中，不過是四川低階軍官的無知舉動，以及高階軍官對過去中外條約的不理解所導致，完全構不上有「排外情緒」。換言之，對於四川軍閥，僅需適當的溝通與必要時武力的展現，即可化解長江上游許多中外糾紛與問題。菲爾樸斯堅決反對列強採取更一進步的聯合行動，以武力干涉中國內政，迫使中國解決航運問題：因為「每一個國家都有其不可讓與的權利，就像是主權。外國如果侵佔、損害或侵犯這些權利，將會陷入更為嚴重的國際問題。」[64]由此觀之，菲爾樸斯心中規劃的四國海軍會

---

[63] 〈上楊子江ニ於ケル列國通商航將保護ノ件〉，甲號（米國楊子江警備艦隊指揮官海軍少將 W.W.フエルプス提案），倉賀野第一遣外艦隊參謀ヨリ重慶貴布根領事殿宛，1922 年 12 月 20 日，《外務省記錄》，5-3-2/ 5-1427。

[64] 此為 1923 年 11 月美國駐長江巡邏艦隊司令菲爾樸斯在準備退休離華前夕，接受報紙訪問時所做的陳述。報社記者曾詢問是否主張召開另外一次四國海軍會議，以便採取更一致的行動來解決航運安全問題。但菲爾樸斯斷然拒絕，認為恐將侵害到中國主權，見"The Situation on the Upper Yangtze River: An Interview with the Retiring Commander of the U.S. Yangtze Patrol," *The Far Eastern Times*, November 26, 1923; "Admiral Phelps on the Yangtze Disorder:

議，主要目的似乎僅在於軟硬兼施、提醒四川軍人與中國中央、地方政府對於保護外國在華利益的責任，並不希望因此介入中國內政，甚至侵害中國主權。可是，這似乎僅是菲爾樸斯一廂情願的想法，因為他所推動的聯合陣線與強硬路線，還是可能在中國人心中引起不安與質疑。

總而言之，上述美國長江巡邏隊指揮官菲爾樸斯的作為與言論，清楚反映出美國駐華海軍在處理長江上游航行安全問題上的搖擺特性。菲爾樸斯一方面運作列強駐華海軍將領與使領機構，推動四國海軍會議，大肆鼓吹聯合陣線與強硬路線，但另外一方面，卻又對報紙闡述行動理念，強調尊重中國主權，反對列強聯合以武力干涉中國內戰。此類互相矛盾的論述，體現著美國駐華海軍官員在對華事務上的掙扎：由於親眼見到中國內政的失序造成美國商民的損失，又痛心外交領事交涉毫無成效，自然想要以較為強硬的聯合海軍武力行動來改變現狀，但同時又無法完全偏離美國歷來尊重中國主權、不干涉中國內政的對華政策。菲爾普斯在強硬與溫和之間的搖擺，似乎也具體而微地陳述著美國對華政策本身的雙重性。[65]

(二) 內部協調問題：海軍與領事之爭

美國駐長江巡邏隊指揮官菲爾樸斯為推動四國海軍聯合行動，

Interview with Journalist," *The Shanghai Times*, December 4, 1923.

[65] Bernard David Cole 研究北伐期間美國對華政策時，也發現美國政府（國務院、海軍部）與駐華使領機構、亞洲艦隊、長江巡邏隊之間對於強硬路線或是溫和路線之間的不同看法。見 Bernard D. Cole, *The United States Navy in China, 1925-1928*, pp.259-265.

曾向其餘三國海軍指揮官提議，由於長江上游異常特殊的情況，理應不經過正規的外交、領事系統，而由四國海軍聯合指揮官（Allied Naval Commanders）「直接」與長江上游四川軍事當局聯繫，其理由為：

> 由於領事團只能徒勞無功地抗議，駐北京公使館也因為北京（政府）的無力，而毫無作為，我們只得與地方軍人打交道；由於現有情況是如此的反常與特殊，所以我們直接與長江沿岸的四川軍人進行交涉乃是合理的。[66]

換言之，菲爾樸斯認為外交、領事系統既然無力解決長江上游航運安全問題，就應由海軍躍居第一線，直接與四川軍事當局打交道，來處理航行安全問題。然而，此舉卻引起日本第一遣外艦隊司令小林研藏的疑慮，認為四國海軍繞過既有溝通機制直接與四川軍事當局聯繫的作法仍須再三斟酌，故請求日本駐重慶領事館探詢其他領事對此事的態度。[67]

---

[66] "Letter from Rear Admiral W.W. Phelps to the Senior Japanese, British and French Naval Commanders on the Yangtze," December 3, 1922, RIAC, 893.811/513.

[67] 小林覺得菲爾普斯所提四國海軍直接與四川軍隊交涉的看法乃是「善意的謬誤」。日本駐重慶領事貴布根康吉則認為，菲爾樸斯所言外交抗議照會無法解決航行安全問題，大致符合四川實際情況，不過為避免爭議，最好以四國海軍名義發佈通告（藉此隱含有武力威嚇的意味，展現有力的警告），但是透過四國領事團代為傳遞給四川各級軍政首長。貴布根的意見可以參見〈アドミラル　フエルプスノ提議ニ對スル批評〉，重慶貴布根康吉ヨリ漢口小林司令官閣下宛，1923 年 1 月 10 日，《外務省記錄》，5-3-2/ 5-1427。

經過美、英、日、法四國重慶領事團開會討論，美、英兩國領事均主張海軍不應直接與四川地方當局聯繫，而必須透過領事系統代為傳遞。法、日兩國領事則不願對此議題表態。美國駐重慶領事史派克（C. J. Spiker）在給國務院與駐北京公使館的報告中，以相當強烈的措辭，質疑菲爾樸斯的作法將有損領事團的威信：

> 外國海軍代表無視這些國家充分委任的代表，將會在中國當局眼中，損害領事團的威信。他們（中國人）將會在此行動中，看到外國軍事當局不尊重外國民政當局——即領事團，中國人預期打交道的對象——的權利。[68]

日本司令與英國、美國駐重慶領事的質疑，反映出菲爾樸斯原先擬由四國海軍直接照會四川當局的作法，爭議性過大，且有違外交使領單位代表國家進行交涉的原則。所以在 1923 年 2 月的四國海軍會議上，英、法、日等三國海軍指揮官均表態反對由海軍直接照會

---

[68] 史派克並援引美國國務院先前為釐清派駐在中國的領事與其他部門官員之間的權限，所發佈的一則通告，強調在領事管轄範圍內，領事代表美國當局，而且在調解衝突、保護美國公民利益上，領事代表著美國政府（以及公使館）與中國進行各種交涉。見“Proposed Action by Naval Conference Concerning Conditions on Upper Yangtze River,” American Consul, Chunking to Secretary of the State, Washington and American Minister, Peking, February 27, 1923, RIAC, 893.811/513.四國重慶領事團對菲爾樸斯提案的討論，可以參見〈米司令官ノ提議ニ對スル重慶領事團ノ意向ヨリ見タル本警告實顯方法ニ関スル希望〉，重慶貴布根康吉ヨリ漢口小林司令官閣下宛，1923 年 1 月 10 日，《外務省記錄》，5-3-2/ 5-1427。

四川軍事當局，主張應分別由外交公使團交付給北京中央政府，由重慶領事團交給四川各軍事首長。最後會議也決議修正提案，為避免混淆文官與武官職權，仍依正規模式，即透過外交、領事部門，將四國海軍會議的決議，傳達給中國中央政府與四川各軍政、民政首長。換言之，菲爾樸斯原先建議的作法並未獲採納。[69]

究其實際，菲爾樸斯想要繞過領事系統直接與四川軍事當局進行交涉的作法，雖然並未實現，但還是有其合理的立論根據。受到地方割據分裂與大小軍閥混戰的影響，中國中央與地方之間原有的行政與軍事指揮體系幾乎無法發揮作用。這也使得傳統地方領事交涉在解決華洋問題上的效力大打折扣。因此，上述美國重慶領事史派克雖然強烈反對樸爾樸斯的作法，但是在後來史派克給駐北京美國公使的報告中，還是坦承在確保長江上游航行安全問題上，領事與地方軍事首長的交涉成效有限。[70]日本重慶領事貴布根康吉同樣

---

[69] "Proposed Action by Naval Conference Concerning Conditions on Upper Yangtze River," American Consul, Chunking to the Secretary of the State and American Minister, Peking," March 16, 1923, RIAC, 893.811/517; "The Secretary of the State to the American Consul, Chunking," May 5, 1923, RIAC, 893.811/517；〈上楊子江通商航江保護ニ関スル日、英、米、佛海軍首席指揮官會議ノ件〉，倉賀野第一外遣艦隊參謀船津上海總領事殿，1923 年 2 月 20 日，《外務省記錄》，5-3-2/ 5-1427。

[70] 1923 年 9 月四川內戰期間，因駐防重慶的部隊屢屢故意攻擊進出該港的美國輪船，以及停靠在附近的美國軍艦派洛斯號，該艦艦長乃建議美國領事史派克與重慶駐軍司令袁祖銘交涉此事，但袁祖銘卻對史派克言明：雖然他是名義上的聯合總司令（袁祖銘本身屬貴州系軍軍閥），但對於其轄下同樣駐防重慶的其他四川、湖北軍隊並無約束力，他們往往不遵守其命令。因此在史派克與袁祖銘交涉後，雖然攻擊美國軍艦派洛斯號的故意攻擊明顯減少，但

也承認菲爾樸斯所言大致上並未違背真實情況。(71)四國重慶領事團會議也直言不諱在長江上游航行安全問題上，過去曾先後三次向四川當局遞交抗議照會，但成效甚微。(72)所以要確保航行安全，除了正規領事交涉外，還需要偶爾動用海軍武力，特別是「由美國軍艦艦長去拜訪長江上游各地軍事首長」，表明美國政府嚴守中立不介入內戰的政策，「能夠有效地保護美國輪船」。(73)換句話說，只有地方領事交涉以及美國海軍與四川地方軍事首長的軍事交涉同時並進，才能有效維護長江上游的航運安全。由此觀之，列強駐華海軍官員與地方軍事首長之間的直接交涉與溝通，雖有可能逾越了原先屬於領事系統的權限，造成海軍與領事機構的芥蒂，但還是有其存在的必要。

對於其他美國商輪的攻擊行動，仍是依然持續。英國在重慶的情況也是類似，英商白理洋行（Barry Dod Well Ltd.）所屬的川東、川南號汽船在進入重慶港遭到部隊猛烈攻擊，雖經領事一再交涉，袁祖銘也保證會下令禁止攻擊英船，但仍是成效有限，川東、川南還是遭到持續攻擊。"Political Conditions in Szechuan," American Consulate, Chunking to American Minister, Peking, September 14, 1923, RIAC, 893.00/5288.

(71) 〈アドミラル　フエルプスノ提議ニ對スル批評〉，重慶貴布根康吉ヨリ漢口小林司令官閣下宛，1923 年 1 月 10 日，《外務省記錄》，5-3-2/ 5-1427。

(72) 〈米司令官ノ提議ニ對スル重慶領事團ノ意向ヨリ見タル本警告實顯方法ニ関スル希望〉，重慶貴布根康吉ヨリ漢口小林司令官閣下宛，1923 年 1 月 10 日，《外務省記錄》，5-3-2/ 5-1427。

(73) "Political Conditions in Szechuan," American Consulate, Chunking to American Minister, Peking, September 14, 1923, RIAC, 893.00/5288.

四、中國的反應與四國海軍的困境

㈠ 中國的反應

對於四國外交與軍事部門的聯合照會，北京政府外交部次長沈瑞麟於 1923 年 5 月 7 日正式回覆，表示「已電達川鄂各軍司令責，飭知各軍隊長官約束兵丁嚴切制止（攻擊外人輪船）」。地方軍事長官，如兩湖巡閱使吳佩孚、湖南督軍蕭耀南、長江上游總司令王汝勤、援川軍總指揮盧金山，以及川軍師長楊森、唐式遵等亦紛紛電覆「已通令軍隊遵照，並照約保護（外人）」。[74]表面上看起來，四國外交、軍事聯合照會的確發揮一定程度的作用，至少地方實力派將領不得不出面表態保護外人與輪船。但口頭保證不等於實際成效，更何況駐防四川各地，但獨立於北京政府之外、立場傾向南方的部隊，如部分川軍與滇、黔軍等，他們是否理會四國照會與

---

[74] 〈外交部照會美、英、法、日四國駐華公使館〉，1923 年 5 月 7 日，FO228/2045.此照會的英文版，可見“Note from His Excellency Shen Jui-lin, Vice Minister for Foreign Affairs, to the Honorable Jacob Gould Schurman, American Minister,” May 7, 1923, RIAC, 893.00/5042.例如，援川軍總指揮盧金山給重慶外國領事團的回覆為「敝部於各國商船，凡權力所能及者，無不極力保護以維約章，而謀親善，且敝部長官已早有此項通令，業經傳知所屬遵照辦理」。見〈鄂西援川軍總指揮盧金山覆文〉，1923 年 5 月 13 日，〈楊子江上游ニ於ケル列國通商汽船保護ニ對シ日英米佛海軍司令官ノ決議ニ係ル警告發送ニ関スル件〉，1923 年 5 月 15 日，在重慶領事代理副領事貴布根康吉ヨリ在支那臨時代理公司吉田伊三郎殿宛，《外務省記錄》，5-3-2/ 5-1427。

北京政府外交部的號令，也是長江上游航行安全問題能否改善的關鍵因素。

另外一方面，中國公眾輿論對於美國推動海軍聯合陣線與強硬路線的反應，部分則持較為公允看法，認為不過是列強海軍因應長江戰事與匪亂，鑑於各國有限的海軍力量，故採取聯合保護商務行動以補軍艦數量的不足；(75)但部分持中國民族主義觀點論者，卻藉由過度渲染列強海軍大幅進駐中國，(76)將列強海軍聯合護衛任務視為是「國際帝國主義勢力的壓迫」與「洋大人的侵佔」，並聲言「從此江海要津，舉目皆是洋警森嚴」；(77)也有稱列強「擬由各國軍艦編制成一極大艦隊，以便分巡長江上下游……刻已分電各國軍艦剋期齊集漢口聽候分配」。(78)

《東方雜誌》一則報導則言之鑿鑿，聲稱列強已擬有一套長江

(75) 例如《來复》雜誌即稱「盛傳一長江警備案甚囂塵上，緣年來長江流域多有戰爭，而軍人時有轟擊外人情事，故外人深致不滿，以歐洲美國為尤甚，力主聯合各國軍艦，來華示威，嗣以響應者少，而需費甚鉅，終未果行。然各國亦頗有以巡弋長江之洋艦為數不足，且單獨保護各該國商輪，亦殊不便，是以前駐上海某外國海軍上將有聯合保護外艦之提議云。」見〈時事采集，國內之部：與護路案同時，又盛傳一長江警備案〉，《來复》，270 號（太原，1923 年），頁 8。

(76) 換言之，即是將外國海軍艦隊執行巡邏、護航任務，擴大形塑成列強入侵中國的假象。可以參見下列兩則報導的比較：〈美艦隊陸續來滬〉，《民國日報》（上海），1924 年 3 月 8 日第 10 版；獨秀，〈美國駐華海軍〉，《嚮導週報》，61（1924.4.16），頁 491。

(77) 為人，〈洋商船全副武裝航行內河〉，《嚮導週報》，52（1924.1.20），頁 392。

(78) 〈外人將在長江組織自衛艦隊〉，《重慶西方日報》，1923年5月（日不詳）。

警備方案，英、美、日、法四國長江艦隊均將納編「聯合警備艦隊」，並設警備司令一人負責「統帥指揮，遇有事變，即由司令隨時下動員令，警備防護」；各國也將為此大幅增派駐防長江流域的軍艦數量，並派遣上將級海軍將領來華指揮。該報導認為長江警備方案一經實施，屆時中國在華盛頓會議中所獲取的國家主權將逐漸受到侵蝕，恐「國將不國」。[79]

《中國青年》更是雜採各家報道，強調隨著列強海軍的大舉入侵，中國將淪為帝國主義禁臠，故鼓勵中國人民站起來抵抗外來侵略：

> 試看美國海軍已派遣軍艦8艘來滬，「游巡中國各洋面暨通商口岸，魚雷艇一艘奉英美政府電令，出赴長江游弋」（見10初旬《商報》）；法國海軍遠東艦隊總司乘巡洋艦東來，「此外又調孟克號戰艦來華，擔任保護」（見北京10月2日《東方時報》）等事實，我們即知危害中國領土獨立的，已不僅鐵路共管，帝國主義已視中國江海為自己領地，敢於橫衝

[79] 《東方雜誌》報導中，細述長江上游航行安全問題的由來，認為列強之所以推動長江聯合警備方案，有許多因素造成：包括英輪在重慶遭到槍擊、美輪在宜昌遭到軍官騷擾、日輪在涪州遭到軍隊劫掠等。列強方面的反應，則先是英商倡議各國籌組聯合艦隊保護外國商輪，繼之四國海軍在上海召開聯合會議，議定「聯合艦隊特跌警備辦法」，再者英國又提出「補救中國亂局辦法」，主張在「中國口岸外舉行國際海軍示威行動」，此外列強駐北京外交團亦涉入其事等。該報導並認為列強長江聯合警備方案的始作俑者，並非日本、美國，而是始於英國方面的倡議。見南雁，〈匪亂又將引起外艦警備長江了〉，《東方雜誌》，20卷20號（上海，1923.10），頁3-4。

> 直撞自由來去，如入無人之境了。現在長江可供應用的外國兵艦，共有700餘隻，「此外且續有來華者」。中國的國民啊，你們還不起來抵制這侵略你們的仇敵麼？

此外，並將四國聯合海軍計畫與臨城劫車案後的鐵路警備案一併相提並論，視為列強控制中國的陰謀：

> 鐵路警備之聲浪起，長江聯合艦隊之議且積極進行。鐵路共管是因為臨城土匪擾亂了洋大人的安寧發生的，長江聯合艦隊則由於美國輪船在長江之遭劫。鐵路共管可以遂英國債權鞏固，控制中國的交通、商業、國防、軍事之詭謀；聯合艦隊又可在沿江一帶示威，表示外人的尊嚴與鎮壓中國人對外人剝削的叛亂，從此中國水路交通的命脈，緊握於外人之手，中國人莫敢侵犯了。[80]

另外，《少年》則是將四國海軍會議解讀為列強擬假借保護僑商之名，遂行監視長江、攘奪航路、擴張商業之實。[81]此類言論似乎帶

---

[80] 尼鐸，〈長江聯合艦隊與海軍示威〉，《中國青年》，第 1 期（上海，1923.10），頁 8-9。

[81] 「據說外國又以我國川湘等處戰爭不息，長江一帶形勢很為惡劣，誠恐有妨各國僑商之生命財產，曾開一長江警備會議，擬增駐艦隊，名為保護，實為監視長江之門戶，欲攫取長江之航路，以擴張其商業計畫云」，見〈時事話：護路案與長江警備會議〉，《少年》，13 卷 12 號（上海，1923），頁 97。

有布爾什維克（Bolshevik）宣傳的色彩，其目的乃是經由誇大、想像列強駐華海軍實際可能的作為，營造出帝國主義實質壓迫中國的形象，煽動中國人民視聽，挑起排外行動。

(二) 四國海軍的困境

上述四強海軍聯合護航任務與強化長江上游輪船安全方案，在現實層次上究竟能夠發揮多少作用？1924 年又受到美籍經理人霍勒（Edwin C. Hawley）被萬縣木船幫眾殺害事件的影響，[82]上海英文《大陸報》又高調鼓吹各國海軍應通力合作，無分國籍，共同保護外國人：

> 無庸置疑的，（中國人）公然排外的情緒，以及對在華外國人日益頻繁的暴力行為，已經造成（外人）極大的憂慮。……面對排外的中國人，特別是像長江上游騷動的地區，外國人應不分彼此國籍。在這樣的情況之下，唯一適當的考量就是：所有身為潛在受害者的外國人，理應有權能夠獲得任何

---

[82] 此為發生在 1924 年 6 月的萬縣事件，英商安利洋行（Messrs. Arnhold & Co.）美籍經理人霍勒，因為雇用輪船運輸桐油，遭到當地木船幫眾暴力抵制，衝突中不幸落海傷重不治。當時在附近警戒的英國軍艦粉蛻號（HMS Cockchafer）立刻派兵支援，威脅萬縣當局如不處死為首的木船幫眾，將動用武力砲轟萬縣縣城。在英國的海軍威嚇下，萬縣當局不但立即處死兩名木船幫首，還被迫徒步參加霍勒的喪事。此案中英國艦長的所做所為，後來引起中外輿論相當大的爭議與討論。關於此案細節，可以詳見應俊豪，〈航運、砲艦與外交——1924 年中英萬縣案研究〉，《國立政治大學歷史學報》，第 28 期（臺北，2007 年 11 月），頁 287-328。

> 附近外國海軍軍艦的保護。對於所有正直的英國人或美國人來說，（假如軍艦艦長因為受害者國籍不同，而不提供保護與援助）……將會是難以忍受的錯誤，……也將遭到此地公眾輿論極大的唾棄。[83]

然而，外國在華公眾輿論的鼓吹或是口頭上的宣示，[84]與海軍實際表現上有著何種程度的落差呢？

究其實際，雖然表面上四強海軍將領決定一致行動來處理長江上游航行安全問題，但實際上四強海軍聯合行動卻不易結合。[85]依據英國外交部在 1924 年的調查，列強駐防長江上游軍艦數及情況為：

---

[83] "The Wanhsien Outrage," *The China Press*, July 4, 1924.

[84] 英國報紙也宣稱：由於「長江上游的外國輪船持續遭到來自兩岸的開槍攻擊」，「英、美、日的長江巡邏艦隊，已採取強而有力的措施，粉碎中國無紀律軍隊的任何攻擊」。見"China: Chaotic Political Conditions," *The Times*, January 31, 1924.

[85] 《晨報》一篇報導即稱外艦警備長江問題乃日本所主倡，「謂中國近來軍隊過於野蠻，動輒對於外艦開砲，主張凡在中國水面有軍艦之各國，當負保護長江外國商船之責」。此建議雖獲美國贊成，但英國因「向視在長江有獨佔之勢力，故甚表反對」，故此案不易成功。見〈外交團本日召集會議：英國又進行護路案、日美主張警備長江〉，《晨報》（北京），1923 年 9 月 27 日第 2 版。

表 7-2　英國外交部統計長江上游各國商業與軍艦情況略表（1924 年 7 月）[86]

	長江上游商業利益	軍艦數	軍艦情況
日本	重要	7	2 艘艦齡為 18 年 1 艘艦齡為 13 年 4 艘艦齡為 1 年
美國	較小	2	艦齡均為 10 年/預計建造 6 艘新艦
法國	不重要	3	1 艘艦齡 15 年 1 艘艦齡 3 年 1 艘船艦甚小
英國	最重要	2	艦齡均為 20 年，且動力不足

上述英國統計資料與日本方面有相當大的差異，依據 1923 年 10 月日本駐華公使館的調查（詳見表 7-3），長江上游四國海軍部署情況為英國 3 艘、美國 2 艘、法國 2 艘、日本 3 艘。隨著海軍艦隻的調動、保養、修理或執行任務，各國海軍在長江上游的軍艦數量，當然會有所變化，這也是英、日統計不一致的原因。不過，英國的統計資料顯然刻意高估日本的海軍情況：英國在統計日本海軍實力時，可能將平常未派駐長江上游，但必要時可以上駛宜昌支援的長江中下遊艦隻一併納入，故形成日本海軍獨大的情況。

[86] "Memorandum by the Foreign Office respecting the Yang-tsze River: Proposed Building of Two Gunboats for Protection of Shipping," July 1924, The National Archives, *The Cabinet Paper, 1915-1978*, CAB/24/167: 0066.

表 7-3　日本駐華公使館統計長江上游各國軍艦警備情況表（1923 年 10 月）

派駐地	英國	美國	法國	日本	小計
重慶	0	1	2	1	4
萬縣	1	0	0	0	1
宜昌	2	1	0	2	5
小計	3	2	2	3	10

1924 年日本駐上海商務官橫竹平太郎給日本外務省的報告中，也統計了英、美、法、日四國在長江上游的軍艦配駐情況（詳見表 7-4），並將可能支援的艦隻，也一併統計；但如扣除此類船隻，各國實際駐防長江上游地區的軍艦數量為：英國 3 艘、美國 3 艘、法國 2 艘、日本 2 艘。故長江上游各國海軍實力差異不大，並無日本獨大的情況。[87]

---

[87] 〈德陽丸射擊事件〉，北京伊集院大臣ヨリ在漢口林總領事宛，1923 年 10 月 21 日，《外務省記錄》，5-3-2/ 5-1427；〈揚子江上流本邦汽船航路ノ保護方ニツキ陳情ノ件〉，在上海駐在商務官橫竹平太郎ヨリ外務省大臣男爵松井慶四郎殿宛，1924 年 5 月 5 日，《外務省記錄》，3-6-4/ 36-5。

表 7-4　日本駐上海商務官統計長江上游各國軍艦警備情況表（1924 年 5 月）

派駐地	英國	美國	法國	日本	小計
重慶	2	2	1	1	6
宜昌	1	1	1	1	4
小計	3	3	2	2	10
派駐在其他地方（漢口、上海等地）但可能支援長江上游宜渝段任務	3	0	1	3	7
總計	7	3	3	5	17

其次，英國駐華海軍司令亦坦承各國海軍合作護航與巡邏有其困難：日本軍艦較新、數量上也具優勢，[88]但日本海軍甚少出動執行勤務，往往駐紮在港口，一待即是數月；日語與英語在語言上的溝通障礙，也造成與日本海軍合作不易進行。法國軍艦則如同日本一樣，也甚少出江值勤。僅有美國軍艦可能協調配合。[89]尤其日本海軍在長江上游地區，往往不願與英、美海軍採取共同行動，甚至

[88] 英國的統計資料中，日本有 4 艘艦齡為 1 年的新軍艦，此乃日本在 1923 年陸續建造完成四艘小型砲艦，分別為勢多艦（Seta）、堅田艦（Katata）、比良艦（Hira）與保津艦（Hozu）。此四艘軍艦均有艦身狹長、吃水淺的特色，故具備航行長江上游的能力。關於四艘軍艦的建造與能力，見 Gardiner, Robert, ed., Randal Gray and Przemyslaw Budzbon, *Conway's All the World's Fighting Ships: 1906-1921* (Annapolis, Maryland: US Naval Institute Press, 1985), p.250.

[89] "Commander-in-chief, China Station. To Admiralty," December 18, 1923, *BDFA, 1923-1924*, p.153.

曾有在危險區域棄英國輪船於不顧的前例。[90]但如扣除日、法兩國海軍，以美國與英國在長江上游區區數艘軍艦，欲執行長江上游英美輪船所有護航任務，也只是口頭誇示、說說而已，並無實現的可能。

再者，四國海軍採取聯合軍事行動，也可能產生指揮權爭議，亦即哪一國海軍可以指揮其他三國？英國在處理列強對華事務上，向來有很強的主導意向，尤其長江流域又是英國的勢力範圍，一旦列強籌組長江聯合艦隊，英國勢必企圖擁有指揮與控制權，但可能引起其他列強的疑慮。早在第一次大戰期間，英、日海軍在合作上即曾發生指揮權協調問題。[91]美、英海軍之間也曾因指揮權問題而

---

[90] 1922 年 9 月時，美國長江巡邏隊參謀曾向日本駐重慶領事貴布根康吉質疑日本海軍的不合作態度：一是幾年前日本海軍鳥羽軍艦曾於危險區域棄英國輪船於不顧，二是 1922 年 8 月鳥羽軍艦與英國輪船安瀾號共同航行至夔府附近時，遭遇岸邊中國軍隊攻擊，但鳥羽號軍艦卻未採取反擊行動，保護英輪的安全。見〈米国ノ楊子江商權保護並ニ日英米仏砲艦兵共同動作ニ関スル楊子江艦隊参謀談話ノ件〉，在重慶領事代理副領事貴布根康吉ヨリ外務大臣伯爵內田康哉殿宛，1922 年 9 月 22 日，日本外務省外交史料館藏，《外務省記錄》，5-3-2/ 5-1427。（以下簡稱《外務省記錄》）

[91] 1921 年英國政府正在考慮是否要繼續英日同盟時，海軍部曾針對英日海軍合作問題提出報告，認為在第一次大戰期間日本確實提供英國所需的海軍援助，但是在英日海軍實際合作過程還是有一些問題。該份報告的附件二為英國中國艦隊司令部在 1917 所作的英日海軍合作的機密評估報告，強調「日本海軍軍官認為接受外國軍官的命令是錯誤的」、「屈辱的」，因此對於英國提出的要求或任何行動，無論多麼緊急，日本海軍軍官均須層層向上請示，並取得海軍司令的同意，方才配合。一旦請示或聯繫過程不順，往往詒誤軍機，這使得日本海軍缺乏行動的自由性與迅速性，也造成英日海軍合作的「不確定因素」。此外，由於日本海軍不善於使用無線電與訊號系統，也使

心生芥蒂，例如 1921 年第二次宜昌兵變後不久，英國即命駐美使館人員，透過國務院遠東司，探尋美國海軍部對於英、美駐長江海軍加強聯合行動的可能性。但美國海軍部的官員卻質疑英國試圖藉由英美聯合行動，來主導美國海軍，「因為英國巡邏艦隊指揮官官階高過美國巡邏艦隊」。[92]因此，連同文同種的英美之間，都有海軍指揮權爭議，更何況四國海軍協調聯合行動時，極易產生誰指揮誰的問題。

此外，日本駐長江海軍的實際情況，也不如英國所設想的具有優勢。因為日本海軍必須處理其他國家海軍暫時無需面對的問題：日益嚴重的反日運動。肇因於二十一條、山東問題、旅大歸還問題等，引起一波波由中國學生發起的抵制日貨、拒搭日船浪潮。這使得日本海軍在處理航行安全問題時，勢必得額外小心謹慎，以免加深刺激中國反日輿情。1922 年 12 月，日本海軍第一遣外艦隊司令官小林研藏給其麾下各軍艦艦長的訓令中，也清楚表明日本海軍任何的行動，都有可能成為排日運動的口實，不利日本在華通商利益。[93]由此觀之，英國眼中的日本海軍「優勢」，其實在複雜的反日問題摻合下，已有自顧不暇之勢。

得英、日海軍聯繫上常常產生誤會。"A Letter from C-in-C., China Station Written in 1917," Appendix II of "The Japanese As Naval Allies: Memorandum by the First Lord of the Admiralty," June 17, 1921, *The Cabinet Papers, 1915-1978*, CAB/24/125: 0057.

[92] 此為國務院遠東司官員與海軍部將領會談的內容，見"Memorandum of Division of Far Eastern Division," August 13, 1921, RIAC, 893.102Ic/ 21.

[93] 〈楊子江ニ於ケル帝國ノ通商航海保護シ関シ麾下艦長ニ訓示〉，第一遣外艦隊訓示第三號，1922 年 12 月 1 日，《外務省記錄》，5-3-2/ 5-1427。

尤有甚者，英、美、法、日四國之間雖然面臨利害一致的長江上游航行安全問題，但彼此之間仍存在激烈的貿易競爭與敵對心態，往往各懷鬼胎勾心鬥角。例如英、法之間為了競逐長江上游地區的商業利益，本不易合舟共濟，遑論要進行關係密切的海軍軍事合作。[94]至於要推動美、日駐華軍事力量的緊密合作，更是難以實現的目標。1910、20 年代，受到軍備競賽、中國（山東）問題、前德屬北太平洋島嶼歸屬問題、日本移民問題、英日同盟問題、商務競爭等議題的影響，美、日之間的矛盾日益顯露。[95]美、日開戰論也甚囂塵上，美國駐華海軍官員中，不少人即相信美、日終將一戰。[96]美國軍方內部也常評估美日開戰後，駐華海、陸軍的任務。

---

[94] 例如 1920 年初四川境內英、法兩國之間感情即甚為不恰，英國駐成都領事指責法國領事太自私自利，對於任何潛在的競爭者都抱持敵意，甚至為了破壞英國利益，蓄意挑撥英國領事與中國官員之間的糾紛。英國領事本身也致力於從事政治文宣活動，試圖抵銷法國的影響力。見"Intelligence Reports for the Quarter Ended March 31st, 1920," British Legation to Foreign Office, June 7, 1920, FO 371/ 5338.

[95] Akira Iriye, *Across the Pacific: An Inner History of American-East Asian Relations*, (Chicago: Imprint Publications, Inc., 1992), pp.111-137; F.J.C. Hearnshaw, *Sea-Power & Empire* (London: George G. Harrap & Co. Ltd, 1937), p.248.關於 1910、20 年代美、日在東亞對抗與海軍軍備競賽的情況，亦可參見筆者另外一篇文章：應俊豪，〈談判桌上的海權劃分：五國海軍會議（1921-1922）與戰間期的海權思維〉，《國立政治大學歷史學報》，第 30 期（臺北，2008 年 11 月），頁 119-168。

[96] 1920 年代初期，曾任美國海軍派駐在長江上游地區派洛斯號軍艦（USS *Palos*）艦長的郝威爾，在其日記中即強調雖然與日本海軍官員在相處上沒有問題，但「他痛恨日本人，毫無疑問日本人也痛恨美國人」，「每一個與他討論此問題（美日戰爭論）且熟悉情況的英國人或美國人，均深信與日本的

97日本軍方自 1923 年以後，同樣亦視美國為未來主要作戰的對象。98兩個彼此視為假想敵的國家，談何容易在軍事上能夠密切合作，或是共同成立一支聯合巡邏艦隊。

總而言之，儘管列強駐北京外交團曾於 1924 年 1 月 20 日致函北京政府外交部，藉口中國內地不靖與搶劫層出不窮，表示今後各國行駛內地各商埠之商船，將採聯合警衛方式，由各國駐華海軍護航，同時並將商船武裝化，千噸以上輪船將裝砲 6 尊、4 千噸以上輪船裝砲 10 尊。99然而事實上，受限於軍艦數量與設備，中國反

戰爭不遠了，而且將會在 5 年內發生」。見 Glenn F. Howell, Dennis L. Nobel, ed., *Gunboats on the Yangtze: The Diary of Captain Glenn F. Howell of the USS Palos, 1920-1921* (Jefferson: McFarland & Company, Inc., 2002), p.127.

97 在一份「美國駐華部隊任務」的報告中，美國軍方評估：一旦美國與日本開戰，美國駐華部隊的任務，除了維持北京至海口的交通外，還要阻止日本從中國運送物資前往日本，以及協助美方增援部隊進入中國。另外一份美國軍方內部的中國政情分析報告，甚至主張美國應利用中國學生的反日運動，「做好充足準備，以因應黃海之戰」。見"Estimate of the Political Situation in the Far East and Consideration Affecting the China Expedition in Case of War: The Mission of American Troops in China," February 17, 1921, MID, 2657-I-161; "Chinese Opinion of Anglo-Japanese Alliance," June 17, MID, 2657-I-179.

98 第一次世界大戰之後，日本主要的假想敵為蘇聯，並未將美國設定為未來戰爭的對象。但 1923 年，日本改定「帝國國防方針」，美國取代蘇聯，成為日本的第一假想敵。日本並擬定兩國開戰後，海、陸軍須先佔領美屬關島與菲律賓呂宋島的用兵綱領。日本參謀本部在 1924 年也正式組織「對米戰備研究委員會」，規劃未來作戰的具體方針。見黑澤文貴，〈日本陸軍の對米認識〉，日本國際政治學會編，《日中戰爭から日英米戰爭へ》，國際政治季刊，第 91 號（東京：日本國際政治學會，1989.5），頁 19-38。

99 為人，〈洋商船全副武裝航行內河〉，《嚮導週報》，52，頁 392。

日運動以及各海軍國之間內部協調問題，列強駐華海軍聯合護衛任務實際上能做的，與宣稱要做之間，勢必有著嚴重落差。

五、小結

層出不窮的攻擊外國輪船事件，危及長江上游航運安全，也威脅到輪船上外國人的生命財產，更有損列強的國家尊嚴，自然引起外人的極度不滿。但是要確保輪船安全、維護航運順暢，僅靠傳統正規的地方領事交涉並無法有效解決航行安全問題。因此，還需要軍事力量的介入，各國派駐在長江上游的海軍，就扮演相當關鍵的作用。外國海軍的介入，在實際運作上可以區分兩個層次的意涵。首先，海軍的介入基本上就是軍事武力的展現，直接派出軍艦進行實質的護航行動，或是派遣武裝士兵登船保護輪船，藉由凸顯海軍的優勢武力，發揮嚇阻作用，確保航行安全。第二個層次的海軍介入，指的則並非是軍艦上的大砲與機槍等赤裸裸的武力展現，而是屬於軍事外交層次。外國海軍軍官們離開軍艦，走上陸地，直接出入長江上游各個軍閥派系之門，與地方軍事首腦進行直接進行軍事交涉。所以，無論是艦隊司令，還是第一線的軍艦艦長往往得扮演外交官的身份，頻繁地拜訪地方實力派將領，以便建立對口的溝通管道，針對層出不窮的軍隊攻擊外國輪船行為，以及其他有損外商安全的事件，進行交涉與善後。有時軍事交涉的成效，也遠比正規領事交涉為大。因為由海軍軍官所從事的軍事交涉，有上述第一個層次的海軍軍事武力作為後盾，禮貌的拜訪與交涉背後，隱含著軍艦與大砲，對目無法紀、割據分裂的地方軍閥還是有一定成的鎮攝效果。也因此各國駐長江的海軍將領在長江上游航行安全問題的處理上，常常逾越純軍事性質，而介入外交交涉的層次。無怪乎美國長江巡邏隊指揮官菲爾樸斯企圖繞過成效不彰的領事層次，直接與地方軍事派系進行交涉。而菲爾樸斯及其所推動的四國海軍會議，更似乎主導了列強對長江上游航行安全問題的因應之道，北京的公使團與地方的領事團等正規使領機構，則淪為配角，委屈地擔負起傳聲筒的任務。

其次，英、美、法、日等四國駐長江艦隊聯合進行武裝護航任務，希望營造出列強合作的形象，並以四國疊加的強大軍事武力，發揮威嚇、警戒的效用，讓意圖攻擊輪船的兵匪有所忌憚，進而確保外國輪船航運免於受到攻擊或威脅。然而，軍事武力的介入與外國軍艦的護航，也可能產生負面的反彈效應。尤其軍艦遇襲時的自衛反擊，有時非但不能達到威嚇兵匪的作用，反而傷及無辜百姓，造成更為嚴重的民怨與衝突。例如美國駐長江巡邏隊指揮官，雖然一再強調動用海軍武力時會盡量謹慎與克制，避免傷及岸邊無辜村民，[100]但實際執行上仍有困難。因為襲擊輪船的兵或匪，往往採取打帶跑戰術，放槍後隨即轉移陣地，而配有武裝人員駐守的輪船，或護航的軍艦，一遇岸邊有警，在無法區別兵匪或一般平民百姓的情形下，隨即對岸邊肆意開槍掃射或開砲反擊，多傷及岸邊無辜民

---

[100] "Drastic American Naval Policy on the Upper Yangtze: Admiral Phelps Will Afford Ships the Protection That China Will Not Give," *The North China Daily News*, August 23, 1923.

人，而不及於真正開槍的兵匪。[101]此類誤傷百姓的事件，如果一而再、再而三的發生，在學生運動與布爾什維克式的輿論宣傳之下，極易引起普遍性的排外情緒，形成大規模的民眾抵制行動，阻礙正規輪船的行駛與裝卸業務，反而對長江上游外國航運利益造成更不好的影響。

再者，列強採取聯合軍事行動來確保長江上游地區外人與輪船航運安全，外表看似態度強硬、行動強勢，但是受限於現實環境，如軍艦老舊數量不足、內部歧見，以及軍事行動的欠缺協調不一致等，在在都使得口頭上宣稱的行動，遠遠超過實際情形。除了外交聯合警告外，強勢的軍事作為、聯合海軍示威行動是否真能有效壓制長江上游地區土匪與軍隊的持續攻擊輪船，達成護航或保護僑民的重責大任，猶有很大的疑問。加上 1920 年代上半期湖北、四川戰爭不斷與內政秩序瓦解，遍地兵匪，直接挑戰與考驗著英、美、日、法四國駐華海軍的實力與威信。尤有甚者，強化的聯合軍事行動，就某種角度來說，難免有侵犯中國主權之嫌。[102]外國軍艦高調地巡邏於中國內陸水域，甚至派遣水兵登上輪船或陸地執行保護任務，極易觸碰到中國民族主義思惟的敏感神經，認為有損國格，引

---

[101] 〈收川東李宣撫使電〉，1923 年 9 月 29 日，中央研究院近代史研究所藏，北京政府《外交檔案》，03-06/5-1-12。

[102] 早在 1921 年第二次宜昌兵變後，美國公使館臨時代辦魯道克即曾質疑擴大軍事行動的弊病：無論是軍艦巡邏中國內陸水域，或是派遣武裝士兵登岸保護，一方面將擴大損害中國主權，二方面也將讓中國人忘記自己（保護外人）的責任。見"American Charge d'Affaires ad interim to the Secretary of State," August 22, 1921, RIAC, 893.102Ic/27.

為奇恥大辱。而軍艦與商船士兵的任意反擊行動，有時傷及無辜，反倒引起當地居民極大的民怨。如果再加上有心人士的刻意宣傳與渲染，挑起民族仇外情緒，也可能引爆新一波抵制或排外行動。換言之，軍事壓制行動尚未奏效之際，新的仇恨民怨又被燃起。

總結來說，在華盛頓會議體制下，列強雖然共同合作，在軍事上相互協調，藉由海軍實力的展現，來壓制長江上游的動盪力量，同時藉由聯合外交、領事行動，迫使中國中央與地方政府主動改正內政紊亂情況，以追求在華的最高共同利益；然而，此體制一旦與日益分崩離析的中國現狀發生碰撞，其效力往往不如原先所預期的。究其實際，華盛頓會議體制在長江上游地區是否能夠運作得宜，一來須考量美、英、日、法等國間彼此的協調性，以及各國海軍實力是否足以應付長江上游的特殊情況；二來則必須將中國現狀問題一併納入考量。[103]顯然的，從本文的研究中，可以看出列強並不具備使華盛頓會議體制運作有效的條件，而長江上游地區的動盪情勢，與日益高漲的民族輿情，更加削弱列強的應變能力。

---

[103] 關於華盛頓會議體制與中國現狀的互動及其檢討，可以參見應俊豪，《丘八爺與洋大人——國門內的北洋外交》（臺北：國立政治大學歷史系，2009），第六章結論，頁469-494。

第八章　結　論

以長江上游航行安全問題為出發點，省思 1920 年代上半期中外關係與列強的因應之道，或許可以發現其他許多有趣的歷史面向。輪船航行安全問題涉及的，除了外國人入侵長江上游、攘奪利權，對四川百姓原有生活造成衝擊以外，外人在場與川省內戰的重疊，更使得以兵匪問題為核心的華洋衝突事件浮出檯面。列強固然擁有外交上的條約保障，也具備實質上的軍事武力（海軍艦隊），但面對兵匪問題或是四川木船幫眾挑戰時，不見得均能有效地發揮威嚇作用，而必須屈就於當地的特殊背景。在這種北京中央政府、四川割據勢力、木船幫、士兵土匪、列強駐華公使館、駐華海軍武力、各國商船公司等各種利益衝突下，有中外衝突、生存之爭，也有中國內部南北對立、官匪僵持。由上述各種勢力交叉複合的對話、交涉、妥協與讓步，可以藉此窺看出當時北洋外交面向的多樣性與複雜性，因此絕不能以本質化或簡約化的論述概括一切。

首先，生計、浪沈與內戰等三大問題，構織出 1920 年代上半期外人眼中棘手的長江上游航行安全問題。此一議題無時無刻不在激盪著當時的中外關係。巴黎和會五四運動以來，中國民族主義情緒已被挑起，而輪船大量進入長江上游後的木船生計與浪沈問題又一再刺激著中國民族主義輿情；加上蘇俄在中國的布爾什維克式宣傳的推波助瀾下，❶列強欺壓中國的形象深入人心，中國百姓反外、仇外的口號與行動甚囂塵上。❷另外一方面，木船幫眾的仇視與暴力抵制，以及四川軍閥的任意攻擊輪船，也引起列強駐華外交使領機構與軍事單位的強烈不滿，除循正常外交管道提出抗議交涉

❶ 英國泰晤士報在 1920 年 1 月一則〈中國現況〉的評論中，即已預示西方國家對於布爾什維克主義在中國宣傳活動的憂懼：「（西方國家）在（巴黎）和平會議對中國的欠缺考量，已經助長內部的騷動，特別是北方」、「逐漸向東方穩定發展的布爾什維克主義者，以及其中國代理人的回歸，即將成為中國另一項問題。大部分的中國人是和平、溫馴，而且厭惡戰爭的，但是他們的溫馴與貪心，易使其成為布爾什維克宣傳的犧牲品」。評論中，並以極盡惡毒的字眼來形容布爾什維克在中國的代理人，乃是「從中國人渣中挑選出來，是托洛斯基及其信徒的創造物」。見"The Situation in China," *The Times*, January 9, 1920. 而所謂蘇聯布爾什維克（Boshevik）的宣傳手法，即是藉中外衝突案件，抨擊西方帝國主義侵略模式，透過輿論力量煽動中國百姓對歐美國家的不滿，可以參見 Stanley K. Hornbeck, "The Situation in China," *News Bulletin (Institute of Pacific Relations)*, pp.1, 15-20; "Foreigners in China: Hostility Fermented by Soviet Envoy," *Morning Post*, July 25, 1924, cited from "Wanhsien Incident," Extract from *Morning Post*, July 25, 1924, FO.371/10251；入江昭（Akira Iriye），〈美國的全球化進程〉，孔華潤（Warren I. Cohen）主編，王琛等譯，《劍橋美國對外關係史》（*The Cambridge History of American Foreign Relations*）（北京：新華出版社，2004），下冊，第 3 卷，頁 78。

❷ 這也解釋了為何四川各階層中，官員、學生、士兵、土匪與木船工人等五大族群特別日漸展露出不尊重外國條約特權的傾向。官員與學生比較可能是受到戰後民族覺醒與民族主義思維的影響，主張收回國權，反對西方經濟與軍事勢力進入四川。士兵與土匪的蔑視外國人，則反映四川內戰頻繁、社會失序的現況。木船工人的反外情緒，則與輪船大量入侵後的浪沈問題與木船與輪船之爭的生計問題息息相關。關於五大族群的反外情況，可以見"Changing Attitude of Chinese toward Foreigners," from American Consulate, Chunking to American Minister, Peking, June12, 1923, RIAC, 893.00/5170.

外，實質上的軍事行動——駐華艦隊聯合武裝護船——也孕育而生。❸外國軍艦的介入，勢必使得航行安全問題更加複雜。外國軍艦如果在長江河道上受到攻擊，恐將構成軍事挑釁行為，引起重大外交問題；相反地，外國軍艦如以自衛為名，向兩岸開砲攻擊，造成中國百姓生命與財產的損失，也將會造成極大的民怨，隨之而來的反外、排外衝突勢不可免。

其次，毋庸諱言地，條約特權體制確保列強享有的內河航行權，西方進步的航行技術則在客觀環境條件下，充分展現輪船優越性，逐漸淘汰無自有動力的中國式木船。在這個面向來說，四川船民不論以何種手段抵制，甚至以暴力威脅相抗，似乎只是在作垂死前的掙扎，無力招架西方帶來的嚴厲衝擊。此處發人省思、值得進一步探究的是，長江上游居民面對外來入侵者攘奪其生計，中央、地方政府又無法提供保護，而當居民自動自發地將憤怒不滿轉為實際行動，以暴力反制外來者時，卻又往往被外國視為普遍性仇外、排外行動，甚至貼上強盜、土匪罵名。列強海軍也動輒宣稱要動用武力，嚴懲傷害外國利益的中國百姓。然而，在此類問題上，究竟誰才是海盜與掠奪者呢？美國語言學家杭士基在批判強勢的美國帝國主義、恐怖主義行徑時，曾提出一句富含哲理的話：

我只有一艘小船，所被稱為海盜；你有一支海軍，所被稱為

❸ "Memorandum by the Senior Officers in Command of the Naval Forces Respecting of Japan, Great Britain, the United States and France Operating on the Yangtze River," Feb. 19, 1923, Shanghai, *FRUS, 1923*, Vol. I, p.744.

皇帝。❹

英、美、法等西方國家在中國擁有的海軍實力，雖然不足以完全應付長江上游日趨猖獗的兵匪挑戰，但相較於中國百姓基於生計所動員的反抗力量，還是強大的多。一邊是海軍艦隊、一邊是木船，體現著差異懸殊的國家強弱之勢，也訴說著華洋之間的不對等權力關係。

不過，中國民間商民力量並非總以受害者的悲情形象出現，有時反而以靈活的彈性思維，堅韌地維持生計。例如，在列強既有的內河航行權以及中國人敵視條約特權的背景之下，即產生一種弔詭的情形。中國人一方面痛斥不平等條約對中國主權的危害，透過各種手段企圖改正中外不平等的往來模式，但同時聰明的中國商人卻知道如何借用列強的條約特權來做生意。為了減低政治動亂與內戰對長江上游輪船航行的衝擊，大量的中國船商選擇改掛外國旗幟。經由支付外國公司或個人佣金的方式，取得配掛外國旗幟的權力，一來可以減少軍事干涉，規避軍隊任意徵用民船的情形，二來頂著外國旗幟，既可以托庇於領事裁判權之下，又可免除內陸非正規稅徵。在這樣的背景下，一幅令外國人啼笑皆非、又莫可奈何的景象屢屢出現在世人眼前：

---

❹ 杭士基（Noam Chomsky），李振昌譯，《海盜與皇帝——真實世界的新舊國際恐怖主義》（*Pirates and Emperors, Old and New*）（臺北：立緒文化，2004），封面文字。

> 在長江上游與廣東的內河水道，可以發現中國小艇與輪船頂著英國、法國、義大利、美國等外國旗幟航行著。當（外國）軍艦受命去保護外國船隻免於中國軍事干涉時，只會發現它所保護的船隻是掛著外國旗幟的中國船。❺

中國船商打的如意算盤，確實有其妙用。對於這種情形，曾任英國駐華公使館外交官的臺客滿（Eric Teichman）即嘲弄說道：

> 在彈性地詮釋愛國主義原則上，中國人是惡名昭彰的。他們可以在譴責不平等條約的同時，毫不矛盾地將條約特權轉為自己的優勢。❻

當朝野有識之士正極力透過各種方式改正條約現狀之時，中國商民們卻在思考如何利用既有的條約體制牟取更大的利益。因此在外國人眼中，中國人的變通彈性，選擇性、巧妙地採入特權體制，一方面嚴辭譴責條約特權，同時卻鑽營於如何利用特權。

再者，英、美、日等列強在華的強勢作為，有時只是被人為宣傳出來，不等於實際情況，也並非像一般報紙輿論報導的那麼有效、劍及履及。尤其是英美官方對華外交與英美商民在華公眾輿論

❺ Eric Teichman, *Affairs of China: A Survey of the Recent History and Present Circumstances of the Republic of China*, p.177.

❻ Eric Teichman, *Affairs of China: A Survey of the Recent History and Present Circumstances of the Republic of China*, p.177.

之間，經常有著相當大的落差，甚至有對立的情形。❼因此，由外人在華公眾輿論所形塑的對華態度只是一種呼籲、一種態度，並不等於實際的外交政策或作為。另一方面。英、美、日等國有時為了保護其商業利益與僑民安全，也會透過駐華使領機構、民間商會或報紙輿論，一再釋放出籌組駐華聯合海軍艦隊、強化海軍實力、增派兵艦來華等等消息，藉此達到威嚇中國的目的。而中國民族主義式宣傳則利用此類消息，誇大列強對華侵害行為，凸顯中國人的悲情心理，意圖喚起強大反帝、反侵略的民族輿情。然而在這些言之

❼ 舉例來說，美國對華態度，在官方外交與美人在華民間公眾輿論之間，即經常有著不同調與對立的情形。像 1923、1924 年前後，美國在華商會、團體組織紛紛對中國現狀失序問題感到憂心，乃於 1923 年在華商會年會上特別作成中國國情報告，一方面強調中國內政的混亂，另一方面則指責美國對華政策的「秘密性與被動性」，欠缺具體計畫，以致於阻礙美商在中國的擴張，遭受重大利益的損失。美國在華商會組織將此則報告印成小冊子，並透過各種不同管道，將內容傳回美國國內，包括各商會、商業組織團體與政府官員都收到小冊子，企圖藉此影響國會與政府，採取更為積極的作為來處理中國內政問題。但是美國國務卿休斯（Charles Evan Hughes）卻不這樣認為，同時也對於在華商會的種種遊說、散播中國國情報告、指責美國外交等舉動感到不滿，認為是商人在干預美國對華政策。因此休斯訓令美國駐華公使舒爾曼（Dr. Jacob Gould Schurman）到上海與美商進行秘密會議，轉達國務院的態度，要求美商封口，不得干預美國對華政策。休斯的強硬態度當然也遭遇美國在華公眾的反彈，將休斯、舒爾曼的舉措洩漏給美國國內具有相當影響的報紙 *The Chicago Daily News*，痛責舒爾曼受命要「試圖要在華美國人閉嘴，反對（商會等團體組織）公布任何指責政府政策的決議」見"Working for a Definite U.S. Program in China," *The China Weekly Review*, January 19, 1924.與"The Year of China Politics and American Policy," *The China Weekly Review*, September 13, 1924.

鑿鑿、似假又真的輿論宣傳背後，一旦去除掉中外輿情的渲染與炒作成分，所謂列強倡言的海軍方案，在大多數情況下，限於其國內因素或彼此之間的勾心鬥角，往往只能有限度地施展強勢作風，並被迫與中國現實事務妥協。就英國與美國的例子來看，雖然英、美在華公眾、商會及外交領事官員一再高聲疾呼希望興建新式軍艦，增強英、美在長江流域上游的海軍實力。但海軍部門與財政部門顯然有不一樣的看法，他們並不認為應該為了長江上游區區商業利益，及些許零星的槍擊或搶劫事件，就大張旗鼓要編列附加預算增建軍艦，以強化海軍。內部意見既然不一致，海軍實力強化也就不可能在短時間內實現。因此，過去中國方面的歷史研究或記載中，往往從帝國主義侵華等民族主義觀點著眼，過份強調 1920 年代英、美等國在華海軍實力，以為海軍軍艦總是隨傳隨到，以砲艦外交、強權外交的姿態出現。但實際上，除了少部分被中國公眾或報紙輿論點名宣揚的砲艦事蹟外，在多數中外衝突場合或砲擊槍擊輪船事件裡，英、美海軍可能時常面臨捉襟見肘的窘況。如同英國駐華海軍司令所言，受限於軍艦數量與通訊設備，每當發生輪船遇襲事件，軍艦往往無法在關鍵時刻獲知消息，❽以致匆匆來遲，趕到現場時行兇匪徒早已逃之夭夭。換言之，外國輪船遇襲，英美即使想施展砲艦威力，可能會面臨找不到報復對象的尷尬情況。

尤有甚者，當列強所面對的，不再是 19 世紀末那個中央政府政令尚能及於地方的大清王朝，而是一個無力約束地方勢力、本質

❽ "Commander-in-chief, China Station. To Admiralty," December 18, 1923, *BDFA, 1923-1924*, p.155.

上孱弱的北京政府時，不論列強如何援引條約規定，文攻武嚇聲嘶力竭地抗議不公，要求地方官員兼負起保護外國人生命財產的責任，全部俱歸枉然。因為欠缺強有力中央政府作為交涉對象的情形下，往往使得列強交涉無門，不能有效地施展洋大人的權威。❾此種無奈的現象，在列強的交涉對手不是北京的中央政府，而是屬於地方獨立勢力的大小軍閥時，則更為鮮明。以日本為例，日商輪船在長江上游遭受攻擊之後，日本方面雖然透過正規外交管道知會北京政府外交部，多次對該案善後事宜表達嚴重抗議與關切，但受制於中國分裂與內戰現狀，外交部似乎顯得毫無處置能力。北京政府對於地方割據勢力既欠缺有效的約束力，日本駐華公使館也就沒法可施。日本在湖北、四川的領事同樣也陷入類似的困境之中。

這也解釋了華盛頓會議九國公約決議案中，希望給於中國一個完整無礙的機會，發展成為一個穩定中央政府的真諦所在。因為一個穩定的中央政府，能夠對內部事務進行有效控管，也才能代表中國，對內與對外確實履行條約規定，保障外人在華自由安全通商居住的條約權利。相反的，一旦北京政府體制瓦解，或是其鞭長莫及之處，條約幾乎形同具文。長江上游的情況與川軍的例子說明了一項事實，對於作為地方割據勢力的軍閥而言，無論是中央政府號令，或是列強口口聲稱的條約權利與規定，都不是必須嚴格遵守的。憑藉著四川偏遠的地理位置，以及山川險峻的地形環境，川軍可以完全不理會政府與列強的種種約束，以自己的方式解決自己的

❾ "The Murder of Mr. Hawley – Official Responsibility," *The China Weekly Review*, July 26, 1924.

糾紛。而看似強橫的列強，對於四處征戰、流動不居的川軍勢力，在外交施不上力、又無法軍事解決的情況，似乎也只能坐觀態勢的發展。

至此似乎可以歸結到一個初步的結論：雖然列強口口聲聲指責中國內政失序，是造成華盛頓會議決議案無法落實的主要原因，也是列強不願意修正在華特權體制的重要考量；然而如果從另外一個角度思考，矛盾的是，長江上游地區軍閥割據、兵匪肆虐的現實情況，雖然暴露出北京政府外交部在對內事務上的不足之處，可是有時更能突破特權體制的封鎖，以中國方式而非條約方式解決中外衝突事件。巴黎和會、華盛頓會議以降，中國內部開始對條約特權體制進行反省、檢討，並以各種模式試圖調整此既有體制。其中，對於條約體制產生有力的衝擊者，除了官方北京政府外交部提倡的修約思維、公眾輿論的廢約主張以外，如果換個面向著眼，民間力量（木船幫眾、土匪）與地方勢力（軍閥、士兵）似乎也能夠稱得上是一股不容忽視的另類力量。他們在有意識、無意識間，往往也以自己的方式，以暴力攻擊、綁架、勒贖、打劫等行為，挑戰列強的威權及其條約體制。

徵引書目

一、檔案

(Great Britain) His Stationery Majesty's Office. *Parliamentary Debates: House of Commons*. London: His Stationery Office.

(Great Britain) Foreign Office. *Central Correspondence, Political, China, 1905-1940.* (FO371) London: Public Record Office. (Microfilm)

(Great Britain) Foreign Office. *China, Embassy and Consular Archives, Correspondence, 1834-1930*. (FO228) London: Public Record Office. (Microfilm)

(Great Britain) Jarman, Robert L. ed. *China: Political Reports 1911-1960*. Slough: Archive Editions, 2001.

(Great Britain) Trotter, Ann ed. *British Documents on Foreign Affairs: Reports and Papers from the Foreign Office Confidential Print*. Bethesda: University Publications of America, 1994.

(Great Britain) Naval Intelligence Division, Naval Staff, Admiralty. *Secret Admiralty Weekly Intelligence Summary (W.I.S.)*, The National Archives, *The Cabinet Paper, 1915-1978.*

(United States) Department of State. *Papers Relating to the Foreign Relations of the United States.* Washington, D.C.: Government Printing Office, 1938.

(United States) Department of State. *Records of the Department of State Relating to the Internal Affairs of China, 1910-1929*. (M329) Washington, D.C.: The

National Archives, 1960. (Microfilm)

(United States) Operational Archives Branch, Naval Historical Center. *Papers of Joseph L. Nielson*. Washington, D.C. (Website of The Naval History & Heritage Command Center, The Navy Department; www.history.navy.mil)

(United States) The Navy Department (United States). *Annual Reports of the Navy Department for the Fiscal Year 1922-1924*. Washington, D.C.: Government Printing Office, 1922-1924. (Website of The Naval History & Heritage Command Center, The Navy Department; www.history.navy.mil)

(United States) The War Department. *Correspondence of the Military Intelligence Division Relating to General, Political, Economic, and Military Conditions in China, 1918-1941*. (RG 165) Washington D.C.: The National Archives and Records Administration, 1987. (Microfilm)

(United States). Naval War College. *International Law Documents: Conference on the Limitation of Armament with Notes and Index, 1921*. Washington, D.C.: Government Printing Office, 1923.

（日本）外務省外交史料館藏，戰前期《外務省記錄》。

（日本）外務省編，《日本外交文書》，東京：日本外務省。

（日本）防衛廳防衛研究所藏，《海軍省——公文備考》

中央研究院近代史研究所藏，北京政府《外交檔案》，03-11、03-06。

中央研究院近史所檔案館藏，《經濟部檔案》，26-46-111-04。

北京政府外交部，《外交公報》。

二、史料彙編

上海通商海關造冊處譯，《中華民國海關華洋貿易總冊》，臺北：國史館史料處重印，1982。

中央研究院近代史研究所編，《中日關係史料：排日問題（1919-1926）》，臺北：中央研究院近代史研究所，1993。

中國第二歷史檔案館、中國海關總署辦公廳編，《中國舊海關史料（1859-

1948）》，北京：京華出版社，2001。
四川文史研究館，《四川軍閥史料》，成都：四川人民出版社，1981-88。
交通史編纂委員會編，《交通史航政編》，南京：交通史編纂委員會，1931。
汪毅、許同幸、張承棨編，《清末對外交涉條約輯》，臺北：國風出版社重印，1963。
東亞同文會編，《支那省別全誌：四川省》，東京：東亞同文會，1917。
東亞同文會編，《支那省別全誌：湖北省》，東京：東亞同文會，1918。
姚賢鎬，《中國近代對外貿易史資料》，北京：中華書局，1962。
美國駐華大使館美國教育交流中心藏，廣西師範大學出版社編，《中美往來照會集（1846-1931）》（*Selected Records of the U.S. Legation in China*），桂林：廣西師範大學出版社，2006。
國風出版社編，《清末對外交涉條約輯》，臺北：國風出版社，1963。
黃月波等編，《中外條約彙編》，上海：商務印書館，1935。
楊端六，《六十五年來中國國際貿易統計》，出版地不詳：中央研究院社會科學研究所，1931。
聶寶璋、朱蔭貴編，《中國近代航運史資料》，北京：中國社會科學出版社，2002。

三、報紙、雜誌、月報

英文

"Admiral Phelps on the Yangtze Disorder: Interview with Journalist," *The Shanghai Times*, December 4, 1923.
"Admiral W. W. Phelps," editorial from *The China Press*, November 7, 1923.
"Americans' Growing Dissatisfaction with China's Misgovernment," *The North China Herald*, April 5, 1924.
"An Occidental 'Outrage'," *The Peking & Tientsin Times*, June 25, 1924.
"Anarchy in China: Peking Powerless," *The Times*, January 30, 1924.

"Anarchy on the Yangtsze," *The Peking & Tientsin Times*, October 22, 1923.

"Another Yangtze Ship Forced to Pay Tribute," *The China Press*, January 23, 1924.

"Anti-Japanese Boycott Gains in Szechuen: Students and Others at Ichang Keep up Agitation," *The China Press*, May 15, 1923.

"Boycott Still on: Aids is Refused to Wrecked Vessels," *The China Press*, July 14, 1923.

"British Ships on China Station," *The Times*, June 16, 1925.

"Capture Wanhsien by Szechuanese: Evacuation of Chunking; River Trade at a Standstill; Attacks on Steamers," *The North China Daily News*, August 17, 1922.

"Chaos in China: The Protection of Foreigners," *The Times*, November 8, 1923.

"China and the Powers," *The Times*, July 2, 1923.

"China Going to Decay: General Paralysis," *The Times*, July, 23, 1923.

"China: Chaotic Political Conditions," *The Times*, January 31, 1924.

"Chinese Brigandage," *The Times*, September 21, 1923.

"Chinese Finance: Request to Powers for Conference," *The Times*, March 18, 1924.

"Cockchafer' Affair: Chinese M.P.'s Distorted Version of Incident," *The Peking & Tientsin Times*, July 9, 1924.

"Describes Events on Upper River: Mr. H Sander Tells Exciting Story of Szechuen," *The Evening Star*, August 23, 1922.

"Drastic American Naval Policy on the Upper Yangtze: Admiral Phelps Will Afford Ships the Protection That China Will Not Give," *The North China Daily News*, August 23, 1923.

"Fierce Fights Reported from Szechuan," *The North China Daily News*, August 12, 1922.

"Foreigners in China: Hostility Fermented by Soviet Envoy," *The Morning Post*, July 25, 1924;

"Gen. Yang Sen Employing Bandits?" *The North China Herald*, April 26, 1924.

"General Shipping News," *The China Press*, April 4 & 10, 1923.

"Glimpses of China: Spirit Marriage, Dangers of the Yangtze," *The Times*, January 8, 1921.

"Heavy Firing on Ships: Yangtze Steamers Have A Bad Time," *The Peking & Tientsin Times*, September 29, 1923.

"How China's Friends Can Help Her," *The China Weekly Review*, March 22, 1924.

"Japan Protests Yangtze Troops Firing on Ships," *The Evening Star*, August 30, 1922.

"Japanese Chambers in Session here Warn China: Patience Is Nearing End; Advocate Drastic Counter Measures in Retaliation against Anti-Japan Agitation through Country," *The China Press*, July 13, 1923.

"Japanese Ship Delayed by Death Threats: Chunking Students Menace Pilots; Gunboat Can't Proceed," *The China Press*, September 29, 1923.

"Japanese Urge Chamber Heads to End Boycott," *The China Press*, July 3, 1923.

"Jardine Steamer Attacked: Junk Men of Yangtze Gorges and Their Intense Jealousy of New Steam Transportation," *The North China Herald*, May 26, 1923.

"Junk Guilds Terrorize Pilots, Wood Oil Cargoes held up at River Ports," *The China Press*, July 7, 1924.

"Kuomintung Win in Szechuen," *The Evening Star*, August 17, 1922

"Naval Military: Gunboats on the Yangtze," *The Times*, November 16, 1922.

"Preaching Missionaries Now Passing in China: Old Time Evangelists Have Given Way to Doctors and Scientists – Yard Tells of New Missionary Movement," *The Harvard Crimson*, May 22, 1924.

"Reports of Sino-Japanese Clash ay Ichang Distorted," *The China Press*, May 25, 1923.

"Riots on the Yangtze: Steamer Versus Junk," *The Times*, October 28, 1921.

"Rival Factions in Szechuan," *The North China Daily News*, September 11, 1922.

"Second Japanese Gunboat Floated from Yards Here: Consul-General Funatsu Comments on Need for Protection on Yangtze," *The China Press*, July 17,

1923.

"So This Is China," *The Peking & Tientsin Times*, July 9, 1924.

"Szechuan: A Peace But Unsettled; Trade Languishes and Robbers Harass People," *The Shanghai Times*, January 21, 1925.

"Szechuan Army Takes Steamer from Japanese: First Ask it as Loan; Then Commandeer Craft up River Run," *The Evening Star*, August 11, 1922.

"The 'Strong' Yangtsze Policy Bring Peace," *The China Weekly Review*, August 23, 1924.

"The Civil War in Szechuan: The Defeated Second Army; A Renew of the Struggle," The *North China Daily News*, September 25, 1922.

"The Fight in Szechuan: 2nd Army Entirely Collapsed; Appeal to Wu Pei-fu," *The North China Daily News*, August 25, 1924.

"The Great Threat to China Trade," *The North China Daily News*, May 31, 1923.

"The Junks Sunk in the Gorges," *The North China Daily News*, January 3, 1922.

"The Murder of Mr. Hawley – Official Responsibility," *The China Weekly Review*, July 26, 1924.

"The Navy in China: How the Gunboats Play their Part," *The Peking & Tientsin Times*, June 13, 1924.

"The Peril of China: A Dozen Rival Governments; Help from Outside Essential," *The Times*, November 19, 1921.

"The Plight of China," *The Times*, September 15, 1921.

"The Rival Factions in Szechuan," *The North China Daily News*, August 19, 1924.

"The Rival Generals in Szechuan," *The North China Daily News*, July 17, 1922.

"The Scandal of the Upper Yangtze," *The North China Daily News*, June 12, 1923.

"The Situation in China," *The Times*, January 9, 1920.

"The Situation on the Upper Yangtze River: An Interview with the Retiring Commander of the U.S. Yangtze Patrol," *The Far Eastern Times*, November 26, 1923.

"The Situation on the Upper Yangtze," *The China Press*, June 24, 1924.

"The U.S. Gunboats in China," *The North China Daily News*, February 6, 1923.

"The Wanhsien Outrage," *The China Press*, July 4, 1924.

"The Year of China Politics and American Policy," *The China Weekly Review*, September 13, 1924.

"Triangular Quarrel in Szechuan: Not Enough Prizes to Enable A Compromise to be Reached," *The North China Daily News*, July 26, 1922.

"U.S. Yangtze Patrol Suffers," *The Central China Post*, December 12, 1922.

"U.S. Yangtze Patrol Suffers," *The North China Daily Mail*, December 4, 1922.

"United Military and Naval Force is Aim of Hsiao," *The China Press*, August 10, 1924.

"Upper River Attacks on Foreign Steamers: Navigation Difficulties; Japanese Boats' Casualties," *The North China Daily News*, August 29, 1922.

"Upper Yangtze Unsafe; Troops Fire on Ships; Japanese Gunboat and Steamer Sustain Casualties; Teal Acts as Escort," *The Evening Star*. August 28, 1922.

"Wanhsien Incident," Extract from *The Morning Post*, July 25, 1924.

"Working for a Definite U.S. Program in China," *The China Weekly Review*, January 19, 1924.

日文

〈重慶にも排日運動起り日清汽船破壞〉，《臺灣日日新報》（日文），1923年6月10日第7版。

〈重慶航路開始〉，《（日本）大阪每日新聞》，1922年4月26日。

〈揚子江に於ける英米汽船の競爭〉，《（日本）大阪每日新聞》，1921年5月6日。

〈重慶の排日騷擾〉，《臺灣日日新報》（日文），1919年11月25日第2版。

〈上流揚子江に於ける航運業（一）〉，《（日本）大阪朝日新聞》，1921年1月8日。

〈上流揚子江に於ける航運業（二）〉，《（日本）大阪朝日新聞》，1921年1月9日。
〈上流揚子江に於ける航運業（三）〉，《（日本）大阪朝日新聞》，1921年1月12日。
〈上流揚子江に於ける航運業（四）〉，《（日本）大阪朝日新聞》，1921年1月14日。
〈米船宜昌重慶航路開始〉，《（日本）神戶新聞》，1921年5月2日。
〈宜昌戰鬥決せず：兩軍互に讓らず宜昌重慶交通杜絕〉，《臺灣日日新報》（日文），1921年9月25日，第2版。
〈湖北四川兩軍は尚交戰：吳佩孚旗色惡し、長江航行は頗る危險〉，《臺灣日日新報》（日文），1921年10月16日第7版。
〈定期命令航路〉，《（日本）時事新報》，1922年4月30日。
〈日本汽船にして重慶航路の新紀錄〉，《（日本）大阪朝日新聞》，1922年5月1日。
〈長江配船增加同盟が瓦解して運賃は下向いた〉，《（日本）中外商業新報》，1922年6月16日。
〈四川航路競爭〉，《（日本）大阪每日新聞》，1922年9月3日
〈四川は無政府狀態：外國船射擊損害頻々〉，《臺灣日日新報》（日文），1922年9月10日。
〈支那兵の暴行、長江航行の不安：各國船共に被害頻頻〉，《上海經濟日報》（日文），1922年9月23日。
〈日清天華で約十萬弗：指揮官の命令に依る故意の暴動と判明す〉，《上海經濟日報》（日文），1922年9月23日。
〈日清汽船は重慶航路增船明年四月から〉，《（日本）中外商業新報》，1922年12月5日。
〈重慶の英貨排斥〉，《臺灣日日新報》（日文），1922年12月9日第2版。
〈四川一帶の混亂〉，《臺灣日日新報》，1923年1月3日。
〈四川航路繫爭仲裁處設置〉，《（日本）大阪每日新聞》，1923年1月24

日。
〈驅逐隊を派遣す楊子江方面の邦人保護じして〉，《臺灣日日新報》（日文），1923 年 6 月 9 日第 2 版。
〈支那の不當を鳴さん重慶在留日本人より〉，《臺灣日日新報》（日文），1923 年 6 月 29 日第 2 版。
〈宜陽丸事件の真相〉，《臺灣日日新報》（日文），1923 年 9 月 26 日第 2 版。
〈又も重慶で邦人船員を拉致した支那兵の暴狀唐師長の謝罪て落著〉，《臺灣日日新報》（日文），1924 年 11 月 23 日第 7 版。
〈重慶在留の英人極度に脅威さる領事は砲艦砲艦內へ避難〉，《臺灣日日新報》（日文），1925 年 6 月 23 日第 2 版。
〈英水兵の行動から重慶にも形勢不穩危まれる四川省境の外人〉，《臺灣日日新報》（日文），1925 年 7 月 29 日第 2 版。
〈四川の土匪には昔の諸葛孔明ですら匙を投げてるた武器の豐富、戰爭の多いが原因〉，《臺灣日日新報》，1925 年 9 月 8 日第 1 版。

中文

〈外人將在長江組織自衛艦隊〉，《重慶西方日報》，1923 年 5 月（日不詳）。
〈四川之土匪世界（一）〉，《申報》（上海），1923 年 8 月 20 日。
〈四川之土匪世界（四）〉，《申報》（上海），1923 年 8 月 29 日。
〈四川之船業〉，《中外經濟週刊》，131（上海，1923.9），頁 1-5。
〈外交團本日召集會議：英國又進行護路案、日美主張警備長江〉，《晨報》（北京），1923 年 9 月 27 日第 2 版。
〈北京電〉，《益世報》（天津），1923 年 8 月 5 日第 2 版。
〈全國注目之長沙中日交涉〉，《晨報》（北京），1923 年 6 月 20 日第 2 版。
〈各公司競爭長江上游航業〉，《民國日報》（上海），1924 年 4 月 19 日第 10 版。

〈各方面要訊〉，《民治新聞》，1922 年 8 月 30 日。
〈各埠商情：萬縣〉，《上海總商會月報》，3 卷 8 期（上海，1923 年 8 月），頁 15-16。
〈字水川輪被劫詳情〉，《申報》（上海），1924 年 1 月 20。
〈沙市宜昌重慶萬縣去年之貿易〉，《中外經濟週刊》，32 期（上海，1923 年 10 月），頁 8-10。
〈宜昌兵變後之各方面〉，《晨報》（北京），1921 年 12 月 7 日第 3 版。
〈美國大造駐華砲艦〉，《民國日報》（上海），1924 年 4 月 16 日第 3 版。
〈美艦隊陸續來滬〉，《民國日報》（上海），1924 年 3 月 8 日第 10 版。
〈重慶排日運動惡化〉，《臺灣日日新報》，1923 年 6 月 9 日第 2 版。
〈重慶排英學生團〉，《臺灣日日新報》，1922 年 12 月 10 日第 2 版。
〈時事采集，國內之部：與護路案同時，又盛傳一長江警備案〉，《來复》，270 號（太原，1923 年），頁 8。
〈時事話：護路案與長江警備會議〉，《少年》，13 卷 12 號（上海，1923），頁 97。
〈商情：重慶，兵匪勢力下之四川商業談〉，《上海總商會月報》，2 卷 8 期（上海，1922.8），頁 17-19。
〈鳥羽陸戰隊登陸〉，《臺灣日日新報》，1921 年 9 月 7 日第 2 版。
〈萬縣民船幫通告：不為英輪引水，違者殺其全家〉，北京《晨報》，1924 年 7 月 28 日，第 3 版。
尼鐸，〈長江聯合艦隊與海軍示威〉，《中國青年》，1 卷 1 期（上海，1923），頁 8-9。
於曙巒，〈宜昌〉，《東方雜誌》，23:6（1926 年 3 月 25 日），頁 48。
金問泗，〈英艦非法砲擊萬縣案經過情形之回顧〉，《東方雜誌》，27：15（1930.8.10），頁 35-36。
南雁，〈匪亂又將引起外艦警備長江了〉，《東方雜誌》，20 卷 20 號（上海，1923.10），頁 3-4。
為人，〈洋商船全副武裝航行內河〉，《嚮導週報》，52（1924.1.20），頁 392。

振德，〈揚子江流域物產交通調查概況〉，《上海總商會月報》，3 卷 3 期，頁調查 1-3。
獨秀，〈美國駐華海軍〉，《嚮導週報》，61 （1924.4.16），頁 491。

四、專書、工具書

Allen, G. C. and Audrey G. Donnithorne. *Western Enterprise in Far Eastern Economic Development, China and Japan*. New York: Macmillan, 1954.

Asada, Sadao. *From Mahan to Pearl Harbor: American Strategic Theory and the Rise of the Imperial Japanese Navy*. Annapolis: US Naval Institute Press, 2006.

Bear, George W. *One Hundred Year of Sea Power: The U.S. Navy, 1890-1990*. Stanford: Stanford University Press, 1994.

Bonnard, Abel. *In China, 1920-1921 (En Chine, 1920-21)*. London: George Routledge & Sond, LTD., 1926.

Braisted, William Reynolds. *Diplomats in Blue: U.S. Naval Officers in China, 1922-1933*. Gainesville: University Press of Florida, 2009.

Cohen, Paul A. *China Unbound*. London and New York: RoutledgeCurzon, 2003.

Cohen, Paul A. *Discovering History in China: American Historical Writing on the Recent Chinese Past*. New York: Columbia University Press, 1997.

Cole, Bernard D. *The United States Navy in China, 1925-1928*. Auburn: Auburn University Ph.D. Dissertation, 1978.

Dollar, Robert. *Memoirs of Robert Dollar*. San Francisco: W. S. Van Cott & Co., 1921.

Fitzgerald, John. *Awakening China: Politics, Culture, and Class in the Nationalist Revolution*. Stanford: Stanford University Press, 1996.

Fox, Grace Estelle. *British Admirals and Chinese Pirates, 1832-1869*. London: K. Paul, Trench, Trubner & Co., ltd., 1940.

Gardiner, Robert, Randal Gray and Przemyslaw Budzbon, ed. *Conway's All the*

World's Fighting Ships: 1906-1921. Annapolis: US Naval Institute Press, 1985.

Graham, Gerald Sandford. *The China Station: War and Diplomacy 1830-1860*. Oxford: Clarendon Press; New York: Oxford University Press, 1978.

Grover, David H. *American Merchant Ships on the Yangtze, 1920-1941*. Westport: Praeger Publishers, 1992.

Hattendorf, John B. and Robert S. Jordan ed. *Maritime Strategy and the Balance of Power: Britain and America in the Twentieth Century*. London: The Macmillan Press, 1989.

Howell, Glenn F., Dennis L. Nobel, ed. *Gunboats on the Yangtze: The Diary of Captain Glenn F. Howell of the USS Palos, 1920-1921*. Jefferson: McFarland & Company, Inc., 2002.

Iriye, Akira. *After Imperialism: The Search for a New Order in the Far East, 1921-1931*. Cambridge: Harvard University Press, 1965.

Kennedy, Malcolm D. *The Estrangement of Great Britain and Japan*. Berkeley and Los Angeles: University of California Press, 1969.

Liu, Kwang-Ching. *Anglo-American Steamship Rivalry in China, 1862-1874* Cambridge: Harvard University Press, 1962.

Preston, Antony. *The Royal Navy Submarine Service: a Centennial History*. London: Conway Maritime Press, 2001.

Reinhardt, Ann. *Navigating Imperialism in China: Steamship, Semicolony, and Nation, 1860-1937*. Ann Arbor, UMI, 2002.

Robert, Gardiner, ed. *Conway's All the World's Fighting Ships: 1906-1921*. Annapolis, Maryland: US Naval Institute Press, 1985.

Roskill, Stephen. *Naval Policy between the Wars: The Period of Anglo-American Antagonism, 1919-1929*. London, Collins, 1968.

Smith, C. A. Middleton. *The British in China and Far Eastern Trade*. London: Constable & Co. Ltd., 1920.

Teichman, Eric. *Affairs of China: A Survey of the Recent History and Present*

Circumstances of the Republic of China. London: Methuen, 1938.

Teichman, Eric. *Travels of A Consular Officer in Eastern Tibet: Together with a History of the Relations between China, Tibet and India.* Cambridge: Cambridge University Press, 1922.

Tolley, Kemp ed. *American Gunboats in China*. Monkton, Md.: South China Patrol Association and Yangtze River Patrol Association, 1989.

Tolley, Kemp. *Yangtze Patrol: The U.S. Navy in China.* Annapolis: Naval Institute Press, 1971.

Willoughby ,Westel W. *China at the Conference: A Report*. Baltimore: The Johns Hopkins Press, 1922.

Willoughby ,Westel W. *Foreign Rights and Interests in China.* Baltimore: The Johns Hopkins Press, 1927.

Woodhead, H.G.W. *The Yangtsze and Its Problems.* Shanghai: The Mercury Press, 1931.

《長江航道史》編委會，《長江航道史》，北京：人民交通出版社，1993。

中國社會科學院近代史研究所翻譯室編，《近代來華外國人名辭典》，北京：中國社會科學出版社，1984。

文公直編，《最近三十年中國軍事史》，臺北：文海出版社，1962 年重印。

孔華潤（Warren I. Cohen）主編，王琛等譯，《劍橋美國對外關係史》（*The Cambridge History of American Foreign Relations*），北京：新華出版社，2004。

王治心，《中國基督教史綱》，臺北：文海書局，1971 年重印。

王洸，《中華水運史》，臺北：臺灣商務印書館，1982。

四川省交通廳史志編委會，《四川航運史志文稿》》，成都：四川省交通廳史志編委會，1992。

匡珊吉、楊光彥編，《四川軍閥史》，成都：四川人民出版社，1991。

江天鳳主編，《長江航運史（近代部分）》，北京：人民交通出版社，1992。

李恩涵，《北伐前後的「革命外交」（1925-1931）》，臺北：中央研究院近代史研究所，1993。
肖波、馬宣偉，《四川軍閥混戰（1917-1926）》，成都：四川省社科院出版社，1986。
杭士基（Noam Chomsky），李振昌譯，《海盜與皇帝——真實世界的新舊國際恐怖主義》（*Pirates and Emperors, Old and New*），臺北：立緒文化，2004。
吳翎君，《美孚石油公司在中國（1870-1933）》，臺北：稻鄉出版社，2001。
邵雍，《民國綠林史》，福州：福建人民出版社，2001。
美以美會編，《中華美以美會史略》，上海：廣協書局，出版年不詳。
凌耀倫、熊甫編，《盧作孚文集》，北京：北京大學出版社，1998。
徐友春主編，《民國人物大辭典》，石家莊：河北人民出版社，1991。
徐世昌，《歐戰後之中國》，臺北：文海出版社重印，出版年不詳。
馬宣偉、肖波，《四川軍閥楊森》，成都：四川人民出版社，1983。
陳存恭，《列強對中國的軍火禁運，民國八年～十八年》，臺北：中央研究院近代史研究所，1984。
郭廷以，《近代中國史綱》，香港：香港中文大學出版社，1989。
陳志讓，《軍紳政權：近代中國的軍閥時期》，桂林：廣西師範大學出版社，2008。
喬誠、楊緒雲，《劉湘》，北京：華夏，1987。
費成康，《中國租界史》，上海：上海社會科學院出版社，1991。
劉宏友、徐誠主編，《湖北航運史》，北京：人民交通出版社，1995。
應俊豪，《「丘八爺」與「洋大人」——國門內的北洋外交研究（1920-1925）》，臺北：國立政治大學歷史系，2009。國立政治大學史學叢書（18）。
蘇雲峰，《中國現代化的區域研究：湖北省，1860-1916》，臺北：中央研究所近代史研究所，1981。
顧衛民，《基督教與近代中國社會》，上海：上海人民出版社，1998。

五、期刊、論文

"Is Our Navy Up to Full Treaty Strength," *The Congressional Digest*, Vol.4, No.4 (January,1925), pp.127, 142.

"Steam Navigation on the Upper Yangtze," *Journal of Royal Society of Arts*, 663412 (April 18, 1918), pp.354-355.

"Text of H.R.8687 Authorizing Alternations and Constructions of Naval Vessels," *The Congressional Digest*, Vol.4, No.4 (January,1925), p.125.

"The Naval Controversy: The Limitation of Arms Treaty and Navy Legislation in the 68th Congress, Development of Events Since the Washington Conference," *The Congressional Digest*, Vol.4, No.4 (January,1925), pp.124-125.

Andrade, Jr. Ernest. "The Cruiser Controversy in Naval Limitations Negotiations, 1922-1936," *Military Affairs*, Vol. 48, No. 3, (Jul., 1984), pp.113-120.

DeAngelis, Richard C. "Resisting Intervention: American Policy and the Lin Ch'eng Incident," 《中央研究院近代史研究所集刊》，第 10 期，頁 415。

Dollar, Robert. "Steamer Service on Yangtze," *Pacific Marine Review*, January 1921, p.11.

Hornbeck, Stanley K. "The Situation in China," *News Bulletin (Institute of Pacific Relations)* (January, 1927), pp.1, 15-20.

Hosie, Alexander and H. P. King, "Steam Traffic on the Yangtze: Population of Szechuan," *The Geographical Journal*, Vol. 64, No. 3 (September, 1924), pp.271-272.

Kwan, Hai-Tung, "Consular Jurisdiction: Its Place in the Present Clamor for the Abolition of Treaties," *Pacific Affairs*, Vol.2, No. 6 (June, 1929), 347-360.

Sutiliff, R. C. "Duty in a Yangtze Gunboat," *United States Naval Institute Proceedings*, Vol. 67, No.7 (July, 1935) pp.981-984

Williams, E. T. "The Open Ports of China," *Geographical Review*, Vol. 9, No., 4

(April-June, 1920), pp.306-334.

入江昭（Akira Iriye），〈美國的全球化進程〉，孔華潤（Warren I. Cohen）主編，王琛等譯，《劍橋美國對外關係史》（*The Cambridge History of American Foreign Relations*）（北京：新華出版社，2004），下冊，第3卷，頁1-21。

川島真，〈從廢除不平等條約史看「外交史」的空間〉，《近代史學會通訊》，16（2002年12月），頁11-14。

川島真，〈關東大震災と中國外交—北京政府外交部の對應を中心に—〉，《中國近代外交の形成》（名古屋：名古屋大學出版社，2004），頁518-536。

王立新，〈華盛頓體系與中國國民革命：二十年代中美關係新探〉，《歷史研究》，2001年第2期，頁56-68。

王家儉〈十九世紀英國遠東海軍的戰略布局及其「中國艦隊」在甲午戰爭期間的態度〉，《臺灣師大歷史學報》，No.40（臺北，2008.12），頁57-84。

田永秀，〈川東經濟中心——萬縣在近代之崛起〉，《重慶師院學報哲社版》，1998年第4期，頁106。

朱蔭貴，〈1895年後日本輪運勢力在長江流域的擴張〉，《中國科會科學院經濟研究所集刊》，10（北京，1988），頁162-187。

朱蔭貴，〈甲午戰後的外國在華輪船航運業〉，《中國近代輪船航運業研究》（臺中：高文出版社，2006），頁53-60。

朱蔭貴，〈第一次世界大戰及戰後的列強在華航運業〉，《中國近代輪船航運業研究》（臺中：高文出版社，2006），頁81-94。

呂實強，〈國人倡導輪船航運及其屢遭挫折的原因〉，《中國早期的輪船經營》（臺北：中央研究院近代史研究所，1976），頁184-224。

李白虹，〈二十年來之川閥戰爭〉，收錄在廢止內戰大同盟會編，《四川內戰詳記》（上海：廢止內戰大同盟會，1933；北京：中華書局重印，2007），頁247-276。

李宇平，〈兩種帝國主義與亞洲國際經濟秩序——1930年代英日航運在中國中心之國際海域的競爭〉，中村哲主編，《東亞近代經濟的形成與發展——東亞近代經濟形成史（一）》（北京：人民出版社，2005），頁 154-184。

李健民，〈民國十五年的四川萬縣慘案〉，《中央研究院近代史研究所集刊》，19（臺北，1990.6），頁 387-420。

林志龍，〈日清汽船與中英長江滬漢集資協定之航運競爭，1921-1927〉，《興大歷史學報》18（臺中，2007.6），頁 249-268。

唐啟華，〈「北洋外交」研究評介〉，《歷史研究》，2004 年第 2 期，頁 99-113。

唐啟華，〈北洋外交與「凡爾賽－華盛頓體系」〉，《北洋時期的中國外交》（上海：復旦大學出版社，2006），頁 47-80。

秦和平，〈川江航運與嘓嚕消長關係之研究〉，《社會科學研究》，2000 年第 1 期，頁 128。

馬烈，〈民國時期匪患探源〉，《江海學刊》，1995 年 4 期，頁 130-135。

張力，〈廟街事件中的中日交涉〉，《南京大學學報：哲學·人文·社會科學版》，42：1（南京，2005.1），頁 57-70。

張友誼，〈重慶開埠以來川江航運業研究〉，《重慶三峽學院學報》，4：19（2003），頁 53-55。

黃志繁、周偉華，〈近代基督教新教江西美以美會研究〉，《南昌大學學報（人文社會科學版）》，39 卷 4 期（南昌，2008.7），頁 98-104。

楊維真，〈抗戰前國民政府與地方實力派之關係——以川滇黔為中心的探討〉，《國立政治大學歷史學報》，第 15 期（臺北，1998），頁 199-238。

劉素芬，〈近代北洋中外航運勢力的競爭（1858-1919）〉，張彬村、劉石吉主編，《中國海洋發展史論文集》（臺北：中央研究院人文社會科學研究所，1993），第五輯，頁 301-356。

劉素芬，〈渤海灣地區口岸貿易之經濟探討（1871-1931）〉，臺北：國立臺灣大學歷史學研究所博士論文，1991。

劉廣京，黎志剛譯，〈中英輪船航運競爭（1872-1885）〉，中央研究院近代史研究所編，《清季自強運動研討會論文集》（臺北：中央研究院近代史研究所，1988），頁 1137-1162。

應俊豪，〈1920 年代上半期長江上游美國海軍護航行動爭議〉，《國立政治大學歷史學報》，第 32 期（臺北，2009.11），頁 71-124。

應俊豪，〈1920 年代前期日本對長江上游航行安全問題的因應之道〉，《國史館館刊》，第 23 期（臺北，2010.3），頁 33-78。

應俊豪，〈內戰、輪船與綁架勒贖：中日宜陽丸事件（1923-1924）〉，《近代中國》季刊，161（臺北，2005.6），論著，頁 117-137。

應俊豪，〈四國海軍因應長江上游航行安全問題採取的聯合行動(1920-25)〉，《東吳歷史學報》，第 22 期（臺北，2009.12），頁 169-224。

應俊豪，〈死了一個美國商人之後：1922 年中美克門案研究〉，金光耀、王建朗主編，《北洋時期的中國外交》（上海：復旦大學出版社，2006），頁 406-458。

應俊豪，〈抵制日輪與中日衝突：長沙案及其善後交涉（1923-1926）〉，《東吳歷史學報》，第 19 期（臺北，2008.6），頁 111-180。

應俊豪，〈長江上游航行安全問題與美國駐華海軍的因應之道(1920-1925)〉，《國史館館刊》，第 20 期（臺北，2009.6），頁 123-172。

應俊豪，〈美旗下的迷思：從宇水號輪船被劫事件看美國眼中的長江上游航行安全問題（1924）〉，發表於由廈門大學國學研究院、國立臺灣海洋大學人文社會科學院、國立成功大學人文社會科學中心主辦，「2009 海洋文化國際學術研討會：環中國海漢文化圈文化之保存與創新」，廈門市，2009 年 11 月 9-13 日。

應俊豪，〈航運、砲艦與外交——1924 年中英「萬縣案」研究〉，《國立政治大學歷史學報》，第 28 期（臺北，2007.11），頁 287-325。

應俊豪，〈談判桌上的海權劃分：五國海軍會議（1921-1922）與戰間期的海權思維〉，《國立政治大學歷史學報》，第 30 期（臺北，2008.11），頁 119-168。

應俊豪，〈輪船入侵與華洋衝突：1920 年代上半期長江上游航運安全問題〉，國立臺灣海洋大學海洋文化研究所編，《東亞海域與文明交會：港市、商貿、移民與文化傳播》（基隆：國立臺灣海洋大學海洋文化研究所，2008），頁 193-273。

應俊豪，〈試論一八六〇年代的中美關係——以蒲安臣使節團為例〉，《政大史粹》，創刊號（臺北，1999.6），頁 101-123。

國家圖書館出版品預行編目資料

外交與砲艦的迷思
——1920年代前期長江上游航行安全問題與列強的因應之道

應俊豪著. – 初版. – 臺北市：臺灣學生，2010.10
面；公分

ISBN 978-957-15-1502-1 (平裝)

1. 中國外交 2. 航務史 3. 民國史

642.3 99018177

外交與砲艦的迷思

——1920年代前期長江上游航行安全問題與列強的因應之道

著作者：應俊豪
出版者：臺灣學生書局有限公司
發行人：楊雲龍
發行所：臺灣學生書局有限公司
臺北市和平東路一段七十五巷十一號
郵政劃撥帳號：00024668
電話：(02)23928185
傳真：(02)23928105
E-mail：student.book@msa.hinet.net
http：//www.studentbooks.com.tw
本書局登記證字號：行政院新聞局局版北市業字第玖捌壹號
印刷所：長欣印刷企業社
中和市永和路三六三巷四二號
電話：(02)22268853

定價：平裝新臺幣四五〇元

西元二〇一〇年十月初版

64201
ISBN 978-957-15-1502-1 (平裝)